사상의 좌반구

컨템포러리 총서

사상의 좌반구

새로운 비판이론의 지도 그리기

라즈미그 쾨세양 지음 | 이은정 옮김

현실문화

패배는 고통스러운 경험이다.

우리는 언제나 그 경험을 이상화하고 싶어 한다.

—페리 앤더슨, 『스펙트럼』

차례

2부 이론들

일러두기

- 이 책은 Razmig Keucheyan, *Hémisphère gauche: Une cartographie des nouvelles pensées critiques* (Zones, 2013)를 번역한 것이다.

- 제목 표기 시 단행본에는 「」를, 단행본에 포함된 글이나 논문에는 「」를, 회화·영화·노래에는 〈 〉를 사용했다.

- 각주에 등장하는 참고문헌 가운데 한국어판이 있는 경우 [ ]로 서지사항을 달았고, 옮긴이가 추가한 주는 [옮긴이]로 표시했다.

- 외국 인명/지명 등의 표기는 국립국어원에서 펴낸 외래어 표기법을 원칙으로 하되, 국내에서 널리 사용되는 것은 관행에 따랐다.

들어가며

장폴 사르트르Jean-Paul Sartre는 폴 니장Paul Nizan의 『아덴 아라비아 Aden Arabie』에 부친 서문에서, 1960년대 반란을 일으킨 젊은 세대와 니장을 연결한다. 사르트르는 1930년대의 옛 동료와, 그로부터 30년 뒤 낡은 세계를 공략하려는 학생들이 지하의 반역 공동체에서 조우하는 모습을 그려본다. 전후 오랫동안 니장은 기억에서 희미해진 인물이었다. 그런 니장이 갑자기 다시 나타나 그 어느 때보다 관심을 모았고, 향후 20년간 이어질 혁명의 여명기에 그의 작품이 재출간됐다. 사르트르는 말한다. "그의 겨울잠은 해를 거듭할수록 그를 젊어지게 했다. 어제 그는 우리와 같은 시대를 살았다. 오늘날 그는 젊은이들과 같은 시대를 산다."[1] 한 작품이 그런 식으로 겨울잠을 자고 새로운 세대의 관심을 일깨울 수 있으려면 정확히 다음과 같은 조건을 충족해야 한다. 어떤 방식으로든 젊은 세대에게 '말을 걸어야' 한다는 것, 다시 말해 젊은 세대가 빠져 있는 세계에 독특한 시각을 던질 수 있어야 한다는 것이다.

동시대적인contemporain 것이란 무엇인가. 또 동시대적인 것이 더는

---

[1]   Jean-Paul Sartre, "Préface," in Paul Nizan, *Aden Arabie*, La Découverte, Paris, 2002, p. 13.

(잠정적으로 또는 결정적으로) 동시대적이지 않은 것과 유지하는 관계는 무엇인가. 이를 규정하는 작업이 이 책의 중심에 있다. 하지만 이 책은 문학이 아닌 해방 이론 일반을 주제로 하며, 더 정확히 말해 신新비판이론nouvelles théories critiques[2]을 대상으로 한다.

'비판이론'이라는 용어는 오랜 역사를 지닌다. 이 용어는 대개 단수로 그리고 대문자로 쓰이면서 전통적으로 프랑크푸르트학파 사상가들, 즉 프랑크푸르트에 있던 사회연구소Institut für Sozialforschung의 훈령 아래 이어져온 철학자와 사회학자 세대를 지칭한다.[3] 그러나 이 책에서는 그 용어를 훨씬 더 넓은 의미에서 사용할 것이며 게다가 언제나 복수적으로 사용할 것이다. 여기서 비판이론은 북미권 페미니스트인 주디스 버틀러Judith Butler가 전개한 '퀴어 이론', 알랭 바디우Alain Badiou가 제안한 '사건의 형이상학', 프레드릭 제임슨Fredric Jameson의 '포스트모더니즘 이론', 호미 바바Homi Bhabha와 가야트리 스피박Gayatri Spivak의 '포스트식민주의', 존 홀러웨이John Holloway의 '열린 마르크스주의', 슬라보예 지젝Slavoj Žižek의 '헤겔적 신라캉주의'를 아우른다.

신비판이론은 1989년 베를린 장벽이 무너진 뒤에 나타났다는 점에서 **새롭다**. 신비판이론은 이 사건에 앞서 대부분 만들어졌지만, 공적 장소에 나타난 것은 그 이후다. 예컨대 우리는 마이클 하트Michael

---

2   [옮긴이] 이 책에서 théorie critique와 nouvelle théorie critique는 각각 '비판이론'과 '신비판이론'으로, pensée critique와 nouvelle pensée critique는 각각 '비판사상'과 '신비판사상'으로 옮겼다.

3   프랑크푸르트학파의 역사에 관해서는 다음을 보라. Martin Jay, *L'Imagination dialectique. L'école de Francfort, 1923-1950*, Payot, Paris, 1989.

Hardt와 안토니오 네그리Antonio Negri의 '제국'과 '다중' 이론[4]이 이탈리아 마르크스주의 흐름에 빚진 바를 알지 못하고서는 그 이론에 대해 아무것도 이해할 수 없다. 네그리는 1960년대 초에 태동한 '노동자주의operaismo'라는 흐름 속에 있다.[5] 그러나 그들의 이론이 지금의 모습을 띤 것은 1990년대 말에 가서였다. 1995년 11월과 12월에 일어난 프랑스 파업, 1999년 시애틀에서 열린 WTO(세계무역기구) 반대 시위, 2001년 포르투알레그리에서 출범한 1차 '세계사회포럼World Social Forum' 같은 사건을 계기로 1990년대 후반부터 사회적·정치적 비판이 부흥하기 시작했다. 비판이론이 지닌 새로움은 그와 같은 부흥과 밀접하게 연결된다.

물론 어떤 사상이 '새로운가' 하는 문제와 그 새로움의 판단 기준이 무엇인가 하는 문제는 그 자체로 복잡하다. 이는 지극히 이론적인 문제다.[6] 우리는 새로운 것이 단순히 '뒤에' 오는 것이라 주장하며 순전히 연대순의 기준을 적용해야 할까? 하지만 그럴 경우 기존 흐름과 조금이라도 구별되는 사상이라면 흥미롭지 않더라도 '새로운 것'에 포

4　Michael Hardt et Antonio Negri, *Empire*, Exils, Paris, 2004 [안토니오 네그리·마이클 하트, 『제국』, 윤수종 옮김, 이학사, 2001]; Michael Hardt et Antonio Negri, *Multitude. Guerre et démocratie à l'âge de l'Empire*, La Découverte, Paris, 2004 [안토니오 네그리·마이클 하트, 『다중: 제국이 지배하는 시대의 전쟁과 민주주의』, 조정환·정남영·서창현 옮김, 세종서적, 2008].

5　'노동자주의' 이론에 관해서는 다음을 보라. Steve Wright, *Storming Heaven. Class Composition and Struggle in Italian Autonomist Marxism*, Pluto Press, Londres, 2002. [옮긴이] operaismo는 우리말로 음차하여 '오페라이스모'라고도 불린다. 이 책에서는 의미를 살려 '노동자주의'로 옮겼다.

6　Stathis Kouvélakis, "Le marxisme au XIXe siècle: formes et sens d'une résilience," in Razmig Keucheyan et Gérald Bronner (dir.), *La Théorie sociale contemporaine*, PUF, Paris, 2011.

함해야 할 것이다. 확실히 연대순은 새로움을 규정하기에 충분치 않다. 그럼 '새로운 것'은 '중요한 것'의 동의어일까? 그런데 어떤 관점에서 '중요하다'는 말인가? 지적인 관점에서? 정치적인 관점에서? 아니면 둘 다인가? 그런데 누가 그 중요성을 판단하는가? 이 책에서 전제하는 바는, 정치적이고 지적인 측면에서 우리는 현재 과도기적인 시대를 가로지르고 있으며, 따라서 그런 물음에 일관된 방식으로 답변하는 것이 시기상조라는 것이다. 이 책에서 제안하는 지도 그리기는 지도를 그리는 여러 가능한 방법 중 하나다.

신비판이론은 단순한 분석이나 설명이 아니라 하나의 **이론**이다. 그것은 단지 '무엇이 존재하는가'만이 아니라 '무엇이 바람직한가'까지 반영한다. 이 점에서 그것은 정치적 차원을 반드시 포함한다. 총체적인 방식으로 기존 사회질서를 문제 삼는 이론이 **비판**이론이다. 여기서 정식화하는 비판은 금융거래에 대한 세금 부과 문제('토빈세Tobin tax')나 연금 개혁 조치와 같이 사회질서의 제한적 측면에 관한 것이 아니다. 급진적이든 온건하든 신비판이론의 '비판적' 차원은 그것이 동시대 사회 세계를 문제 삼는다는 일반성에 있다.[7]

20세기 후반까지 비판사상의 무게중심은 서유럽과 동유럽에 있었다. 오늘날 그 무게중심은 미국으로 옮겨 갔다. 관련 저자들이 미국

---

7   신비판이론은 미셸 푸코와 질 들뢰즈의 책이 불러일으키는 것과 같은 반칸트주의 경향을 포함한다. 이러한 사실 때문에 '비판'이라는 단어를 칸트적 의미로 한정하는 것은 지나치게 제한적이다. 그렇지만 사회나 인종이나 성의 '범주' 비판이 문제 될 때마다 칸트적 의미가 그 단어에서 분명히 발견된다.

인이거나 미국 대학에서 강의하기 때문이다. 이는 사상의 지리학에서 중대한 격변에 해당한다. 뒤에서 보겠지만 이 격변은 동시대 비판이론의 본질에 영향을 준다.

그렇지만 비판이론의 미래가 여전히 서구에 있다고 보는 것은 문화적 편견을 고집하는 행위다. 페리 앤더슨Perry Anderson이 암시했듯 이론생산은 상품생산에서와 같은 생산 도정을 고스란히 따른다고, 어쨌거나 이론생산과 상품생산 그 둘의 발전이 서로 무관하지 않다고 단언할 수 있다.[8] 그 이유를 두고 단순하기 짝이 없는 유물론자는 경제가 관념을 '최종심급에서' 결정하기 때문이라 여기겠지만, 그게 아니라 새로운 문제가 생기는 곳에 새로운 관념이 출현하기 때문이다. 그런데 그와 같은 문제가 이미 나타났거나 앞으로 나타날 곳은 바로 중국, 인도, 브라질 같은 나라들이다.

역사적 국면에서 형성된 이론에는 해당 국면의 주된 특성이 아로새겨진다. 카를 마르크스Karl Marx가 죽고 나서 프리드리히 엥겔스Friedrich Engels는 '고전' 마르크스주의를 창시했으며, '고전' 마르크스주의는 특히 카를 카우츠키Karl Kautsky, 블라디미르 레닌Vladimir Lenin, 레온 트로츠키Leon Trotsky, 로자 룩셈부르크Rosa Luxemburg, 오토 바우어Otto Bauer를 포함한다. '고전' 마르크스주의는 장차 1차 세계대전과 러시아 혁명으로 이어질 정치적·경제적 소요를 배경으로 나타났다. 반

---

8   Perry Anderson, *In the Tracks of Historical Materialism*, Verso, Londres, 1983, p. 24 [페리 앤더슨, 『역사 유물론의 궤적』, 김필호·배익준 옮김, 새길아카데미, 2012].

면 이른바 '서구occidental' 마르크스주의는 자본주의가 비교적 안정적이던 시기에 발전했다. 여기에는 루카치 죄르지Lukács György, 카를 코르슈Karl Korsch, 안토니오 그람시Antonio Gramsci를 선구자로 하여 테오도어 아도르노Theodor W. Adorno, 장폴 사르트르, 루이 알튀세르Louis Althusser, 허버트 마르쿠제Herbert Marcuse, 갈바노 델라 볼페Galvano della Volpe가 포함된다. 이들 저자가 다루는 주제와 이론적 '스타일'에서 우리는 그 역사적 국면의 영향을 여실히 느낄 수 있다. 그들이 모두 마르크스주의 전통에 속한다 할지라도, 루돌프 힐퍼딩Rudolf Hilferding의 『금융자본론Das Finanzkapital』(1910)과 레닌의 『국가와 혁명Gosudarstvo i revolyutsiya』(1917), 그리고 아도르노의 『미니마 모랄리아Minima Moralia』(1951)와 사르트르의 『집안의 백치L'Idiot de la famille』(1971~1972) 사이에는 심연이 존재한다.

오늘날 새로운 형태의 비판사상이 만들어지는 세계는 어떠한가? 소비에트 진영의 몰락이 평화롭고 번영하는 '새로운 세계질서'라는 환영을 만들어냈다 하더라도, 그 환영에 매달렸던 이들에게 희망은 얼마 가지 못했다. 우리 시대는 대량 실업, 일반적인 고용 불안, 전 지구적 규모의 대테러 전쟁, 북반구와 남반구의 불평등 증가, 임박한 생태 위기로 특징지어진다.

오늘날 격변하는 세계는 고전 마르크스주의를 출현시킨 세계와 닮아 있다. 그러나 어떤 측면에서 보면 현저히 다른데, 그 이유는 단연 뚜렷이 확인되는 '해방 주체'가 부재하다는 점 때문일 것이다. 20세기 초 마르크스주의자는 강력한 노동자 조직에 의지할 수 있었다. 마르크스주의자는 흔히 그 조직의 지도자였고, 그 조직의 활동은 당시 자본주의 최종 위기의 한 국면이라 여겨졌던 것을 극복하게 해줄 것만 같았다. 이와 비슷한 어떤 것도 지금은 존재하지 않으며, 아마 가까운 미래에도 그럴 것이다. 이를 확인한 이상 어떻게 급진적인 사회변혁을 계속 생각할 수 있을까? 이것이 바로 동시대 비판이론이 직면해 있는 도전이다.

1부
___

맥락들

1장 비판사상의 패배: 1977~1993

시기 구분하기

모든 것이 패배에서 시작한다. 동시대 비판사상의 본질을 이해하고자 한다면 누구나 이 사실을 출발점으로 삼아야 할 것이다.

이전 운동을 계승해 1950년대 말에 일어난 저항운동은 1970년대 후반부터 쇠퇴 과정을 밟기 시작한다. 그 이유는 여러 가지다. 1973년 석유파동이 일어나면서 '영광의 30년Trente Glorieuses'이라는 '장기파동'이 역전된 일, 1979년 마거릿 대처Margaret Thatcher의 당선 및 1980년 로널드 레이건Ronald Reagan의 당선과 함께 시작된 신자유주의의 공세, 옛 노동자 연대의 쇠퇴, 1981년 프랑스에서 좌파가 집권하면서 좌파 정부가 1968년 5월 이름을 날렸던 극좌파 운동가들을 회유하려 한 시도, 소비에트와 중국 진영에 대한 신뢰를 결정적으로 잃어버린 일 등등. 1979년 니카라과의 산디니스타Sandinista 혁명이 아마도 전통적 의미에서 혁명의 특징을 보인 마지막 사건일 것이다. 같은 해다른 곳에서 발생한 이란의 이슬람 혁명은 이후 수십 년간 숱하게 벌어질, 일일이 분간하기도 어려운 일련의 정치적 사건들의 시작이었다.

이러한 쇠퇴 과정은 베를린 장벽이 무너지던 순간, 그때가 절정은 아니었더라도 가장 극명하게 드러난다. 확실히 무언가가 1989년 무렵에 끝났다. 문제는 그게 무엇인지 아는 일이며, 그게 언제 시작됐는지 알아보는 일이다.

시기 구분을 해본다면 여러 방식이 가능하다. 먼저 우리가 짧은 정치적 주기의 끝에 이르렀다고 주장할 수도 있다. 그 주기의 시작은 1950년대 후반으로 거슬러 올라간다. 이 주기가 바로 '신좌파'의 주기다. 신좌파라는 용어는 특히 마오주의, 트로츠키주의, 아나키즘의 '극좌파' 조직과 함께 페미니즘, 생태학 같은 '새로운 사회운동'을 지칭하는 말이다. 신좌파는 1956년 무렵 등장했다. 그해는 수에즈 위기의 해이자 소비에트 탱크가 부다페스트 봉기를 진압한 해이며, 또한 소련 공산당의 20차 당 대회에서 흐루쇼프Nikita Khrushchyov가 비밀 연설을 통해 스탈린Iosif Stalin 범죄를 폭로한 해이기도 하다. 그해 프랑스에서는 공산당 의원을 포함한 의회상임위원회가 알제리 '평화'를 위해 기 몰레Guy Mollet 정권에 특별권한의 위임을 가결했다.

신좌파에 속한다는 것은 자본주의를 첨예하게 비판하는 동시에, 1956년 대치하던 두 진영이 부과한 양자택일을 거부한다는 뜻이었다. 이는 다른 말로 하면 이집트를 상대로 전개되던 영국-프랑스 정치와 제국주의 일반을 규탄하는 동시에, 소비에트가 부다페스트에 개입하는 것을 규탄한다는 뜻이었다. 신좌파는 1968년 이후 몇 년간, 대략 (이탈리아 자율주의 운동이 전개된) 1977년까지 전성기를 맞는다. 1968년 프랑스와 멕시코, 1969년 이탈리아의 '잠재적 5월'과 '뜨거운 가을Autunno caldo', 1969년 아르헨티나의 '코르도바 사건'과 1968년 체코 '프라하의 봄'은 모두 동일한 국제적 흐름에 들어간다. 이렇듯 첫 번째로 가능한 시기 구분은, 1956년 이집트와 헝가리 위기로 촉발된 급진 좌파 내부의 반작용이 1989년에 끝났다고 보는 것이다. 쿠바 혁명(1959)과 베트남 전쟁은 이 주기를 추동한 또 다른 사건이다.[2]

두 번째로 가능한 시기 구분에서는 1989년 무렵 끝나는 정치적 주기가 1917년 러시아 혁명이나 1914년 1차 세계대전으로까지 거슬러 올라간다. 이는 역사학자 에릭 홉스봄Eric Hobsbawm이 "단기 20세기"[3]라 말한 시기다. 1차 세계대전과 이로써 가능해진 볼셰비키 혁명은 20세기의 '모태'로 인식된다. 이 시기는 야만의 무대였다. 특히 2차 세계대전 동안 행해진 야만은 1차 세계대전 중에 일어났던 변화, 집단 폭력의 양상과 강도의 변화에 따른 결과로 제시된다. 지나간 세기의 또 다른 측면은 이 사건들과 연관이 있다. 예컨대 '이데올로기'의 역할이 그렇다. 1989년이 이데올로기에 종말을 고한 해라면, 1917년은 이데올로기의 역사에 '총체적으로' 진입한 해로 여겨진다.[4] 이런 시

---

1   아르헨티나의 코르도바라는 산업도시에서 1969년 5월 29일 전개된 이 아르헨티나 저항운동은 독재자 후안 카를로스 옹가니아(Juan Carlos Onganía)의 몰락을 초래했다.

2   '신좌파'에 관해서는 다음을 보라. Van Gosse, *The Movements of the New Left, 1950-1975: A Brief History with Documents*, Palgrave Macmillan, New York, 2008. 이 시기를 언급하는 눈길을 끄는 영화로는 크리스 마커(Chris Marker) 감독의 〈붉은 대기(Le fond de l'air est rouge)〉(1977)가 있다.

3   Eric J. Hobsbawm, *L'Âge des extrêmes. Histoire du court XXᵉ siècle, 1914-1991*, Complexe, Bruxelles, 1999 [에릭 홉스봄, 『극단의 시대: 20세기 역사』(상·하), 이용우 옮김, 까치, 1997].

4   Jean Baechler, *La Grande Parenthèse (1914-1991). Essai sur un accident de l'histoire*, Calmann-Lévy, Paris, 1993.

기 구분에서 '신좌파'는 1914년 혹은 1917년 시작된 좀 더 긴 주기 안에 들어가는 '하위 주기'가 된다.

세 번째로 가능한 시기 구분은 1789년 프랑스 혁명 당시 포문을 연 주기가 1989년 끝났다고 보는 것이다. 이는 가장 긴 시간을 염두에 둔 가설이며, 더 중대한 정치적·이론적 결과를 동반한다. 특히 이 가설은 장프랑수아 리오타르Jean-François Lyotard, 마셜 버먼Marshall Berman, 프레드릭 제임슨의 저작과 관련해 '포스트모던postmoderne'으로 특징지어지기도 한다.[5] '포스트모더니즘postmodernisme'은 프랑스 혁명이 정치적 근대성의 시발점에 있다는 생각을 토대로 한다. 이 관점에서 보자면 이후 러시아 혁명이나 중국 혁명은 프랑스 혁명의 후속편인 셈이다. 그런데 공산주의 체제가 프랑스 혁명으로 시작된 근대 프로젝트를 실현하는 데 실패함으로써, 근대 프로젝트 전체는 위태로운 것으로 여겨지게 된다. 이 세 번째 가설은 근대 정치의 고유한 범주, 즉 이성·과학·시간·공간 같은 지적 범주와 주권·시민권·영토 같은 정치적 범주를 새로운 범주를 위해 버려야 한다는 사실을 뜻한다. 그리고 '네트워크réseaux'라는 조직 형태, 소수자 '정체성identités'의 중요성, 세계화의 맥락에서 예견된 국민국가의 주권 상실이 이 가설의 일부를 이

---

5   Jean-François Lyotard, *La Condition postmoderne*, Minuit, Paris, 1979 [장프랑수아 리오타르, 『포스트모던의 조건』, 유정완 옮김, 민음사, 2018]; Marshall Berman, *All That Is Solid Melts Into Air. The Experience of Modernity*, Penguin Books, New York, 1982 [마셜 버먼, 『현대성의 경험』, 윤호병·이만식 옮김, 현대미학사, 2004]; Fredric Jameson, *Le Postmodernisme, ou la logique culturelle du capitalisme tardif*, ENSBA, Paris, 2007.

룬다.

1789년, 1914~1917년, 1956년이라는 세 출발점은 오직 하나의 종착지, 1989년을 향하고 있다. 여기에 다른 구분을 덧댈 수도 있다. '포스트식민주의' 연구는 (예컨대 1804년에 끝난 아이티 혁명이나 1945년 알제리에서 자행된 세티프 학살 같은) 근대 식민지 역사의 주요한 사건을 강조한다. 1848년 혁명과 파리 코뮌 또한 1989년에 끝나는 정치적 주기의 기원으로 원용되기도 한다. 세계 어느 지역을 근거로 삼느냐에 따라 어떤 사건이 지닌 상대적 중요성은 바뀔 수 있다. 라틴아메리카에서는 19세기 초반 국가 독립, 1910년 멕시코 혁명, 1959년 쿠바 혁명이 핵심이다. 유럽에서는 2차 세계대전 종전과 '영광의 30년'을 기준점으로 둘 수 있다. 또 마찬가지로 아시아에서는 1949년 중화인민공화국의 선포가 기준점이 될 수 있다.

신비판사상은 시기 구분 문제에 집착한다. 정치투쟁과 이론 형성의 주기 속에서 당면한 역사적 상황을 생각하는 것이 신비판사상에는 무엇보다 중요하다. 이제껏 어떤 비판이론도 이 문제에 그토록 큰 중요성을 부여하지 않았다. 물론 마르크스주의는 언제나 역사 일반과, 특히 관념의 역사와 그것의 관계를 되묻곤 했다. 이것이 마르크스와 헤겔G. W. F. Hegel, 마르크스와 고전파 경제학자, 혹은 마르크스와 유토피아적 사회주의자의 관계를 둘러싼 숱한 논쟁이 지닌 의의다. 하지만 자크 데리다Jacques Derrida가 즐겨 쓰는 셰익스피어의 표현대로 시간이 "이음매에서 어긋나 있는out of joint"[6] 듯한 오늘날에는 이 문제가 더욱 날카롭게 제기된다. 우리가 언급했던 주기 가운데 어느 것을 중시하느냐에 따라 그 함의가 달라진다. 포스트모더니즘의 가설은 근대적 형태의 정치가 사라졌음을 가정한다는 점에서 중대한 결과를 빚어낸다. 다른 두 가설은 이런 식의 전면적인 재검토를 함축하진 않지만, 여기에 비춰봐도 20세기 초 이래 좌파의 교리와 전략은 매우 심각한 재평가를 받을 수밖에 없다.

우리는 시기 구분 문제, 그리고 신비판사상이 이 문제에 주는 답변으로 되돌아올 것이다. 지금으로서는 좌파가 사회변혁에 실패한 것으로 보이는 국면에서 이들 이론이 전개된다는 사실을 눈여겨볼 필요가 있다. 좌파의 패배는 프랑스 혁명이나 러시아 혁명이 시작한 주기로, 또는 1950년대 후반으로 거슬러 올라간다. 그러나 어찌 됐건 좌파의 패배는 사실로 판명되었고, 그 규모는 엄청나다. 이는 신비판사상을 이해하는 데 결정적이다. 그리고 이는 신비판사상에 독특한 색채와 '스타일'을 입혀준다.

비판사상의 지리학을 향하여

페리 앤더슨은 『서구 마르크스주의 연구Considerations on Western Marxism』에서 1918~1923년 일어난 독일 혁명의 실패가 마르크스주의

---

6   이 주제는 특히 다음에서 전개되었다. Jacques Derrida, *Spectres de Marx*, Galilée, Paris, 1993 [자크 데리다, 『마르크스의 유령들』, 진태원 옮김, 그린비, 2014].

내부에 중요한 변화를 불러일으켰음을 보여준다.[7] 고전 마르크스주의자들은 두 가지 주된 특징을 보인다. 첫째, 그들은 역사학자이거나 경제학자이거나 사회학자였다. 요컨대 그들은 경험과학에 몰두했다. 그들의 출판물은 대부분 경제 정세를 다룬 것이었고 당시 정치 상황과 맞물려 있었다. 둘째, 그들은 당의 지도자였다. 다시 말해 그들은 실질적인 정치 문제에 직면해 있는 전략가였다. 카를 슈미트Carl Schmitt는 레닌이 클라우제비츠Carl von Clausewitz를 읽은 일이 근대 들어 가장 중요한 사건이라고 단언한다.[8] 이는 확실히 과장된 얘기지만 그 바탕에 깔려 있는 생각은 정확하다. 20세기 초 마르크스주의 지식인이라 함은 자기 나라에 있는 노동자 조직의 지도부로 있음을 말했다. 그렇기에 '마르크스주의 지식인'이라는 개념 자체는 사실상 거의 무의미하다. '지식인'을 뺀 '마르크스주의자'라는 명사만으로도 충분하다.

위 두 가지 특징은 긴밀하게 연결된다. 마르크스주의 사상가들이 결정을 내리는 데 경험적 지식을 필요로 했던 것은 그들이 정치적 전략가였기 때문이다. 이것이 바로 레닌이 언급해 유명해진 "구체적 상황에 대한 구체적 분석"이다. 반대로 전략가라는 그들의 역할은 직접 얻은 경험적 지식에서 비롯한 그들의 견해를 살찌웠다. 레닌이 1917년 11월 30일 『국가와 혁명』 후기에 썼듯 "'혁명을 경험'하는 것

---

7   Perry Anderson, *Sur le marxisme occidental*, Maspero, Paris, 1977 [페리 앤더슨, 『서구 마르크스주의 읽기』, 이현 옮김, 이매진, 2003].

8   Carl Schmitt, *Théorie du partisan*, Flammarion, Paris, 1999, p. 257 [칼 슈미트, 『파르티잔: 그 존재와 의미』, 김효전 옮김, 문학과지성사, 1998].

이 그것을 주제로 글을 쓰는 것보다 더 유익하다".[9] 마르크스주의 역사상 이 시기 혁명의 '경험'과 '글쓰기'는 복잡하게 뒤얽혀 있었다.

다음 시기의 '서구' 마르크스주의는 고전 마르크스주의에 지배적이던, 지식인-지도자와 노동자 조직의 관계가 사라진 자리에서 생겨났다. 1920년대 중반 노동자 조직은 곳곳에서 패배했고 1923년 독일 혁명의 결말은 노동운동의 미래에 결정적인 것으로 인식됐다. 이 패배는 자본주의를 즉각 전복하리라는 희망에 반격을 가했으며, 당시 노동운동이 퇴각함으로써 지식인-지도자와 노동자 조직 사이에 새로운 유형의 관계가 설정되었다. 안토니오 그람시, 카를 코르슈, 루카치 죄르지는 이 새로운 지형을 대표하는 첫 얼굴들이다.[10]

아도르노, 사르트르, 알튀세르, 델라 볼페, 마르쿠제, 그리고 다른 몇몇과 더불어 1924~1968년의 주기를 지배하던 마르크스주의자들은 앞선 시기의 마르크스주의자들과 상반되는 면모가 있었다. 먼저 이 시기 마르크스주의자들은 노동운동과, 특히 공산당과 더는 유기적 관계를 맺지 않았다. 그들은 더 이상 공산당 지도부 자리를 맡지 않았으며, (알튀세르, 루카치, 델라 볼페와 같이) 간혹 스스로가 공산당원일 때에

9   Lénine, *L'État et la révolution*, Éditions en langues étrangères, Pékin, 2005, p. 151 [블라디미르 일리치 레닌, 『국가와 혁명: 마르크스주의 국가론과 혁명에서 프롤레타리아트의 임무』, 문성원·안규남 옮김, 돌베개, 2015].

10   Perry Anderson, *Sur le marxisme occidental*, p. 41. 서구 마르크스주의에 대한 여러 분석에 대해서는 다음을 보라. Russell Jacoby, *Dialectic of Defeat. Contours of Western Marxism*, Cambridge University Press, Cambridge, 2002; Martin Jay, *Marxism and Totality. The Adventures of a Concept from Lukács to Habermas*, University of California Press, Berkeley, 1986.

도 공산당과 복잡한 관계를 유지했다. 프랑스에서는 사르트르가 보여 주듯 '동반자 관계compagnonnage'라는 형태를 관측할 수 있다. 하지만 지식인과 당 사이에는 좁힐 수 없는 거리가 있었고, 더욱이 그 거리가 꼭 지식인 탓만은 아니었다. 공산당 지도부는 지식인을 대체로 크게 불신했다.[11]

서구 마르크스주의의 특징인 지식인과 노동자 조직의 단절에는 주목할 만한 원인과 결과가 있었다. 먼저 원인은, 1920년대 이후 소련과 그 형제당의 공식 교리에 해당하는 정통 마르크스주의가 구성된 일이었다. 이전의 고전 마르크스주의 시기는 격렬한 논쟁의 시기였다. 특히 제국주의의 성격, 민족 문제, 사회적인 것과 정치적인 것의 관계, 금융자본을 주제로 논쟁이 벌어졌다. 그러나 마르크스주의는 1920년대 후반부터 경직되어갔다. 이런 상황에서 지식인은 구조적으로 불편한 처지에 놓였는데, 이제 지적 장場, champ에서 어떤 혁신도 금지됐기 때문이다. 노동자 정당으로부터 지식인을 갈라놓은 주요 원인이 그것이다. 이에 지식인은 충성을 서약할지 아니면 노동자 정당과 거리를 유지할지 양자택일을 해야 하는 상황에 부딪혔다. 지적 활동의 '전문화'는 점점 더 심해졌고, 이런 '전문화'는 지식인을 정치에서 멀어지게 하는 경향이 있었다. 그런 요인들 때문에 시간이 지날수록 노동자 정당과 지식인 사이의 거리는 더욱 벌어지기만 했다.

11   Frédérique Matonti, *Intellectuels communistes, Essai sur l'obéissance politique. La Nouvelle Critique (1967-1980)*, La Découverte, Paris, 2005.

이 새로운 지형의 특기할 만한 결과는, 서구 마르크스주의자들이 앞선 시기의 마르크스주의자들과 달리 추상적 지식을 전개했다는 것이다. 서구 마르크스주의자들은 대부분 철학자였으며 게다가 대체로 미학자나 인식론자였다. 그런데 고전 마르크스주의자들이 노동자조직 내에서 지도부 일을 수행했다는 사실이 경험과학의 실천과 관련 있는 것과 마찬가지로, 서구 마르크스주의자들은 지도부 자리에서 멀어짐으로써 '추상 속으로 달아나게' 됐다. 마르크스주의자들은 이제 대다수 노동자가 다가갈 수 없고 정치적 전략과 직접적인 관계가 없는 영역에 속하는 난해한 지식을 만들어냈다. 서구 마르크스주의는 이 점에서 별로 '클라우제비츠답지' 않았다.

서구 마르크스주의의 상황은 역사를 만들려는 사상의 내용에 역사적 사건이 어떤 영향을 미칠 수 있는지를 잘 보여준다. 더 정확히 말하자면, 정치적 패배라는 특수한 유형의 사건이 이를 겪어낸 이론 흐름에 어떤 영향을 미치는지 보여주는 것이다.[12] 독일 혁명의 실패는 공산당과 혁명적 지식인 사이를 지속적으로 단절시켰다. 지식인은 정치적 결정에서 고립됨으로써 점점 더 추상적인 분석을, 전략 차원에서 점점 더 쓸모없는 분석을 만들어냈다. 페리 앤더슨의 증명은 학설doctrine의 내용적 특성(추상)을, 이 학설이 생산된 사회적 조건의 특성(패배)으로써 만족스럽게 설명한다는 데 그 이점이 있다.

---

12   '패배'와 '이론'의 관계에 관해서는 다음을 보라. Razmig Keucheyan, "Figures de la défaite. Sur les conséquences théoriques des défaites politiques," *Contretemps*, n° 3(nouvelle série), 2009.

이쯤에서 문제가 되는 것은, 1970년대 후반 사회운동이 겪은 패배와 현재 비판이론의 관계를 어떻게 설정할 것인가다. 달리 말하면, 1960~1970년대 비판적 학설이 패배의 영향으로 1990년대 비판이론의 출현을 야기하기까지 어떻게 '변모'해갔는지를 묻는 것이다. 1970년대 후반의 패배를 1920년대 초반 노동운동이 겪은 패배와 비교할 수 있을까? 1970년대 후반의 패배가 비판적 학설에 끼친 영향은 1920년대 초반 이후 마르크스주의가 받은 영향, 특히 당시 마르크스주의를 특징지은 '추상 속으로 달아남'과 비슷한 것이었을까?

한 빙하기에서 다른 빙하기로

오늘날 비판사상은 서구 마르크스주의를 계승한 것이다. 물론 이 비판사상은 여러 계보의 산물이라는 점에서 서구 마르크스주의의 영향만 받은 것은 아니다. 그 계보에는 마르크스주의와 무관한 것도 있다. 프랑스의 니체주의가 한 예인데, 특히 미셸 푸코Michel Foucault와 질 들뢰즈Gilles Deleuze의 저서가 그렇다. 하지만 신비판사상의 중요한 기원 가운데 하나는 서구 마르크스주의에서 찾아야 한다. 서구 마르크스주의의 역사는 '신좌파'의 역사와 밀접하게 관련된다.

페리 앤더슨의 분석은 노동자 조직과 비판적 지식인을 갈라놓는 다소 먼 거리가 이들 지식인이 만들어내는 이론 유형에 결정적 영향을 미친다는 점을 보여준다. 이런 지식인이 노동자 조직의 구성원일 때, 하물며 지도자일 때, 그가 묶여 있는 정치 활동이라는 제약은 이 지식인의 출판물에서 뚜렷이 확인된다. 서구 마르크스주의의 상황에서처럼 그 관계가 느슨할 때는 확실히 덜 그렇다. 국제금융관세연대ATTAC에 학술위원으로 참여하는 것은 20세기 초 러시아에서 사회민주노동당 구성원인 것과 같은 구속성을 지니지 않는다. 국제금융관세연대 학술위원이 된 지식인은 정치적 참여 말고도 대학 활동을 꾸려나갈 충분한 여유를 가질 수 있다. 20세기 초 러시아 등지에서 누군가가 노동자 조직에 가입했을 때 그런 일은 불가능했다. 확실히 고전 마르크스주의 시기 이후로 대학도 상당히 달라졌다. 더 정확히 말하면 대중화했다. 이는 비판적 지식인의 잠재적 궤적에도 영향을 미친다. 오늘날에는 (매우 다양한) 대학 출신자들이 예전보다 사회에 훨씬 더 일반적으로 존재한다. 결국 신비판사상을 이해하려면 그 사상을 만들어내는 지식인과 현재 조직이 유지하는 관계의 성격을 헤아리는 것이 중요하다. 이 물음에 답하기 위해 이 책 3장에서는 동시대 비판적 지식인의 유형을 제안할 것이다.

사상의 지리학이라는 것이, 이 경우에는 비판사상의 지리학이라는 것이 존재한다. 고전 마르크스주의를 중요하게 발전시킨 것은 중유럽과 동유럽 사상가들이었다. 그러다 이쪽 대륙에서 스탈린주의화가 진행되며 이후 이론 형성이 차단되자, 사상의 구심점이 서유럽으로 옮겨 갔다. 이 사회적 공간에서 한동안, 즉 반세기 동안 비판적인 지적 생산물이 만들어졌다. 1980년대 동안에는 유럽 대륙에서 이론적이고 정치적인 비판이 쇠퇴하고, 또 정기간행물 『뉴 레프트 리뷰

New Left Review』『세미오텍스트Semiotext(e)』『텔로스Telos』『뉴 저먼 크리틱 New German Critique』『이론과 사회Theory and Society』『크리티컬 인콰이어리 Critical Inquiry』를 중심으로 지적이고 역동적인 활동이 이뤄짐으로써 비판의 중심이 영미권으로 점차 옮겨 갔다. 이처럼 비판이론은 역사적으로 비판이론이 거의 활발하지 않았던 곳에서 매우 활발히 전개됐다.[13] 물론 알랭 바디우, 자크 랑시에르Jacques Rancière, 안토니오 네그리, 조르조 아감벤Giorgio Agamben을 떠올려보면 충분히 알 수 있듯 비판이론의 오랜 생산지에서 주요 저자가 계속 배출되고 전파되고 있긴 하지만, 비판이론의 산물을 새로운 지역으로 옮기는 중요한 움직임이 지난 30년에 걸쳐 일어났다.

1970년대 후반부터 서유럽 급진 좌파, 특히 프랑스 급진 좌파 쪽의 지적 풍토는 상당히 나빠졌다고 말할 수밖에 없다. 앞서 스탈린 빙하기가 동유럽과 중유럽을 덮쳤을 때 서구 마르크스주의가 고전 마르크스주의의 뒤를 이었다고 했다. 그런 빙하기의 결과와 마이클 크리스토퍼슨Michael S. Christofferson이 말한 프랑스의 "반反전체주의 시기"[14]

---

13 Perry Anderson, *In the Tracks of Historical Materialism*, p. 24. 분석철학이 서쪽으로(유럽에서 미국으로) 나아가며 같은 궤적을 밟아갔음을 확인하는 일은 흥미롭다. 분석철학의 기원은 독일(고틀로프 프레게), 오스트리아(빈학파, 루트비히 비트겐슈타인), 영국(버트런드 러셀, G. E. 무어)으로 거슬러 올라가지만 그 구심점은 20세기 후반 미국(윌러드 밴 오먼 콰인, 힐러리 퍼트넘, 솔 크립키, 도널드 데이비드슨, 존 롤스)으로 옮겨 간다.

14 Michael S. Christofferson, *French Intellectuals Against the Left. The Antitotalitarian Moment Of the 1970's*, Berghahn Books, New York, 2004 (*Les Intellectuels contre la gauche. L'idéologie antitotalitaire en France [1973-1981]*, Agone, Marseille, 2009).

는 많은 점에서 다르긴 하지만, 우리는 그 둘의 유사성을 밝힐 수 있다. 1970년대 후반부터 이데올로기적이고 문화적인 공세가 프랑스에서 대대적으로 일어났다. 그러한 공세는 다른 분야에서는 영국과 미국에서 각각 마거릿 대처와 로널드 레이건이 선출되며 눈부시게 발전한 신자유주의 정치와 함께 일어나, 프랑수아 미테랑François Mitterrand의 선출과 1983년 '긴축기tournant de la rigueur'로 이어졌다. 1950년대 후반에 발생한 저항운동은 정체됐다. 1973년 첫 석유파동으로 실업률이 처음으로 심각하게 증가함에 따라 경제적·사회적 차원에서 어려운 시기가 닥칠 것이 눈앞에 보였다. 1972년 (공산당과 사회당이) 체결한 '공동 강령Programme commun'은 좌파의 집권을 생각할 수 있게 했지만, 좌파 활동을 제도화 쪽으로 기울게 함으로써 좌파가 이전에 지녔던 활력의 일부를 빼앗는 결과를 낳았다.

출판계에서는 『수용소 군도Arkhipelag Gulag』가 1974년 프랑스어로 번역·출간됐다. 솔제니친Aleksandr Solzhenitsyn과 동유럽의 또 다른 반체제 인사를 둘러싼 미디어의 대대적 선전은 굉장했다. 그들을 옹호하는 것은 보수적 지식인만의 일이 아니었다. 1977년 프랑스에서 소비에트 반체제 인사에 경의를 표하는 조직적 환대는 장폴 사르트르, 미셸 푸코, 질 들뢰즈를 한데 불러 모을 수 있었다. 코르넬리우스 카스토리아디스Cornelius Castoriadis, 클로드 르포르Claude Lefort 같은 이름난 비판적 지식인들은 '반전체주의적' 서사시를 찬양하기 시작했다. 르포르는 솔제니친에게 『쓸모없는 사람』이라는 책을 헌정하기도 했다.[15] 『사회주의냐 야만이냐Socialisme ou Barbarie』는 1950년대부터 스탈린주의를 체계적으로 비판한 최초의 정기간행물 가운데 하나였다.[16] 1970년대 후반부터 프랑스에서 지배적이던 '반전체주의적 합의'는 카스토리아디스에서 시작해 잡지 『텔 켈Tel Quel』과 모리스 클라벨Maurice Clavel을 거친 뒤 레몽 아롱Raymond Aron으로 (물론 중요한 차이와 함께) 퍼졌다. 시대의 지적 장에 이제 막 뛰어든 젊은 '새내기'인 '신철학자들nouveaux philosophes'은 '반전체주의'를 밑천으로 삼았다. 우리가 이 장에서 다루는 역사적 시기의 경계로 선택한 1977년은 신철학자들이 미디어를 통해 인정받은 해이기도 했다.[17] 앙드레 글뤽스만André Glucksmann과 베르나르앙리 레비Bernard-Henri Lévy는 이 해에 저마다 『사상의 거장들』과 『인간의 얼굴을 한 야만』을 출판했다.[18]

사회 변화를 꾀하는 모든 계획은 전체주의, 즉 대량 학살을 기반으로 하여 국가가 사회집단 전체를 국가에 복종시키는 체제에 이른다는 것이 신철학자들의 주장이었다. 이로써 소련과 '현실 사회주의'

---

15   Claude Lefort, *Un homme en trop. Essai sur L'Archipel du Goulag de Soljenitsyne*, Seuil, Paris, 1975.

16   Philippe Gottraux, *Socialisme ou Barbarie. Un engagement politique et intellectuel dans la France de l'après-guerre*, Payot, Lausanne, 1997.

17   또 다른 가능성은 1976년 출간된 Christian Jambet et Guy Lardreau, *L'Ange : ontologie de la révolution*, Grasset, Paris, 1976를 경계로 삼는 데 있을 것이다. 이 책은 '프롤레타리아 좌파(GP)'에 속하는 많은 지도자들의 앞으로 있을 변화를 예고한다.

18   André Glucksmann, *Les Maîtres penseurs*, Grasset, Paris, 1977 [앙드레 글뤽스만, 『사상의 거장들: 그들은 어떻게 유럽과 세계를 속였는가』, 박정자 옮김, 기파랑, 2017]; Bernard-Henri Lévy, *La Barbarie à visage humain*, Grasset, Paris, 1977 [베르나르 앙리 레비, 『인간의 얼굴을 한 야만』, 박정자 옮김, 프로네시스, 2008].

국가만이 아니라 노동운동 전체가 '전체주의' 혐의를 받았다. 프랑스 혁명사 서술에 관한 프랑수아 퓌레François Furet의 '수정주의' 기획, 그리고 20세기 '공산주의자의 열정'에 대한 그의 분석이 유사한 생각에 의거했다. 1970년대 몇몇 신철학자는 상당한 정치적 급진성을 띠었다. 신철학자 가운데 많은 이들이 마오주의를 신봉하는 '프롤레타리아 좌파Gauche prolétarienne, GP' 조직 출신이었다. 『사상의 거장들』에서 글뤽스만은 자유지상주의적 어조로 '플레브스plebs'[19]를 (전체주의) 국가에 대립시켰다. 오늘날 '다중' 신봉자들은 그 어조를 부인하지 않으며, 그 어조는 푸코가 당대에 받은 지지를 부분적으로 설명해준다.[20] 그러나 시간이 지나면서 이들 신철학자는 '인권', 인도주의적 개입, 자유주의, 시장경제를 옹호하는 쪽으로 점차 나아갔다.

'신철학'의 중심에는 이론적 논거 또한 존재했다. 흥미로운 점은 그 논거가 유럽의 오래된 보수적 사상, 특히 에드먼드 버크Edmund Burke의 사상에서 유래한다는 점이다. 글뤽스만은 이를 다음과 같이 요약했다. "이론화한다théoriser는 것은 공포에 떨게 한다terroriser는 것이다." 버크는 프랑스 혁명의 참혹한 결과(공포정치)를 복잡한 현실과 불완전한 인간 본성에 거의 주의를 기울이지 않는 철학자의 "사변적 정신" 탓으로 돌렸다. 버크가 보기에 혁명이란 "시간의 검증"[21]을 거친 사실

---

19   [옮긴이] '플레브스'에 관해서는 이 책 5장의 '에르네스토 라클라우: 적대를 구성하라'를 참고할 것.

20   Peter Dews, "The Nouvelle Philosophie and Foucault," *Economy and Society*, vol. 8, 1979.

21   이 보수적인 논거와 다른 논거에 관해서는 다음을 보라. Ted Honderich, *Conservatism*,

보다 언제나 관념을 더 중시하려 드는 지식인의 산물이다. 유사한 맥락에서 글뤽스만과 그의 동료들은, 서구 사상사에서 현실을 '총체적으로' 파악한다고 주장하며 이를 기초로 현실을 바꾸려 하는 흐름을 비판했다. 그 흐름은 플라톤Platon까지 거슬러 올라가고 라이프니츠Gottfried Wilhelm Leibniz와 헤겔을 통해 마르크스와 마르크스주의에 이른다. 흥미롭게도 칼 포퍼Karl Popper는 1940년대부터 유사한 주장을 펼쳤는데, 『열린사회와 그 적들』이 대표적이다.[22] '이론화'를 '공포'와 동일시하는 것은 다음과 같은 삼단논법에 기초를 둔다. 현실을 총체적으로 이해한다는 것은 현실을 자기 앞에 복종시키려는 것과 같다. 그런데 그런 야심은 기어이 소련의 강제노동수용소 같은 형태에 이르고 만다. 이런 조건에서 우리는 비판이론이 더 우호적인 나라를 찾아 본래의 대륙을 떠났음을 알게 된다.

'신철학자'의 성공은 어떤 징후로 읽힐 수 있다. 이는 당시 정치적이고 지적인 장이 겪은 **변화**를 여실히 말해준다. 그 몇 년간은 1968년의 급진성을 포기하게 된 기간이자, '이데올로기의 종말'의 기간이자, '전문가'가 지식인을 대체하게 된 기간이었다.[23] 1982년 알랭

Westview, Londres, 1991.

22   Karl Popper, *The Open Society and Its Enemies*, Routeledge, Londres, 2011, 2 vols [칼 포퍼, 『열린 사회와 그 적들 I』, 이한구 옮김, 민음사, 2006; 칼 포퍼, 『열린 사회와 그 적들 II』, 이명현 옮김, 민음사, 1989].

23   François Cusset, *La Décennie. Le grand cauchemar des années 1980*, La Découverte, Paris, 2006.

맹크Alain Minc, 프랑수아 퓌레, 피에르 로장발롱Pierre Rosanvallon 등 몇몇이 '생시몽 재단Fondation Saint-Simon'을 설립했다. 피에르 노라Pierre Nora의 표현대로 생시몽 재단은 "생각을 가진 이들과 자원을 가진 이들"을 만나게 했다. 이는 이데올로기로부터 벗어난 것으로 가정되는 사회 인식이 출현했음을 상징한다.[24] 미국 사회학자 대니얼 벨Daniel Bell의 저서 『이데올로기의 종말The End of Ideology』은 1960년에 등장했다. 하지만 그 라이트모티프leitmotiv가 프랑스에 이르고 사회적 삶의 전 영역에서 표현되기 시작한 것은 1980년대였다. 문화 영역에서는 잡지 『악튀엘Actuel』과 '라디오 노바Radio Nova'의 창시자인 장프랑수아 비조Jean-François Bizot와 자크 랑Jack Lang이 '1968년 5월'을 실패한 혁명이지만 성공적인 축제로 여기게 했다. 경제 영역에서는 미테랑 정부에서 장관직을 맡게 될 베르나르 타피Bernard Tapie가 기업을 온갖 창의성의 장소처럼 소개했다. 지적 장에서는 피에르 노라와 마르셀 고셰Marcel Gauchet가 정기간행물 『르 데바Le Débat』를 창간해 1980년 첫 호를 냈다. 노라는 「지식인이 무엇을 할 수 있는가?Que peuvent les intellectuels?」라는 글에서 지식인에게 이제 엄밀히 자기 전문 분야에 만족하고 정치 영역에 개입하는 것을 포기하라고 권한다.[25]

1980년대의 분위기는 2차 세계대전 종식 이후로 산업사회에 영

---

24   프랑스에서 '전문적 능력(expertise)'의 역사에 관해서는 다음을 보라. Kristin Ross, *Rouler plus vite, laver plus blanc. Modernisation de la France et décolonisation au tournant des années 1960*, Flammarion, Paris, 2006.

25   Perry Anderson, *La Pensée tiède*, Seuil, Paris, 2005.

향을 끼친 '하부구조'의 격변과 관련지어 봐야 한다. 중요한 변화의 하나는 미디어가 지적 생활에서 갖게 된 중요성이다. '신철학자'는 텔레비전에 나간 첫 철학 조류였다. 물론 사르트르와 푸코도 당시 촬영된 인터뷰에 모습을 드러냈지만, 그들과 그들의 저작은 텔레비전이 없었더라도 존재했을 것이다. 베르나르앙리 레비와 앙드레 글뤽스만의 상황은 달랐다. 많은 점에서 신철학자는 미디어의 산물이다. 하얀 셔츠, 치켜세운 머리모양, '체제 저항자'다운 태도처럼 눈에 띄는 면모는 물론이거니와, 그들의 저작물 또한 텔레비전이 지닌 제약을 헤아려 고안됐다.[26] 지적 장에 미디어가 침입함으로써 비판이론의 형성 조건은 급격히 바뀌었다. 이는 1970년대 말부터 프랑스에서 형성된 비판사상에 대한 적대적 분위기를 설명할 때 추가적인 요소가 된다. 이전 시기 알튀세르, 르페브르Henri Lefebvre, 푸코, 들뢰즈, 부르디외Pierre Bourdieu, 바르트Roland Barthes, 그리고 리오타르의 기여와 함께 비판이론이 가장 번성했던 나라 중 하나는 이렇게 지적 전통의 쇠퇴를 겪었다. 앞선 저자 가운데 몇몇은 1980년대에도 중요한 저서를 계속 출판했다. 들뢰즈와 과타리Félix Guattari의 『천 개의 고원Mille Plateaux』은 1980년에, 리오타르의 『쟁론Le Différend』은 1983년에, 푸코의 『성의 역사 2: 쾌락의 활용 L'Usage des plaisirs』은 1984년에 출판됐다. 하지만 당시 프랑스의 비판사상

---

26   질 들뢰즈는 1977년에 일찌감치 이를 알아차렸다. "À propos des nouveaux philosophes et d'un problème plus général," in Gilles Deleuze, *Deux régimes de fous, et autres textes (1975-1955)*, Minuit, Paris, 2003.

은 이전에 가졌던 혁신 능력을 잃었다. 바로 그때 이론적 빙하기가 시작됐고, 어떤 면에서 우리는 아직 거기서 벗어나지 못하고 있다.

'신철학자' 현상은 지극히 프랑스적인 현상이다. 이는 특히 그 중심인물들의 사회학적 이력이 프랑스의 엘리트 재생산 체계와 긴밀히 연결돼 있다는 점에서 그렇다. 하지만 1968년의 이념을 부인하는 일반적인 경향은, 비록 나라마다 다르게 나타나긴 해도 국제적인 차원에서 관찰된다. 이런 경향은 1970년대 후반부터 뚜렷해졌다. 눈길을 끄는 한 사례가 이탈리아 출신인 루치오 콜레티Lucio Colletti의 사례로, 그에 관한 심도 깊은 연구는 더 필요하다. 콜레티는 1960~1970년대 매우 혁신적인 마르크스주의 철학자 가운데 하나였다. 우리는 앞서 1956년 부다페스트 봉기를 계기로 수많은 지식인이 공산주의 운동과 연을 끊었음을 보았다. 1950년부터 '이탈리아 공산당Partito Comunista Italiano, PCI' 당원이었던 콜레티는 부다페스트 봉기 때 당을 떠나지 않기로 결심했다(그는 1964년 결국 당을 떠나게 된다).[27] 그렇지만 스탈린주의에는 점점 더 비판적인 견해를 갖게 됐다. 그는 같은 시기 프랑스의 알튀세르와 마찬가지로(콜레티는 알튀세르와 서신을 주고받았으며 알튀세르는 그를 매우 높이 평가했다), 그리고 스승인 갈바노 델라 볼페의 영향으로, 마르크스가 사람들이 흔히 생각하는 것보다 더 확실하게 헤겔과 단절했다는 생각을 옹호했다. 이런 주장은 특히 그의 주저 가운데 하나

---

27   Steve Redhead, "From Marxism to Berlusconi: Lucio Colletti and the struggle for scientific Marxism," *Rethinking Marxism*, vol. 22, n° 1, 2010.

인 『마르크스주의와 헤겔Il marxismo e Hegel』에서 전개됐다.[28] 그의 『이념과 사회Ideologia e società』 역시 영향력 있는 저서로, 이 책은 콜레티의 사유에서 레닌의 유물론이 갖는 중요성을 증명한다.

'서구' 마르크스주의를 대표하는 한 사람이자 이론가인 콜레티는 1970년대 중반부터 마르크스주의, 특히 '서구' 마르크스주의를 점점 더 비판적인 태도로 대했다. 당시 그는 한 인터뷰에서 장차 자신의 변화를 암시하는 듯한 염세적인 어조로 다음과 같이 선언했다.

> 마르크스주의를 되살릴 수 있는 유일한 길은 [콜레티 본인이 쓴] 『마르크스주의와 헤겔』 같은 저서는 그만 내고, 대신에 힐퍼딩의 『금융자본론』이나 로자 룩셈부르크의 『자본축적론』, 나아가 대중적인 소책자인 레닌의 『제국주의』 같은 저서를 재출간하는 일일 겁니다. 요컨대 마르크스주의는 이런 수준의 저서를 집필할 능력—내 경우는 확실히 아닙니다만—을 다시 갖추지 않으면, 몇몇 대학교수의 괴벽 정도로 남을 겁니다. 하지만 그쯤 되면 마르크스주의는 정말로 죽은 것이니, 문제의 교수들은 자기네 지식인 패거리에게 붙일 새로운 이름을 고안하는 편이 나을 테지요.[29]

---

28 Lucio Colletti, *Le Marxisme et Hegel*, Champ libre, Paris, 1976.

29 Lucio Colletti, "A political and philosophical interview," *New Left Review*, vol. 1, n° 86, juillet-août 1974, p. 28.

콜레티가 생각하기에 방향은 둘 중 하나였다. 마르크스주의가 이론과 실천을 서로 화해시키고, 앞서 말한 독일 혁명의 실패로 생긴 단절을 수습하거나, 아니면 마르크스주의로서 더는 존재하지 않거나. 그가 보기에 '서구 마르크스주의'는 결국 논리적으로 불가능했다. 1980년대에 콜레티는 당시 베티노 크락시Bettino Craxi가 이끌던 '이탈리아 사회당Partito Socialista Italiano, PSI'으로 옮겨 갔다. 해가 갈수록 크락시의 부패 수위는 정신이 아뜩할 정도로 높아져갔다. 참담한 일이지만 1990년대에 끝내 우파로 전향한 콜레티는 실비오 베를루스코니Silvio Berlusconi가 창설한 신당 '전진 이탈리아Forza Italia'에 가입해 1996년 그 당의 상원의원이 된다. 2001년 콜레티가 사망했을 때 베를루스코니는 공산주의 이데올로기를 거부하며 보여줬던 그의 용기에 경의를 표하고, '전진 이탈리아'에서 그가 한 역할을 회상했다.

지구 반대편에서는 일면 유사한 변화가 '아르헨티나의 그람시주의자들'에게 영향을 미쳤다. 그람시의 사상은 아주 일찌감치 아르헨티나에 퍼졌다. 이는 아르헨티나와 이탈리아가 문화적으로 가깝기 때문이기도 했지만, 그람시의 개념(예컨대 '수동 혁명')이 '페론주의'라는 아르헨티나 특유의 전형적인 정치 현상을 유독 잘 설명해주기 때문이기도 했다.[30] 호세 아리코José Aricó와 후안 카를로스 포르탄티에로Juan Carlos Portantiero가 이끌던 아르헨티나 공산당 출신의 젊은 마르크스주

30   Osvaldo Fernandez Diaz, "In America Latina," in Eric Hobsbawm et Antonio Santucci (dir.), *Gramsci in Europa e in America*, Laterza, Bari, 1995.

의 지식인 집단은 『옥중수고Quaderni del carcere』에 수록된 일련의 단편을 참고해서, 1963년 정기간행물 『과거와 현재Pasado y Presente』를 창간했다.[31] 한 가지 흥미로운 사실은, 10여 년 전인 1952년 영국에서 같은 이름의 정기간행물 『과거와 현재Past and Present』가 에릭 홉스봄, 크리스토퍼 힐Christopher Hill, E. P. 톰슨E. P. Thompson과 로드니 힐턴Rodney Hilton 같은 마르크스주의 역사가들을 중심으로 창간됐다는 점이다. 한편 이 무렵 라틴아메리카 혁명가들이 그랬듯 아르헨티나의 그람시주의자들은 쿠바 혁명(1959)에 영향을 받았고, 그람시의 저작과 쿠바 혁명이 맞물려 매우 풍부한 이론을 낳았다. 이들의 정기간행물은 프란츠 파농Frantz Fanon, 샤를 베틀렘Charles Bettelheim, 마오쩌둥毛澤東, 체 게바라Che Guevara, 사르트르, 나아가 프랑크푸르트학파의 대표적 사상가 등의 저작을 번역해 게재하면서 아르헨티나와 세계를 이어주는 역할을 했다.

1970년대 초 계급투쟁이 아르헨티나에서 점점 더 폭력적인 양상을 띠는 동안 아리코와 그의 단체는 페론주의 혁명 좌파에 다가섰다. 특히 이들은 페론Juan Perón과 체 게바라의 종합이라 할 만한 몬토네로스Montoneros 게릴라와 가까워졌다. 정기간행물 『과거와 현재』는 무장투쟁의 조건, 제국주의, 아르헨티나 지배계급의 본성과 관련해, 혁명운동에 제기되는 전략적 물음을 반영하는 역할을 하고자 했다. 1976년 쿠데타가 일어나자 아리코는 라틴아메리카의 동 세대 수많은

---

31   Raúl Burgos, *Los Gramscianos argentinos*, Siglo XXI, Buenos Aires, 2004.

마르크스주의 지식인들처럼 멕시코로 망명을 떠나야 했다. 이후 그는 자신의 동료들과 마찬가지로 점차 정치의 한복판으로 나아가는 궤적을 밟았다. 먼저 그들은 1982년 포클랜드 전쟁 때 아르헨티나의 공격을 지지한다고 천명했다. 하지만 그중 철학자 에밀리오 드 이폴라Emilio de Ípola를 비롯한 몇몇은 훗날 이 지지를 매우 비판적으로 보게 된다. 1980년대에 펠리페 곤잘레스Felipe Gonzales와 스페인 사회노동당Partido Socialista Obrero Español, PSOE을 열렬히 지지했던 그들은 아르헨티나 독재 정권이 끝난 뒤에 민주적으로 선출된 최초의 대통령, (중도 우파의) 급진적인 라울 알폰신Raúl Alfonsín을 지지하기에 이르렀다. 이후 그들은 알폰신의 특별 자문 집단인 이른바 '에스메랄다 그룹Grupo Esmeralda'을 형성해 이곳에서 '민주적 협정'이라는 관념을 이론화했다. 알폰신에 대한 그들의 지지는, 독재 정권 시절 자행된 범죄를 사면해주는 가증스러운 '명령준수법'과 '기소중지법'에 대해 그들이 일면 모호한 입장을 취하면서 도를 넘어서게 되는데, 결국 이 법은 2000년대에 네스토르 키르치네르Nestor Kirchner 대통령이 폐기했다.[32]

지식인이 우파로 선회한 사례는 더 많을 것이다. 1980년대 말 덩샤오핑鄧小平이 추진한 중국의 신자유주의적 전향은 중국의 비판사상에 매우 뚜렷한 결과를 가져왔다. 유력 분파의 지식인들이 서구 자유주의 전통을 (다시) 익히게 됐고, 나아가 존 롤스John Rawls의 정의론을

32   Nestor Kohan, "Jose Aricó, *Pasado y Presente*, y los Gramscianos argentinos," *Revista Ñ*, février 2005.

둘러싼 논쟁이 중국 땅에 자연스레 뿌리를 내렸다.[33] 다른 비슷한 사례로 미국의 신보수주의자 일부가 비스탈린주의 좌파에서 나온 사실도 무시할 수 없다. 흔히 '신자유주의의 대부'라 불리는 어빙 크리스톨 Irving Kristol이 대표적인데, 이와 관련해 유익한 자료가 크리스톨이 『뉴욕 타임스 매거진』에 기고한 「어느 트로츠키주의자의 회고록」이다.[34]

다시 한 번 말하거니와 이 모든 저자, 이 모든 경향이 같다고 주장하는 것은 아니다. 신철학자에 속하는 콜레티와 아르헨티나의 그람시주의자들은 매우 다른 종류의 지식인이다. 물론 우리는 콜레티와 아리코 같은 혁신적인 마르크스주의자들을 베르나르앙리 레비 같은 모리배와 같은 차원에 놓을 수 없다. 그들의 지적 궤적은 상당 부분 그들이 살았던 국가의 맥락을 통해 설명될 수 있다. 그 궤적은 과거 혁명적이었던 지식인들이 우파로 전향해갔음을 또한 보여주며, 이는 다른 나라들에서도 확인되는 사실이다.

이 모든 것에서 이끌어낼 결론은 1970년대 후반과 1980년대가 비판사상의 지리학에서 격변의 시기였다는 것이다. 바로 이때 새로운 시대의 정치적이고도 지적인 좌표는 점차 자리를 잡아가고 있었다.

---

33   Chen Lichuan, "Le débat entre libéralisme et la nouvelle gauche au tournant du siècle," *Perspectives chinoises*, n° 84, 2004.

34   "Memoirs of a Trotskyist," *New York Times Magazine*, 23 janvier 1977.

비판사상의 세계화

프랑스에서 (그리고 더 일반적으로는 유럽 대륙에서) '가능성의 종결'을 맞으면서, 비판사상의 강력한 경향이 국제적인 지적 장의 주변부에서 나타났다. 그렇다고 해서 이전까지 이론적 비판이 서구 세계에만 있었던 것은 아니다. 1930년에 사망한 페루의 마르크스주의자 호세 카를로스 마리아테기José Carlos Mariátegui의 사례는 오래전부터 혁신적인 비판사상이 서구 밖에서 생산됐음을 보여준다. 마리아테기의 사상에서 흥미로운 점은 그가 19세기 유럽에서 형성된 이론(마르크스주의)을 20세기 초 라틴아메리카, 특히 안데스 세계에 적용했다는 점이다.[35] 트리니다드 토바고의 카리브 사람인 C. L. R. 제임스C. L. R. James도 마찬가지였다. 아이티 혁명을 다룬 그의 『검은 자코뱅The Black Jacobins』은 예리함 면에서 마리아테기의 『페루 현실을 해석하는 일곱 편의 논고 Siete Ensayos de Interpretacion de la Realidad Peruana』에 필적한다.

그렇지만 이런 사례는 상대적으로 예외에 속한다. 주변부에서 세계적 수준의 비판이론가가 상당수 나타난 것은 20세기 후반에 이르러서였다. 어쨌거나 주요 동시대 비판사상가 몇몇은 '세계체계système-monde'의 변방 출신이다. 팔레스타인의 에드워드 사이드Edward Said, 슬로베니아의 슬라보예 지젝, 아르헨티나의 에르네스토 라클라우 Ernesto Laclau, 터키의 세일라 벤하비브Seyla Benhabib, 브라질의 로베르토

---

35   Michael Löwy, *Le Marxisme en Amérique latine. Une anthologie*, Maspero, Paris, 1980.

웅거Roberto M. Unger, 멕시코의 네스토르 가르시아 칸클리니Néstor García Canclini, 일본의 가라타니 고진柄谷行人, 인도의 호미 바바, 카메룬의 아실 엠벰베Achille Mbembe, 중국의 왕후이汪暉, 페루의 아니발 키하노Aníbal Quijano가 그들이다. 분명 유럽 대륙은 1970년대까지만 해도 비판이론의 주요 생산지였지만 오늘날엔 더 이상 그렇지 않다. 비판이론의 중심은 서구 세계 일반마저 점차 벗어나고 있는지도 모른다.

오늘날 비판이론에 영향을 미친 세계화를 어떻게 설명할까? 비판이론은 사상이 국제적으로 유통되는 일반 체제를 따른다. 파스칼 카사노바Pascale Casanova의 말처럼 "문학의 세계 공화국"[36]이 있다면, '비판이론의 세계 공화국'도 있다. 이 공화국은 동질적이지 않다. 모든 지역이 지적 생산에 공평하게 기여하진 않는다는 점에서 '불균등한 발전' 형태가 이 공화국을 지배한다. 어느 한 지역의 이론생산에 영향을 미치는 여러 결정적 요인들이 있겠지만, 특히 대학 체계의 성격, 경제 발전의 정도, 사회운동의 효력이 중요한 역할을 한다. 그러나 지역 격차가 명백히 존재함에도, 오늘날에는 세계적 차원에서 비판사상의 생산과 유통 조건이라는 문제가 제기된다.[37]

---

36   Pascale Casanova, *La République mondiale des lettres*, Seuil, Paris, 1999.

37   과학적 사고의 세계화에 관해서는 다음을 보라. Terry Shinn et al., *Denationalizing Science. The Contexts of International Scientific Practice*, Kluwer, Dordrecht, 1992. 동시대 비판사상에, 특히 '포스트식민주의' 연구에 세계화가 끼친 영향에 관해서는 다음을 보라. Arif Dirlik, "The Postcolonial Aura: Third World Criticism in the Age of Global Capitalism," *Critical Inquiry*, vol. 20, 1994.

그런데 비판이론의 중심이 1980년대에 영미권으로 옮겨 갔다면 이 현상은 관련 저자들이 다양한 국가 출신이라는 사실과 무관하지 않다. 프랑스 대학의 폐쇄성은 유명하다. 반대로 미국 대학은 세계에 열려 있다.[38] 이런 개방성은 무엇보다 미국이 이민국, 특히 지식인의 이민국이라는 사실로 설명된다. 2차 세계대전 동안 이주한 **난민 학자들**refuge scholars을 생각해보자.[39] 레오 스트라우스Leo Strauss, 알프레트 슈츠Alfred Schütz, 한스 라이헨바흐Hans Reichenbach, 루돌프 카르나프Rudolf Carnap, (에드워드 사이드와 프레드릭 제임슨의 스승이었던) 에리히 아우어바흐Erich Auerbach, 테오도어 아도르노, 허버트 마르쿠제는 1930~1940년대 미국에 정착했다. 확실히 그때부터 미국 대학은 외향적인 성격을 띠어서, 수많은 비판이론가들이 미국에 건너와 정기적으로 체류하거나 영주권을 얻게 됐다. 그 가운데 에르네스토 라클라우, 월터 미뇰로Walter Mignolo, 얀 물리에부탕Yann Moulier-Boutang, 에티엔 발리바르Étienne Balibar, 조반니 아리기Giovanni Arrighi, 에드워드 사이드, 로빈 블랙번Robin Blackburn, 데이비드 하비David Harvey, 로베르토 웅거, 보아벤투라 드소자 산투스Boaventura de Sousa Santos, 호미 바바, 가야트리 스피박, 아실 엠벰베,

---

38   이와 관련해서는 다음을 보라. Johan Heilbron, Nicolas Guilhot et Laurent Jeanpierre, "Internationalisation des sciences sociales: les leçons d'une histoire transnationale," in Gisèle Sapiro (dir.), *L'Espace intellectuel en Europe. De la formation des États-nations à la mondialisation, XIXᵉ-XXᵉ siècles*, La Découverte, Paris, 2009.

39   Lewis Coser, *Refugee Scholars in America : Their Impact and Their Experiences*, Yale University Press, New Haven, 1984.

알랭 바디우, 조르조 아감벤 같은 이들이 있다. 명단은 무한히 늘어 날 수 있을 것이다. 몇몇은 미국에서 처음부터 이력을 쌓았고 다른 몇 몇은 최근에야 미국에 자리 잡았다. 몇몇은 다른 나라의 대학에서도, 예컨대 모국 대학에서도 가르치고 다른 몇몇은 오직 미국에서만 가르 친다. 그러나 어찌 됐건 그들은 북미 대학에서 환영을 받았고, 그중에 는 세계적으로 이름을 떨치는 대학들도 있다.

미국이 동시대 비판이론가들에게 매력적인 이유는 무엇일까? 최 근 미국 정부가 그다지 '진보적인' 성향을 띠지 않음에도 어떻게 이 나라 대학들은 비판이론가에게 관심을 보이게 됐을까? 오늘날 비판 사상가는 그 어느 때보다도 대학교수로 채워져 있다. 노동조합 운동 가, 지역 활동가, 저널리스트, 게릴라가 비판이론을 생산해낼 때도 있 긴 하다. 하지만 비판이론은 대부분 대학교수, 더 정확히 말하면 인문 학 교수가 만들어낸 것이다. 페리 앤더슨이 확인한 바 있는 정치조직 과 비판적 지식인의 분열이 1960년대 혹은 1970년대 이후 더 뚜렷해 졌음을 여기서 알 수 있다. 이 시대의 레닌, 트로츠키, 로자 룩셈부르 크는 모두 대학교수다. 그들은 흔히 국제시장에서 널리 인정받는 기 관에 몸담고 있다. 이 말은 곧 그들이 고전 마르크스주의의 인물들과 실제로 닮은 구석이 거의 없다는 얘기나 다름없다. 고전 마르크스주 의자 가운데 그 누구도 정교수직을 맡지 않았다고 전해진다. 그렇다 고 해서 오늘날 비판적 지식인이 참여적이지 않다거나 고전 마르크스 주의자보다 덜 급진적이라는 뜻은 아니다. 다만 그들은 참여적인 활 동을 할 때 말고는 대학교수다. 이런 사실은 그들이 생산하는 이론에도 영향을 미치지 않을 수 없다. 우리는 3장에서 이들 지식인 가운데 정치나 사회 조직의 정회원인 이가 거의 없음을 보게 될 것이다.

그런데 비판이론가가 주로 대학 사회에서 살아간다는 것은, 이들이 대학 사회를 지배하는 법칙에 순응한다는 것을 뜻한다.[40] 그리고 그 법칙 가운데는 의심할 수 없는 법칙이 하나 있다. 바로 자금 조달, 출판, 인프라 시설 면에서 북미 대학이 고등교육과 연구 관련 세계시장에서 점하는 우위다. 북미 대학이 비판이론가에게 매력적으로 다가오는 것은 정치 성향과 상관없이 모든 지식인에게 일반적으로 적용되는 특수한 상황 때문이다. 비판이론가의 미국 지향성은 이론가 일반의 미국 지향성으로 설명된다. 대학 체계에 완전히 동화한 동시대 비판사상가는 20세기 초 독일 사회민주주의 간부 학교나 프랑스 공산당 학교에서 보이던 지식인의 '대항사회contre-société'를 전혀 이루지 않는다. 어쩌면 비슷한 유형의 제도가 오늘날 맹아 상태로 존재할 수는 있다.[41] 몇몇 인터넷 웹사이트가 지식인의 '대항사회' 기능을 한다고 생각해볼 수도 있다.[42] 하지만 일반적으로 볼 때 동시대 비판적 지식인은 '상아탑' 내부에 있다. 여기에는 해당 사회 영역을 지배하고 북미

---

40   동시대 대학교수들에 관한 사회학 연구로는 다음을 보라. Christine Musselin, *Les Universitaires*, La Découverte, "Repères," Paris, 2008.

41   국제금융관세연대의 과학심의회, 미셸 옹프레(Michel Onfray) 같은 지식인을 축으로 한 '자유대학(université populaire)'이나, (안토니오 네그리와 밀접한) 계간지 『다중(Multitudes)』 편집진이 조직한 '노마드 대학(université nomade)'이 그 예다.

42   특히 마이클 앨버트(Michael Albert)가 주도하는, 놈 촘스키의 사상과 밀접한 웹사이트 www.znet.org를 보라.

대학 제도에 저항할 수 없는 매력을 부여하는 규칙과 자원에 그 지식인이 순종한다는 뜻이 함축돼 있다.

　그런데 북미 대학이 신비판이론가를 환대하는 까닭을 설명해주는 보다 특수한 요소가 있다. 1960년대 이래 미국은 전형적인 **정체성 정치**identity politics의 나라였다. 정체성 정치란 어느 특정 범주에 해당하는 인구의 이익을 촉구하거나, 혹은 이들에 대한 낙인찍기에 맞서 투쟁하는 것을 목표로 하는 정치를 일컫는다. 정체성 정치는 이전까지 부정적인 꼬리표가 붙어 차별받던 사회집단의 '정체성'을 복권하는 것을 목표로 한다. 여기에는 두 가지 중요한 특징이 있다.[43] 첫 번째는 '정체성 정치'가 스스로를 소수자로 받아들이는 그런 소수자와 관계된다는, 다시 말해 다수자로 스스로를 변형하고자 하지 않는 그런 이들과 관계된다는 것이다. 이 관점에서 정체성은 '인민'이나 '노동자계급' 같은 실체와 대립하게 된다. '인민'이나 '노동자계급'은 그 실체를 사회 전체에 부합시키는 기능을 역사적으로 다소 긴 기간 동안 맡았다. 그러나 가령 동성애자의 정체성 인정을 위한 투쟁은 반드시 이 정체성을 일반화하는 것을 목표로 하진 않는다. 이 투쟁의 목표는 관련된 사람들에게 가해지는 낙인찍기를 끝내는 것이다. 이렇게 볼 때 정

43　Philip Gleason, "Identifying Identity: A Semantic History," *The Journal of American History*, vol. 69, n° 4, 1983; Michel Feher, "1967-1992. Sur quelques recompositions de la gauche américaine," *Esprit*, décembre 1992. '정체성 정치' 개념 비판에 관해서는 다음을 보라. Craig Calhoun, "The Politics of Identity and Recognition," in Craig Calhoun, *Critical Social Theory*, Blackwell, Oxford, 1995.

체성의 두 번째 특징은 그것이 (오로지) 경제적 심급만은 아니라는 데 있다. 정체성은 다양한 문화적 차원을 포함한다.

'정체성 정치'는 미국이 비판이론을 지향하는 것과 어떤 관계가 있을까? 프랑수아 퀴세François Cusset가 보여주었듯, 1970년대 이래 미국에서 환대받은 자크 데리다, 질 들뢰즈, 미셸 푸코 같은 저자들은 '정체성 정치'에 기초한 학술적이고 정치적인 논쟁을 살찌우는 데 기여했다.[44] 물론 대서양 건너편에도 억압받는 소수자에 적합한 사유 전통이 존재한다. 흑인의 상황을 다룬 비판적 자료집을 구성한다고 할 때 듀보이스W. E. B. Du Bois(1868~1963)가 갖는 중요성이나, 미국에서 계속 전개되고 있는 강력한 페미니즘 전통을 생각해보라.[45] 하지만 프랑스의 '(포스트)구조주의'와, 많은 지식인 및 미국 사회운동이 보이는 '정체성에 대한' 관심이 접점을 이루는 일이 생겼다. (포스트)구조주의가 이른바 '소수자'인 피지배 집단의 잠재적 해방자를 생각할 수 있게 해주기 때문이다. 프랑스에서는 프랑스 혁명으로부터 유래한 '공화주의 républicanisme'가 유사한 사회운동의 출현을 막았을 수 있다. '공화주의'는 공산당이 다른 피억압 계층에 주의를 기울이지 않고 산업노동자

---

44   François Cusset, *French Theory. Foucault, Derrida, Deleuze & Cie et les mutations de la vie intellectuelle aux États-Unis*, La Découverte, Paris, 2003 [프랑수아 퀴세, 『루이비통이 된 푸코?: 위기의 미국 대학, 프랑스 이론을 발명하다』, 문강형준·박소영·유충현 옮김, 난장, 2012]; Craig Calhoun (dir.), *Social Theory and the Politics of Identity*, Blackwell, Oxford, 1994.

45   W. E. B. Du Bois, *Les Âmes du peuple noir*, La Découverte, Paris, 2007; Chris Beasley, *What is Feminism? An Introduction to Feminist Theory*, Sage, Londres, 1999.

계급에 중심성을 부여함으로써 더 강해졌다. 이 책에서는 '정체성 정치'의 기반으로 돌아가, 그것이 신비판이론의 출현에서 어떤 중요성을 지니는지를 재검토할 것이다. 이로써 우리는 1960년대 이래로 은밀히 진행 중인 '해방 주체'의 위기라는 상황에서 '정체성' 개념이 오늘날 부각됨을 보게 될 것이다. 일반적인 관점에서는 1980년대부터 사회 세계 일반이 '정체성'이라는 면에서 '재코드화recodage'해왔다고 볼 수 있다.[46]

풍부한 준거

신비판이론의 중요한 특징은 그 내부에서 마르크스주의가 헤게모니를 상실했다는 점이다. 통념과 달리 마르크스주의는 오늘날 확실히 살아 있는 패러다임이다. 동시대 비판이론가 가운데 가장 뛰어난 이들 상당수가 마르크스주의 전통을 표방한다. 이 전통은 비판이론 영역에서만이 아니라 사회과학 내부에서도 여전히 활발하다. 수많은 저자가 있지만, 특히 경제학자 로버트 브레너Robert Brenner, 지리학자 데이비드 하비, 사회학자 마이크 데이비스Mike Davis, 역사학자 페리 앤더슨과 그 형제인 정치학자 베니딕트 앤더슨Benedict Anderson, 사회학자 에

---

46   Rogers Brubaker, "Au-delà de l'identité," *Actes de la recherche en sciences sociales*, n° 139, septembre 2001.

릭 올린 라이트Erik Olin Wright의 작업이 이를 입증한다. 그러나 동시에 마르크스주의가 예전의 중심성을 더는 주장할 수 없음은 명백하다. 19세기 후반부터 1970년대 초까지, 한 세기를 넘어 마르크스주의는 가장 강력한 비판이론이었다. 아나키즘 같은 경쟁적 비판이론이 뿌리 내렸던 지역을 포함해 마르크스주의의 영향은 절대적이었다. 좌파 이론 가운데 확산력이나 정치적 영향력 면에서 마르크스주의에 견줄 만한 학설은 케인스주의 경제학뿐이다. 우파 이론 중에는 프리드리히 하이에크Friedrich Hayek, 밀턴 프리드먼Milton Friedman, 게리 베커Gary Becker 를 통해 사회 전반을 해석하는 이론으로 일반화된 신고전파 경제학이 있다.

마르크스주의는 포괄적 패러다임이었기 때문에 성공했다고 볼 수 있다. 사회적 삶의 어떤 측면도, 어찌 보면 물리적인 측면도 마르크스주의로 포착되지 않는 것이 없다. 경제학·지리학·사회학·정치학·철학·언어학 등 모든 인문학 분야에 마르크스주의적 관점이 존재한다. 심지어 매 상황에 맞게 여러 관점이 존재하기도 한다. 예컨대 사회학자라면 에릭 올린 라이트처럼 '분석' 마르크스주의 관점을 채택할 수도 있고, 프레드릭 제임슨처럼 프랑크푸르트학파나 사르트르에게서 영감을 받은 접근을 취할 수도 있다. 둘 다 변형된 마르크스주의와 관련이 있다. 지난 세기에 마르크스주의가 성공할 수 있었던 또 다른 요인은 마르크스주의를 특징짓는 객관성과 규범성의 미묘한 혼합이다. 마르크스주의는 사회에 대한 분석을 제공하는 동시에, 다른 가능한 세계의 윤곽을 상상하게 해주는 정치적 기획을 제공한다. 마르크스주의 전통을 대표하는 뛰어난 이들은 사실적인 것과 규범적인 것을 오가는 양면성을 유리하게 이용할 줄 알았고, 이런 양면성이 현대 비판이론 역사에서 마르크스주의가 갖는 헤게모니를 설명해준다.

20세기 후반으로 오면 상황은 몹시 달라진다. 구조주의가 비약적으로 발전한 1970년대는 그런 점에서 전환기라 할 수 있다. 마르크스주의 이후 구조주의는 객관적인 것과 규범적인 것, 과학적인 것과 정치적인 것을 미묘하게 결합한 유일한 조류이자, 사회 세계와 자연 세계를 '총체화'하는 관점을 제공한 유일한 조류다. 구조주의의 등장과 함께 마르크스주의는 역사상 처음으로 그 명성에 걸맞은 경쟁자를 만나게 되며, 그때까지 좌파 진영에서 누렸던 이론적 헤게모니를 상실하기에 이른다.[47] 오늘날 많은 비판이론가들은 이런저런 형태로 구조주의나 포스트구조주의를 표방한다.

신비판이론이 동원한 사유 전통에 마르크스주의와 구조주의만 있는 것은 아니다. 바야흐로 오늘날에는 매우 다양하고 풍부한 준거가 있다. 반면 1960~1970년대 비판사상의 '정전canon'은 보다 코드화해 있었다. 더 정확히 말해 1960~1970년대에는 하나의 '정전'이 존재했고 그 정전에는 풍부한 준거가 뒤따랐다. 하지만 지금과 달리 당시 그런 준거는 부차적인 위치에 있었다. 이런 절충주의는 1970년대 후반부터 급진 좌파가 겪은 패배에 더해진 결과처럼 읽힌다. 패배한 이론의 옹호자는 대개 그 이론 바깥에 있는 사상가들의 저작을 찾아보

---

47   Perry Anderson, *In the Tracks of Historical Materialism*, chap. 2.

면서 그 이론을 재무장할 방책을 찾는다. 페리 앤더슨은 이것이 서구 마르크스주의를 발전시킨 주요 이론적 작용들 중 하나였다고 말한다.[48] 베버Max Weber가 루카치에게 끼친 영향, 크로체Benedetto Croce가 그람시에게 끼친 영향, 하이데거Martin Heidegger가 사르트르에게 끼친 영향, 스피노자Baruch Spinoza가 알튀세르에게 끼친 영향, 옐름슬레우Louis Hjelmslev가 델라 볼페에게 끼친 영향이 바로 그 예다. 마르크스와 고전 마르크스주의는 외부에서 발생한 전통과의 관계를 고려하지 않고는 생각할 수 없다. 마르크스의 경우 헤겔과 고전 정치경제학이 있었고, 레닌의 경우 클라우제비츠, 홉슨J. A. Hobson, 에른스트 마흐Ernst Mach가 있었다. 외부 원천에 도움을 청한다는 것은 그 원천이 해당 시대의 논쟁에서 중요한 위치를 차지한다는 사실로 설명된다. 만일 20세기 초 이탈리아의 지식인이 자기가 마르크스주의자든 아니든, 크로체의 저작에서 어떤 생각도 떠올리지 못했다면 그 시대의 매우 중요한 논의로부터 스스로 고립되었을 것이다. 1940~1950년대 프랑스 사상가가 현상학을 빼고 생각했다면 역시 상황은 마찬가지였을 것이다. 따라서 해당 저자들은, 붕괴 이후 곤경에 빠진 이론에 새로운 추진력을 주고자 외부 원천으로 눈을 돌렸다.

신비판이론의 상황은 어떨까? 패배는 준거를 다양화하는 데 적어도 두 가지 방식으로 영향을 미쳤다. 먼저 '유토피아' '주권' '시민권' 등 이전 개념을 재평가하게 된 점이 있다. 다니엘 린덴베르그Daniel

---

48   Perry Anderson, *Sur le marxisme occidental*, p. 80.

Lindenberg가 상기하듯, 이런 개념은 1960~1970년대 비판사상가들, 특히 마르크스주의자들 사이에서 조롱거리였다.[49] 예컨대 요즘 매우 유행하는 '식량 주권'이라는 표현에서 '시민권'과 '주권' 개념을 발견할수 있는데, 이러한 개념은 당시엔 '부르주아' 민주주의의 어휘에 속하는 것으로 간주됐을 것이다. '유토피아'는 지나치게 '이상주의적인' 함의 때문에 배제됐다. 하지만 그런 개념은 오늘날 빈번히 사용된다. 안토니오 네그리, 파올로 비르노Paolo Virno, 알바로 가르시아 리네라Álvaro García Linera가 전개한 '다중' 개념은 현재 비판이론 내부에서 매우 논쟁적인 개념 가운데 하나지만, 1960~1970년대 개념 목록에는 없던 것이기도 하다.

패배는 이전 개념의 재평가 이외에도, 비판이론 내부에 긍정적이거나 부정적인 새로운 준거들을 나타나게 했다. 여기서 특히 눈에 띄는 대상은 한나 아렌트Hannah Arendt와 존 롤스다. 아렌트의 전체주의 분석과 롤스의 정의론은 아마도 1980~1990년대에 가장 많은 논쟁을 불러일으킨 주제일 것이다. 이들이 비판사상가의 글에 모습을 드러내는 것은 이런 맥락에서 이해할 만하다. 다니엘 벤사이드Daniel Bensaïd, 주디스 버틀러, 조르조 아감벤, 지그문트 바우만Zygmunt Bauman은 아렌트를 분석했고, 앨릭스 캘리니코스Alex Callinicos, 필리프 판 파레이스 Philippe van Parijs, 세일라 벤하비브, 페리 앤더슨, 에릭 올린 라이트는 롤

---

49 Daniel Lindenberg, "Le marxisme au xxᵉ siècle," in Jean-Jacques Becker et Gilles Candar (dir.), *Histoire des gauches en France*, La Découverte, Paris, vol. 2, 2005, p. 642.

1장 비판사상의 패배: 1977~1993   57

스를 분석했다. 다른 한편으로 신비판이론에서 민주주의 운동과 민족해방운동을 이끈 일련의 인물들을 준거로 삼은 사실이 지적된다. 마이클 하트는 토머스 제퍼슨Thomas Jefferson의 글을 새로운 판본으로 소개했다.[50] 하트와 네그리가 쓴 『다중Multitude』에는 미국의 또 다른 '건국의 아버지', 제임스 매디슨James Madison에게서 영감을 받은 흔적이 있다.[51] 에티엔 발리바르는 간디Mahatma Gandhi를 언급하며, 레닌과 간디의 만남이야말로 20세기에 이루어지지 못한 위대한 만남이라 주장했다.[52] 로베스피에르Maximilien de Robespierre의 담화는 슬라보예 지젝이 쓴 서문과 함께 재출간됐고, 생쥐스트Louis Antoine de Saint-Just 전집은 미겔 아방수르Miguel Abensour를 통해 소개됐다.[53] 심지어 이는 마르크스주의 '너머'에 있는 『자본Das Kapital』 저자 본연의 정신을 되찾고자 수없이 행해진 '마르크스로의 회귀'를 제쳐둘 때의 얘기다. 패배의 규모는 사람들이 '재검토'의 필요를 느끼는 사상가가 얼마큼이나 되는지로 측정되

---

50   Thomas Jefferson, *The Declaration of Independence*, introduced by *Michael Hardt*, Verso, Londres, 2007 [토머스 제퍼슨 지음, 마이클 하트 서문, 『토머스 제퍼슨: 독립선언문』, 차태서 옮김, 프레시안북, 2010].

51   Michael Hardt et Antonio Negri, *Multitude*.

52   Étienne Balibar, "Lénine et Gandhi: une rencontre manquée?," in Jacques Bidet (dir.), *Guerre impériale, guerre sociale*, PUF, Paris, 2005 [에티엔 발리바르, 「레닌과 간디: 이뤄지지 못한 마주침?」, 진태원 옮김, 웹진 인-무브, 2017, https://en-movement.net/120?category=733236].

53   *Robespierre: entre vertu et terreur. Slavoj Žižek présente les plus beaux discours de Robespierre*, Stock, Paris, 2008 [막시밀리앙 로베스피에르 지음, 슬라보예 지젝 서문, 『로베스피에르: 덕치와 공포정치』, 배기현 옮김, 프레시안북, 2009]; Saint-Just, *Œuvres complètes*, Gallimard, Paris, 2004.

기도 한다.

비판이론가들에게 영감을 준 저자 가운데 하나는 카를 슈미트다. 나치 전력을 지닌 이 보수적인 법학자는 급진 좌파 사상가들에게 막대한 영향력을 끼쳤다. 특히 조르조 아감벤, 다니엘 벤사이드, 안토니오 네그리, 에티엔 발리바르가 그의 저작을 참조했다. 슈미트 저작의 전문가인 장클로드 모노Jean-Claude Monod는, 슈미트의 도움을 받아 이론적·정치적 비판을 재정립하려 한 저자들을 "좌파 신슈미트주의자"라고 부르며 이들에 관해 길게 서술하기도 했다.[54] 비판이론에서 슈미트에 대한 참조가 체계적으로 이뤄진 것은 1990년대부터다. 그러나 슈미트의 개념에 대한 참조는 일찍이 이탈리아 '노동자주의'에서 나타났다. 이 흐름을 만든 이들 중 한 사람인 마리오 트론티Mario Tronti는 1977년 출간한 『정치인의 자율성Sull'autonomia del politico』에서 슈미트의 저작을 참조한다. 위 책 제목을 통해 알 수 있듯, 트론티에게 슈미트의 저작은 정치가 경제에 종속돼 있다고 보는 일반적인 마르크스주의의 맥락을 비판하기 위해 '정치의 자율성' 문제를 생각하는 데 활용된다. 노동자주의자들보다 훨씬 앞서 발터 벤야민Walter Benjamin은 슈미트의 영향을 받았다. 벤야민은 『독일 비애극의 원천Ursprung des deutschen Trauerspiels』(1925)에서 슈미트를 여러 번 참조한다. 슈미트와 프랑크푸르트학파 사상가들 사이에는 이론적 근접성이 엿보인다. 이들

---

54   Jean-Claude Monod, *Penser l'ennemi, affronter l'exception. Réflexions critiques sur l'actualité de Carl Schmitt*, La Découverte, Paris, 2006.

모두 바이마르공화국 출신이며, 이들의 근접성은 이들이 바이마르공화국 경험을 시작으로 비슷한 역사적 경험을 가진 데서 비롯한다.

슈미트가 노동운동에 몸담은 지식인들과 지도자들의 영향을 받았다는 점을 알지 못하고서는 왜 그가 급진 좌파 사상가들에게 매력적이었는지 이해할 수 없을 것이다. 슈미트는 본인의 저작에서 마르크스, 레닌, 트로츠키, 마오쩌둥을 참조하는데, 예컨대 그의 『파르티잔 이론Theorie des Partisanen』은 이들의 영향을 직접 받은 저서다. 잘 알려져 있듯 슈미트에게 정치의 본질은 '동지'와 '적'의 경계를 판별하는 데 있다. 앞서 말한 지식인·지도자에 대한 그의 관심 또한 그들이 새로운 유형의 '적', 곧 '계급의 적'을 고안했다는 점에서 비롯한다. 오늘날의 비판이론가는 슈미트에게서 영감을 얻어, 결국 원래 마르크스주의에서 유래하는 주제를 재발견하는 것이다. 마찬가지로 조르주 소렐Georges Sorel에 대한 참조도 흥미롭다. 라클라우를 포함한 몇몇 동시대 비판사상가가 소렐을 참조한 것을 엿볼 수 있다. 슈미트도 소렐을 '20세기의 마키아벨리Niccolò Machiavelli'로 여기며 공공연하게 원용한다. 그런데 소렐 계열의 마르크스주의가 분명 존재한다. 신비판이론에 중요한 영향을 끼친 그람시와 마리아테기가 대표적이다. 결국 슈미트가 신비판이론에 끼친 영향은 직접적일 뿐 아니라 '매개적'이다. 슈미트의 영향을 받은 사상가들이 신비판이론에도 역으로 영향을 끼친 것이다.

또한 우리는 신비판이론 내부에서 종교적 믿음을 많이 참조하고 있음을 볼 수 있다. 이 시대 일련의 비판이론가들은 기독교 교리와 인물을 통해 자신의 분석을 강화한다. 이런 현상은 놀랍긴 해도 새롭지는 않다. 마르크스주의에 동조하는 것이 거의 종교적 신념 비슷한 신앙 행위에 기초를 둔다고 주장했던 뤼시앵 골드만Lucien Goldmann에게 파스칼Blaise Pascal이 끼친 영향이나,[55] 에른스트 블로흐Ernst Bloch가 『토마스 뮌처: 혁명의 신학자Thomas Münzer als Theologe der Revolution』(1921)에 할애한 연구나, 16세기 농민 반란에서 특징적인 혁명적 천년왕국설을 생각해보라. 마리아테기는 1929년부터 잔 다르크Jeanne d'Arc에 대한 글을 써왔다.[56] 그렇지만 20세기 비판이론에서 신학에 대한 참조는 상대적으로 부차적이었다. 확실히 무시하긴 어려운 저자들이 그런 시도를 하기는 했지만, 이것이 혁명 좌파의 '정전'에서 주요한 자리를 차지하지는 않았다. 게다가 신학에 대한 참조는 고전 마르크스주의보다 서구 마르크스주의에서 더 많이 나타난다.

오늘날 상황은 매우 다르다. 이 시대 주요 비판사상가들 가운데에는 자신의 저작에 종교적 교리를 내세우는 저자들이 있다. 예컨대 알랭 바디우는 중요한 저작을 성 바울에 할애했다.[57] 여기서 바디우는 '주체'가 정치, 과학, 예술, 나아가 사랑의 '사건'에 충실한 가운데

55   Michael Löwy, "Lucien Goldmann, ou le pari communautaire," *Recherche sociale*, septembre 1995.

56   마르크스주의와 종교의 관계에 관해서는 다음을 보라. Roland Boer, *Criticism of Heaven. On Marxism and Theology*, Brill, Leiden, 2007.

57   Alain Badiou, *Saint Paul. La fondation de l'universalisme*, PUF, Paris, 1998 [알랭 바디우, 『사도 바울: '제국'에 맞서는 보편주의 윤리를 찾아서』, 현성환 옮김, 새물결, 2008].

구성된다는 아이디어를 바울을 대상으로 시험한다. 주체와 사건의 관계는 『존재와 사건L'Être et l'Événement』 『세계의 논리Logiques des mondes』에서 더 체계적인 방식으로 전개되는데, 여기서도 바디우는 (특히 파스칼의) 종교적 사유를 참조한다. 오늘날 비판사상가들 가운데 신학에 해박하기로 단연 독보적인 조르조 아감벤은 『남겨진 시간Il tempo che resta』이라는 책에서 로마서 주해의 형식으로 성 바울을 성찰한 바 있다. 그는 『호모 사케르: 주권 권력과 벌거벗은 생명Homo sacer. Il potere sovrano e la nuda vita』에서 로마의 종교적 법이라든지 유대 전통, 기독교 종말론의 이러저러한 면모를 자주 참조한다. 네그리와 하트의 『제국Empire』은 아시시의 성 프란체스코San Francesco d'Assisi에게 기대고 있다. 다른 한편 네그리는 『욥의 노동Il lavoro di Giobbe』이라는 책 한 권을 「욥기」에 바쳤다. 슬라보예 지젝 또한 여러 책에서 종교 문제를 언급한다. 예컨대 『무너지기 쉬운 절대성: 왜 그리스도적 유산은 싸울 가치가 있는가?The Fragile Absolute: Or, Why Is the Christian Legacy Worth Fighting For?』라든지 『꼭두각시와 난쟁이: 기독교의 전도된 핵심The Puppet and the Dwarf: The Perverse Core of Christianity』을 들 수 있다.[58] 지젝은 해방 역사의 일부를 구성하는 한에서 종교를 원용하며, 종교 자체를 옹호한다거나 바디우 혹은 네그리에게서 보듯 해방 기획의 재건을 위한 방편으로 종교를 활용하지는 않

---

58   Slavoj Žižek, *Fragile absolu. Pourquoi l'héritage chrétien vaut-il d'être défendu?*, Flammarion, Paris, 2008 [슬라보예 지젝, 『무너지기 쉬운 절대성』, 김재영 옮김, 인간사랑, 2004]; [슬라보예 지젝, 『죽은 신을 위하여: 기독교 비판 및 유물론과 신학의 문제』, 김정아 옮김, 길, 2007].

는다. 오늘날의 비판이론에서 파스칼의 전통은 고수된다. 다니엘 벤사이드의 『침울한 내기Le Pari mélancolique』가 한 예인데, 벤사이드의 변형된 마르크스주의를 앙드레 토젤André Tosel은 "파스칼적 마르크스주의"라 규정한다. 그 책에서 벤사이드는 혁명적 참여를 '파스칼의 내기'와 유사한 것으로 소개한다. 또한 벤사이드는 잔 다르크에게 바치는 『지친 전쟁의 잔Jeanne de guerre lasse』이라는 책을 쓰기도 했다. 멕시코에 사는 아르헨티나 출신 철학자인 엔리케 두셀Enrique Dussel은 라틴아메리카 '해방신학'의 직관에 기댄다. 라틴아메리카 대륙에서 매우 영향력 있는 사상가 가운데 하나인 두셀은 『해방의 에티카』라는 기념비적인 책을 쓰기도 했다.[59] 여기서 그는 특히 카를오토 아펠Karl-Otto Apel이나 찰스 테일러Charles Taylor의 연구와 자신의 직관을 대립시킨다.

신비판이론의 중심에 신학이 있다는 사실을 어떻게 설명해야 할까? 비판사상이 종교와 유지하는 관계는 지엽적이지 않다. 그 관계는 서구 등지에서 진보주의 운동이나 혁명운동이 종교적 흐름과 미래에 맺게 될지도 모를 동맹관계에 특히 결정적인 영향을 끼칠 것이다. 유명한 문구에서 보듯 마르크스주의가 종교를 "인민의 아편"으로 여긴 것은 노동운동에 적용되는 이론만이 아니라 전략에도 당연히 영향을 미쳤다. 2010년 말부터 아랍 세계에서 전개된 혁명을 한 사례로 보면

---

59   Enrique Dussel, *Ética de la liberación. en la edad de la globalización y de la exclusión*, Trotta, Madrid. 1998. 해방신학에 관해서는 다음을 보라. Michael Löwy, "Marxisme et théologie de la libération," *Cahiers d'études et de recherche*, n° 10, 1998. 라틴아메리카에서 종교와 정치의 관계는 물론 유럽과 다르다. 이것이 유럽에 대한 특수한 분석이 필요한 이유다.

중요한 무언가가 종교와 해방의 관계에서 행해졌음이 명백하다. 아주 다양하게 분화한 이슬람교는 모순을 겪고 있다. 몇몇 교파는 보수적이고, 몇몇 교파는 '진보주의' 운동과 동맹을 맺어 지역 민주화에 임할 준비가 돼 있다. 혁명의 귀추는 진보주의 운동이 어떤 견해를 내세울지, 즉 이슬람 교파와 동맹을 맺을지 여부에 부분적으로 달려 있다. 요컨대 비판사상이 종교를 어떤 식으로 이론화할지는 전략적으로 중요한 문제다.

여기서는 논의를 문제의 두 측면에 국한할 것이다. 먼저 오늘날 비판사상에서 종교를 참조한 사례를 보면, 믿음이라는 특수한 문제와 연관된 경우가 압도적으로 많다. 바울, 욥, 파스칼을 참조한 사례가 그렇다. 이 신학적 인물들이 제기하는 물음이란 모든 것이 믿음에 역행하는 듯한 때에도, 상황이 믿음에 철저히 적대적일 때에도 어떻게 믿거나 희망하기를 계속할 수 있는가 하는 것이다. 비판사상가가 이 문제에 답할 필요를 느끼는 것은 당연하다. 사회주의 사회를 건설하려던 실험은 모두 비극적인 방식으로 끝났다. 한 세기 이상 노동운동을 지배했던 마르크스주의 개념과 조직의 틀은 무너졌다. 어떻게 이런 조건에서 사회주의의 실현 가능성을 계속 믿을 수 있을까? '사실'이 그러한 '관념'을 급격하게 또 여러 번에 걸쳐 무효화했음에도 말이다. 신학은 이런 문제를 사유할 방책을 준다. 존재하지 않는 것에 대한 믿음이 바로 신학의 전문 분야다. 비판사상가가 신학을 검토하는 것은 바로 이 지점에서 납득할 만하다.

문제의 두 번째 측면은 더 사회학적이다. 오늘날 종교를 다시 소환하는 일은 비판사상가에게서만 보이는 현상은 물론 아니다. 이 현상은 그 사상가들이 살아가는 세계가 그들에게 부과한 것이다. "종교적인 것의 귀환"이나 반대로 "세계의 탈주술화"의 추구와 관련한 모순되는 가정은 전문가들 사이에서 격렬한 논쟁의 대상이 된다. 일상적 실천에서 종교는 계속 쇠퇴해가는 듯하지만, 급진 이슬람교도와 미국 근본주의 운동을 보면 종교가 정치 영역으로 대거 복귀하는 듯도 하다. 이런 관점에서 종교적 사실을 두고 근본주의자와 경쟁하는 것, 다시 말해 진보적이거나 혁명적인 종교성의 형태가 존재한다는 사실을 입증하는 것은 영리한 전략이다. 여기에는 적지에서 적과 맞서 싸우는 전략이 포함된다. '테리 이글턴이 예수 그리스도를 소개합니다'라는 흥미로운 부제를 달고 출간된 『복음서』는 그런 점에서 전형적이다.[60]

1960~1970년대에 비판적 저자들이 세웠던 만신전panthéon이 바뀐 것은 패배의 결과 중 하나다. 당시 교리 서열 위쪽에 자리 잡았던 사상가들은 이후 격하됐거나 심지어 서열에서 아예 빠져버렸다. 서열 아래쪽에 있던 사상가들은 더 위로 올라갔다. 1960~1970년대에 발터 벤야민은 마르크스주의 전통에서 무시할 수 없는 저자였다. 이론적 흐름을 알려주는 유용한 길잡이인 『뉴 레프트 리뷰』에서 벤야민에 대해 처음 논문을 실은 것이 1968년이다. 그럼에도 마오쩌둥, 마르

---

60   The Gospels. Terry Eagleton Presents Jesus Christ, Verso, Londres, 2007 [예수 그리스도 지음, 테리 이글턴 서문, 『예수: 가스펠』, 김율희 옮김, 프레시안북, 2009]. 동시대 비판사상의 '신학적 전회'에 관해서는 다음을 보라. Göran Therborn, From Marxism to Post-Marxism?, Verso, Londres, 2009.

쿠제, 레닌, 빌헬름 라이히Wilhelm Reich 같은 인물에 비해 벤야민은 부차적이었다. 1960~1970년대는 매우 정치적이었고, 당시엔 저자의 중요성이 전략적 유용성에 따라 가늠됐다. 신자유주의적 반혁명이 일어나면서 벤야민의 '인기'는 점차 올라갔다. 『역사의 개념에 대하여Über den Begriff der Geschichte』를 쓴 벤야민은 마르크스주의 내에서 패배를 사유할 수 있게 한 탁월한 저자다. '패배자 전통'을 주제로 투쟁의 기억을 끄집어내고 전달하는 그의 사유가 참조된 것은 그때부터였다.[61]

안토니오 그람시 역시 해가 지날수록 중요성을 더해간 저자다. 물론 이 『옥중수고』의 저자는 20세기 비판사상가의 만신전에서 언제나 선택받은 자리를 차지했다. 그런데 그의 영향력은 최근 20~30년 동안 뚜렷이 커졌다. 먼저 그람시가 '상부구조'의 사상가라는 것이 그 이유다. 다른 말로 하면 그는 마르크스주의 내에서 가장 날카롭게 문화의 문제를 제기할 수 있도록 한 저자다. 그렇게 그람시는 여러 조류에서 우회할 수 없는 준거가 되었다. **문화연구**cultural studies가 그 대표적 조류다. 문화연구의 주요 인물로는 레이먼드 윌리엄스Raymond Williams, 스튜어트 홀Stuart Hall, 리처드 호가트Richard Hoggart 등이 있으며, 전문 분야는 '대중문화' 연구다. 다른 한편으로 그람시는 몇몇 정치적 상황

---

61   Daniel Bensaïd, *Walter Benjamin, sentinelle messianique à la gauche du possible*, Plon, Paris, 1990; Terry Eagleton, *Walter Benjamin. Towards a Revolutionary Criticism*, Verso, Londres, 1981; Michael Löwy, *Walter Benjamin: Avertissement d'incendie. Une lecture des thèses "Sur le concept d'histoire"*, PUF, Paris, 2001 [미카엘 뢰비, 『발터 벤야민: 화재경보─『역사의 개념에 대하여』 읽기』, 양창렬 옮김, 난장, 2017].

에서 통용되는 지배 형태의 특수성을 이해하게 해준다. 예컨대 아르헨티나의 '그람시주의자'나 인도의 '서발턴주의자subalternistes' 같은 세계 여러 지역의 비판적 지식인들은 이런 사실로부터 그람시의 저작과 특정한 관계를 발전시켰다.[62]

1993년 자크 데리다의 『마르크스의 유령들Spectres de Marx』이 세상에 나왔다. 이 책은 프랑스에서 비판이론의 부활을 입증한 최초의 책이다. 또한 같은 해 피에르 부르디외의 『세계의 비참La Misère du monde』이 출간됐다. 이 저서는 1000페이지가 넘는 학술서임에도 예상 밖으로 베스트셀러가 됐다. 1990년대 후반 비판사상이 부활했다는 것이 '패배'에 종지부를 찍었다는 뜻은 아니다. 급진 좌파는 오늘날 확실히 방어 태세를 갖춘다. 군사적 패배나 운동 경기의 패배와 정치적 패배가 다른 것은, 정치적 패배에는 정해진 끝이 없기 때문이다. 군사적 대치 상황에서 무력관계는 어느 한 교전국에 유리한 방식으로 언젠가는 변한다. 그러면 전투는 끝이 난다. 운동 경기에서는 경기 시간이 종료함에 따라 패배의 규모가 언제나 제한된다. 반면 정치 영역에서는 패배가 무한히 이어질 수 있다. 이는 '민주적이고 사회적인 권리' 같은 노동운동의 성과가 무한히 파괴될 수 있음을 의미한다. 비판사상의 부활을 두고 뭐라 말하건, 그런 변수만은 시야에서 놓치지 말아야 한다. 신비판이론은 그 변수에 상당 부분 종속되어 있다.

---

62   Raúl Burgos, *Los Gramscianos argentinos*; Jean-Loup Amselle, *L'Occident décroché. Enquête sur les postcolonialismes*, Stock, Paris, 2008.

2장 '신좌파'의 간략한 역사: 1956~1977

오늘날의 신비판이론을 구상한 이들은 '새로운' 이론가가 아니다. 새롭다는 것이 생물학적으로 젊다는 것을 뜻한다면 말이다. 물론 혁신적인 비판사상을 전개한 젊은 저자들이 오늘날 존재한다. 하지만 세간에 알려진 비판사상가는 대부분 예순 살을 넘겼으며, 심지어 일흔 살을 넘긴 이들도 꽤 있다. 이런 사실이 함의하는 바를 무시할 수 없다. 이들 저자가 아무리 '동시대적'이라 할지라도 그들의 분석은 중요한 부분에서 지나간 정치적 주기, 1960~1970년대 주기에 속하는 정치적 경험의 결실이다. 안토니오 네그리의 사유는 제노바 시위와 뭄바이 세계사회포럼보다는 '세를 넓혀가는 5월Maggio strisciante'(1969)과 '납의 해Anni di piombo'의 영향을 더 많이 받았다. 알랭 바디우와 자크 랑시에르의 사유를 봐도 상황은 마찬가지다. 이들은 자신들 말마따나 1995년 12월 프랑스 총파업이 있기 훨씬 이전인 1968년 5월과 관련지어야 할 사람들인 것이다.

이처럼 신비판이론은 지난 정치적 주기 중에 형성된 지식인들이 1994년 사파티스타 봉기, 1995년 12월 파업, 1999년 시애틀 시위 그 사이 어디쯤에서 발생한 새로운 주기의 시작을 사유하고자 노력한 데서 성립한다. 이 역사적 간격은 조금도 놀랍지 않다. 서구 마르크스주의의 선도자 가운데 하나인 그람시는 1926년 감옥에 갇히기 전에는 고전 마르크스주의와 유사한 특징을 보였다. 특히 그가 이탈리아 공산당PCI 지도자였다는 점이 그렇다. 이 점은 1919년 헝가리 소비에트 공화국 위원이었던 루카치와 1923년 튀링겐주 의회 의원이었던 코르슈에게도 마찬가지로 적용된다. 새로운 주기 안에서 마르크스주의에 진입한 사상가들이 출현한 것은 이보다 더 나중 일이다. 서구 마르크스주의에 유효했던 바는 지금 시대에도 적용된다. 신비판이론을 만든 것은 비판사상의 '베테랑들'이다. 그들의 사회학적 특징과 사상은 이전 시대의 특징과 사상에서 유래한다.

신비판이론을 이해하기 위해 그 저자를 배출한 이론적 전통을 검토해야 하는 이유가 바로 여기 있다. 달리 말하자면 신비판이론을 이해한다는 것은 '이전'의 비판이론, 즉 지금은 사라졌지만 당시 지배적이었던 사상가들과 함께 신비판이론의 저자가 전개한 이론을 분석하는 일을 전제로 한다. 물론 '구'비판이론과 '신'비판이론의 구분은 명확하지 않다. 오늘날 새로운 것으로 여겨지는 것의 일부는 1960년대에 나타났던, 심지어 더 앞서 나타났던 이론적 문제로 거슬러 올라간다. 사상의 역사가 정치적 사건의 역사와 꼭 일치하는 것은 아니다. 따라서 베를린 장벽의 붕괴가 이론적 계량기를 '0'으로 돌려놓았다고 생각할 이유는 전혀 없다. 그러나 다른 한편으로 1970년대 후반 좌파가 겪은 패배는 너무나 심각했기에, 거기에 어떤 단절이 일어났다는 데는 의심의 여지가 없다. 이번 장의 목표는 신비판이론과 구비판이론의 관계를 정확히 규정하는 것이다.

소외와 해방 주체의 위기

서구 마르크스주의는 마르크스주의 전통에 혁신을 가져왔다. 어떤 혁신은 외부에서 비롯한다. 예컨대 빌헬름 라이히, 허버트 마르쿠제, 에리히 프롬Erich Fromm의 '프로이트-마르크스주의'를 야기한 혁신은 정신분석학에서 유래했다. 한편 어떤 혁신은 내부에서 비롯한다. 플레하노프Georgi Plekhanov와 악셀로드Pavel Axelrod 등 몇몇 러시아 사회주의자에게 이미 존재하는 '헤게모니' 개념을 그람시가 발전시킨 것처럼 말이다.[1] 이 시기 마르크스주의가 겪은 가장 의미 있는 변화는 청년 마르크스의 글, 특히 『1844년 경제학-철학 수고Ökonomisch-philosophischen Manuskripte aus dem Jahre 1844』가 1930년대 초에 출간된 결과로서 나타난다. 이 텍스트의 이론적 효과는 전쟁 탓에 1940년대 후반에 가서야 감지된다. 그리고 그 영향은 1960~1970년대에 절정에 이른다. 서구 마르크스주의를 대표하는 몇몇 사람도 영향을 받았는데, 특히 르페브르, 마르쿠제, 루카치, 델라 볼페, 사르트르를 들 수 있다. 사람들이 오로지 반박을 위해 인용할 때조차, 청년 마르크스가 남긴 텍스트의 영향력은 결정적이었다. 알튀세르는 『1844년 경제학-철학 수고』를 '전前유물론적prémaérialistes'이라고, 즉 변증법적 유물론의 핵심 저작에서 벗어난다고 여겼다.[2] 하지만 이 텍스트 덕분에 『마르크스를 위하여Pour

---

1   이 개념의 역사에 관해서는 다음을 보라. Perry Anderson, *Sur Gramsci*, Maspero, Paris, 1978.

Marx』의 저자 알튀세르는 『독일 이데올로기Die Deutsche Ideologie』(1846)를 시작으로 한 과학적 마르크스에서 '청년 마르크스'를 분리해내는 '인식론적 절단'이라는 가설을 내세울 수 있었다.

『1844년 경제학-철학 수고』가 불러일으킨 관심은 마르크스주의를 가로지른 위기와 연결된다. 이 텍스트는 새로운 정세에 맞게 마르크스주의를 발전시키는 것이 가능하겠다는 인상을 심어주었다. 이어 마르크스 생전의 미간행물, 즉 『자본』 2권과 3권, 『정치경제학 비판 요강Grundrisse der Kritik der politischen Ökonomie』이 20세기에 출간되면서 마르크스의 모든 저작에 대한 독창적인 해석, 그리고 그 기저에 깔린 정치적 기획을 재정식화하는 작업이 조직적으로 이뤄졌다.[3]

『1844년 경제학-철학 수고』는 1945~1975년 시기의 전형적인 경험, 곧 **소외**aliénation의 경험과 함께 반향을 일으켰다. 실제로도 이 텍스트는 소외 개념을 중점적으로 분석하고 있다.[4] 피에르 노라가 보여주듯 '소외'는 1945~1975년 시기의 '시대어'였다. "소외의 계기는 지적 비판의 칼끝 아래 나타난 폭넓고, 막연하고, 자발적인 사회적 감각의 결정체였다. 이는 강력한 성장의 결과와 그에 따른 프랑스 사회의 급

---

2   Louis Althusser, *Pour Marx*, Maspero, Paris, 1965 [루이 알튀세르, 『마르크스를 위하여』, 서관모 옮김, 후마니타스, 2017].

3   André Tosel, "Devenirs du marxisme: de la fin du marxisme-léninisme aux mille marxismes. France-Italie, 1975-1995," in Jacques Bidet et Stathis Kouvélakis (dir.), *Dictionnaire Marx contemporain*, PUF, Paris, 2001.

4   이와 관련해서는 다음을 보라. Stéphane Haber, *L'Aliénation. Vie social et dépossession*, PUF, Paris, 2007.

속한 변화에 부합하는 것이었다."[5] 장 푸라스티에Jean Fourastié가 '영광의 30년'이라 부른 것, 즉 2차 세계대전 이후 경제성장의 '장기파동'이 나타남에 따라 프랑스에서는 이농이 가속화하고, 삶의 질이 높아지고, 여가가 일반화하고, 특히 세르주 말레Serge Mallet와 알랭 투렌Alain Touraine이 분석한 '신노동자계급'이 등장했다. 고등교육의 대중화는 주관적으로 인식되는 사회적 기회와 실질적인 사회적 기회의 격차를 두드러지게 했다. '소외'라는 감정은 이 격차 속에 존재했다. 1965년 조르주 페렉Georges Perec은 피에르 노라의 말대로라면 "소외의 소설 그 자체"인 『사물들Les Choses』을 출간한다. 이 작품은 '진정성authenticité'을 향한 개인의 열망과 사회의 소외적 특성 사이에서 심화하는 단절을 표현하고 있다.[6] 1968년 5월이 머지않았다. 그날의 주역들은 이 단절을 메우고자 할 것이다.

소외라는 '막연한 감정'은 여러 이론적 구상을 자극하고 또 거기서 커져갔다. 1947년 1권이 출간된 앙리 르페브르의 『일상생활 비판 Critique de la vie quotidienne』도 그중 하나다. 르페브르는 10년 전에 『1844년 경제학-철학 수고』의 영향을 이미 느낄 수 있는 『변증법적 유물론Le Matérialisme dialectique』을 출간했다. 장 보드리야르Jean Baudrillard의 『소비의 사회La Société de consommation』(1970), 기 드보르Guy Debord의 『스펙터클의 사

---

5   Pierre Nora, "Aliénation," in Anne Simonin et Hélène Clastres (dir.), *Les Idées en France, 1945-1988*, Gallimard, Paris, 1989, p. 493.

6   페렉의 『사물들』에 관해서는 다음을 보라. Bernard Pudal, "Ordre symbolique et système scolaire dans les années 1960," in Dominique Damamme et al., *Mai-juin 68*, L'Atelier, Paris, 2008.

회La Société du spectacle』(1967), 자크 엘륄Jacques Ellul의『기술 또는 세기의 도박Technique ou l'enjeu du siècle』(1954), 장이브 칼베즈Jean-Yves Calvez의『카를 마르크스의 사상La Pensée de Karl Marx』(1956)도 서로서로 차이는 있지만 같은 흐름 속에 존재했다. 이 흐름의 기원은 루카치, 특히『역사와 계급의식Geschichte und Klassenbewußtsein』(1923)을 쓴 루카치에 있다. 그 주요 개념 가운데 하나가 '물화物化, réification'다. 소외 개념과 밀접한 이 개념은 처음에는 마르크스의『철학의 빈곤Misère de la philosophie』에, 그다음에는 『자본』 3권에 이미 나타난다. 하지만 '물화'는 루카치가 책의 핵심 장 「물화와 프롤레타리아계급의 의식」에서 이 개념에 부여한 형태로서 가장 큰 영향력을 발휘했다.[7]

당시 좌파 내부에서 '소외' 개념이 갖는 중요성은 또 다른 요소로도 설명될 수 있다. 예컨대 **착취**exploitation는 (러셀 저코비Russell Jacoby가 '순응적' 마르크스주의로, 모이시 포스톤Moishe Postone이 '전통적' 마르크스주의[8]로 정식화한,) 공산당 간부 학교에서 가르치는 '표준적' 마르크스주의의 기본 개념이다. 착취란 잉여가치를 착복하는 행위다. 이는 곧 임금노동자가 행한 노동의 대가를 자본가가 돌려주지 않고 착복하는 일이다. 그에 따른 결과가 전통적인 경제 영역을 훌쩍 넘어서는 범위라 할지라도 착취는 경제적 개념이다. 이 개념, 그리고 이를 수반한 사회 세계의 표상은 산업노동자계급이 당하는 경제적 억압에 중요성을 부여

---

7   이런 사유 전통에 관해서는 다음을 보라. Russell Jacoby, *Dialectic of Defeat*.

8   Moishe Postone, *Temps, travail et domination sociale*, Mille et une nuits, Paris, 2009.

하고, 남성 지배나 제국주의 같은 또 다른 형태의 억압을 부수적으로 취급하는 경향이 있다. 이것이 바로 한때 마르크스주의자들이 '부차적 전선'의 문제라 했던 것이다. '주요한 전선'은 자본과 노동의 대립이었다.

그런데 20세기 후반에 '부차적 전선'은 크게 확장됐다. 그중에서도 특히 여성 투쟁('제2의 물결' 페미니즘), 민족해방운동, 동성애자 운동, 이제 막 태동한 정치생태학écologie politique이 눈에 띈다. 이런 전선은 경제적 억압의 중심성을 약화하고, '착취' 개념보다 더 '포괄적인' 개념의 필요성을 느끼게 했다. 그리하여 '소외' 개념이 그 역할을 하게 된다. 경제적 억압이 중심성을 상실한 것은 '영광의 30년'을 거치면서 자본주의가 안정화했다는 사실로도 설명할 수 있다. 자본주의의 안정화는 체계의 임박한 파국에 관한 예측을 무너뜨렸다. 이는 선진국에서 부의 재분배를 견인하는 동시에, 문화적 문제를 더욱 두드러져 보이게 하는 경향이 있었다. 이것이 바로 1960~1970년대 동안 '상부구조' 분석에 중점을 둔 비판이론이 늘어난 이유다. E. P. 톰슨과 크리스토퍼 힐의 '문화' 마르크스주의, 레이먼드 윌리엄스와 스튜어트 홀과 리처드 호가트의 문화연구, 프레드릭 제임슨과 테리 이글턴의 마르크스주의 미학, 피에르 부르디외의 문화사회학이 그것이다. 페리 앤더슨은 '상부구조'에 쏠린 관심이 서구 마르크스주의에 전형적이라고 주장한다.[9] 그리고 사실상 그런 관심은 1960~1970년대에 전개된 비판이

---

9   Perry Anderson, *Sur le marxisme occidental*, chap. 4.

론 전체에 나타난다.

문화라는 주제가 지닌 중요성은 나라마다 다르다. 미국에서는 노동자계급의 대중정당이 부재한 까닭에, (마이클 데닝Michael Denning이 말하는) '문화 전선'이 언제나 과하게 중요성을 부여받았고, 1930년대부터 1960~1970년대 반문화 운동에 이르기까지 그런 흐름이 지속됐다.[10] 활동가들은 특별히 정당 구조에 몸담을 가능성이 없던 와중에 예술·문화·학계로 관심을 돌렸다. 더욱이 이는 다른 지역들에서 그런 정당 구조가 붕괴한 이후 미국에서 급진적 흐름이 유지된 사실을 부분적으로 설명해준다. 다른 곳에서는 대중정당의 존재가 문화와 정치 사이에 뚜렷한 관계를 빚어냈다.[11]

여기에 더해 산업노동자계급에 대한 불신, 그리고 그 계급을 대표하는 것으로 여겨지던 정치조직 및 노동조합 기구에 대한 불신은 더욱 커져만 갔다. 많은 활동가가 전통적인 조직과 멀어져 새로운 사회 주체들이 가진 해방적 역량을 생각하기 시작했다. 여성, 식민지 대중, 대학생, 광인(광기의 역사를 다룬 푸코의 작업은 물론, 라보르드 병원에서 장 우리Jean Oury와 펠릭스 과타리가 이끈 반反정신의학 운동 및 제도화한 정신요법을 보라), 주변인(예컨대 마르쿠제의 '추방자outcasts'), 수감자(푸코의 '감옥 정보 그룹Groupe d'information sur les prisons'을 참고하라)가 그 새로운 사회 주체였다.

---

10   Michael Denning, *The Cultural Front*, Verso, Londres, 1998; Stathis Kouvélakis, "Le marxisme au XXIᵉ siècle: formes et sens d'une résilience."

11   프랑스 상황과 관련해서는 다음을 보라. Frédérique Matonti, "Arts, culture et intellectuels de gauche au XXᵉ siècle," in Jean-Jacques Becker et Gilles Candar (dir.), *Histoire des gauches en France*.

공산당과 노동조합의 영향력에서 벗어나 있던 비조직 노동자들에게서 혁명의 동력을 발견하고자 하는 흐름도 나타났다. 프랑스에서는 마오주의자들이 '반#숙련 노동자'와 더 나중엔 '이주노동자'를 대상으로 전개한 논의가 그런 흐름을 띤다.[12] 이탈리아에서 노동자주의(마리오 트론티, 안토니오 네그리, 로마노 알콰티Romano Alquati)가 발전시킨 '대중노동자' 이론도 같은 흐름에 속한다. 여기서 대중노동자란 이탈리아 북부 공장에 고용된 남부 노동자들을 말하는데, 이들은 공장 감독관 등과 같은 관리직에 의해 '관리'되지 않기에 혁명적 자발성을 띠는 이들로 여겨졌다.[13]

이런 상황에서 '소외' 개념은 다양한 투쟁의 통일성을 생각할 수 있게 해주는 '응결제'처럼 보였다. 이 새로운 사회 주체가 경제적 의미에서 '착취'당한다고 말할 수는 없어도(착취 개념은 주로 노동자계급과 관련 있기 때문이다), 누구나 이런저런 이유에서 '소외'당한다고 말할 수는 있다. 소외 개념은 가톨릭교회의 진보 진영과 연결점을 이루기도 한다. 예수회의 장이브 칼베즈가 쓴 『카를 마르크스의 사상』(1956)은 마르크스에게 바친 이 시대의 위대한 저서 가운데 하나다. 그는 가톨릭교회가 가진 사회적 교리의 몇몇 측면과 공명하는 소외 개념에 비춰 마르크스 저작을 다시 읽을 것을 제안했다.[14] 결국 사회적·정치적 투쟁

---

12   Romain Bertrand, "Mai 68 et l'anticolonialisme," in Dominique Damamme et al., *Mai-juin 68*.

13   Steve Wright, *Storming Heaven. Class Composition and Struggle in Italian Autonomist Marxism*.

에서 흩어져 있던 것이 이 개념을 통해 이론적 차원에서 하나로 수렴됐다고 할 수 있다. 그런 의미에서 이제까지 언급한 신좌파의 두 가지 특징, 즉 '해방 주체'의 위기와 '소외' 개념이 갖는 중요성은 밀접하게 연관돼 있다. 소외 개념이 여기서 그토록 중요성을 갖는다면 그것은 해방 주체가 다양해졌기 때문이며, 그 개념이 다양해진 주체에게 '동맹' 효과를 주었기 때문이다.

권력의 문제

권력의 문제는 구좌파와 신좌파를 가르는 중요한 측면이다. 20세기 전반부 비판이론 내에서, 특히 마르크스주의 내에서 우세하던 권력 개념은 1905년과 1917년 러시아 혁명으로부터 영감을 받은 것이었다.[15] 이 개념은 국가권력의 탈취와 사멸에 매우 높은 중요성을 부여한다. 국가권력은 부르주아계급의 지배 도구처럼 여겨지고, 그 결과 프롤레타리아계급은 무장봉기를 통해 국가권력을 탈취해야 한다. 부르주아계급과 노동자계급의 대결은 군사적 충돌 같은 방식으로 상상

---

14   1950~1970년대 프랑스 사상에서 기독교와 마르크스주의가 맺는 관계에 관해서는 다음을 보라. Mark Poster, *Existential Marxism. From Sartre to Althusser*, Princeton University Press, Princeton, 1977.

15   아나키즘의 경우 스페인 내전 경험이 결정적이었던 것과 마찬가지로 사회민주주의의 경우에는 인민전선의 경험이 결정적이었다.

된다. 기존 체제에서 위기가 발생하는 순간, 프롤레타리아계급의 이익을 대변하는 당이 주도해 국가를 습격한다. 체제 위기는 해당 사회 체계 내부 모순의 결과지만 노동자계급이 점진적으로 축적한 힘의 결과이기도 하다. 이것이 바로 '이중권력'이라는 마르크스주의의 고전적 주제다. 트로츠키는 『러시아 혁명사Istoriya russkoy revolyutsii』에서 다음과 같이 말했다.

> 혁명의 역사적 준비 시기에는 다음과 같은 상황이 벌어진다. 새로운 사회 체계를 구현할 준비가 된, 하지만 아직 나라의 주인이 되지는 못한 계급은 국가권력의 중요한 부분을 실질적으로 자기 수중에 넣는다. 하지만 정부 기구는 여전히 이전 소유자의 수중에 있다. 모든 혁명에서 이중권력은 그렇게 시작된다.[16]

1960~1970년대 권력 개념의 발전 양상은 복잡하다. 그러나 그 시기에 어떤 변화가 생긴 것은 확실하다. 전후 공산당은 서구 민주주의의 정치 풍경에 동화되었고, 이로써 공산당은 원론적으로는 아닐지라도 실질적으로는 봉기를 통해 권력을 탈취한다는 생각을 포기하게

---

16 Léon Trotsky, *Histoire de la révolution russe*, tome I, Seuil, Paris, 1995, chap. 11 [레온 트로츠키, 『러시아 혁명사』, 볼셰비키그룹 옮김, 아고라, 2017]. 물론 고전 마르크스주의에서 전략적 문제는 이러한 측면에 국한되지 않는다.

됐다. 이런 흐름 속에 1970년대 프랑스·스페인·이탈리아에서 '유러코뮤니즘eurocommunisme'이 출현했다. 유러코뮤니즘은 유럽 공산당이 소비에트 모델을 공개적으로 청산한 것과 관련 있다. 이는 외교 정책 영역과 자유 존중이라는 측면, 양자 모두에서 이뤄졌다.[17] 그 주창자들은 점진적이고 '민주적인' 방식으로 사회주의로 이행할 것을 주장했다. 또한 사회민주주의라든지, 심지어 이탈리아에서 보듯 기독교민주당 Democrazia Cristiana, DC과도 연합하는 전략을 허용했다. 유러코뮤니즘은 프랑스의 '좌파 연합'이나 이탈리아의 '역사적 타협' 같은 실험으로 귀결되었다. 유러코뮤니즘은 레닌의 발언을 동원해 스스로를 정당화하기도 했지만, 또 다소 급진적인 형태(니코스 풀란차스Nicos Poulantzas가 옹호한 것)[18]의 유러코뮤니즘이 존재하기도 했지만, 이는 볼셰비즘과는 뚜렷이 구별됐다.

레닌주의 모델은 '극좌파' 조직에서 아직 유효했다. 이 조직에서 내세우던 레닌주의 표상이 조직의 실상과 얼마나 맞아떨어졌는지는 논외로 하자. 실제로 프랑스의 '혁명적 공산주의자 동맹Ligue communiste révolutionnaire, LCR'은 '민주집중제'보다 1968년 5월의 해방 정신에서 더

---

17   Carl Boggs et David Plotke, *The Politics of Eurocommunism: Socialism in Transition*, South End Press, Boston, 1999.

18   예컨대 다음을 보라. Nicos Poulantzas, *L'État, le pouvoir, le socialisme*, Les Prairies ordinaires, Paris, 2013 (1ʳᵉ édition 1978) [니코스 풀란차스, 『국가 권력 사회주의』, 박병영 옮김, 백의, 1994]. 동시대 마르크스주의에 풀란차스를 표방하는 흐름이 존재한다. 이에 관해서는 가령 다음을 보라. Bob Jessop, *State Power. A Strategic-Relational Approach*, Polity Press, Londres, 2007.

큰 영향을 받았을 텐데, 다만 그곳의 담화는 레닌주의의 색채를 강하게 띠었다. 제3세계주의 운동을 지배하는 전략 모델은 '장기적 인민 전쟁'이었다. 이 모델은 중국 혁명에서 영감을 얻은 것으로, 마오쩌둥 혹은 알제리와 쿠바의 혁명 경험을 통해 이론화되었다. 이 모델을 실행하는 나라들은 도시화가 미미했기 때문에, 마오주의는 농민에게 핵심적인 역할을 부여했다. 장기적인 대결을 염두에 두고 구상된 이 모델은 '해방구'에서 실현될 이중적 영토성을 이중권력에 덧붙였다. 1960~1970년대 동안 극좌파 조직, 예컨대 마오주의 조직이나 제3세계주의 조직 역시 적어도 이론에서는 그 모델을 채택했다.

20세기 후반 서방 국가들에서 정치투쟁의 조건은 20세기 초반 러시아나 중국에 마련되었던 조건과 비슷한 점이 거의 없었다. 정치체제도 사회구조도 같지 않았다. 이 때문에 많은 사상가들은 선진 민주주의에 맞는 권력 이론을 만들어내려 했다. 마르크스주의 내에서는 특히 그람시, 아도르노, 알튀세르가 그랬다. '억압적 국가장치'(경찰, 군대)와 구분되는 알튀세르의 '이데올로기적 국가장치'(가족, 학교, 교회)는 권력의 분산된 형태를 드러내는 것을 목표로 했다. 다른 종류의 것이긴 하지만 아도르노와 호르크하이머Max Horkheimer의 '문화산업' 이론도 마찬가지다. 그람시는 1920년대 후반부터 권력의 비국가적 요소에 점점 더 큰 중요성을 부여하는 권력 개념을 고안해, 1960년대 이후 펼쳐질 이론을 앞질렀다. 이것이 그람시가 신비판사상에서 가장 많이 인용되는 저자 축에 들게 된 이유다. 국가와 시민사회의 관계를 다룬 『옥중수고』의 유명한 구절은 이를 잘 보여준다.

동양[러시아]에서는 국가가 전부였기에 시민사회는 원형적
이며 젤라틴과 같았다. 서양에서는 국가와 시민사회가 공
정한 관계를 맺었다. 불안정한 국가에서는 시민사회의 탄
탄한 구조가 곧 모습을 드러냈다. 국가는 외곽의 참호에 지
나지 않았다. 그 이면에는 강력한 요새와 진지를 갖춘 체계
가 굳건히 자리 잡고 있었다.[19]

그람시에게 권력은 제도에 집중돼 있거나 국가에 응축돼 있을
뿐 아니라 사회체corps social 전체에도 퍼져 있는 것이었다. '동양'과 '서
양'에서 권력이 갖는 성질의 차이, 그람시가 보기에는 지리적일 뿐 아
니라 엄밀하게 정치적인 그 개념상 차이는 중요한 전략적 함의를 지닌
다. 특히 이 차이는 서양에서 '기동전機動戰'만으로는 사회정치적 체제
를 전복하기에 충분치 않고, '진지전陣地戰'을 활용해야 함을 함의한다.
기동전은 진지전의 한 국면일 뿐이다. 진지전은 중요한 '문화적' 차원
을 포함한다. 『옥중수고』에서 그람시는 권력 이론에 관한 레닌주의적
계기와 뒤이어 나오는 진지전에 대한 접근을 연결한다. 레닌은 권력
이 오직 국가에만 집중되진 않는다는 점을 확실히 인식하고 있었고,
그람시는 그의 '통합국가'[20] 개념이 보여주듯 국가권력의 중요성을 분

19   Antonio Gramsci, *Guerre de mouvement et guerre de position*; Razmig Keucheyan, La Fabrique,
Paris, 2012, cahier 7, paragraphe 16, p. 43에서 재인용.

20   Christine Buci-Glucksmann, *Gramsci et l'État. Pour une théorie matérialiste de la philosophie*,
Fayard, Paris, 1975.

명 부인하지 않았다. 일반적으로 말하면 가장 최근에 편찬된 그람시 사료는 그람시가 그 나름으론 마음속 깊이 레닌주의자였음을 보여준다.[21] 하지만 20세기에 국가와 '시민사회'의 상호침투가 늘어나면서 그 둘의 경계가 점점 더 흐릿해진 까닭에 그람시는 마르크스주의의 권력 이론을 새로운 지평으로 옮겨놓아야만 했다.

권력 개념의 이 같은 변화를 가장 뚜렷하게 인식한 사상가는 아마도 미셸 푸코일 것이다. 오늘날 비판이론 내에서 권력에 대한 푸코의 접근은 20세기 초반 레닌주의 모델이 지녔던 것만큼의 영향력을 행사해왔다. 푸코는 미시권력에 결정적 중요성을 부여한다. 그는 권력이 사회에 분산되어 있지, 지배를 일방적으로 행사하는 국가에 집중되어 있지는 않다고 주장한다. 이 '아래에서 위로 올라가는' 개념은 학교·병원·군대·감옥 같은 '매개적' 제도들에 권력이 기입되어 있다는 사실을 강조한다. 이 제도들은 권력관계에 언제나 이미 통합되어 있는 개인들을 생산해낸다. 이로부터 '엄밀히 말해 권력은 주체를 갖고 있지 않다'는 전형적으로 구조주의적인 생각이 나온다. 레닌주의 모델에서 권력의 주체는 국가였으며, 최종심급에서는 그 국가가 (복잡한 방식으로) 대변하는 부르주아계급이었다.

이러한 철학의 전략적 함의는 중요하다. 국가와 대결하는 것은 국가에 상당한 양의 권력이 집중되어 있을 때에만 의미를 지닌다. 권

---

21   Peter Thomas, *The Gramscian Moment. Philosophy, Hegemony, and Marxism*, Brill, Leiden, 2009.

력이 사회 곳곳에 흩어져 있으면 권력에 반하는 투쟁 또한 반드시 흩어져 이뤄져야만 한다. 푸코에게 논박의 장소는 복수複數이며, 그 장소를 에워싼 행위자들 또한 복수다. 이런 유형의 접근에서 투쟁은 결코 정점에 이르지 못한다. 다시 말해 어느 반대자도 결정적으로 승리를 거두지 못한다. 하지만 노동운동 내부에서는 '최후 투쟁'이라는 표현에서 알 수 있듯 결정적인 대결이 어떤 의미에서든 사태를 깨끗이 해결해주리라는 생각이 지배적이다. 푸코의 권력 이론에서는 클라이맥스가 없기 때문에, 적대하는 자들 서로가 접촉해나가는 데 방해받지 않는다. 달리 말해, 권력과 이에 맞선 저항이 역사를 갖는 것이다. 푸코가 구상한 권력 이론은 결국 관계적인 것이지, 실체적인 것이 아니다. 구조주의와 포스트구조주의 사상가들은 대부분 이런 유형의 접근을 옹호한다. 질 들뢰즈가 펠릭스 과타리와 함께 전개한 '리좀rhizome' 개념과 '통제 사회sociétés de contrôle' 개념이 한 예다.[22]

미셸 푸코의 권력 이론은 신좌파에 전형적이다. 잉그리드 길혀홀타이Ingrid Gilcher-Holtey가 말하듯 "신좌파의 견해대로라면 사회주의는 정치적·사회적 혁명을 통해서, 즉 권력을 장악하고 생산수단을 국유화함으로써 실현돼야 한다기보다는 일상에서, 가족에서, 성적 관계에서 그리고 타인과 맺는 모든 관계에서 인간을 소외로부터 해방할 것

---

22   Gilles Deleuze et Félix Guattari, *Mille Plateaux*, Minuit, Paris, 1980 [질 들뢰즈·펠릭스 과타리, 『천 개의 고원: 자본주의와 분열증 2』, 김재인 옮김, 새물결, 2001]; Gilles Deleuze, "Post-scriptum sur les sociétés de contrôle," *Pourparlers*, Minuit, Paris, 1990 [질 들뢰즈, 「추신: 통제 사회에 대하여」, 『대담 1972~1990』, 김종호 옮김, 솔, 1993].

을 목표로 해야 한다".[23] 푸코는 '소외' 개념을 사용하지 않는다. 그는 섹슈얼리티가 '해방'돼야 한다는 생각에 비판적이다.[24] 그럼에도 그는 '국가중심주의statocentrisme'를 버려야 한다는 의지를 신좌파와 공유한다. 그는 그때까지 정치 영역 바깥에 있는 것으로 간주되던 존재의 측면을 정치화한다. 섹슈얼리티의 정치화가 한 예다. 우리는 1970년대 동안, 특히 페미니즘 운동과 동성애자 운동 내부에서 섹슈얼리티가 지닐 중요성을 알고 있다. 앙리 르페브르가 중시한 '일상생활 비판'이 이 시기의 중심 주제가 된 까닭도 여기 있다. '일상생활 비판'은 좌파 조직의 전통적 형태인 사회민주주의적이고 민주집중제적인 형태를 문제 삼으며, 덜 위계적이고 더 유연한 조직 형태를 선호하는 것으로 나아간다. '혁명 만세!Vive la révolution!, VLR', 여성해방운동Mouvement de libération des femmes, MLF의 기원에 있는 '스폰텍스 마오주의자'[25] 집단, 동성애자 혁명행동전선Front homosexuel d'action révolutionnaire, FHAR, 아랍노동자운동

---

23   Ingrid Gilcher-Holtey, "La contribution des intellectuels de la nouvelle gauche à la définition du sens de Mai 68," in Geneviève Dreyfus-Armand, Robert Frank, Marie-Françoise Lévy, Michelle Zancarini-Fournel (dir.), Les Années 68. Le temps de la contestation, Complexe, Paris, 2000.

24   Michel Foucault, La Volonté de savoir. Histoire de la sexualité, tome I, Gallimard, Paris, 1984 [미셸 푸코, 『성의 역사 1: 지식의 의지』, 이규현 옮김, 나남, 2010]. 이 저술에서 푸코는 성에 관한 '억압 가설'을 비판한다. 이는 당시의 수많은 비판사상가와 성에 대한 억압 가설이 지배적이었던 당시의 일반적 분위기에 그를 대립시킨다. 지금 논의에서는 부차적이기에 이 점을 더 자세히 다루진 않겠다.

25   [옮긴이] 스폰텍스 마오주의(mao-spontex)는 1960~1970년대 서유럽에서 발생한 마오주의의 한 형태로, 마르크스주의와 자유지상주의 운동을 결합한 정치 흐름이다. 이 용어는 마오주의자(maoïste)와 자생적 혁명론 신봉자(spontanéiste)를 결합한 신조어이며, 좀 더 정확한 용어는 '자생적 혁명론을 신봉하는 마오주의(mao-spontanéisme)'다.

Mouvement des travailleurs arabes, MTA이 그런 흐름을 잘 보여준다. 1990년대 '대안세계화altermondialiste' 운동의 네트워크식 수평적 조직은 이 흐름과 함께 나타난 것으로 종종 소개되지만 실제로는 그보다 훨씬 앞서 등 장했고, 이 흐름에 고유한 것으로 이야기되는 '반권력antipouvoir' 이론 도 실은 마찬가지다.

구조주의의 반향

신좌파의 한 가지 특징은 신좌파가 불러일으킨 흐름이 다양한 영역으로 확산된 데서 찾을 수 있다. 1960년대 이후 여러 이론이 등 장해 다양한 발전을 이뤘다. 아마도 이에 견줄 만한 전례를 찾자면 자 크 랑시에르가 『프롤레타리아의 밤: 노동자의 꿈 문서고』에서 묘사 한, 1830년 7월 혁명 이후로 거슬러 올라가야 할 것이다.[26] 앞서 신좌 파는 위기의 산물이자, 전통적인 당과 노동조합에 대한 노동자계급의 불신이 커진 데서 비롯한 산물이라고 했다. 공산당과 연결된 대학생 조직 '공산주의대학생연합Union des étudiants communistes, UEC'의 역사가 이 를 전형적으로 보여준다.[27] 1960년대 이후 공산주의대학생연합이 겪었

26   Jacques Rancière, *La Nuit des prolétaires. Archives du rêve ouvrier*, Fayard, Paris, 1981; David Harvey, *Paris, Capital of Modernity*, Routledge, Londres, 2003 [데이비드 하비, 『모더니티의 수도, 파리: 자본이 만든 메트로폴리스 1830-1871』, 김병화 옮김, 글항아리, 2019].

27   Bernard Pudal et Frédérique Matonti, "L'UEC ou l'autonomie confisquée (1956-1968)," in

던 '극좌파' 분열(친이탈리아주의, 트로츠키주의, 마오주의)은 프랑스 공산당
과 그들 간의 갈등관계를 담지한 새로운 경향들을 번번이 출현시켰다.

신좌파 안에서 유통되던 이론들 가운데, 정치 집단에 연결된 것
과 그렇지 않은 것을 구분하는 편이 좋겠다. 구조주의는 관련 당이나
운동이 존재하지 않는다는 의미에서 후자의 범주에 속한다. 정치적으
로 조직된 흐름이 아니었던 실존주의나 프랑크푸르트학파도 마찬가
지다. 하지만 공산주의, 트로츠키주의, 마오주의, 노동자주의, 상황주
의, 아나키즘, 평의회 공산주의, 페미니즘, 정치생태학, 그 밖에 수많은
변주들의 상황은 다르다. 각각의 명칭은 얼마간 동질성을 띠는 하나
의 비판이론에 준거할 뿐만 아니라 당, 단체, 노동조합, 전위 등 그 이
론을 표방하는 조직을 지칭하기도 한다. 해당 조직의 규모는 각각 매
우 다르다. 프랑스나 이탈리아의 공산당 활동가는 오랫동안 수십만 명
에 달했으나, 기 드보르의 '상황주의 인터내셔널' 활동가는 기껏해야
수십 명 정도였다. 조직의 작동 원리 또한 서로 다를 수 있다. '여성
해방운동MLF'은 어쨌거나 그 초기에는 거의 중앙집권적이지 않은 구
조였다.[28] 반면 프랑스 트로츠키주의의 한 분파인 '국제공산주의조직
Organisation communiste internationaliste, OCI'은 동질적인 견해를 공유할 뿐 아
니라, 위계적으로 조직된 정당이다. 그렇지만 두 사례에서 모두 사상

Dominique Damamme et al. (dir.), *Mai-juin 68*.

28   Dominique Fougeyrollas-Schwebel, "Le féminisme des années 1970," in Christine Fauré
(dir.), *Encyclopédie politique et historique des femmes*, PUF, Paris, 1997.

과 '사회적 토대' 사이에는 상호작용이 일어났다. 이는 비판이론이 '실천action의 레퍼토리'나 활동가의 '노하우'와 어떤 관계를 갖느냐 하는 문제를 제기한다.

어떤 사상의 흐름이 사회적 토대를 두고 있지 않다는 것이, 그 흐름이 당대에 영향력이 없음을 뜻하지는 않는다. 구조주의의 영향력은 대단했다. 구조주의 패러다임은 1960~1970년대의 이론적 '계기moment'를 떠받치던 지주 가운데 하나였다.[29] 이후 수십 년간 구조주의는 전 세계로 퍼져나갔으며 비판이론 전체에 영향을 미쳤다. 마르크스주의와 함께 구조주의는 모든 사상 부문에 영향을 끼치고 다른 흐름들과 매우 체계적으로 '교배'된 유일한 흐름이다. 마르크스주의적 페미니즘, 생태학, 문학 연구가 존재하는 것처럼 구조주의의 영향을 받은 페미니즘, 생태학, 문학 연구가 존재한다. 따라서 이 패러다임의 한계를 분명히 밝히고, 그것이 1960~1970년대 정치운동과 어떤 관계를 유지했는지를 묻는 것이 매우 중요하다.

구조주의는 네 가지 주요한 이론 작용을 기초로 한다.[30] 첫 번째

---

29   이론적 '계기'라는 개념에 관해서는 다음을 보라. Frédéric Worms, "Le moment philosophique des années 1960 en France. De la structure à la différence," *Esprit*, mai 2008.

30   Perry Anderson, *In the Tracks of Historical Materialism*, chap. 2; François Dosse, *Histoire du structuralisme. Le champ du signe*, tome I, La Découverte, Paris, 1995 [프랑수아 도스, 『구조주의의 역사 1: 기호의 세계—50년대』, 이봉지·송기정 외 옮김, 동문선, 1998]. 이 네 가지 이론 작용이 매우 기본적이라 할지라도, 구조주의와 같이 풍부한 조류가 그것으로 축소될 수 없음은 당연하다. 하지만 이 조류에서 파생된 여러 형태를 하나로 모을 수 있을 만한 게 아무것도 없다고 주장하는 것 또한 잘못이다.

는 언어학에서 통용되던 모델, 특히 구조언어학 모델이 사회과학 내로 유입된 것이다. 소쉬르Ferdinand de Saussure는 이 흐름의 주요한 선구자로, 그의 사상은 로만 야콥슨Roman Jakobson과 프라하의 언어 연구 학파를 거쳐 프랑스 구조주의의 창시자인 클로드 레비스트로스Claude Lévi-Strauss에 이른다. 클로드 레비스트로스는 구조언어학을 친족관계의 구조에 적용한 최초의 학자다. 이 『구조인류학Anthropologie structurale』(1958)의 저자는 구조를 언어와 동일시하고 집단끼리 이뤄지는 여성 교환을 의사소통의 한 형태로 생각했다. 이같이 처음으로 언어 모델이 사회적 사실에 적용된 이후, 구조주의자들은 모든 인간사 분석에 그 모델을 사용했다. 라캉Jacques Lacan은 『정신분석의 네 가지 근본 개념Les Quatre Concepts fondamentaux de la psychanalyse』(1964)에서 무의식이 언어처럼 구조화되어 있다는 생각을 옹호했다. 롤랑 바르트가 전개한 기호학은 『신화론Mythologies』(1957)에 담긴 연구가 보여주듯 사회 전체를 하나의 기호 체계처럼 생각했다. 언어 모델을 일반화하는 경향은 "텍스트 바깥은 없다"는 원리와 함께 그 절정에 달했다. 이는 데리다가 『그라마톨로지De la grammatologie』에서 진술하고 『산종La Dissémination』(1972)에서 명확히 한 것으로, 데리다는 언어가 '차이의 체계système de différence'라는 소쉬르의 가정을 거부함으로써 구조주의에서 포스트구조주의로 넘어가는 한 경로를 이뤘다. 그의 관점에서 기표signifiant는 회복 불가능하게 '부유한다flottant'. 그렇지만 구조언어학 모델에서 데리다의 '텍스트성textualité'으로 이행함은 언어에 부여된 우위를 포기한다는 뜻이 아니었다. 언어는 포스트구조주의에서 중심에 놓인다.[31] '담론의 질서'에 관한 푸코의 분석이 그 중심성을 잘 보여준다.

구조주의의 기초가 되는 두 번째 요소는 상대주의, 즉 진리에 대한 비판이다. 소쉬르의 언어학은 의미$_{signification}$의 '내적' 개념에 기초를 둔다. 여기서는 기표가 다른 기표와 구분되고 대립됨으로써, 언어 구조 내에서 차지하는 자리로부터 그 의미를 획득한다는 생각을 옹호한다. 소쉬르는 기표가 현실 속에서 참조하는 것, '지시$_{référence}$'의 심급을 괄호 속에 넣는다. 왜냐하면 지시는 '언어 가치$_{valeur\ linguistique}$'를 결정하는 것과 전혀 상관이 없기 때문이다. 이처럼 프랑스 구조주의자들은 현실을 극단적으로 제거한다. 그들이 보기에 어떤 단순한 '일치$_{correspondance}$'도 언어와 현실의 관계를 지배하지 않는다. "텍스트 바깥은 없다"는 데리다의 생각과 '에피스테메$_{épistémé}$'(인식체계)가 "말과 사물"의 관계를 매개한다는 푸코의 생각[32]은 다른 것을 의미하지 않는다. 구조주의가 몰두하는 '진리의 전복'은 1960~1970년대의 전형적인 흐름, 근대과학과 그 전제를 비판하고자 하는 더 일반적인 흐름의 일부다. 이 흐름은 그 자체로 1977년 『포스트모던의 조건』에서 리오타르가 예언한 '거대 서사$_{grands\ récits}$'의 종말이라는 가설의 한 표현이다.[33]

31 Perry Anderson, *In the Tracks of Historical Materialism*, p. 42.

32 Michel Foucault, *Les Mots et les Choses*, Gallimard, Paris, 1966 [미셸 푸코, 『말과 사물』, 이규현 옮김, 민음사, 2012].

33 Jean-François Lyotard, *La Condition postmoderne* [장프랑수아 리오타르, 『포스트모던의 조건』, 유정완 옮김, 민음사, 2018]. '과학 비판' 운동에 관해서는 다음을 보라. Michel Dubois, *La Nouvelle Sociologie des sciences*, PUF, Paris, 2001.

구조주의의 기초가 되는 세 번째 요소는 구조주의와 인과성의 관계인데, 덧붙이자면 구조주의를 대표하는 이들은 역사의 우연성 contingence을 점점 더 강조하는 방향으로 나아갔다. 『구조인류학』『신화론』『말과 사물Les Mots et les Choses』『'자본'을 읽자Lire Le Capital』 같은 1960년대 구조주의의 고전들에서는 역사 결정론과 객관주의 형태가 지배적이었다. 이런 형태는 사회를 구성하는 '장기지속longue durée'과 '구조의 불변 요소invariants structuraux'를 분석하는 데 주의를 기울이는 것으로 나타났다. 많은 점에서 구조주의는 실증주의 전통(콩트Auguste Comte, 뒤르켐Émile Durkheim)과 생시몽주의 전통을 계승한다. 물론 마르크스주의 또한 그 분야에서 구조주의에 영향을 주었다.

그렇지만 시간이 지날수록 구조주의 이론에서 우연성이 점점 더 중요해져갔다. 1968년 5월은 이 변화와 무관하지 않다. 관련된 그 어떤 저자도 이 변화를 예상하지 못했으며, 이 예기치 않은 상황은 그들의 주장과 모순되는 것이었다.[34] 이렇게 사건événement 개념은 그들의 분석에서 점점 더 중대한 자리를 차지하게 된다. 1968년 5월 이후의 상징적인 저자 가운데 한 명인 질 들뢰즈는 '생기론적vitaliste' 맥락에서 욕망의 무한한 창조성을 강조했다. 1972년 『안티 오이디푸스L'Anti-Œdipe』의 출간이 포스트구조주의로 이행해가는 한 지점을 이룬다. 알

---

34   앙리 르페브르가 『구조주의의 이데올로기(L'Idéologie structuraliste)』(Points, Paris, 1975)에서 지적한 것이다. 또한 다음을 보라. Kristin Ross, *Mai 68 et ses vies ultérieures*, Complexe, Paris, 2005.

튀세르에게서 볼 수 있었던 무자비한 구조주의도 '우연의aléatoire 유물론' 또는 '마주침rencontre의 유물론'에 서서히 밀려났다. 푸코는 앙드레 글뤽스만, 모리스 클라벨과 가진 대담 중에, 철학자는 "초월론적 저널리스트"가 돼야 한다는 클라벨의 생각을 수용했다. 결국 초기 구조주의의 결정론은 우연성과 사건이라는 특징을 지닌 역사철학에 점차 자리를 내주었다. 오늘날 알랭 바디우, 슬라보예 지젝, 자크 랑시에르 같은 '사건'의 이론가들은 이런 문제를 계승한다.

　구조주의를 특징짓는 네 번째 이론 작용은 '주체' 비판이다. 구조주의는 이 주체 비판에 몰두했으며, 이는 '반인간주의'에 이른다.『말과 사물』(1966)의 결론에서 푸코는 "해변 백사장에 그려진 모래 얼굴"과 같은 인간의 죽음을 예고했다. "인간은 인간의 지식에 제기된 가장 오래된 문제도 가장 항구적인 문제도 아니다. (…) 인간은 하나의 고안물이다. 우리 사고의 고고학은 그것이 최근에 만들어진 것임을 쉽게 보여준다. 또한 그 끝이 가까워졌음을 보여주는 것 같기도 하다." 알튀세르는 1966년 아르헨티나 공산당 중앙위원회 시절 '인간주의자'로 제 가로디Roger Garaudy와 논쟁하던 중에 "이론적 반인간주의"라는 표현을 사용했다.[35] 알튀세르에게 역사는 "주체도 목적도 없는 과정"이다. 계급투쟁이 실제로 일어날 경우에는 그 투쟁의 의식적 주동자 역할을 하는 해방 주체가 존재하지 않는다는 것이다. 레비스트로스는『신

35　Frédérique Matonti, "Arts, culture et intellectuels de gauche au xxᵉ siècle," in Jean-Jacques Becker et Gilles Candar (dir.), *Histoire des gauches en France*.

화론』에서 주체를 언급했다. 그에게 주체는 "철학이라는 무대를 너무 오랫동안 점령해온, 배타적 관심을 요구하며 진지한 모든 일을 방해해온 참기 어려운 응석받이 아이"다.[36] 푸코, 알튀세르, 레비스트로스의 '반인간주의'의 비판 대상은 인간주의 일반이며, 그중에서도 특히 사르트르의 실존주의였다. 사르트르는 이전 철학 세대에 속하는 경쟁자였고, 당시 구조주의는 이 경쟁자와 대립했다.

흥미롭게도 같은 시기에 또 다른 흐름인 프랑크푸르트학파가 '반인간주의'의 한 형태를 구상했다는 사실을 확인할 수 있다. 아도르노와 호르크하이머는 1940년대 후반부터 "계몽의 변증법"[37]을 통해 이성과 보편주의의 잠재적 해방 역량에 대한 비판에 몰두했다. 그들이 내세운 주장은 진보, 자유, 개인의 자율성 같은 계몽주의의 근본 가치가 점차 스스로를 배반하게 됐다는 것이다. 계몽주의는 구체제(앙시앵레짐)나 반계몽주의와 맞닥뜨려서는 해방적이었지만, 20세기에는 최악의 잔학 행위를 공모했다. 아도르노와 호르크하이머는 이성이 단순한 '도구적' 합리성으로 쇠퇴한 결과로서 특히 강제수용소를 제시했다.

---

36   Claude Lévi-Strauss, *L'Homme nu*, Plon, Paris, 1971, pp. 614-615.

37   Theodor Adorno et Max Horkheimer, *La Dialectique de la raison*, Gallimard, Paris, 1974 (독일어판 *Dialektik der Aufklärung*은 1947년 출간됐다) [Th. W. 아도르노·M. 호르크하이머, 『계몽의 변증법: 철학적 단상』, 김유동 옮김, 문학과지성사, 2001].

재해석한 '68사상'

　구조주의와 신좌파의 관계 문제는 수많은 논쟁의 대상이 됐다. 여기에는 1960~1970년대 정치운동이 당시 사상의 흐름에 얼마나 '동조했느냐' 하는 문제가 깃들어 있다. 이와 관련해 두 가지 가설이 서로 충돌한다. 첫 번째는 뤼크 페리Luc Ferry와 알랭 르노Alain Renaut가 『68사상: 동시대 반인간주의 논고』에서 정식화한 '68사상'에 관한 가설이다. 페리와 르노가 보기에 라캉, 푸코, 부르디외, 특히 데리다로 대변되는 구조주의는 '68사상'이다. 다른 말로 하면 구조주의 학설은 1960~1970년대의 정치적 계기와 일맥상통하는데, "하나의 동일한 문화 현상의 징후"라는 의미에서 그렇다.[38] 그 둘을 잇는 것은 '반인간주의'다. 페리와 르노는 1968년 매우 유명했던 "속박 없이 즐겨라Jouir sans entraves" 또는 "금지하는 것을 금지한다Il est interdit d'interdire" 같은 표어를 고전적 '주체'에 대한 비판의 표현으로 본다. 두 사람의 주된 논거는 고전적 인간주의와 동시대 개인주의를 구분하는 데 있다. 1968년은 개인주의적 사건이지, 결코 인간주의적 사건은 아니라는 것이다. 그들이 보기에 "주체는 개인의 도래 속에서 죽는다".[39] 1968년의 주역들은 그 의도가 뭐였건 간에, 질 리포베츠키Gilles Lipovetsky의 표현대로라면

38　Luc Ferry et Alain Renaut, *La Pensée 68. Essai sur l'antihumanisme contemporain*, Gallimard, Paris, 1985, p. 23.

39　같은 책, p. 123.

"공백 시대ère du vide"의 출현을 향해 그처럼 진력했던 것이다.

두 번째는 1968년이 구조주의에 근본적으로 반대된다고 보는 가설이다. 앙리 르페브르, 자크 랑시에르, 코르넬리우스 카스토리아디스, 더 최근에는 크리스틴 로스Kristin Ross가 특히 이 가설을 지지했다. 이 관점은 장뤼크 고다르Jean-Luc Godard의 영화 〈중국 여인La Chinoise〉(1967)에 잘 표현되어 있다. 〈중국 여인〉에서 안 비아젬스키Anne Wiazemsky가 연기한, 마오주의를 신봉하는 활동가는 푸코의 『말과 사물』에 토마토를 던진다. 위 저자들이 보기에 1960~1970년대의 운동은 두 가지 이유에서 반구조주의적이었다. 먼저 '소외'라는 주제 때문이다. 이 비판적 주제보다 더 인간주의적인 주제는 없다. 이런 주제는 자본주의가 망가뜨린 인간 고유의 '본질'을 회복할 것을, 아니 최초로 수립할 것을 목표로 한다.[40] 구조주의의 허를 찌르는 1968년의 또 다른 특징은 '장기지속'과 '구조의 불변 요소'를 강조하는 구조주의를, 사건에 대한 사유와 정반대되는 것으로 본다는 점이다. 사건이 역사의 흐름을 바꿀 수 있다는 생각은 구조주의에 낯설다. "구조는 거리로 내려오지 않는다"라는, 뤼시앵 골드만이 즐겨 사용하던 당시의 슬로건이 이를 잘 말해준다.

그렇다면 어느 것이 더 나은 가설인가? 페리와 르노의 주장을 뒷받침하는 논거, 즉 구조주의와 1960~1970년대 운동 사이에 모종

---

40   이와 관련해서는 다음의 분석을 보라. Norman Geras, *Marx and Human Nature, Refutation of a Legend*, Verso, Londres, 1983.

의 관계가 있음을 확인해주는 논거가 있긴 하다. 먼저 당시 출판된 저작들을 연대별로 살펴보자. 푸코의 『광기의 역사Histoire de la folie』는 1961년, 『말과 사물』은 1966년, 『지식의 고고학L'Archéologie du savoir』은 1969년 출간됐다. 알튀세르와 그 제자들의 『마르크스를 위하여』와 『'자본'을 읽자』는 모두 1965년 출간됐다. 또 알튀세르가 소르본 대학에서 강연한 내용을 담은 『레닌과 철학Lénine et la philosophie』은 1968년 2월 처음 발표됐다. 데리다의 『글쓰기와 차이L'Écriture et la différence』와 『그라마톨로지』는 1967년 출간됐다. 라캉의 『에크리Écrits』는 1966년, 부르디외와 파스롱Jean-Claude Passeron의 『상속자들Les Héritiers』은 1964년 출간됐다. 이들 저서는 출간됐을 뿐만 아니라 아주 많이 팔렸다. 1960년 대 후반과 1970년대 초반은 인문학 분야 출판의 황금기였다. 푸코의 『말과 사물』은 1966년 4월과 12월 사이에 2만 부가 팔렸다. 라캉의 『에크리』는 쉬운 책이 아니었음에도 보름 내에 5000부가 팔려나갔다. 물론 책이 많이 팔렸다고 해서 그만큼 읽혔으리라는 보장은 없다. 또 책이 읽혔다고 해서 그 책이 개인의 행동 방식에 실질적인 영향을 줬으리라는 보장도 없다. 매우 '전문적인' 이런 유의 책 내용이 사람들에게 유포되긴 했지만, 아마도 직접적인 독서보다는 언론 보도를 통해 유포됐을 것이라고 추정해볼 수 있다. 당시부터 몇몇 신문이나 정기간 행물(예컨대 『르 누벨 옵세르바퇴르Le Nouvel Observateur』『렉스프레스L'Express』)은, 2차 세계대전 종식 이후 서구 사회에서 고등교육의 대중화와 삶의 질 향상으로 문화 소비가 늘어나며 새로이 생겨난 교양 있는 대중에게 말을 건네는 전문지 역할을 했다.[41]

그렇지만 페리와 르노는 1968년의 사상과 사건에서 중요한 부분을 명백히 간과했다. 1968년 전에는 구조주의적이지 않거나 심지어 반구조주의적인 저작의 출판도 두드러졌다. 기 드보르의 『스펙터클의 사회』와 라울 바네겜Raoul Vaneigem의 『젊은 세대를 위한 처세술 논고Traité de savoir-vivre à l'usage des jeunes générations』는 1967년에 나왔다. 무스타파 카야티Mustapha Khayati의 『대학생들의 비참에 관하여De la misère en milieu étudiant』는 1966년에 나왔다. 이 책들은 상황주의 운동에 속한다. 상황주의 운동은 프랑스 아방가르드, 다다이즘, 초현실주의, 특히 문자주의lettrisme 전통과 자유지상주의적 마르크스주의의 교배로부터 유래한 것이다. 사르트르 철학의 시기가 지났다 할지라도, 사르트르와 실존주의는 1968년에도 당대의 관심사였다. 사르트르는 1968년 5월 소르본 대학 대강당에서 발언했을 때 일부 청중으로부터 야유를 받았다. 하지만 그는 학생들에게 커다란 존경의 대상이기도 했다. 정도의 차이는 있을지언정 1968년에 영향력을 가졌던 철학, 사회학, 예술 등의 흐름을 열거해보자면 누벨바그Nouvelle Vague, 여러 형태의 마르크스주의, 정신분석학, 좌파 기독교 사상 등등이 있다. 일반적 관점에서 볼 때, 1968년 5월과 같이 규모가 크고 복잡한 사건에 하나의 동질적인 '사상'을 부여하겠다는 생각은 방법론적으로 틀린 것이다.

더욱이 구조주의를 '68사상'으로 볼 경우 1968년 이후 전개된 포스트구조주의를 이해하기 곤란해진다는 사실도 염두에 둬야 한다.

41   Philippe Olivera, "Les livres de Mai," in Dominique Damamme et al., *Mai-juin 68*.

앞서 말했듯 포스트구조주의는 언어를 안정적인 구조로 여기길 포기하고 우연성에 점점 더 큰 중요성을 부여한다. 반면 1960년대 구조주의는 언어를 지속적인 차이의 체계로 여겼으며 역사에 대한 결정론적 접근을 옹호했다. 1968년 5월이 애초의 구조주의를 불안정하게 하고, 심지어 구조주의를 구상한 사람들에겐 역사적으로 예측 불가능해 보였던 것을 새로이 생각할 수 있게 했음은 분명하다. 고전적 구조주의는 1950~1960년대에 부합한다. 이 시기 프랑스는 '현대화'했으며, 당시 일어난 사회 변화들은 안정적으로 자리를 잡는 듯 보였다. 5월의 청천벽력은 정치와 역사에 대한 인식을 뒤흔들고 구조주의자들 스스로 자기 상황을 재평가하도록 했다. 구조주의는 '68사상'이 아니다. 1968년 5월이 구조주의 흐름을 포스트구조주의로 옮겨 가게 했기 때문이다.

신비판이론을 향하여

우리는 신좌파 역사의 이런 요소를 통해, 신비판이론의 발생을 이해하는 데 중요한 가설을 대략 그려볼 수 있다. 1960~1970년대 비판사상은 두 가지 주요한 특징이 있다. 하나는 해방 주체의 다양화, 다른 하나는 권력에 대한 '탈중심적' 접근을 위해 '국가중심적' 권력 개념을 점진적으로 포기한 것이다. 이런 특징은 당시 전통적인 노동자계급의 정치적·노동조합적 기구가 겪은 위기의 결과인 동시에, 특히 페미니즘·반식민주의·생태학 주변에서 형성된 '부차적 전선'의 증가에서도 유래한다. 그런데 이런 특징은 1990년대 후반에 출현한 오늘날의 비판이론에서도 볼 수 있다. 1990년대 후반의 '다중' 개념 논쟁은 다중이 새로운 해방 주체가 되어 노동자계급을 대체했는가를 중심으로 이뤄졌다.[42] 퀴어 이론의 대표 주자(주디스 버틀러, 이브 세지윅Eve Sedgwick), 인정 이론가(악셀 호네트Axel Honneth, 낸시 프레이저Nancy Fraser), 그리고 포스트식민주의 사상가처럼 정체성 문제를 제기하는 동시대 저자들 또한 새로운 정치 주체를 모색하는 이들이다. 그들의 접근 방식은 다양하지만, 그들에게 공통된 문제는 앞으로 있을 사회변혁의 행위자가 누구일지, 또 그 행위자의 '정체성'이 변혁의 성격에 어떤 영향을 미칠지를 규명하는 것이다. 에르네스토 라클라우, 베니딕트 앤더슨, 톰 네언Tom Nairn, 에티엔 발리바르, 위르겐 하버마스Jürgen Habermas는 '인민peuple' 개념에 질문을 던진다. 이들은 세계화(네언), 유럽 건설(발리바르, 하버마스), 국민국가 그 자체 내에서 적대의 출현(라클라우)과 '인민' 개념이 갖는 관계의 측면에서 이 개념에 질문을 던진다. 그들이 보기에 인민은 근대에서와 마찬가지로 여전히 해방의 주요한 벡터다. 알랭 바디우와 슬라보예 지젝 등 '사건'의 사상가들도 이 연구에 참여한다. 그들에게 '주체'는 그 토대가 되는 사건에 충실한 가운데 구성된다.

이 사실에서 얻을 수 있는 결론은 간단하다. 해방 주체의 위기,

---

42   Gopal Balakrishnan (dir.), *Debating Empire*, Verso, New York, 2003.

해방의 잠재적 주체의 다양화는 베를린 장벽의 붕괴가 아니라 그 이전인 1960년대로 거슬러 올라간다는 것이다. 논쟁의 용어는 지난 반세기 동안 확실히 변화했다. 한때는 광기라든지, 소외된 이들의 잠재적 해방 능력이 두드러진 주제였지만 이제는 그렇지 않다. 여성과 동성애자의 투쟁은 이론의 여지 없이 진보했다. 이는 그들의 투쟁 방식이 변화했음을 함축한다. 하지만 해방 주체의 위기를 논한다는 점에서 여전히 같은 논쟁이 벌어지고 있다고 할 수 있다. 어떤 헤게모니적 주체도 노동자계급을 대신하지 못했기에, 동시대 비판이론가들은 잠재적 대체자 내지는 새로운 절합切合, articulation을 찾는 중이다.

권력 문제를 두고도 비슷한 추론이 가능하다. 현재 여러 비판이론가들(존 홀러웨이, 파올로 비르노, 안토니오 네그리) 사이에서 다음의 흐름을 확인할 수 있다. 이들은 다양한 형태(사회적·노동조합적·제도적·폭력적 투쟁)로 국가장치에 직접 맞섰던 투쟁이, 국가장치와 거리를 유지하는 '간접적' 전략(망명, 탈퇴, 유목화)으로 대체돼야 한다고 주장한다. 이 저자들이 자주 인용하는 들뢰즈의 유명한 문구도 같은 주장을 한다. "탈주하라, 하지만 탈주하면서 무기를 찾아라Fuir, mais en fuyant, chercher une arme."[43] 이 학설 체계는 흔히 '반권력' 이론이라 불린다. 허먼 멜빌Herman Melville의 책에 나오는 유명한 인물 '바틀비'는 권력관계를 우회하는 전략의 대표 사례로 언급되곤 한다. 멜빌의 짧은 소설에서 법률 서기 바틀비는 고용주가 명령을 내릴 때마다 "나는 하지 않는 편이

---

43   Gilles Deleuze et Claire Parnet, *Dialogues*, Flammarion, Paris, 1977, p. 164.

더 좋겠습니다I would prefer not to"라며 일관되게 답한다. 점차 고용주는 바틀비에게 무슨 일을 시키는 것을 포기하게 된다.[44] 반권력 이론을 전개하는 사상가들은 자신들의 이론을, 소련의 끔찍한 경험 탓에 실패로 간주되는 레닌주의와 대립하는 이론으로서 소개한다. 이 문제 또한 새로운 것은 아니다. 장벽은 무너졌고, 사회운동도 큰 실패를 겪었다. 하지만 1960년대에 제기된 문제들은 은밀히 살아남아 그 어느 때보다도 더 뜨겁게 오늘날 다시 나타나고 있다.

---

44   Hermann Melville, *Bartleby, une histoire de Wall Street*, Amsterdam, Paris, 2007 [너새니얼 호손 외, 『필경사 바틀비』, 한기욱 엮고 옮김, 창비, 2010]. 바틀비는 이 시대 많은 사상가들의 관심을 불러일으켰다. 질 들뢰즈는 그에게 다음의 글을 바쳤다. Gilles Deleuze, "Bartleby, ou la formule," in *Critique et clinique*, Minuit, Paris, 1999 [질 들뢰즈, 「바틀비 혹은 상투어」, 『비평과 진단: 문학, 삶 그리고 철학』, 김현수 옮김, 인간사랑, 2000]. 조르조 아감벤과 슬라보예 지젝의 다음 사례도 있다. Giorgio Agamben, *Bartleby, ou la création*, Circé, Paris, 1998; Slavoj Žižek, *The Parallax View*, MIT Press, Cambridge, 2006 [슬라보예 지젝, 『시차적 관점: 현대 철학이 처한 교착 상태를 돌파하려는 지젝의 도전』, 김서영 옮김, 마티, 2009].

3장 동시대 비판적 지식인의 유형

1970년대 후반 사회운동의 쇠퇴와 더불어 지적 장 내에서 여러 반응이 일었다. 그 반응 전체가 동시대 비판사상가들의 유형학typologie을 거칠게 그려낸다. 우리는 당시 이 비판사상가들의 반응을 여섯 가지 범주로 나눠볼 수 있다. 나는 그 범주를 '전향자' '비판주의자' '저항가' '혁신가' '전문가' '지도자'로 부를 것이다. 베버의 의미에서 이 항목들이 '이념형idéal-typique'이란 것은 자명하다. 대개는 한 지식인이 여러 항목에 걸쳐 있다. 몇몇 범주는 논리적으로는 아닐지라도 적어도 실천적인 측면에서는 상호배타적인 경향을 띤다. 하지만 일반적인 관점에서 이 범주들의 결합은 대부분 가능한 것이다.

비판적 지식인이 어떤 범주에 속하는지를 결정하는 요소는 여러 가지다. 비판사상가들의 궤적을 어떤 특정한 방향으로 이끄는 첫 번째 요소는 지적 장, 특히 대학이라는 장의 총체적 변화와 연관이 있다. 대학이라는 장이 급변한 점은 근 수십 년간 비판사상가들의 정치적 신념에 영향을 끼쳐왔다. 루이 알튀세르가 '레닌과 철학'을 주제로 소르본 대학에서 강의하던 당시(1968년 2월) 프랑스 대학에 비판사상가로 있는 것과, 그로부터 20년 뒤 신자유주의 반혁명이 한창이고 비판적 지식인의 총체적 규모가 상당히 줄어든 시기에 비판사상가로 있는 것은 완전히 다른 일이었다. 1980~1990년대에 있었던 대학 장의 '재편recentrement'은 이전의 많은 반체제 이론가들을 쓸어버렸으며, 이후 젊은 이론가들이 대학에서 반체제 이론가로 자리 잡을 가능성은 줄어들었다. 이는 지식인이 그가 사는 사회적 장을 지배하는 일반 법칙을 벗어나지 못한다는 사실을 다시 한 번 보여준다.

비판적 지식인의 궤적에 영향을 미치는 두 번째 요소는 그가 속한 조직의 운명이다. 1973년 '프롤레타리아 좌파GP'의 자기 해체는, 지식인이든 아니든 그 구성원들에게 당연히 영향을 미쳤다. 1972년 '상황주의 인터내셔널'의 자기 해체나 1973년 안토니오 네그리의 조직이던 '노동자의 힘Potere Operaio'의 자기 해체에서도 상황은 마찬가지였다. '혁명적 공산주의자 동맹LCR'이 1966년 창립된 이래 여러 형태로 계속됐다는 사실은 흥미로운 사례다. 이 조직의 유연성은 그 구성원이던 지식인들이 끝까지 정치에 참여했다는 사실과 깊은 관련이 있을 것이다. 거꾸로 보자면 지식인들이 변함없이 정치에 참여했다는 사실은 아마도 그 조직의 영속에 기여했을 것이다. 지식인들이 조직의 내적 활동(지도, 교육)과 공적 표상(정당성 부여)에 쏟은, 부르디외식으로 말하자면 '상징자본capital symbolique'이 아마도 그 조직의 장수를 부분적으로 설명해줄 것이다.

지난 수십 년 동안 비판사상가들이 걸어온 궤적에 깔려 있는 세 번째 요소는 학설적 차원의 것이다. '전향자' 범주에 대거 속하는 '신철학자'는 마오주의, 특히 '프롤레타리아 좌파' 출신이다. 이 사실을 어떻게 이해할 수 있을까? 마이클 크리스토퍼슨이 보여주듯 1970년대의 다른 극좌파와 달리 '프롤레타리아 좌파'는 계급투쟁을 '도덕적'으로 이해했다.[1] 그 이해는 특히 '프롤레타리아 좌파' 기관지인 『인민의 대의La Cause du peuple』에서 지배계급의 음모를 고발하며 했던 말을 통해 드러난다. 이 고발은 노동자가 이해할 법하다고 여겨지는 어휘를 가지고 주로 부르주아의 '비도덕성'을 비난하는 형식이었다. 1972년 광부의 딸 살해 사건, 이른바 '브뤼에언아르투아 사건'[2]은 그 사실을 잘 보여준다. 이 사건에서 '프롤레타리아 좌파'는 한 지역 인사를 고발했다. 그런데 정치를 도덕으로 대체하는 것은 '신철학자'의 전형적 특징 가운데 하나다. 이런 의미에서 '프롤레타리아 좌파'의 마오주의와 앙드레 글뤽스만, 베르나르앙리 레비, 이후 그 동료들이 옹호한 '인권' 윤리는 무관하지 않다.

물론 이는 마오주의가 1960~1970년대의 급진성을 무조건 포기했다는 뜻이 아니다. 마오주의 출신의 알랭 바디우와 자크 랑시에르의 사례는 이매뉴얼 월러스틴Immanuel Wallerstein, 조반니 아리기, 사미르 아민Samir Amin의 사례와 마찬가지로 그 정반대를 증명한다. 반면 피에

---

1   Michael S. Christofferson, *French Intellectuals Against the Left*, p. 59.

2   [옮긴이] 1970년대 프랑스 북부의 탄광 마을 브뤼에언아르투아(Bruay-en-Artois)에서 일어난 살인 사건으로 당시 언론에 크게 회자되었다. 15세 여자아이 브리지트 두베르(Brigitte Dewèvre)가 살해된 채 발견되었고, 같은 마을의 공증인 피에르 르루아(Pierre Leroy)와 그의 정부 모니크 베긴마이외르(Monique Béghin-Mayeur)가 용의자로 체포되었다. 극좌파 활동가들은 이 용의자들이 부르주아 출신이라는 사실을 이용해 이 사건을 계급투쟁의 상징으로 만들고자 했다. 더군다나 사건이 일어난 마을은 폐광이 결정되어 경제적으로 타격을 입은 곳이었다. 이후 용의자들은 증거 불충분으로 석방되었다.

르앙드레 타기에프Pierre-André Taguieff는 원래 '친상황주의자'였다. 다시 말해 그는 상황주의자의 후학이었다. 그럼에도 그는 동시대 정치적 급진주의의 주요 비평가들 사이에서 나타나 프랑스 신보수주의 계간지 『멋진 신세계Le Meilleur des mondes』 편집진이 됐다. 특히 미국에도 우파로 옮겨 간 트로츠키주의자들의 사례가 있다.[3] 1960~1970년대 학설의 방향과 이후 정치적 궤적 사이에는 분명 상관관계가 있으나 그것은 복잡하다. 여기에는 사례별 분석이 필요하다.

전향자

'전향자'는 1970년대 후반 정치적 상황이 급변하자 비판사상을 더는 개진하지 않은 사상가를 말한다. 비록 전향자 가운데 매우 짧은 시간 동안 정치판 전체를 쉼 없이 가로지른 사람이 있을지라도, 모든 전향자가 보수주의자가 되진 않았다. 프랑스에서는 앙드레 글뤽스만과 알랭 핑켈크로트Alain Finkielkraut의 행보가, 미국에서는 어빙 크리스톨과 노먼 포더레츠Norman Podhoretz의 행보가, 이탈리아에서는 (1970년대 혁신적인 마르크스주의자였다가 '전진 이탈리아' 당의 국회의원이 된) 루치오

---

3   Nicolas Guilhot, "Les néo-conservateurs: sociologie d'une contre-révolution," in Annie Collovald et Brigitte Gaïti (dir.), *La Démocratie aux extrêmes. Sur la radicalisation politique*, La Dispute, Paris, 2006.

콜레티의 행보가 전형적이다. 이 사상가들은 진보주의 견해에 몰두해 있었을 때조차 자본주의를 더는 문제 삼지 않았다. 결국 이들은 비판 이론가이기를 그쳤다. 이들은 다른 세계의 가능 조건을 더는 묻지 않았다.

'신철학자'는 1970년대 이후 사회질서와 화해한 비판사상가 및 활동가의 원형을 이룬다. 1980~1990년대 '생시몽 재단' 주변을 맴돌던 지식인 일부가 이 범주에 속하는데, 특히 이 재단 창시자 가운데 두 명을 꼽을 수 있다. 바로 1950년대 공산당원이었던 프랑수아 퓌레, 그리고 1970년대 당시 '프랑스 민주노동동맹Confédération française démocratique du travail, CFDT'과 가까웠으며 '노동자 자주관리autogestion' 이론가였던 피에르 로장발롱이다. 잘 알려지지 않은 사례 가운데, 1990년대 '조절régulation학파'의 일부가 '콩방시옹 경제학économie des conventions'이라는 명칭을 달고 신고전파 계열의 온건한 이단적 형태로 전향한 사례가 있다. 이들의 행보도 '전향자' 역사에 포함해야 한다.[4] 조절학파는 1976년 미셸 아글리에타Michel Aglietta가 출간한 『조절과 자본주의의 위기』를 계기로 창설됐으며, 초기에는 마르크스주의를 표방했다. 아글리에타 본인은 공산당원이었고 다른 조절이론가들은 마오주의(알랭 리피에츠Alain Lipietz의 경우)나 통합사회당Parti Socialiste Unifié, PSU과 가까웠다.[5] 최초의 '재편'은 1981년 좌파의 집권과 함께 이뤄졌다. 이로써 조

---

4   예컨대 André Orléan (dir.), *Analyse économique des conventions*, PUF, Paris, 2004; *Revue économique*, vol. 40, n° 2, 1989 특별호를 보라.

절학파의 몇몇 구성원은 대통령 자문위원으로 변모했다. 대학 내 모든 학문 분과 가운데 경제학은 지배 이데올로기의 압박을 가장 많이 받는 학문일 것이다. 이는 경제학과 권력의 유착으로 설명할 수 있다. 특히 2차 세계대전 종식 이후 경제학이 지금처럼 행하는 이데올로기적 기능에 힘입어 경제학자들은 탁월한 '전문가' 자리에 올랐다. 경제적 '신조信條'는 신자유주의 헤게모니 한가운데에 있다. 이 말은 곧 경제적 신조가 신자유주의 헤게모니에서 기인하는 모든 것에서 쉽게 영향을 받는다는 뜻이기도 하다.

전향자 범주 내 지식인의 두 유형을 구분하는 게 좋겠다. 첫 번째 유형은 오랜 과정을 거쳐 자유주의로 전향한 이들로, 이 전향은 종종 마르크스주의에 대한 내재적 비판의 결과였다. 1950~1960년대에 클로드 르포르는 당시 매우 영향력 있던 정치적·지적 집단 '사회주의냐 야만이냐Socialisme ou Barbarie'의 핵심 인물이었다.[6] 이 집단의 명칭은 로자 룩셈부르크가 만들어낸 유명한 양자택일을 가리키며, 이 집단의 기원은 트로츠키 전통에, 아니 더 정확하게는 '국제공산당Parti

---

5   Michel Aglietta, *Régulation et crises du capitalisme*, Odile Jacob, Paris, 1997. 조절학파의 변화에 관해서는 다음을 보라. Michel Husson, "L'école de la régulation, de Marx à la Fondation Saint-Simon," in Jacques Bidet et Stathis Kouvélakis (dir.), *Dictionnaire Marx contemporain*.

6   이 집단의 역사는 1949년에서 1967년까지 걸쳐 있다. 이 흐름에서 중요한 또 한 명의 인물이 코르넬리우스 카스토리아디스다. 한때 '사회주의냐 야만이냐'를 거쳐 간 사상가들의 목록은 길다. 그중에는 특히 기 드보르, 뱅상 데콩브, 장프랑수아 리오타르가 있다. 다음을 보라. Philippe Gottraux, *Socialisme ou Barbarie. Un engagement politique et intellectuel dans la France de l'après-guerre*.

communiste internationaliste, PCI '에 있다. '사회주의냐 야만이냐'의 주창자들
은 이 명칭을 채택하기 전에 국제공산당을 떠났다. 소련의 성격과 관
련해 의견 일치를 보지 못했기 때문이다. 트로츠키주의자들은 소련
을 '타락한 노동자 국가'로 여겼다. 이들이 보기에 소련 경제는 사회주
의 형태를 띠고 있지만, 스탈린을 비롯한 지도자들은 혁명을 '배반'했
다. 반면 르포르와 카스토리아디스에게 소련은 국가자본주의 형태를
대변하는 곳이었으며, 이런 특성은 특정 사회계급 곧 관료가 부르주아
계급을 대신한다는 점에서 드러났다. 이런 견해 차이는 해당 체제의
본질, 결국 그 체제에 대해 취해야 할 전략과 연관되기에 매우 중대한
것이었다.

'사회주의냐 야만이냐'는 분열을 겪은 뒤 '평의회주의적' 입장으
로, 즉 반레닌주의적이면서 노동자 자주관리적인 입장으로 옮겨 갔
다. 바로 이 점이 1968년 5월 반란을 일으킨 학생들 사이에서, 또 이
후 여러 해에 걸쳐 '사회주의냐 야만이냐'의 주장이 성공을 거둔 까닭
을 설명해준다. 르포르는 점점 더 자유주의적인 태도를 취해갔고, 그
의 정치철학은 '민주주의'와 '전체주의'의 대립을 주제로 구성됐다. 이
제 그는 민주주의 체제에서 권력은 '빈 장소'이며, 반대로 전체주의
는 사회의 '폐쇄성'으로 특징지어진다는 생각을 옹호하기에 이르렀다.[7]
1949년 '사회주의냐 야만이냐'의 설립 이후 1975년 르포르가 솔제니
친을 다룬 논고를 출간하기까지 25년이 흘렀다. 그 사이에 르포르는

---

7   Claude Lefort, *L'Invention démocratique*, Fayard, Paris, 1981.

『민주주의의 발명L'Invention démocratique』을 썼고, '극좌파'에서 자유주의로 옮겨 갔다. 르포르는 1995년 연금 개혁을 골자로 한 '쥐페의 계획 plan Juppé'을 지지했다. 그는 이 계획에 찬성하며 『르 몽드』에 「도그마는 끝났다」라는 논단을 실었다.[8]

앞서 언급한 '반전체주의' 지식인들의 행보는 르포르의 행보와 다르다. 짧은 시간 내에 그들은 지배 체제로 전향했다. 정치·문학 집단인 '텔 켈Tel Quel'의 사례가 이를 잘 보여준다. 이곳의 잘 알려진 구성원으로는 필리프 솔레르스Philippe Sollers, 쥘리아 크리스테바Julia Kristeva, 장피에르 페이Jean-Pierre Faye가 있다. 1960년에 출범한 '텔 켈'은 1976년 가을과 1977년 봄 사이에 급진 마오주의에서 '신철학'으로 옮겨 갔다.[9] 이들과 학설적으로 가까웠던 '프롤레타리아 좌파'처럼, '텔 켈'도 몇몇 요소 때문에 빠르게 전향했다. 그 구성원의 사회적 프로필이 이 전향을 설명해주기도 한다. 먼저 같은 영향 아래 있던 다른 마오주의 조직, 예컨대 '프랑스 마르크스–레닌주의 공산당Parti communiste marxiste-léniniste de France, PCMLF'이나 바디우의 '프랑스 마르크스–레닌주의 공산주의자 연합Union des communistes de France marxiste-léniniste, UCFML'과는 달리, '텔 켈'의 마오주의는 적어도 공식적으로는 반권위주의적이었다. 특히 중국 문화대혁명에 대한 해석에서 드러나는 '텔 켈'의 마오주의는 자유지상주의적이며 심지어 개인주의적인 요소도 있는데, 이 점이

8   Claude Lefort, "Les dogmes sont finis," *Le Monde*, 4 janvier 1996.

9   Michael S. Christofferson, *French Intellectuals Against the Left*, p. 201.

매우 의미심장하다. '텔 켈'이 어떤 정치적 기능에 예술의 '자율성'을 종속시키길 거부하며 예술의 '모더니즘' 개념을 언제나 옹호했다는 사실은 그런 개인주의를 강화한다. 이는 한때(대략 1967년) 공산당과 문예지 『프랑스 문학Les Lettres françaises』에 이끌렸던 '텔 켈'의 불안정한 노선을 설명해주기도 한다. 개인주의적 마오주의와 이후 반전체주의적 자유주의 사이에는 근소한 차이만 있을 뿐이었고, 1976~1977년 겨울 '텔 켈'은 그 차이마저 없애버렸다.

전향자와 비교했을 때 흥미로운 지식인 범주가 있다. 바로 '급진화한 이들radicalisés'이다. 이 범주는 유형학에서 별도로 다루기에는 수적으로 대단치 않다. 하지만 이 범주는 근 수십 년간 지적 장의 변화를 보여준다. 급진화한 이들은 그 동료들이 개혁 노선을 걸었던 것과 달리, 1970년대에 '수정주의' 견해를 옹호했던 지식인들이다. 하지만 그들은 1980~1990년대 동안 전향자들과 반대로 좌익으로 옮겨 가면서 급진화했다. 대표적인 예가 자크 데리다와 피에르 부르디외다. 1964년 출간된 부르디외의 『상속자들Les Héritiers』은 1968년 5월의 중요한 책 가운데 하나였다. 그렇지만 부르디외가 정치에 참여한 것은 이보다 한참 뒤다. 사회학자인 부르디외는 1960~1970년대에 극좌파 사상을 언제나 '비현실적'이라 여기며 불신했다.[10] 그는 1981년 미셸 푸코와 함께 폴란드의 연대 노동조합을 지지하는 청원 운동을 벌

---

10   Serge Audier, *La Pensée anti-68. Essai sur une restauration intellectuelle*, La Découverte, Paris, 2008, pp. 245-253.

이면서 자신의 정치 참여를 공개적으로 표명했다. 하지만 '참여engagés' 지식인, 즉 '드레퓌스 사건'으로 처음 생겨나 사르트르와 푸코로 확장된 지식인 계보에 부르디외가 자리 잡는 것은 1995년 12월 파업에 이르러서였다. 이후 2002년 사망하기 전까지 부르디외는 신자유주의를 맹렬히 공격했고, 사회운동에 대한 지지를 멈추지 않았다. 따라서 그는 지난 수십 년간 스스로 이론화했던 베버의 '가치중립적' 태도와 정반대의 태도를 취하게 됐다. 사실 부르디외의 정치적 견해는 1980~1990년대에 변화한 게 아닐 수도 있다. 그의 정치적 견해가 더 급진적으로 보였던 것은 정치적·지적 장의 일반적인 '재편' 때문이다.

데리다를 두고도 같은 얘기를 할 수 있다. 1960~1970년대에 『산종』의 저자 데리다는 정치적으로 매우 활발한 프랑스 철학자들 틈에 끼지 않았다. 그는 노동자계급 조직이나 '극좌파' 단체, 또는 그의 철학 동료인 미셸 푸코와 질 들뢰즈가 가담했던 '감옥 정보 그룹' 같은 혁신적인 단체를 통한 가시적 참여 저편에 있었다.[11] 그럼에도 데리다는 1968년 5월 당시와 마찬가지로 정치적 견해를 피력했다. 1981년 데리다는 반체제 인사를 지지하러 체코에 갔다가 체포돼 잠시 감금되기도 했다. 나아가 1993년 『마르크스의 유령들』 출간은 하나의 전환점이 되었다. 이는 출판계의 사건이라기보다 하나의 정치적 사건이었다.

---

11 데리다와 정치의 관계에 관해서는 다음을 보라. Christian Delacampagne, "The Politics of Derrida: Revisiting the Past," *MLN (Modern Language Notes)*, n° 121, 2006.

당시엔 마르크스를 가까이하지 않는 게 좋다는 분위기였다. 데리다처럼 비중 있는 철학자가 자기 사유의 관심사를 드러낸 방대한 저작을 마르크스에게 헌정한 사실은 마르크스에게 새로운 정당성을 부여했다. "원하든 원치 않든, 알든 모르든, 전 지구의 모든 인간은 오늘날 어느 정도는 마르크스와 마르크스주의의 계승자다."[12] 『마르크스의 유령들』에서는 마르크스 계승의 의미, 존재론ontologie과 '유령론hantologie'('공산주의의 약속'처럼 사람들을 사로잡는 것에 관한 학문)의 대립, 마르크스와 같이 절대 죽지 않는 유령에 대한 깊은 성찰이 이어진다. 데리다가 이 책에서 발언한 바가 특별히 급진적이진 않다. 그러나 1990년대의 정치적 맥락에서 보면, 마르크스에게 책을 바친다는 사실 자체가 급진화 과정을 나타냈다고 할 수 있다.

비관주의자

비판적 지식인의 두 번째 범주는 '비관주의자'다. 비관주의는 앞서 언급한 범주, 곧 전향자 범주에 있는 사상가들의 특징이기도 하다는 점에 주목할 필요가 있다. 이전의 많은 비판적 지식인들이 기존 체제와 화해한 것은 그들이 사회변혁을 불가능하거나 위험한 것으로

---

12   Jacques Derrida, *Spectres de Marx*, p. 149. 마르크스에 대한 데리다의 해석이 불러일으킨 논쟁에 관해서는 다음을 보라. Michael Sprinker (dir.), *Ghostly Demarcations*, Verso, Londres, 1999.

생각했기 때문이다. 이 관점에서 보면 그들의 전향은 비관주의의 결과다.

비관주의는 현재 상황의 일반적 특징이다. 이는 정치적 변화를 생각하기 어려워졌다는 사실에서 비롯한다. 프레드릭 제임슨이 말하듯 오늘날 우리는 자본주의의 종말보다 세계의 종말을 더 쉽게 생각한다. 최근 할리우드 영화 제작이 이를 잘 보여준다. 수많은 재앙 시나리오는 찾아볼 수 있지만 자본주의 이후를 예고하는 그 어떤 시나리오도 찾아볼 수 없다.[13] 또한 환경 비관주의는 식민주의, 나치즘, 스탈린주의 같은 20세기 대재앙의 경험을 기원으로 한다. 그런 기억이 점차 집단의식에 자리 잡으면서, 1차 세계대전 이전에는 진보주의의 분위기 속에 지배적이었던, 그리고 1960~1970년대에는 다른 형태로 지배적이었던 낙관주의가 좌절되었다.[14]

'비관주의자' 범주는 비관주의와 급진성을 결합한 지식인을 포함한다. 전향과 반대로 비관주의는 신념을 저버리게 하지 않는다. 비관주의자는 예측 가능한 미래에 자본주의를 전복할 수 있다는 사실에는 회의적이지만 비판이론을 꾸준히 구상한다. 그는 그러한 전복의 가능성을 배제하지 않지만 현재로서는 불가능하다고 생각한다. 비관주의가 전통적으로 보수주의 쪽에 존재하는 정치적 감정임에도, 비관

---

13   Fredric Jameson, "Future City," *New Left Review*, n° 21, mai-juin (nouvelle série), 2003.

14   페리 앤더슨은 비관주의가 서구 마르크스주의의 상당 부분을 특징짓는다고 주장한다. 다음을 보라. Perry Anderson, *Sur le marxisme occidental*, p. 123.

사상가에는 언제나 주요 비관주의자들이 포함됐다.[15] 잘 알려진 그람시의 "이성의 비관주의, 의지의 낙관주의"가 이를 잘 보여준다. 20세기로 한정하면 '비관주의자'라는 호칭은 아도르노에게 매우 적합하다. 아도르노는 20세기의 매우 중요한 마르크스주의자일 뿐만 아니라, 문화와 미디어를 주제로 삼아 동시대 사유를 정초한 이들 중 한 사람이기도 하다. 스튜어트 홀, 리처드 호가트, 피에르 부르디외, 프레드릭 제임슨 같은 사상가들은 끊임없이 그와 대화를 이어간다. 이런 이유에서 아도르노는 당연히 비판사상가다. 1951년 그의 "상처받은 삶에서 나온 성찰"인 『미니마 모랄리아』는 낙관주의를 발산하지 않는다. 이 책은 호르크하이머에게 전하는 헌사로 시작하는데, 여기서 아도르노의 비관주의적 면모가 잘 드러난다.

> 나는 이 책을 통해 내 친구에게 '슬픈 앎'의 단편들을 전해주고자 한다. 슬픈 앎은 아주 오래전부터 철학의 고유한 영역으로 여겨지던 것과 관련이 있다. 하지만 그 영역은 철학이 순수한 방법론으로 바뀐 이후 지적으로 등한시되었다가, 자의적인 것으로 조용히 치부되었다가, 마침내 망각 속으로 빠져들었다. 그것은 바로 '올바른 삶das rightige Leben'에 관한 학설이다. 한때 철학자들이 삶으로 인식하고 있던 것은 사적인 영역 혹은 단순한 소비의 영역이 되고 말았으며,

---

15   Ted Honderich, *Conservatism*.

이들 영역은 자율성과 고유한 실체를 결여한 채 물질적 생산과정의 부속물이 되어 질질 끌려간다. (…) 삶을 바라보는 우리의 시선은, 삶이 더는 존재하지 않는다는 사실을 감추는 기만적 이데올로기의 수중에 넘어가 버렸다.[16]

이 관점에서 보면 기 드보르, 특히 1972년 상황주의 인터내셔널이 분열된 이후 후기상황주의자로서 드보르는 아도르노에 비견할 만한 인물이다. 『제라르 레보비치 암살에 대한 고찰Considérations sur l'assassinat de Gérard Lebovici』(1985), 『"이 나쁜 평판……"Cette mauvaise réputation..."』(1993), 『송사Panégyrique』(1989)의 첫 번째 권과 같은 저작은 정치권력 관계에 대해 매우 비관적인 특징을 보인다. 드보르의 역사적 비관주의는 때로 인류학적 비관주의, 즉 인간 본성에 대한 비관주의에 다가간다. 그럼에도 오랜 세월에 걸쳐 그는 '스펙터클의 사회'에 대한 비판의 급진성을 유지하고 또 강조하기까지 했다. 『스펙터클의 사회에 대한 논평Commentaires sur la société du spectacle』(1988)은 확실히 『스펙터클의 사회』(1967)만큼이나 급진적이다. 아도르노에게서 비관주의와 급진성이 공존했듯 결국 드보르에게서도 그 둘은 공존한다. 게다가 드보르의 사례는 정치적 비관주의의 전형적 특징을 분명하게 해준다. 때때로 정치적 비관주의는 '댄디즘dandysme'이나 '퇴폐주의décadentisme'에

---

16   Theodor Adorno, *Minima moralia*, Payot, Paris, 2003, p. 9 [테오도르 아도르노, 『미니마 모랄리아: 상처받은 삶에서 나온 성찰』, 김유동, 길, 2005].

가까운 형태를 띤다. 이들 용어는 '귀족적' 방식의 정치 포기—'극단적인 비관주의'에 기초해 사회의 고질적 부패성을 진단하는—를 지칭한다. 기 드보르의 '사라짐disparition', 모든 가시성과 모든 사회적 기반에 대한 그의 집요한 거부가 이 사실을 잘 보여준다. 그는 『송사』에서 "나는 정치를 하지 않는다"라고 주장한다.[17] 요컨대 비관주의자는 사회를 비판하지만 어떤 제안을 하지도, 변화를 꾀하며 전략적으로 행동하지도 않는다.

오늘날에는 누가 비관주의적인 비판적 지식인인가? 2007년 사망한 보드리야르가 이 범주에 든다는 점엔 이론의 여지가 없다. 보드리야르의 사상은 국제적으로 대단한 영향력을 미쳤다. 2004년 그의 사상을 연구할 목적에서 『보드리야르 연구Baudrillard Studies』라는 정기간행물이 창간되기도 했다. 원래 보드리야르는 낭테르 대학 시절, 20세기 후반 매우 혁신적인 프랑스 마르크스주의자였던 르페브르의 제자이자 협력자였다. 보드리야르가 그의 가장 유명한 저서 『소비의 사회』(1970)에서 행한 분석은 '물화' 비판의 전통에 속하는 것이다. 그렇지만 1980년대부터 그는 정치적 '허무주의nihilisme'로 점차 돌아섰다. 『걸프 전쟁은 일어나지 않았다』라든지 『테러리즘의 정신』 같은 텍스트가 이를 잘 보여준다.[18] 이런 텍스트는 우리가 질식할 것 같다고 느끼는

---

17   Guy Debord, *Panégyrique*, tome I, Gallimard, Paris, 1993.

18   Jean Baudrillard, *La guerre du Golfe n'a pas eu lieu*, Galilée, Paris, 1991; Jean Baudrillard, *L'Esprit du terrorisme*, Galilée, Paris, 2002 [장 보드리야르, 『테러리즘의 정신』, 배영달 옮김, 동문선, 2003].

상황, 걸프 전쟁이나 2001년 9·11 테러와 같이 (겉으로 드러난 것과 달리 '일어나지' 않은) '비-사건들non-événements'로 점철된 것 같다고 느끼는 상황을 그린다. 보드리야르는 다음과 같이 주장한다. "세계무역센터 쌍둥이 빌딩 붕괴는 상상조차 할 수 없는 일이다. 붕괴했다는 것만으로 그것이 현실의 사건이 되기에는 불충분하다. 과잉 폭력은 현실로 통하기에 충분치 않다. 현실은 하나의 원리인데, 바로 이 원리를 잃었기 때문이다."[19]

보드리야르의 허무주의 철학의 기반은 그의 주저 가운데 하나인 『시뮬라크르와 시뮬라시옹Simulacres et simulation』에 나타난다. 그는 이 책에서 "실재는 이제 예전과 같지 않다"라는 생각을 옹호한다. 우리 시대는 '시뮬라크르'의 범람으로, 즉 "실재의 기호가 실재를 대체하는 것"으로 특징지어진다. 예술·과학·정치 등 모든 영역에서 '시뮬라시옹' 체제가 '표상représentation' 체제를 대체했다. 표상은 '불변의 지시체référentiels fixes', 즉 표상될 수 있는 대상의 존재를 조건으로 한다. 그런데 이 지시체가 이제 사라졌다. 따라서 '실재'와 '상상'의 분리 또한 무너졌다. 보드리야르는 다음과 같이 결론짓는다. "이제부터 지도가 영토에 앞서 존재하며(시뮬라크르의 선행작용précession des simulacres), 지도가 영토를 만들어낸다."[20] 보드리야르가 생각하기에 시뮬라크르는 인위성을

---

19   Jean Baudrillard, "L'esprit du terrorisme," *Le Monde*, 2 novembre 2001.

20   Jean Baudrillard, *Simulacres et simulation*, Galilée, Paris, 1981, p. 10 [장 보드리야르, 『시뮬라시옹』, 하태환 옮김, 민음사, 2001]. "지도"와 "영토"에 관해서는 보르헤스의 소설을 참조. 그 소설에서 지리학자들은 1대 1의 축척으로 지도를 그린다.

지님에도 전능하다. 이상에서 보듯 '시뮬라시옹'에 대한 비판은 그 어떤 전략적 고찰에도 이르지 않는다. 시뮬라크르는 넘어설 수 없는 지평으로 여겨지며, 여기에 대항할 만한 것은 없다고 보드리야르는 보기 때문이다. 이것이 바로 '정치의 종말'이라는 주제, 즉 현재 조건에서 집합행동이 실효성이 없다는 주제로 이어진다. 결국 우리는 기존 질서에 대한 급진적 비판과 이 질서를 바꿀 가능성에 대한 회의가 보드리야르의 글에 뒤섞여 있음을 확인하게 된다. 이런 뒤섞임은 좌파 비관주의자들에게서 전형적으로 나타난다.

페리 앤더슨 역시 동시대의 중요한 비관주의자이지만 보드리야르와는 매우 다르다. 앤더슨은 『뉴 레프트 리뷰』의 한 논설에 다음과 같이 썼다.

> 오늘날 현실적인 좌파가 생각할 수 있는 유일한 출발점은 역사적 패배를 명료하게 인정하는 것이다. (…) 종교개혁운동 이래 서구 사상계 내에 중요한 반대세력이 존재하지 않는 것은 처음 있는 일이다. 다시 말해 경쟁력 있는 체계적 관점이 없다. 이 상황은 세계적 규모에서도 마찬가지다. 거의 효력이 없는 낡아빠진 종교 교리만 남아 있을 뿐이다.

앤더슨은 신자유주의가 "세계 역사상 가장 큰 성공을 거둔 이데올로기"라고 덧붙인다.[21] 이 글은 2000년에 쓰였다. 따라서 이 글은 2001년 포르투알레그리에서 열린 1차 세계사회포럼과 9·11 테러보다 앞서 쓰인 것이다. 그의 몇몇 주장은 이론의 여지가 있으며 강한 반발을 불러일으켰다.[22] 이 글이 나오고 10년이 지난 후 신자유주의는 적어도 그 이데올로기적 헤게모니의 관점에서 봤을 때 예전과 같진 않다. 그럼에도 신자유주의가 영감을 준 정책들은 지구촌 곳곳에서 아직도 시행되고 있다. 게다가 현재의 종교운동, 특히 이슬람과 복음주의 경향을 '구식'으로 모는 것은 좀 섣부른 일이다. 상황이 어떻든 1960년대 이래로 페리 앤더슨은 자본주의를 대상으로 한 비판의 급진성을 조금도 누그러뜨리지 않았다. 이라크 전쟁, 프랑스 좌파와 사상의 쇠퇴, 유엔을 대상으로 그가 취하는 견해는 그의 이전 견해에 조금도 밀리지 않는다. 하지만 그의 사유 스타일이나 논문 내용에는 의지의 낙관주의가 저버린 것으로 보였던 이성의 비관주의가 풍겨져 나온다.

저항가

비판적 지식인의 세 번째 범주는 1970년대 후반의 패배 이후에도 자기 견해를 고수한 이들을 포함한다. 즉 이들은 그 당시 이런저런

---

21   Perry Anderson, "Renewals," *New Left Review*, n° 1 (nouvelle série), janvier-février 2000, pp. 16-17.

22   Gilbert Achcar, "Le pessimisme historique de Perry Anderson," *Actuel Marx*, n° 28, 2000; Boris Kagarlitsky, "The Suicide of the *New Left Review*," *International Socialism*, n° 88, 2000.

형태의 마르크스주의나 아나키즘 등을 표방했고 여전히 거기에 결부돼 있는 사상가들이다. 이 문제는, 당시 이들이 해당 학설의 영향을 받은 조직의 구성원이었다 하더라도, 이들이 여전히 그 구성원으로 남아 있는가 하는 문제와는 별개다.

'저항가'는 비록 자신의 초기 정치적 견해를 충실히 견지하고 있을지언정 자신의 이론을 현 상황에 맞게 혁신한 부류다. 1970년대 후반의 패배는 이들의 정치적 기획 가운데 가장 '야심 찬' 부분을 실추시켰다. 게다가 생태 위기라든지 종교가 공적 영역으로 회귀하는 것 같은 새로운 정치 현상이 최근 10여 년간 나타났다. 저항가들은 이 현상에 맞서 자리를 잡아야 했다. 그리하여 1960~1970년대에 통용된 견해와 가장 가까웠던 지식인들에게도 변화가 일었다.

'저항가' 범주는 다음에 다룰 '혁신가' 범주와 부분적으로 겹친다. 모든 혁신가는 저항가다. 이들은 기존 체제와 화해하지 않는 사상가다. 하지만 그 역은 성립하지 않는다. 모든 저항가가 혁신가는 아니다. 혁신가 범주에 들려면 어느 정도 급진성을 유지해야 할뿐더러 이론적 측면에서 새로운 것을 도입해야 한다.

동시대 아나키즘의 두 이론가, 놈 촘스키Noam Chomsky와 다니엘 콜송Daniel Colson을 살펴보자. 1960년대 이래 촘스키는 스페인 내전과 그때 발생한 '아나르코생디칼리슴anarcho-syndicalisme'이라는 강력한 흐름으로 고취된 아나키즘을 옹호해왔다.[23] 그의 정치이론은 인간 본성에 대한 낙관주의적 견해를 바탕으로 한다. 촘스키는 인간 본성이 본래 자유를 추구한다고 본다. 따라서 입증 책임이 속박을 가하는 이들에게 전가되는 특별한 경우를 제외하면, 모든 속박은 부당하다. 촘스키의 언어학 연구, 특히 그가 개념화한 '일반 문법'은 인간 본성에 대한이 자유지상주의적 개념화의 영향을 받았다. 그는 인간의 뇌가 유한한 수의 문법 규칙으로부터 무한한 수의 문장을 만들어낼 수 있다고본다. 촘스키에게 이런 창조의 무제한적 성향은 언어만이 아니라 인간 태도 일반에 적용된다. 따라서 가장 나은 정치 체계는 이 능력을가장 완벽하게 펼칠 수 있게 하는 체계, 곧 '아나키anarchie'다.

다니엘 콜송은 오늘날 매우 흥미로운 아나키즘 철학자 가운데한 명이다.[24] 생테티엔 대학 교수이자 리옹 지역 활동가인 콜송은 아나키즘 흐름의 쇄신을 위해 노력하는 사상가다. 이런 작업에서 아나키즘의 쇄신은 질 들뢰즈라는 저자에게 본질적으로 의존한다. 『천 개의 고원』에 나오는 한 구절에서 들뢰즈와 과타리는 아나키를 "다수multiple로 말해질 뿐인 이상한 통일성"으로 정의한다.[25] 콜송에 따르면,'다수'에 대한 들뢰즈의 사유를 통해 아나키즘 기획을 개진할 수 있고, 계급도 지배도 없는 다양한 존재 양상을 불러일으키거나 생각할수도 있다. 그는 들뢰즈, 나아가 스피노자와 니체Friedrich Nietzsche를 참

23   Robert Barsky, *Noam Chomsky. A Life of Dissent*, MIT Press, Cambridge MA, 1998. 또한 1971년에 있었던 촘스키와 푸코의 대화를 읽어보라. Noam Chomsky et Michel Foucault, *Sur la Nature humaine*, Aden, Bruxelles, 2006 [노엄 촘스키·미셸 푸코, 『촘스키와 푸코, 인간의 본성을 말하다』, 이종인 옮김, 시대의창, 2015].

24   Daniel Colson, *Petit lexique de philosophie anarchiste. De Proudhon à Deleuze*, Le Livre de poche, Paris, 2001; Razmig Keucheyan, "L'anarchisme aujourd'hui," *Solidarités*, n° 102, février 2007.

25   Gilles Deleuze et Félix Guattari, *Mille Plateaux*, p. 196.

조합으로써 새로운 아나키즘이 생겨날 수 있다고 본다.

촘스키는 '저항가' 범주에 속하지만 콜송은 '혁신가' 쪽에 더 가깝다. 게다가 미국의 언어학자인 촘스키는 자신의 견해가 계몽주의와 고전적 자유주의의 연장선상에 있으며 "전통적으로 아나키즘적"이라 규정한다. 하지만 콜송은 명백히 혁신가다. 확실히 이 두 범주의 관계는 유동적이다. 다시 말해 이 둘의 차이는 대체로 뚜렷하지 않다. 모든 사상가는 **상대적으로** 어느 한쪽에 있지만, 이론적 혁신이나 보존의 요소는 양쪽에 다 있다. 더군다나 더 최근 이론이라고 해서 반드시 더 참되거나 흥미로운 것은 아니다. 무엇보다도 오늘날 매우 고무적인 비판이론 가운데 하나는 여전히 마르크스의 이론이다.

'저항가' 중에도 마르크스주의자가 있다. 오늘날 누가 마르크스주의자인가 하는 문제는 매우 복잡한 문제다. 마르크스주의는 언제나 여러 흐름으로 존재했기에 그런 문제는 늘 있어왔다. 카우츠키 같은 '실증주의적' 성향의 마르크스주의자와, 발터 벤야민이나 뤼시앵 골드만 같은 신학을 유물론의 정당한 영감의 원천으로 여기는 이들 사이에 공통점이 있다면 무엇일까? 다른 한편으로 보면 동시대 모든 비판이론은 어떤 의미에서는 '포스트마르크스주의적'이다. 20세기에 마르크스주의는 너무도 지배적이었기에 그 어떤 이론도 그 영향에서 벗어날 수 없었다. 앙드레 토젤이 1989~2005년 시기를 "천 개의 마르크스주의"로 특징짓는 것은 타당한 얘기다.[26]

마르크스주의자 중에서도 트로츠키주의자는 저항가의 다수를 차지한다. 공산주의자는 소련과 그 위성국을, 마오주의자는 중국을,

제3세계주의자는 알제리와 쿠바를, 사회민주주의자는 스칸디나비아 국가들을 준거로 삼는다. 반면 트로츠키주의자는 러시아 혁명의 초기를 제외하면 이런 유의 '실제로 존재하는' 체제를 전혀 참조할 수 없었다. 이 사실은 20세기 내내 이들이 수적으로 소수였던 이유를 일부 설명해줄 뿐 아니라, 이들이 현실 사회주의의 몰락으로부터 거의 영향을 받지 않았다는 뜻도 된다. 스탈린의 '배신'과 혁명의 진정성을 대립시켰던 트로츠키주의는 언제나 변화 중인 흐름이었다.[27]

이런 특성이 학설 차원에서는 어떤 영향을 미쳤을까? 그로부터 트로츠키주의자들의 이론 활동은 보수와 혁신을 결합하는 변증법적 성격을 띠었다. 2000년대 초에 쓰인 글을 통틀어 다니엘 벤사이드가 '마라노Marrano'의 형상을 참조한 사실보다 이를 더 잘 보여주는 사례는 없다.[28] 마라노는 종교재판에서 강제로 가톨릭 신자로 개종당한 '스파라드 유대인'을 일컫는다. 하지만 그들은 자신들의 신앙을 비밀리에 보존하고 은밀한 방식으로 의식을 행했다. 마라노의 신앙은 수 세기 동안 유지됐고 스피노자 같은 중요한 인물을 배출했다. 벤사이드에게 마라노는 전통에 대한 충성과 그 전통의 실현 가능성에 대한 인

26   André Tosel, "Devenirs du marxisme: de la fin du marxisme-léninisme aux mille marxismes, France-Italie, 1975-1995," in Jacques Bidet et Stathis Kouvélakis (dir.), *Dictionnaire Marx contemporain*.

27   이 추론에 관한 한 가지 해석으로는 다음을 보라. Philippe Raynaud, *L'Extrême gauche plurielle. Entre démocratie et révolution*, Autrement, Paris, 2006.

28   예컨대 다음을 보라. Daniel Bensaïd, *Résistances. Essai de taupologie générale*, Fayard, Paris, 2001.

내를 결합한 것이다. 이런 충성은 전통과 관련된 것이 시간과 함께 변한다는 사실을 배제하지 않는다. 벤사이드가 바랐던 '마라노 공산주의' 한가운데에는 과거의 지속과 단절에 관한 변증법이 있다. 하지만 이 변증법은 전통이 지니고 있는 불변의 핵심이 세대 간에 전승된다는 사실을 전제한다. 그리고 그 핵심은 바로 마르크스의 기본 원리다. 인내는 정치권력이 혁명가에게 불리하게 작용하는 시기를 '견뎌내는' 혁명가의 역량을 드러낸다. 벤사이드의 자서전 제목인 '느린 성급함' 이 이를 말해준다.[29]

이는 또 다른 '저항가'의 작업에서 다른 방식으로 나타나기도 한다. 런던 킹스 칼리지 교수이자 영국 '사회주의 노동자당Socialist Workers' Party, SWP'의 주요 지식인인 앨릭스 캘리니코스는 서구 마르크스주의에 특징적인, 이론과 실천의 단절이 미래에 해소될 수도 있다고 가정한다. "우리는 혹독했으나 일시적이었던 노동운동 실패의 시기를 이미 벗어나, 신자유주의가 북돋운 새로운 사회 투쟁을 통해 고전 마르크스주의가 다시 실제적 힘이 되는 시기에 접어들지 않았는가? 개인적으로 나는 이 해결책에 마음이 기운다."[30] 캘리니코스가 보기에 서구 마르크스주의는 노동운동 역사에서 괄호 안에 들어가 있다. 독일 혁명의 실패에서 비롯한 지식인과 마르크스주의 조직의 단절은 그저 일

---

29   Daniel Bensaïd, *Une lente impatience*, Stock, Paris, 2004.

30   Alex Callinicos, "Où va le marxisme anglo-saxon?," in Jacques Bidet et Stathis Kouvélakis (dir.), *Dictionnaire Marx contemporain*.

시적이었던 것으로 밝혀질 수 있고, 이후 마르크스주의는 '이론과 실천의 통일'을 회복할지도 모른다. 캘리니코스는 이전의 마르크스주의로 무조건 회귀할 것을 권하지 않는다. 그의 가설은 고전 마르크스주의의 출현에 유리했던 조건과 비슷한 사회적 조건이 다른 형태로 다시 나타날 수도 있다는 얘기다.

혁신가

이론적 혁신의 조건은 '교배hybridation'다. 이질적인 준거들의 혼합이야말로 '혁신가'라 불릴 이들이 지닌 공통적 특징이다. 그렇게 네그리와 하트의 작업은 마르크스주의와 '들뢰즈-푸코'를 뒤섞은 것으로 특징지어진다. 지젝은 이론을 교배하는 진정한 기계다. 이 슬로베니아 사상가는 기독교 신학의 영향을 받는 동시에, 헤겔과 라캉에 기대어 마르크스-레닌주의를 재창설하기를 열망한다. 지젝이 좋아하는 두 논쟁 상대인 주디스 버틀러와 에르네스토 라클라우는[31] 그들 자신의 '포스트마르크스주의'를 구상하는 과정에서 구조주의(특히 라캉과 데리다)의 영향을 받기도 했다. 그렇지만 버틀러의 포스트마르크스주

---

31 Judith Butler, Ernesto Laclau et Slavoj Žižek, *Contingency, Hegemony, Universality. Contemporary Dialogues on the Left*, Verso, Londres, 2000 [주디스 버틀러·에르네스토 라클라우·슬라보예 지젝, 『우연성, 헤게모니, 보편성: 좌파에 대한 현재적 대화들』, 박대진·박미선 옮김, 도서출판 b, 2009].

의는 페미니즘을 향했으며, 여기서 '퀴어' 이론이 떠올랐다. 라클라우는 '헤게모니'와 '포퓰리즘'이라는 그람시의 문제의식을 중시한다. 한편 악셀 호네트, 낸시 프레이저와 함께 3세대 프랑크푸르트학파에 해당하는 세일라 벤하비브는 페미니즘을 대표하는 또 한 사람이다. 그렇지만 벤하비브는 페미니즘에 대한 자신의 해석에 하버마스의 '의사소통의 윤리학'과 아렌트의 공화주의를 연결시킨다. 아이마라족 혈통의 볼리비아 사회학자인 실비아 리베라 쿠시칸키Silvia Rivera Cusicanqui는 라틴아메리카에 인도의 '서발턴 연구subaltern studies'를 도입한 이들 가운데 하나다.[32] 이로써 그는 같은 원천에서 유래한 두 전통, 즉 조르주 소렐의 영향을 받고 원주민주의indigénisme 운동(라틴아메리카 원주민 권리 옹호 운동)을 지지하는 호세 카를로스 마리아테기의 마르크스주의와, 많은 개념에서 소렐의 영향을 주요하게 받은 그람시에 빚지고 있는 '서발턴 연구'를 재회시킨다. 존 벨러미 포스터John Bellamy Foster, 존 코벨Joel Kovel, 폴 버킷Paul Burkett은 21세기 인류가 마주할 생태적 시련에 대적할 목적에서 마르크스주의를 광범위하게 재검토한다. 그 결과 나타난 '생태사회주의écosocialisme'는 동시대의 매우 고무적인 비판적 주제 가운데 하나다.[33]

---

32   Silvia Rivera Cusicanqui et Rossana Barragan (dir.), *Debates postcoloniales : Una introduccion a los estudios de la subalternidad*, SEPHIS, La Paz, 1997.

33   Carolyn Merchant, *Radical Ecology. The Search for a Livable World*, Routledge, Londres, 2002 [캐롤린 머천트, 『래디컬 에콜로지: 잿빛 지구에 푸른 빛을 찾아 주는 방법』, 허남혁 옮김, 이후, 2007].

19세기 독일 철학, 영국 정치경제학, 프랑스 사회주의의 예기치 못했던 혼합이 마르크스주의를 낳았듯, 앞서와 같은 일련의 교배가 새로운 흐름을 야기할 수 있을까? 이에 답하기는 아직 이르다. 몇몇은 기존 패러다임의 범주 내에 있을 것이고, 몇몇은 그것을 벗어나 새로운 패러다임을 형성할 것이다. 다른 많은 점에서처럼 우리는 이 점에서도 과도기에 있다. 그러나 확실한 것은 교배가 패배의 산물이라는 것이다. 오늘날과 마찬가지로 과거에도 패배한 이론의 주창자들은 그들의 전통 바깥에서 그 이론을 발전시킬 자원을 찾곤 했다.

이론 혁신의 또 다른 요소는 새로운 대상의 출현이다. 특히 앙드레 고르André Gorz, 이반 일리치Ivan Illich, 니콜라스 제오르제스쿠에젠 Nicholas Georgescu-Roegen의 작업으로 탄력을 받아 20세기 후반에 발생한 정치생태학이 여기에 속한다.[34] 새로운 대상의 출현은 대개 새로운 흐름과 대결하거나, 새로운 문제에 의거해 과거 흐름을 새롭게 해석할 것을 전제로 한다. 법droit의 문제는 위르겐 하버마스, 보아벤투라 드 소자 산투스, 로베르토 웅거, 조르조 아감벤 같은 저자들을 불러 모으며 지난 수십 년간 중요한 문제로 떠올랐다.[35] 그 중요성은 현대사회

---

34   Hicham-Stéphane Afeissa, *Qu'est-ce que l'écologie?*, Vrin, Paris, 2009.

35   자크 데리다 또한 '법'에 대해 성찰한 바 있다. 예컨대 다음을 보라. Jacques Derrida, *Force de loi*, Galilée, Paris, 1994 [자크 데리다, 『법의 힘』, 진태원 옮김, 문학과지성사, 2004]. '인권'을 다룬 문헌은 신비판사상에도 많다. 예컨대 다음을 보라. Jacques Rancière, *Aux bords du politique*, Gallimard, Paris, 2004 [자크 랑시에르, 『정치적인 것의 가장자리에서』, 양창렬 옮김, 길, 2013]; Slavoj Žižek, "Against Human Rights," *New Left Review*, n° 34 (nouvelle série), juillet-août 2005. [옮긴이] 프랑스어 droit에는 '법'과 '권리'라는 뜻이 모두 있고, loi는 '법' 혹은 '법칙'을 가리킨다.

의 '사법화judiciarisation'로 설명되며, 2001년 9·11 테러 이래 국제법이 겪은 대혼란으로도 설명된다.

비판이론 내에서 논의된 주제 가운데는 '민족ethnique' 문제도 있다. 가이아나 출신의 영국 사회학자이자 '포스트식민주의' 연구를 대표하는 폴 길로이Paul Gilroy는 그 문제를 자신의 연구 대상의 하나로 삼았다. 길로이는 『검은 대서양The Black Atlantic』(1993)이라는 유명한 저서에서 근대의 핵심에 대서양이 있다는 생각으로부터 출발해 근대사를 재검토한다. 길로이는 방법론적 '일국주의', 즉 언제나 국가를 근대 전개의 기초 단위로 고려한 사실이 근대의 역사 서술의 특징이라고 본다. 그는 이런 일국주의적 역사 서술을 파기한다면 흑인들의 역할을 새롭게 조명할 수 있으리라고 생각했다. 근대 세계의 형성에서 흑인들은 노예이기만 한 게 아니라 음악가이기도, 지식인이기도 했다. 그래서 '검은' 대서양인 것이다. W. E. B. 듀보이스, 프란츠 파농, C. L. R. 제임스의 사상은 범대서양 세계라는 맥락에서만 이해될 수 있다. 듀보이스는 19세기 후반 베를린에 체류하며 독일 역사학파의 지도자 가운데 하나인 구스타프 폰 슈몰러Gustav von Schmoller의 강의를 들었다. 듀보이스가 상술한 아메리카 흑인의 조건은 구스타프 폰 슈몰러의 영향을 받은 것이었다.

미디어 분석 또한 중요한 자리를 차지한다. 여기에는 세 가지 주요 비판 유형이 있다. 첫 번째 유형은 영국에서 비롯한 것으로, 리처드 호가트, 레이먼드 윌리엄스, 스튜어트 홀, 딕 헵디지Dick Hebdige 같은 사상가들이 시작한 '문화연구' 전통이다. 그람시의 영향을 받은 스튜어트 홀은 '인코딩encoding/디코딩decoding'이라는 문화 생산물 수용 모델을 전개했다.[36] 이 모델은 대중이 텍스트나 이미지를 접할 때 그 수용하는 태도가 저자의 의도에 부합하거나, 저자의 의도를 부인하거나, 아니면 두 태도를 절충한 것일 수 있다고 주장한다. 아도르노와 호르크하이머의 '문화산업' 이론이 가정하는 것과 반대로 홀은 대중이 정보에 전혀 수동적이지 않음을 보여준다.

미디어 비판의 두 번째 유형은 놈 촘스키를 중심으로 한다.[37] 아나키즘 사상가이자 20세기 후반의 가장 중요한 언어학자인 촘스키는 영향력 있는 미디어 이론을 생산해내기도 했다. 그의 이론은 여론 형성 과정에서 정보 유통이 민영 언론사나 텔레비전 방송사 같은 '여과 장치'에, 혹은 그 소유자들의 이익에 이바지하는 이데올로기를 거친다는 생각을 바탕으로 한다. 촘스키의 '프로파간다 모델'은 이렇듯 철저히 기울어진 언론 보도의 특성을 보여준다.

미디어 비판의 세 번째 유형은 피에르 부르디외와 그 동료들이 실천한 것이다. 여기서 저널리즘은 부르디외가 다른 영역에서 구상한 개념, 특히 '장'이나 '자본' 개념을 통해 분석된다. 『텔레비전에 대하여』에서 부르디외는 언론이라는 장이 "정보의 순환적 유통"을 특징으로

---

36   예컨대 다음을 보라. Mark Alizart, Stuart Hall, Éric Macé et Éric Maigret, *Stuart Hall*, Amsterdam, Paris, 2007.

37   Noam Chomsky et Edward Hermann, *Manufacturing Consent : The Political Economy of the Mass Media*, Pantheon Books, New York, 1988 [노엄 촘스키·에드워드 허먼, 『여론조작: 매스미디어의 정치경제학』, 정경옥 옮김, 윤선희 감수, 에코리브르, 2006].

한다는 것을 보여준다. 정보의 순환적 유통 속에서 모든 정보 생산자는 다른 이가 생산한 정보를 참조하게 되고, 그러다 보면 같은 실수를 반복하게 되고, 이데올로기적으로 동질적인 정보를 생산하게 된다.[38]

이론적 혁신은 동시대 사상가가 오래된 주제를 업데이트하는 데서 일어날 수도 있다. 이것이 바로 '가치 비판'을 대표하는 모이시 포스톤, 로베르트 쿠르츠Robert Kurz, 안젤름 야페Anselm Jappe 같은 저자들이 새롭게 구상한 가치 이론의 사례다. 『시간, 노동, 사회적 지배Time, Labor and Social Domination』에서 포스톤은 이 이론에 대한 혁신적 해석을 제안해 중대한 논쟁과 독창적 사유 경향의 등장을 야기했다.[39] 포스톤에 따르면, 노동은 모든 사회에 적용될 수 있는 초역사적 범주가 아니며 자본주의 아래 상품화되는 과정에서 소외를 겪는다. 노동은 본질적으로 자본주의의 범주다. 왜냐하면 자본주의 체계는 가치라는 토대 위에 존재한다는 사실로 규정되기 때문이다.

> 마르크스의 '노동가치론'은 노동 일반을 다룬 이론이 아니다. 그것은 부의 형태로서 가치의 역사적 특수성, 그리고 가치를 구성하는 것으로 간주되는 노동의 역사적 특수성에 대한 분석이다.[40]

---

38 Pierre Bourdieu, *Sur la télévision*, Raisons d'agir, Paris, 1996 [피에르 부르디외, 『텔레비전에 대하여』, 현택수 옮김, 동문선, 1998].

39 Moishe Postone, *Temps, travail et domination sociale*; Anselm Jappe, *Les Aventures de la marchandise. Pour une nouvelle critique de la valeur*, Denoël, Paris, 2003.

질적으로 다른 상품들을 시장에서 교환할 수 있는 것은 상품에 어떤 노동시간이 체현돼 있기 때문이다. 이 노동시간은 추상적이다. 왜냐하면 노동시간을 불연속적이고 비교 가능한 시간 단위로 나눠야만 상품의 가치를 측정·비교할 수 있기 때문이다. 이런 추상은 자본주의 특유의 권력 구조를 낳는데, 이 구조의 효과는 이제까지 과소평가되었다.

포스톤은, 마르크스의 기획을 노동 또는 노동자계급의 **관점에서** 행한 자본주의 비판으로 간주한 점에서 '전통적' 마르크스주의가 오류를 범했다고 본다. 마르크스는 노동에 **대한** 비판을 전개했다. '가치 비판'은 노동운동에 매우 널리 퍼져 있는 관념, 즉 생산의 사회적 성격은 점점 더 커지는데 그 생산을 고용주가 사적으로 전유한다는 사실에 자본주의의 주요 모순이 있다는 관념을 거부한다. 이 관념은 생산과 그 배후에 있는 노동자계급에 긍정적 함의를 부여하는데, 생산이 어떤 발달 수준에 이르면 사회주의로 이행하게 될 것이라는 주장이다. 하지만 포스톤이 보기에 모순은 생산 영역 자체에 있다. 노동가치에 따라서 과잉 결정된, 자본주의 사회의 물화한 구조는 바로 생산 영역에서 유래한다. 이 주장은 중대한 전략적 함의를 갖는다. 여기서는 자본주의 전복이 프롤레타리아계급의 행위일 수 없다고 가정한다. 왜냐하면 자본주의 체제에서 프롤레타리아계급은 가치 형태가 가진 전능함의 징후이기 때문이다. 자본주의 전복은 노동자계급이 놓인 조

40   Moishe Postone, *Temps, travail et domination sociale*, pp. 45-46.

건의 폐지를 전제로 하지, 그 보편화를 전제로 하지 않는다.

자본주의 체제에서 우리는 추상의 지배를 받는다. 이는 마르크스와 그 뒤를 잇는 독일 마르크스주의자 알프레트 존레텔Alfred Sohn-Rethel이 '현실추상Realabstraktion'이라 부르는 것이다. 『정치경제학 비판 요강』에서 마르크스가 말하듯 자본주의에서는 "추상이 개인들을 지배한다. 그러나 이전에 개인들은 서로가 서로에게 의존했다".[41] 물론 지배는 자본주의의 고안물이 아니다. 자본주의의 고안물인 것은 개인이나 집단이 아니라 추상이 개인을 지배한다는 사실이다(포스톤이 말한 '명백한' 지배는 개인이나 집단에 의한 개인 지배를 가리킨다). 포스톤이 볼 때 자본주의는 개인을 추상적인 시간과 노동에 빠뜨리고, 이 시간과 노동은 모든 것의 척도가 된다. 다른 말로 하면 이 시간과 노동은 사회 현실 전반에 걸쳐 상품의 물신적 형태를 일반화한다.

순전히 이론적인 것 같아 보여도 포스톤이 가치 이론에 접근하는 방식은 실질적인 정치 현상 분석에 적용될 수 있다. 포스톤은 자기 생각에 비춰 근대 반유대주의를 독창적으로 분석해냈다.[42] 포스톤이 보기에 근대 반유대주의가 유럽의 오래된 반유대주의를 단순히 연장한 것(좀 더 악랄해진 형태를 띤다 할지라도)에 불과하다고 생각하는 것은 잘못이다. 그 둘의 성격은 다르다. 근대 반유대주의는 역사 속 유대

---

41   Karl Marx, *Grundrisse*, in *Œuvres*, tome II, Paris, Gallimard, "Bibliothèque de la Pléiade," 1968, p. 217 [칼 맑스, 『정치경제학 비판 요강 II』, 김호균 옮김, 그린비, 2007].

42   Moishe Postone, "Antisémitisme et national-socialisme," dans *Marx est-il devenu muet? Face à la mondialisation*, Éditions de l'Aube, La Tour-d'Aigues, 2003, pp. 79-107.

인들의 역할에 관한 '음모론적' 비전과 분리할 수 없다. 이 같은 비전은 포착 불가성, 추상, 보편성, 유동성 같은 몇몇 특성을 유대 민족에게 부여하는데, 이 특성들은 사실 가치의 특성들을 이루는 것이다. 근대 반유대주의자의 눈에 유대인의 형상이란 결국 가치의 구현 또는 화신 이다. 좀 더 정확히 말해 아리아인과 유대인의 대립이란 나치 이데올로 기에 구체와 추상의 대립이 반영된 것이다. 이 대립의 형태는 자본주의 와 그 기반이 되는 노동과 함께 명료히 드러난다. 포스톤은 근대 반유 대주의의 가능 조건이 결국 물신주의fétichisme라고 결론 내린다.

전문가

1980년대에는 새로운 유형의 비판적 지식인이 출현한다. 바로 '전문가', 혹은 차라리 '대항전문가'라 불러야 할 사람들인데, 이들은 지배 담론과 정반대 견해를 취하는 것을 분석의 목표로 한다. 대항전 문성contre-expertise은 무엇보다 지배 담론에 대한 '내적' 비판에 기초를 둔다는 특성이 있다. 이 '내적' 비판은 그 비판 대상과 같은 영역에 자 리 잡으며, 그 대상과 똑같은 과학 규범의 이름으로 정식화된다. 그리 고 이런 접근법은 비판 대상인 담론이 어떤 이데올로기적 기능을 하 는지 보여주고자 하는 식의 접근법과는 다르다.[43]

---

43   이 문제에 관해서는 다음을 보라. Chloé Mirau, "L'"affaire Laroque-Salanié": une controverse

대체로 대항전문성은 매우 경험적인 내용을 다루는 학과에서 행해진다. 만일 대항전문성이 정치철학, 심지어 사회이론 분야에서 제기된다면 과연 어떤 형태가 될 것인가? 그 분야들에서도 물론 대립이 일어날 수 있지만, 이때의 대립은 대항전문성과는 구별되는 논리에 속하는데, 그 논리란 세밀한 분석 범주나 수치상의 불일치보다는 좁힐 수 없는 "세계관"을 좀 더 참조케 한다. '대항전문가' 범주에 속하는 지식인 가운데 많은 이들이 현장을 누비는 경제학자나 사회학자인 이유가 바로 그것이다. 실제로 현재 프랑스에서 대항전문성을 가진 주요 기관인 '코페르니쿠스 재단Fondation Copernic'이나 국제금융관세연대 학술위원회 구성원들이 그렇다. 자크 케르고아트Jacques Kergoat의 주도로 1998년 창립된 코페르니쿠스 재단은 "신자유주의 때문에 거꾸로 작동하게 된 모든 것을 제자리에 돌려놓는 것"을 목표로 한다. 이 재단은 이내 '생시몽 재단'과 비판적 쌍을 이루는 곳으로 소개됐다. 국제금융관세연대 학술위원회는 국제금융관세연대가 개입하는 영역에서 연구를 행한다. 국제금융관세연대 이사회는 두 가지 기준에 의거해 학술위원회 구성원을 임명한다. 첫 번째로는 참여 활동을 하는 사람인지를 보고, 두 번째로는 "한 영역 또는 여러 영역에서 인정받은 전문가"인지를 보는 것이다.[44] 학술위원회에는 철학자와 노동조합 활동가가 포함돼 있지만 경제학자와 사회학자가 훨씬 많은 수를 차지한다.

avortée en matière d'expertise économique et sociale," *Genèses*, n° 49, 2002.

44   국제금융관세연대 웹사이트 www.attac.org에서 학술위원회 소개를 보라.

대항전문가 중에 경제학자와 사회학자가 다수로 포진하고 있는 이 상황은, 해당 학과들이 가장 '팩트에 충실하고factuel' 방법론적 차원에서도 매우 체계화했다는 사실로 설명된다.

대항전문성이라는 것은, 비판적 지식인의 중요한 일부를 점하는 이들이 바로 대학교수들이라는 맥락에서만 생각해볼 수 있다. 이 상황은 전문가와 대항전문가가 대립 구도를 이루고는 있지만 양쪽 다 똑같은 과학적 규칙, 즉 대학 내에서 그 학과들을 지배하는 규범을 따른다는 점과 관련 있다. 따라서 대항전문가가 비판적 지식인 중에서 차지하는 비율은, 대항전문가가 대학 제도에 편입돼 있는 정도와 상관관계가 있다.

'대항전문가'의 대두는 앞서 말한 새로운 학술 주제의 출현을 통해서도 설명할 수 있는데, 생태학이 이에 해당한다. 생태학은 복합적인 쟁점에 정통할 것을 요구하는 분야다. 그래서 생물학자·물리학자·화학자 등 많은 과학자들이 대항전문가 범주에 모습을 드러낸다. 인도 사람인 반다나 시바Vandana Shiva가 대표적이다. 직업 물리학자인 시바는 1982년 '과학·기술·천연자원 정책을 위한 연구소Research Foundation for Science, Technology and Ecology'를 설립했다. 이 연구소는 생태 문제를 전문적으로 다루는 연구소로서 북인도의 마을 공동체와 협력한다.[45] 특히 이곳은 다국적 제약회사와 농산물 가공업체에서 자행하는

---

45   Chiara Bonfiglioli, "Vandana Shiva, la lutte altermondialiste entre écologie et féminisme," in Chiara Bonfiglioli et Sébastien Budgen (dir.), *La Planète altermondialiste*.

'생물해적질biopiraterie'(생물과 토착 지식에 대한 특허)에 대한 투쟁으로 유명해졌고, 반다나 시바는 생물해적질을 주제로 책을 쓰기도 했다.[46] 그리하여 그는 과학과 자본주의의 관계를 급진적으로 비판하고 '에코페미니즘écoféminisme'을 옹호하기에 이르렀다. 자크 테스타르Jacques Testart의 사례도 이와 유사하다. 테스타르는 1980년대 최초의 시험관 아기가 탄생하는 데 기여한 프랑스 생물학자다. 그는 국제금융관세연대 학술위원회 일원이자 『라 데크루아상스La Décroissance』('탈성장'이라는 뜻)라는 신문의 논객이면서, GMO(유전자변형농산물)와 '생물의 상품화'를 단호히 비판하는 사람이기도 하다. 테스타르의 경우에도 생물학자라는 지위는 그가 자신의 주장을 펼치는 데 필요한 권위와 능력을 갖고 있음을 암시한다.[47]

에이즈에 대한 투쟁은 정치적이면서도 과학적인 새로운 형태의 대항전문가 활동을 보여줬다. 관련 단체들의 목적은 에이즈 환자의 이익을 주장하고 정보의 확산에 기여하는 것은 물론, 에이즈 환자를 치료에 직접 참여시키는 것이었다. 이에 따라 에이즈 치료에서 의사들이 가진 독점권에 이의를 제기하는 일과, 의사들이 그 명목으로 부당하게 취하는 권력을 문제 삼는 일이 중요해졌다.[48] 그렇게 에이즈에 대

---

46   Vandana Shiva, *La Biopiraterie, ou le pillage de la nature et de la connaissance*, Atlas, Paris, 2002 [반다나 시바, 『자연과 지식의 약탈자들』, 배기윤·원재광·이혜경·장윤정·한재각·허남혁 옮김, 당대, 2000].

47   대항전문가 계보에서 중요한 인물이 농학자이자 생태 활동가인 르네 뒤몽(René Dumont)이다. Jean-Paul Besset, *René Dumont, Une vie saisie par l'écologie*, Stock, Paris, 1992.

한 투쟁을 벌이는 여러 단체들은 '임상학 대항전문성'을 전문으로 해왔다. 액트 업Act Up, 에드Aides, 아르카Arcat(성병 치료권 보장을 위한 연구·홍보·행동 단체) 등 몇몇 단체는 1992년 '임상의료연구Traitement Recherche Thérapeutique'를 위해 'TRT-5' 단체를 창설했다.

의학 권력에 맞선 이 단체들의 활동은 정치적으로나 인식론적으로 1960~1970년대 페미니즘과 동성애자 운동에 기초를 둔다. 예컨대 그 시기 페미니스트들은 여성의학 분야에서 '재야 전문성expertise sauvage'을 실천했다. 이는 전통적인 여성의학의 대상인 여성을 자신의 신체 인식의 주체로 구성하는 것, 다른 말로 하면 여성을 "자기 자신에 정통한 전문가"로 만드는 것을 목표로 했다.[49]

대항전문성의 또 다른 역사적 원천은 1970년대 푸코가 이론화한 '특수한spécifique' 지식인이다. 푸코는 들뢰즈와 가진 유명한 대담에서 특수한 지식인을 '보편적universel' 지식인에 대립시킨다.[50] 에밀 졸라Émile Zola부터 사르트르에 이르기까지 보편적 지식인은 모든 화제에서 자신의 생각을 표현하며, 그러기 위해 선·진리·정의·이성 같은 보편적(이라 가정된) 가치에 의존한다. 반대로 특수한 지식인은 특정 지식에 토대를 두고 자신의 관할 분야에만 개입할 뿐이다. 푸코는 감금 조건

48   Nicolas Dodier, *Leçons politiques de l'épidémie du Sida*, Éditions de l'EHESS, Paris, 2003.

49   Elsa Dorlin, *Sexe, genre et sexualités*, PUF, Paris, 2008, p. 12.

50   Gilles Deleuze et Michel Foucault, "Les intellectuels et le pouvoir," in Michel Foucault, *Dits et Écrits*, tome II, Gallimard, Paris, 2001 [미셸 푸코, 「지식인과 권력: 푸코와 들뢰즈의 대화」, 『푸코의 맑스: 미셸 푸코, 둣치오 뜨롬바도리와의 대담』, 이승철 옮김, 갈무리, 2004].

에 대한 정보를 수집하고 공개할 목적에서 1972년 '감옥 정보 그룹'을 창설할 때 이러한 참여 방식을 스스로 실천했다.

부르디외 또한 대항전문성을 정당화하는 데 기여한 사상가다. 정작 본인은 스스로를 '전문가'라 여기지 않았을지라도 사회학에 대한 그의 이해는 이런 유의 개입에 가까웠다. 1995년 12월 프랑스에서 벌어진 대규모 파업 당시 부르디외는 파업 중인 노동자들을 지지하고, 그 여세를 몰아 1997년 '레종 다지르Raisons d'agir'(행동하는 이성)라는 협회 겸 출판사를 설립했다. 프랑스에서 레종 다지르는 대항전문성의 중심에 있으며, 코페르니쿠스 재단과 비슷한 기능을 담당한다. 부르디외의 사회학은 '독사doxa'(억견)와 '에피스테메épistémé'(인식체계), 다시 말해 상식적인 견해와 과학적인 인식 사이의 엄격한 구분에 기초를 둔다는 점에서 흥미롭다. 여기서 사회학자는 통념의 속박에서 벗어날 수 있게 해주는 도구(특히 통계적 도구)를 사용하기에, 사회 세계의 객관성에 도달할 수 있는 유일한 사람이 된다. 결과적으로 보면 사회학자의 작업은 이 객관성을 성취하고, 사회의 행위자들이 이 객관성을 자유롭게 사용할 수 있도록 하는 일이다. 이러한 사회학적 지식 개념이 이 지식을 행사하는 이에게 부여하는 '위에서 아래를 내려다볼 수 있는surplomb' 태도는 '전문가'가 자처하는 태도와 다르지 않다.

지도자

여섯 번째 비판적 지식인 범주는 '지도자' 범주다. 정당이나 사회운동에서 지도부 자리를 수행하거나, 그 이면에서 비판이론에 의미있는 기여를 한 사상가들이 이 범주에 속한다. 앞서 우리는 1920년대이후 지배적인 흐름이 지식인과 노동자 조직의 분리에 있었음을 보았다. 그렇지만 동시대 비판이론가 가운데는 여전히 당에서 지도적 역할을 하는 사람들이 있다. 1980~1990년대에 다니엘 벤사이드는 이전 10여 년간 통용되던 것과 유사한 마르크스주의적 견해를 유지했으며, 주로 이 전통에서 유래하는 준거들을 계속 끌어왔다. 그는 1960년대 '혁명적 공산주의자 동맹LCR' 창립자 가운데 하나였으며 '반자본주의 신당Nouveau Parti anticapitaliste, NPA'의 영향력 있는 구성원이기도 했다. 이와 유사한 사례가 영국 '사회주의 노동자당SWP' 지도부 구성원인 앨릭스 캘리니코스의 사례다. 하지만 고전 마르크스주의자들이 이끌었던 조직들과 비교하면 이 조직들은 규모나 영향력 면에서 미미하다. 이 조직들의 구성원은 기껏해야 수천 명이다. 20세기 초 독일 사회민주주의 조직 구성원이 100만 명이었고, 1970년대까지 공산당 활동가가 50만 명이었던 데 비하면 극히 적은 수다.

이 책에서 언급하는 사상가 가운데 혁신적인 비판적 지식인인동시에 매우 중요한 정치적 지도자였던 인물로는 볼리비아 부통령을지낸 알바로 가르시아 리네라가 아마 유일할 것이다. 그는 더 이상 '고전 마르크스주의자'가 나오지 않는 시대에 '고전 마르크스주의자'로 남은 드문 사례다.[51] 가르시아 리네라는 먼저 볼리비아의 강력한 노동 운동의 계승자다. 그는 1952년 혁명 당시 활약했던 '볼리비아 중앙노동조합Central Obrera Boliviana, COB'을 오랫동안 대표했다. 이 혁명은 민족주의 색채를 강하게 띤 '국민적 자본주의'를 탄생시켰고 1980년대에 신자유주의적 개혁이 있을 때까지 유지됐다. 가르시아 리네라는 마르크스주의 교육을 받았다. 그는 '역사 없는 민족'과 인도를 다룬 마르크스의 저술이나 레닌의 저술에 통달했고, 레닌의 저술에 관한 책을 집필하기도 했다. 또한 그는 (본인이 백인 중간계급 출신임에도) 원주민주의 운동, 특히 원주민 반란자 투팍 카타리Túpac Katari(1750~1781)의 이름을 딴 '카타리주의' 운동의 산물이다.[52] 카타리주의는 볼리비아 엘리트들이 세운 '내적' 식민주의가 스페인 식민주의를 계승한다고 보며, 아이마라족과 케추아족의 정체성과 전통의 수호를 권장한다. 가르시아 리네라는 이 운동에 적극 참여함으로써 '고전' 마르크스주의의 접근에 '정체성' 접근을 보탤 수 있었다. 라틴아메리카에 존재하는 마르크스주의와 원주민주의의 이런 혼합은 마리아테기가 이미 시작한 것이기도 하다.

1990년대 초 가르시아 리네라는 '투팍 카타리 게릴라 부대'라고 하는 게릴라 집단에 가담했다. 그는 1992년에 붙잡혀 감옥에서 5년

---

51 알바로 가르시아 리네라의 여정과 생각을 소개하는 것으로는 다음을 보라. Pablo Stefanoni et Marc Saint-Upéry, "Le laboratoire bolivien," in *Álvaro Garcia Linera, Pour une politique de l'égalité. Communauté et autonomie dans la Bolivie contemporaine*, Les Prairies ordinaires, Paris, 2008.

52 같은 글, p. 28.

을 보냈다. 감옥에서 풀려난 뒤에는 라파스에 있는 대학에서 사회학 교수가 됐다(원래는 수학자였다). 2000년 코차밤바 지역에서 물의 사유화로 가격이 폭등하며 '물 전쟁'이 발발했다. 대개 원주민 출신인 새로운 도시 빈곤층의 주도로 사회 투쟁이 확대됐고, 특히 산으로 둘러싸여 있어 차단이 쉬운 도시인 라파스가 봉쇄됐다. 가르시아 리네라는 이 새로운 투쟁 형태의 주요한 이론가였다. 그는 특히 안토니오 네그리와 피에르 부르디외의 저술에 착안해 그 투쟁을 사유하려 했다. 2005년 에보 모랄레스Evo Morales는 그를 차기 볼리비아 부통령으로 선택했다. 권좌에 오른 뒤 가르시아 리네라는 '안데스식 자본주의'라는 논란이 되는 개념을 전개했다. 그가 보기에 사회주의로의 이행은 오늘날 볼리비아의 어젠다가 아니다. 그는 먼저 '고결한' 국민적 자본주의의 출현을 긴 기간 독려한 뒤에야 사회주의로의 이행 문제를 논의할 수 있다고 보았다.[53]

가르시아 리네라의 사례와 비슷한 것이 멕시코 '사파티스타 민족해방군Ejército Zapatista de Liberación Nacional, EZLN' 지도자 마르코스 부사령관Subcomandante Marcos의 사례다. 마르코스는 멕시코 국립자치대학의 철학 교수였다. 그는 1994년 사파티스타의 치아파스 봉기로 이름을 떨친 이래 저작물을 쏟아냈다. 그의 저작은 여러 권 분량인데 주로 멕시코 일간지 『라 호르나다La Jornada』에 기사 형태로 실렸다. 마르코스의

---

53   가르시아 리네라의 다음 인터뷰를 보라. "No estamos pensando en socialismo sino en revolución democratizadora," *Pagina/12*, 10 avril 2006.

글은 멕시코와 세계 정치에 대한 분석을 담고 있으며, 그 분석은 라틴아메리카 '붐boom' 문학의 저자들(가브리엘 가르시아 마르케스Gabriel García Márquez, 알레호 카르펜티에르Alejo Carpentier)에게서 볼 수 있는 '마술적 리얼리즘'의 영향을 받은 냉소적인 문체로 서술되었다. 마르코스는 라틴아메리카가 겪은 신자유주의와 신식민주의에 대한 급진적 비판가다. 하지만 스스로 독창적인 사유 체계를 만들어낸 사람은 아니므로 엄밀히 말해 그는 이론가가 아니다. 그의 글에는 고유한 개념이나 이론의 흔적이 발견되지 않는다.

그럼에도 마르코스의 글은 명확한 정치적 견해를 담고 있다. 그는 저작의 어느 유명한 구절에서 '마르코스는 누구인가?'라는 질문에 답하며, 세간의 주목을 받는 스키마스크를 쓰는 이유를 다음과 같이 밝혔다.

마르코스는 샌프란시스코에서는 게이이고, 남아프리카에서는 흑인이고, 유럽에서는 아시아인이고, 산이시드로에서는 치카노Chicano이고, 스페인에서는 아나키스트이고, 이스라엘에서는 팔레스타인인이고, 산크리스토발 거리에서는 원주민이고, 네자Neza[멕시코 네사우알코요틀 지역]에서는 어린 갱이고, 대학가에서는 록 가수이고, 독일에서는 유대인이고, 세데나Sedena[멕시코 국방부]에서는 옴부즈맨이고, 정당에서는 페미니스트이고, 냉전 종식 속에서는 공산주의자이고, 보스니아에서는 평화주의자이고, 안데스에서는 마푸체Mapuche이고 (…) 요컨대 마르코스는 지구상에 오랫동안 존재해온 어떤 한 인간이다. 마르코스는 배척당하고 억압당하는 모든 소수자이며, 저항하고 폭발하면서 "이제 그만!Ya basta!"이라고 말하는 모든 소수자다. 바야흐로 모든 소수자는 말할 수 있는 순간에 와 있으며, 모든 다수자는 침묵 속에서 폭풍우를 통과하는 순간에 와 있다. 모든 배제된 자는 말을, 자기 자신의 말을 찾는다. 결국 이는 다수자들을 영원히 분리된 이들, 그러니까 우리 타자들에게로 돌아오게 할 것이다. 권력과 양심을 불편하게 하는 모든 존재, 그들이 바로 마르코스인 것이다.

사파티스타의 정치이론은 두 가지 요소로 구성된다. 하나는 원주민주의다. 마르코스는 '형식적' 통합이 이뤄져도 원주민들이 여전히 심각한 분리정책의 피해자라는 사실에 기초해, 원주민을 멕시코 국민에 통합해내고자 투쟁한다. 마르코스는 보통 기자회견 때 멕시코 국기를 배경으로 말한다. 이는 지난 수십여 년간 라틴아메리카 마르크스주의 게릴라들이 보였던 것과는 매우 다른 '조국' 개념을 함축한다. 마르코스는 '소수자'의 생각을 대변하면서 소수자의 지위를 향상하고자 하는데, 이는 특히 포스트구조주의에서 유래한다. 마르코스는 이런 흐름(한때 그가 멕시코에서 철학을 하던 시절, 알튀세르를 다룬 논문을 쓰며 연구한 바 있다)과 멕시코 원주민주의의 만남을 구현해낸다.

다른 한편으로 마르코스는 '반권력' 이론의 영향을 강하게 받았다. 그는 특히 멕시코에 자리 잡은 스코틀랜드 철학자 존 홀러웨이가 2002년 출간한 『권력으로 세상을 바꿀 수 있는가Change the World without Taking Power』에서 전개한 이론의 영향을 받았다. 기본적으로 반권력 이론에는, '레닌주의' 모델에 입각해 국가권력을 획득함으로써 사회변혁을 이룬다는 것은 허구이며, 결국 그렇게 하면 맞서 싸운 체제보다 더 고약한 체제에 이르기 마련이라는 생각이 깔려 있다. 이런 관점에서 출발하는 홀러웨이는, 권력 장악을 포기하고 자본주의에서 불가피하게 파생되는 자유 공간을 이용해 세계를 바꾸라고 권한다. 이런 생각에 따라 사파티스타는 쿠바 모델의 영향을 받은 라틴아메리카 게릴라들과 달리 국가권력을 탐낸 적이 없다. 사파타스타가 멕시코에 간 목적은 자신들의 요구를 알리고 미디어를 점거하는 데 있었다. 이와 관련해 마르코스 부사령관이 남긴 유명한 말이 있다. "우리는 기존 권력을 원하지 않는다. 우리는 권력을 원한다."

또 하나의 흥미로운 '지도자' 사례를 보여주는 인물이 에드워드 사이드다. 사이드는 1977년부터 1991년까지 '팔레스타인 해방 기구' 구성원이었다. 그는 1991년 당시 구성을 준비 중이던 '오슬로 협정'에 반대하면서 이 조직을 떠났다. 그때부터 팔레스타인 자치정부 일반, 특히 야세르 아라파트Yasser Arafat와 그의 관계는 금이 가서 아라파트가 사이드의 책이 자치지구에 유포되는 것을 금지할 정도였다. 2002년 사이드는 무스타파 바르구티Mustafa Barghouti가 이끄는 정당 '팔레스타인의 자주적 행동' 설립에 기여했다. 이는 팔레스타인의 양대 정파인 파타Fatah와 하마스Hamas 옆에 진보주의적이고 세속적인 제3의 정치세력을 출현시키려는 시도였다. 비록 사이드는 자칭 팔레스타인의 '애국자'이긴 했지만, 그의 생애를 보면 영미권의 급진적 서클에 가까웠다. 스스로 국가 정치 영역에서 활동하는 혁명적 당의 지도자가 아니었다는 의미에서 그의 참여는 벤사이드나 캘리니코스의 활동과는 달랐다. 그는 가르시아 리네라 같은 정부 구성원도 아니었고, 마르코스 부사령관 같은 게릴라 우두머리도 아니었다. 하지만 사이드는 1980~1990년대 현실 정치 과정에 영향을 미친, 보기 드문 비판적 지식인이었다.

* * *

이 책 1부에서는 여러 가설을 전개했다. 2부를 시작하기에 앞서 그 가설들을 간략히 되짚어보면 좋을 것이다. 첫 번째 가설은 신비판이론이 1960~1970년대로부터 이어받은 정치적 좌표의 범위 내에서 전개된다는 것이다. 이는 신비판이론의 주요 논쟁 일부가 이미 저 시기에 나타났음을 의미한다. 특히 해방 주체의 성격 논쟁이나 권력 문제를 둘러싼 논쟁이 그러한데, 두 논쟁에서 모두 보듯 1950년대 후반 고전적 노동운동 모델과 이론의 위기에서 생겨난 문제들은 지금도 여전히 존재한다. 어쩌면 오늘날 우리는 그때 시작된 역사적 시퀀스에 살고 있는지도 모르겠다. 나아가 우리는 신비판이론을 1960년대라는 정치적 주기와 연결해 생각해봐야 한다. 신비판이론은 1960년대의 운동이 패배하며 나온 산물이다. 오늘날의 정치적·이론적 상황

역시 패배로 특징지어지는 시기들의 비관주의로 점철되어 있다. 우리는 이 점을 간과하고서는 현 상황을 결코 이해할 수 없을 것이다.

두 번째 가설은 오늘날에는 현실 정치 과정과 밀접한 관계를 맺는 비판이론가가 드물다는 것이다. 이 책에서 살펴본 사상가들은 대부분 정치조직, 노동조합, 지역조직과 관계가 없거나 거의 관계를 맺지 않는다. 더군다나 이는 온건한 이들이나 급진적인 이들 모두에게 해당하는 얘기다. 신비판이론은 1920년대 중반 서구 마르크스주의에서 비롯한 경향(페리 앤더슨이 기술한 것처럼), 즉 이론과 실천의 분리로 귀결되는 경향을 뚜렷이 보여왔다.

세 번째 가설은 비판사상의 국제화다. 앞으로 비판이론은 아시아·라틴아메리카·아프리카 등 세계체계의 주변부에 있는 지역에서 발원하게 될 것이다. 유럽과 서구 세계는 비판이론의 생산과 관련해 이제까지 지녔던 (준)독점권을 잃었다. 그럼에도 미국과 미국 대학은 여전히 '비판이론의 세계 공화국'에서 중심성을 지닌다. 미국 대학은 오늘날 비판이론가들에게 공인公認의 역할을 하는 장소인데, 이는 20세기 초 파리가 작가들에게 그랬던 것에 견줄 만하다.

네 번째 가설은 오늘날 비판이론 내의 혁신이 주로 두 가지 메커니즘의 산물이라는 것이다. 첫 번째 메커니즘은 '교배'다. 이는 오래된 비판적 준거가 새로운 행위자 또는 새로운 흐름과 독창적인 방식으로 결합하거나 연결되는 것을 말한다. 두 번째 메커니즘은 미디어나 생태학 같은 새로운 분석 대상을 도입하는 것이다. 이는 관련 비판사상이 의존하는 개념 장치의 쇄신을 수반한다.

이론들

2부의 목적은 동시대 신비판이론의 지도를 제안하는 것이다. 이 일은 실현 불가능하지만 불가피하다. 실현 불가능한 까닭은 관련 사상들이 형성 중에 있기에, 지나간 흐름을 설명하듯 이를 설명할 수는 없기 때문이다. 불가피한 까닭은 프레드릭 제임슨이 암시했듯 잠정적이고 불완전할지라도 그런 '인지 지도cartes cognitives'의 정립이 좌파가 지난 수십여 년간 겪은 패배를 극복하는 데 필요한 과정의 일부이기 때문이다. 세계 속에서 행동한다는 것은 먼저 (실은 동시에) 그 세계를 부분적일지언정 재현해본다는 것을 뜻한다. 2부의 내용이 베를린 장벽 붕괴 이후 나타난 비판사상에 대한 관점을 총체적으로 평가하고 개괄해보는 데 (조금이나마) 기여할 수 있기를 바란다.

먼저 우리는 새로운 형태의 비판사상이 20세기 후반 이후 전 지구적 체계의 본질과 변화를 어떻게 규정하는지 살펴볼 것이다(4장 '체계'). 과연 비판사상가는 현재의 전 지구적 경제·정치·문화 체계를 대상으로 어떤 분석을 전개할까? 4장에서는 제국주의, 자본주의, 유럽 건설, 생태학 등에 걸쳐 여러 문제가 제기될 것이다. 이어 우리는 해방 주체의 문제를 검토할 것이다(5장 '주체'). 여기서 우리의 관심은 비판사상가가 사회변혁 '행위자'의 잠재적 후보로 여기는 주역을 규정하는 것이다. 물론 사회변혁의 성격은 제시된 주역이 누구냐에 따라 달라진다. 우리는 잠재적 후보의 다양성이 해방 주체의 위기와 일맥상통함을 볼 것이다. 앞서 말했듯 이 위기는 해당 시기의 일반 좌표처럼 지속되었다.

왜 다른 사상가가 아닌 이 사상가들을 선택했을까? 모든 선택에는 어떤 문제의 중요한 요소를 배제할 위험이 따른다. 물론 내 선택에도 임의적인 면이 있을 것이다. 나는 여러 기준을 대조해 검증하고자 노력했다. 몇몇 저자는 지명도 때문에 선택이 불가피했다. 이 기준은 뱅상 데콩브Vincent Descombes가 지성사의 '소란스러운' 개념이라 말한 것의 성격을 띤다.[1] 다른 저자들은 매우 생산적으로 여겨져 선택했다. 예컨대 리오 패니치Leo Panitch는 프랑스에는 전혀 알려지지 않았지만 그의 국제관계 개념은 주목할 만한 정합성을 보여주며, 차후에는 이 분야에 전문적이라 할 수 있는 대학 기관들에서 가르쳐질 것이다. 알바로 가르시아 리네라가 사회계급 문제와 원주민주의를 관련짓는 것처럼, 다른 사상가들도 시대의 몇몇 핵심적 특징을 잘 보여주는 듯했다.

이 책이 선택한 사상가들은 다양한 지역에서 배출됐다. 우리는 아프리카인 아실 엠벰베, 아시아의 중국인 왕후이와 인도인 가야트리 스피박, 라틴아메리카인 에르네스토 라클라우와 알바로 가르시아

---

1   Vincent Descombes, *Le Même et l'Autre. Quarante-cinq ans de philosophie française (1933~1978)*, Minuit, Paris, 1979, "Introduction" [뱅쌍 데꽁브, 『동일자와 타자: 현대 프랑스 철학(1933~1978)』, 박성창 옮김, 인간사랑, 1993].

리네라를 다룰 것이다. 세일라 벤하비브는 터키인으로, 터키는 시대와 지정학적 상황에 따라 유럽 혹은 아시아로 여겨지는 나라다. 그 밖의 사람들은 주로 유럽인이거나 북아메리카인이다. 비록 비판사상의 국제화가 대세라 할지라도 오늘날 유럽과 미국은 그 분야에서 헤게모니를 쥐고 있다. 그러나 유럽과 미국이 이 헤게모니를 누릴 날이 얼마 남지 않았다는 사실에는 의심의 여지가 없다.

4장 체계

마이클 하트와 안토니오 네그리:
'코뮤니스트로 존재하는 기쁨'

베를린 장벽의 붕괴 이후 가장 많이 논의된 신비판이론은 이론의 여지 없이 마이클 하트와 안토니오 네그리의 '제국'과 '다중' 이론이다. 논쟁의 강도는 몇 년 전부터 약해졌지만, 이른바 '네그리주의적'이라고 하는 경향과 함께 그 논쟁은 현재 가장 영향력 있는 비판사상 가운데 하나가 됐다. 이 비판사상은 두 저서, 2000년 출간된 『제국』과 2004년 출간된 『다중』에서 주요하게 전개된다.[1] '제국'과 '다중' 이론은 현실의 어느 측면도 비켜 가지 않는 '총체적인' 사상이다. 이 사상의 부인할 수 없는 강점 가운데 하나는 구체적인 사회운동 분석과 철학적 성찰을 긴밀하게 엮었다는 점이며, 이는 이 사상의 성공을 부분적으로 설명해준다. 아시시의 성 프란체스코에서부터 제임스 매디슨과 레닌을 거쳐 푸코에 이르기까지 이 사상에 깃든 준거의 다양성은,

---

1 Michael Hardt et Antonio Negri, *Empire*; Michael Hardt et Antonio Negri, *Multitude. Guerre et démocratie à l'âge de l'Empire*.

현재 비판이론에 전형적인 절충주의를 잘 보여주는 학설로서의 매력을 더해준다. 이런 특징을 통해 현 시기가 비판이론이 재구성되는 시기임을 알 수 있다는 것은 분명하다.

하트와 네그리는『제국』출간을 계기로 세계적으로 유명해지긴 했지만, 이들은 요동치는 역사의 산물이다. 네그리는 1960년대부터 유럽 마르크스주의의 혁신적 흐름, 이른바 이탈리아 '노동자주의'의 지도자 가운데 하나였다. 현재 그가 주장하는 바는 노동자주의 전통에서 비롯한 것이므로, 이 전통에 주의를 기울이는 것이 중요하다. 이는 오늘날 네그리가 노동자주의의 유일한 계승자가 아니기에 더욱 그렇다. 과거 다른 조류는 동시대 비판사상에 별로 영향을 미치지 못했지만 노동자주의는 오늘날에도 여전히 생산적인 유산을 남긴 1960~1970년대 학설로 꼽힌다. 이 무렵부터 노동자주의를 대표하는 이들이 제기한 몇몇 주제는 현 논쟁에서 중요한 위상을 차지한다. 경제와 지식의 관계 문제가 대표적이다. 노동자주의를 거쳐 간 동시대 사상가로는 특히 파올로 비르노, 조르조 아감벤, 조반니 아리기, 얀 물리에부탕, 프랑스에서 출간되는 정기간행물『전미래Futur antérieur』와『다중Multitudes』집필진을 꼽을 수 있다. 하지만 존 홀러웨이나 알바로 가르시아 리네라같이 당시 노동자주의 경향에 속하지 않았던 다른 저자들도 거기서 영향을 받았다. 1980년대 초 네그리가 프랑스로 망명하면서 노동자주의는 프랑스의 (포스트)구조주의, 특히 푸코 및 들뢰즈의 저서와 만나게 됐다.[2] 이런 저서는 하트와 네그리의 현재 사유에 결정적인 영향을 미쳤다.

노동자주의

노동자주의는 1960년대 초 라니에로 판치에리Raniero Panzieri가『붉은 노트Quaderni Rossi』를 창간할 즈음 생겨났다. 마리오 트론티, 로마노 알콰티, (장차 베네치아 시장이 될) 마시모 카차리Massimo Cacciari 같은 지식인들은 신속하게 판치에리에게 합류했다. 판치에리는 기독교민주당DC과 맺은 모든 협정에 반대했다는 이유로 이탈리아 사회당PSI에서 제명된 이론가이자 노동조합 활동가다.『붉은 노트』가 1940년대 말 코르넬리우스 카스토리아디스와 클로드 르포르에 의해 창간된 정기간행물『사회주의냐 야만이냐』의 영향력 아래 출범했다는 사실은 흥미롭다.[3] 이 흐름의 역사는 새로운 간행물과 새로운 단체의 창립으로 가득하다. (1964년 요절한) 판치에리와 결별한 뒤 트론티, 네그리, 알콰티는 1963년『노동자계급Classe Operaia』을 창간했고, 이후 네그리는 '노동자의 힘' 조직을 주도하는데, 이는 아드리아노 소프리Adriano Sofri의 '투쟁은 계속된다Lotta Continua'와 경쟁관계에 있었다. 베네토에 있던 이탈리아 사회당 내에서 반대파 지도자를 지낸 네그리는『붉은 노트』에 2호부터 합류한다.

2   펠릭스 과타리의 행보는 1970년대 프랑스와 이탈리아 급진 좌파들의 교류에 결정적이었다. 이에 관해서는 다음을 보라. François Dosse, *Gilles Deleuze et Félix Guattari. Biographie croisée*, La Découverte, Paris, 2007.

3   Steve Wright, *Storming Heaven. Class Composition and Struggle in Italian Autonomist Marxism*, p. 23.『붉은 노트』는 C.L.R 제임스의 조직인 교신출판위원회(Correspondence Publishing Committee)의 영향도 받았다.

노동자주의의 출현은 '납의 해'라는 맥락, 즉 1970년대 이탈리아 노동자·학생의 반란과 정부의 탄압, 무엇보다 1969년 '뜨거운 가을'의 맥락에서 봐야 한다. 당시 일어난 반란은 이탈리아 노동자계급의 전통적인 조직, 특히 반란에 공개적으로 반대했던 이탈리아 공산당 PCI을 압도했다. 1973년 이 경향에 속한 또 다른 주요 단체인 '노동자의 자율성Autonomia Operaia'이 네그리의 주도 아래 나타났다. 이 단체는 1977년 강력한 학생운동의 발생에 결정적인 영향력을 행사했다. 네그리는 당시 발생한 테러리즘, 예컨대 '붉은 여단Brigate Rosse'의 테러리즘에 "지적인 책임"이 있다는 이유로 유죄를 선고받았다. 그리하여 네그리는 프랑스로 망명했고, 1990년대 말 이탈리아로 돌아가서 복역한 뒤 2003년 석방되었다. 노동자주의의 역사는 오늘날까지 이어져 이탈리아와 유럽 좌파의 많은 영역에 그 영향력을 드리운다. 특히 1969년 창간된 일간지 『일 마니페스토Il Manifesto』는 노동자주의에서 유래한 지식인들이 주도한 것이다.[4]

노동자주의는 다양한 경향을 아우르고 있으며, 주요 대표자들의 견해도 시간이 흐르면서 상당한 변화를 겪었다. 프랑스에서 노동자주의를 뜻하는 용어 opéraïsme은 산업노동자계급을, 더불어 그 계급의 문화와 조직을 가리키는 것으로서 '반지성주의'의 혐의로부터 자유롭

4   Maria Turchetto, "De l'"ouvrier masse" à l'"entrepreneurialité commune": la trajectoire déconcertante de l'opéraïsme italien," in Jacques Bidet et Stathis Kouvélakis (dir.), *Dictionnaire Marx contemporain*.

지 않은 말이다. 그러나 이탈리아에서 operaismo의 의미는 정반대다. 그것은 (아직) 조직화하지 못한 피지배계급 집단의 혁명적 자발성을 지칭한다. 노동자주의는 공장을 계급투쟁의 '무게중심'으로 보며, 노동자와 고용주의 대결이 노동조합이나 당의 매개 없이 노동 현장 자체에서 행해진다고 여긴다. 노동자주의는 노동조합에 반하는 자발적인 흐름이다. 이를 대표하는 이들이 종종 레닌을 참조하긴 했지만, 또 조직 문제가 논쟁의 중심이 되기도 했지만, 이들은 전통적으로 해석된 레닌주의에는 적대적이었다. 전통적 레닌주의는 당이 노동자계급의 주체성을 완성하며 풍성하게 한다고 주장한다. 노동자계급을 그대로 두면 계급 타협을 추구하게 된다는 논리였다. 반면 노동자주의는 노동자의 순수한 주체성이 계급투쟁의 '진리'를 담고 있다고 여긴다.

1960년대 이탈리아의 두 가지 특징이 노동자주의를 이해하는데 도움을 준다. 첫 번째 특징은 이탈리아 노동자계급 조직의 관료화와 타협이다. 이탈리아 공산당은 유럽 공산당 가운데 가장 '자유주의적'이었던 곳으로(당시 이른바 '복수 지도 체제'를 지닌polycentrique' 곳으로) 유명하다. 이탈리아 공산당의 전략은 시간을 두고 차근차근 이탈리아의 다른 정당들을 접촉하는 데 있었다. 이 방침은 1970년대 초 기독교민주당과 체결한 "역사적 타협"에서 절정에 이른다.[5] 어느 주석가가 말하듯, 이탈리아 공산당은 나라의 부패한 제도들 수중에 자기네 유권자와 명성을 갖다 바침으로써 사실상 이탈리아 자본주의를 구해내고

5   이탈리아 좌파가 진화한 역사에 관해서는 또한 다음을 보라. Perry Anderson, "An

말았다.[6] 이에 노동자주의는 조직화한 노동자계급, 노동조합 관료, 이탈리아 공산당, 이탈리아 사회당을 뿌리 깊게 불신하게 됐으며, 노동자주의의 주요 이론가인 안토니오 그람시에 대해, 특히 당시 이탈리아 공산당 지도자였던 팔미로 톨리아티Palmiro Togliatti가 공인한 그람시의 해석에 반기를 들었다. 1960년대 아르헨티나와 영국 등 다른 나라에서 『옥중수고』의 저자 그람시는 경직된 마르크스-레닌주의에 맞서는 이론적 방책이 될 수 있었지만, 이탈리아 '의회 바깥'에서는 그람시의 유산을 들먹이는 혁명적 지식인이나 단체를 거의 찾아볼 수 없었다.

자생적 혁명을 신봉하고 노동조합에 적대적인 노동자주의의 상황을 설명해주는 두 번째 특징은 1950~1960년대 당시 이탈리아의 국내 이주 흐름과 연결된다. 20세기 이 나라의 경제 발전은 산업화한 북부와 농촌 지역인 남부의 분할을 중심으로 진행됐다. 전쟁 이후에는 남부의 미숙련 노동자들이 이주해 북부의 공장에 취업하는 현상이 심해졌다. 이 새로운 계급에 대해 노동조합은 '직업주의professionnalisme'로 대응했다. 직업주의는 일종의 조합주의corporatisme로서, 새로운 프롤레타리아가 노동시장에 진입하는 것을 통제하려는 게 주요 목적이었다.[7] 반면 노동자주의는 이 새로운 계급을 자본주의와 서발턴 범주에서 진행 중인 변화의 징후로 보고, 그들을 해방의 새로운

Invertebrate Left," *London Review of Books*, 12 mars 2009.

6   Alex Callinicos, "Toni Negri, théoricien de l'Empire," in Chiara Bonfiglioli et Sebastian Budgen (dir.), *La Planète altermondialiste*.

7   Steve Wright, *Storming Heaven. Class Composition and Struggle in Italian Autonomist*

잠재적 주체로 간주했다.

이는 **대중노동자**ouvrier masse 이론을 발생시켰다. 이 개념은 새로운 유형의 노동자를 가리키는 것으로, 북부 공장에 취업한 남부 출신의 단순 생산 작업을 행하는 미숙련 노동자를 말한다. 노동자주의자들은 대중노동자를 2차 세계대전 이후 유럽에서 발전한 생산양식의 중심적 위치에 자리매김했다.[8] 대중노동자는 숙련 노동자의 전문 능력도, 전문 능력에서 비롯해 세대에 걸쳐 전해지는 '계급의식'도 갖고 있지 않았다. 그렇지만 1960년대 말에서 1970년대 초 노동자주의자들이 작성한 글을 봤을 때, 이 새로운 주체는 전략적인 이유로든 본질적인 이유로든 상당히 강한 혁명적 잠재력을 갖고 있었다. 대중노동자는 노동자계급 조직으로부터 거부당하면서 '노동조합 관료'에 맞선 전쟁기계로 변신했다. 구조적 관점에서 볼 때 대중노동자는 '자격의 부재'를 통해 오히려 현행 노동조직 형태를, 특히 포드주의를 파괴한다. 따라서 대중노동자는 분업에 맞서는 무기인 것이다.

같은 시기 프랑스에서 '반숙련 노동자'를 둘러싸고 프롤레타리아 좌파GP와 프랑스 마오주의의 몇몇 흐름에서 전개한 논의는 노동자주의자들의 논의와 가까운 측면이 있다. 반숙련 노동자는 숙련 노동자와 대조적이었다. 숙련 노동자는 전후 자본주의에 구조적으로 통합됐고, 안정적인 직업과 비전투적 노동조합들에 의해 형성된 주체성을

Marxism, p. 297.

8   같은 책, p. 107.

지니고 있었다. 반면 반숙련 노동자는 대중노동자와 마찬가지로, 마오주의자들이 선동하는 사회 투쟁의 원천이 돼주었다. 게다가 노동자주의자들과 마오주의자들은 비슷한 행동 레퍼토리를 사용했다. 그 중심에는 '노동 실태 조사enquête ouvrière' 실시가 있었다. 노동 실태 조사는 19세기 노동운동 내에서 시작된 전통으로, 1880년 마르크스가 제안한 것이 단적인 예다. 노동 실태 조사의 실시는 이 흐름이 '주체적 요소', 즉 피지배계급이 자신에게 가해지는 지배를 주체적으로 체험하는 방식을 중요시했음을 보여준다. 하지만 노동자주의자들과 마오주의자들 사이에는 다른 점도 있었다. 한 가지 주된 차이점은 노동자주의자들은 정밀한 이론가였지만, 프랑스의 마오주의자들은 비록 많은 이들이 그랑제콜 출신이라 할지라도 마오주의자로서 이론을 생산해내지 않았으며(알랭 바디우와 자크 랑시에르의 저서는 나중에 나왔고 특별히 마오주의적인 면모는 전혀 없었다), 심지어 이론생산을 경시했다는 점이다.

공산주의적이든 사회민주주의적이든 노동자주의는 노동자계급 조직에 퍼진 도그마, 즉 기술 진보가 반드시 긍정적인 성격을 띤다는 믿음에 대립되는 견해를 취했다. 판치에리를 필두로 초기부터 노동자주의는 노동운동과 소련에 팽배하던 과학기술 편향주의를 비판해나갔으며, 과학기술을 자본 지배에서 중심적 역할을 수행하는 것으로 보았다. 판치에리는 생산력 발전이 그 자체로 진보를 가져와 점차 사회주의의 태동으로 귀결될 것이라는 생각을 맹렬히 공격했다. 따라서 초기 노동자주의는 에른스트 블로흐가 말한 마르크스주의의 '난류暖流'에 속한다고 볼 수 있다.[9] 여기서 반기술주의적인 '낭만주의적' 차원이 눈에 띈다. 이 '낭만주의적' 차원은 노동자주의가 노동 분업과 불가분의 관계에 있는 기술 지식을 지닌 옛 노동자계급을 비판했다는 사실에서 일관되게 드러난다.[10]

그러나 기술에 대한 노동자주의의 태도는 점차 달라진다. 『붉은 노트』 4호를 통해 판치에리는 오늘날까지 노동자주의의 상징이 된 텍스트를 소개했다. 그 텍스트는 마르크스의 『정치경제학 비판 요강』에 나오는 일명 '기계에 관한 단상' 대목이다. (노동자주의자들의 해석에 따르면) 이 텍스트는 지식, 특히 과학적 지식이 후기자본주의에서 생산의 주요한 요소가 된다는 생각을 담고 있다. 표준 마르크스주의 모델에서 가치의 원천은 노동이다. 그러나 지식가치가 떠오르면서 노동자는 생산과정의 주역이기를 그치고, 생산과정은 노동자를 점차 '위성화'한다. 이 현상을 기술하고자 마르크스는 **일반 지성**general intellect 개념을 도입한다.

> 고정자본의 발전은 일반적인 사회적 지식이 어느 정도까
> 지 **직접적인 생산력**이 됐는지, 그리하여 사회적 삶의 과정
> 을 둘러싼 조건이 어느 정도까지 일반 지성의 통제를 받고

---

9   Ernst Bloch, *Le Principe espérance*, 3 vol., Gallimard, Paris, 1982 [에른스트 블로흐, 『희망의 원리』(전5권), 박설호 옮김, 열린책들, 2004].

10   '노동 실태 조사'와 아울러 생산 기계에 대한 사보타주 행위는 노동자주의의 '집합행동 레퍼토리'의 특징이다. 이와 관련해서는 다음을 보라. Razmig Keucheyan et Laurent Tessier, "Du sabotage au piratage. Entretien avec Toni Negri," *Critique*, n° 733-734, 2008.

그 규범에 따라 변형됐는지를 보여준다.[11]

'고정자본'은 기계에 투여된 자본을 가리킨다. 이런 의미에서 고정자본은 생산도구로 변형된 기술적 지식을 지칭한다. '일반 지성'은 집단 지성과 관계가 있으며, 또한 경제적 생산에서, 더 일반적으로는 사회적 존재로서 개인들이 협력하는 능력과 관계가 있다. 일반 지성은 익명적이고 사회체 전역에 분산된 '일반적인 사회적 지식'으로, 이는 고정자본을 포함하지만 고정자본과 혼동되지는 않으며, 지식과 노하우를 자본주의의 중심과 자본주의에 대한 잠재적 이의 제기의 중심에 동시에 자리매김한다. 오늘날 노동자주의를 계승한 이들이 정식화한 '인지자본주의capitalisme cognitif' 가설의 핵심에는 이 생각이 놓여 있다.

'일반 지성' 이외에 노동자주의의 또 다른 중요한 개념으로 **계급구성**composition de classe이 있다. 이 개념은 주어진 정치투쟁에 내재해 있는 기술적 객관성과 정치적 주체성의 혼합을 가리킨다. 이 혼합은 역사의 한 시기를 특징짓게 해주고, 그 시기의 주요 행위자를 특정하게 해준다. 그렇게 대중노동자는 1970년대 자본주의의 구조적 변화가 낳은 산물이자, 그 자본주의의 작동에 도전할 수 있는 역량을 지닌 담지자라는 점에서, 당시 자본주의에 조응하는 역동적 형상이 된다. 자본은 심도 있는 재구조화를 통해 개별 '계급 구성'에 대응한다.

11   Karl Marx, *Œuvres*, vol Ⅱ.

역사적 경로를 규정할 때 자본을 노동보다 우위에 두는 다른 마르크스주의와 달리, 노동자주의자들은 노동자계급의 투쟁이 선도적으로 발생하는 데 반해 자본주의는 반동적이거나 늦기 마련이라고 주장한다. 이런 생각을 전개하는 가장 영향력 있는 저서는 노동자주의의 고전 가운데 하나인 트론티의 『노동자와 자본Operai e capitale』(1966)이다. 트론티는 「거부의 전략」이라는 장에서 다음과 같이 예를 들어 주장한다.

> 노동자계급은 그 자신인 바를 **행한다**. 그런데 노동자계급은 자본의 **절합**이자 **해체**다. 자본 권력은 노동자들의 의지를 이용해, 이 의지를 자본주의 발전의 원동력으로 삼고자 한다. 노동자 정당은 노동자 편에서 자본가의 이익이 실질적으로 매개되는 것으로부터 출발해 그것을 적대로, 전략적 투쟁의 장으로, 전략적 파괴 가능성으로 조직해야 한다.[12]

다시 말해서 노동자들의 투쟁은 체계가 스스로 개혁되도록 추동한다. 이에 네그리는 일반적 견해(이는 1장에서 개진했던 견해이기도 하다)와 달리 1960~1970년대 운동이 패배하지 않았으며, 오히려 당시

---

12   이와 관련해서는 다음을 보라. Alberto Toscano, "Chronicles of insurrection: Tronti, Negri, and the subject of antagonism," *Cosmos and History*, nº 5, 2009.

자본주의에 맞선 투쟁에서 승리를 거뒀다는 논리를 펴기에 이른다. 그가 보기에 오늘날 자본주의는 당시의 운동으로 체계가 변화한 데 따른 결과다.

노동자주의자들은 공장이 계급투쟁의 장소라는 생각을 점차 포기했다. 노동자주의의 역사는 이런 식의 전환으로 점철되어 있다. 기술이 지배의 핵심에 위치하던 데서 자본주의 발전의 원동력으로 변화하고 이어 (일반 지성 이론과 함께) 반자본주의적 투쟁의 동력으로 변화한 것과 맞물려, 1970년대 후반부터 네그리는 계급투쟁이 사회 전체에서 일어난다는 생각을 이론화하기 시작했다. 이 견해의 토대가 되는 주장은 공장이 점차 그 논리를 전 사회로 확장했으며 따라서 노동자들이 당하는 착취가 이제 모든 사회 구성원에게 영향을 미친다는 것이었다.[13] 네그리의 변화 속에서 이 주장은 나중에 푸코가 만들어낸 '생명권력bio-pouvoir' 개념과 만나게 될 것이다. 푸코는, 생명권력 개념이 인구와 신체에 대한 통치를 가리키는 것으로 19세기에 출현했다고 주장한다.

이 새로운 지형 속에서 대중노동자는 다른 역동적인 형상으로 대체된다. 그것은 바로 **사회적 노동자**ouvrier social다. 네그리는 분석 범주이자 실재로서 '노동자계급'이 겪는 위기를 확인한다.[14] 이 내용은 비

---

13 Steve Wright, *Storming Heaven. Class Composition and Struggle in Italian Autonomist Marxism*, p. 300.

14 같은 책, p. 163.

숫한 시기 프랑스에서 앙드레 고르 같은 저자들이 주도한 분석과 일치한다. 고르의 『프롤레타리아여 안녕』은 1980년으로 거슬러 올라간다.[15] 네그리가 보기에 이 변화는 두 과정으로 설명할 수 있다. 하나는 국민 교육 수준의 전반적인 증가다. 이는 개인의 '대중화'는 감소하고, '특이성'은 증가한다는 사실을 뜻한다. 게다가 노동자주의자들은 사회의 '제3차화tertiarisation', 즉 3차산업의 눈부신 발전이라는 가설을 옹호한다. 거기서도 노동자주의는 넓은 의미의 '포스트마르크스주의' 경향을 띤다. 알랭 투렌과 세르주 말레 같은 저자들도 이 경향에 속한다. 학교교육의 보급과 사회의 제3차화는 지적이거나 '비물질적인' 생산노동에 점점 더 큰 중요성을 부여하고자 서로 결합한다.

'제국'과 '다중'

네그리는 노동자주의 시대를 겪고 1983년 프랑스에 망명해 2000년 『제국』을 내놓기까지 일련의 저서를 출간했다. (1978년 루이 알튀세르의 초청으로 파리 고등사범학교에서 행한 세미나로부터 출발한) 『마르크스를 넘어선 마르크스』, 스피노자를 다룬 『야만적 별종』, 나아가 『구성하는 권력』이 대표적이다.[16] 네그리는 점차 전통적 마르크스주의에

---

15   André Gorz, *Adieux au prolétariat. Au-delà du socialisme*, Galilée, Paris, 1980 [앙드레 고르, 『프롤레타리아여 안녕: 사회주의를 넘어서』, 이현웅 옮김, 생각의나무, 2011].

16   Antonio Negri, *Marx au-delà de Marx. Cahier de travail sur le Grundrisse*, L'Harmattan, Paris, 2000 [안토니오 네그리, 『맑스를 넘어선 맑스』, 윤수종 옮김, 중원문화, 2012]; Antonio Negri, *L'Anomalie sauvage. Puissance et pouvoir chez Spinoza*, PUF, Paris, 1982 [안토니오 네그리, 『야

서 멀어졌다. 이제 그는 권력과 주체성 이론의 형성에 몰두했다. 그는 『자본』을 경제주의économisme를 추종하는 '객관주의적' 텍스트라 여기며 점차 거리를 두었고, 자본주의의 최근 변화에 더 잘 들어맞는다고 하는 『정치경제학 비판 요강』과 『자본』을 대조했다. 1990년대 초 네그리는 장마리 뱅상Jean-Marie Vincent과 함께 장차 이 새로운 관심사를 퍼뜨릴 『전미래』를 창간했다.[17]

네그리는 권력을 성찰하며 스피노자에게서 영감을 받아 '권력potere/pouvoir'과 '역량potentia/puissance'을 구분한다. 첫 번째 것은 통상적 의미에서 권력을 지칭한다. 즉 '~에 대한 권력pouvoir sur'이다. A가 B에게 B가 하지 않았을 어떤 행위를 하게 하거나, B가 하기를 원했을 어떤 행위를 하지 못하게 한다면, A는 B에 대한 권력을 소유하고 있는 것이다. 집단적 수준에서 권력은 제도들, 예컨대 정부 기관들이 한 개인 또는 여러 개인들에게 행하는 구속contraintes을 뜻한다. 두 번째 것은 지배나 힘을 행사한다는 의미에서가 아니라, 어떤 행위를 실현할 능력이나 소질이라는 의미에서 '역량' 또는 '~을 할 수 있는 능력pouvoir de'을 지칭한다. 한 개인이나 여러 개인들은 자신이 소유하는 잠재력을

만적 별종: 스피노자에 있어서 권력과 역능에 관한 연구』, 윤수종 옮김, 푸른숲, 1997]; Antonio Negri, *Le Pouvoir constituant. Essai sur les alternatives de la modernité*, PUF, Paris, 1997. [옮긴이] pouvoir constituant은 좁은 의미에서는 '헌법 제정 권력'을, 넓은 의미에서는 헌법 제정 권력까지 포함하는 '구성하는 권력'을 가리킨다. 여기서 네그리는 넓은 의미로 이 말을 쓰고 있다.

17 　웹사이트 http://multitudes.samizdat.net에서 『전미래』의 흥미로운 글들을 보라. 이 정기간행물과 그것이 프랑스 급진 좌파에 끼친 영향의 역사는 앞으로 더 서술되어야 할 부분이다.

현실화하느냐 여부에 따라 '역량'을 지닌다. 예컨대 내가 실제로 수영을 배운다면 나는 수영에 대한 인간의 잠재력을 실현하는 것이다.

권력의 이 두 가지 의미는 밀접하게 연결돼 있지만 서로 대립한다. 첫 번째 의미의 권력은 개인들을 그들의 역량으로부터, 다시 말해 그들이 실현할 수 있는 것으로부터 분리해내는 것이다. 반면 역량을 발휘한다는 것은 권력이 자기 자신에게 가한 속박에서 벗어남을 뜻한다. 이 구분은 자유지상주의적 함의를 지닌다. '다중'은 역량$_{puissance}$ 쪽에, 즉 협력과 창의성 쪽에 있다. 반면 존재하고 번영하려면 다중의 역량을 쉼 없이 착복해야 한다는 점에서 '제국'은 권력$_{pouvoir}$ 쪽에 있다. 『제국』에 나오는 다음 대목이 이를 간략히 설명해준다.

> 포스트모더니티 속에서 우리는 권력의 비참함에 맞서 존재의 기쁨을 제시한 성 프란체스코의 상황에 우리 자신이 있음을 발견한다. 이것이야말로 어떤 권력도 통제할 수 없는 혁명이다. 사랑, 소박함, 순수함에는 생명권력과 코뮤니즘$_{communism}$이, 협력과 혁명이 함께 머무르기 때문이다. 이것이 코뮤니스트$_{communist}$로 존재하는 데서 오는 억누를 수 없는 명료함이자 기쁨이다.[18]

그러면 긴밀하게 얽힌 이 '제국'과 '다중' 개념으로 돌아가 보자.

---

18   Michael Hardt et Antonio Negri, *Empire*, p. 496.

『제국』이 거둔 성공은 부분적으로는 어떤 오해에서 비롯한다. 2000년 출간된 이 책은, 2001년 9·11 테러 이후 아프가니스탄과 이라크에서 군사적 모험을 야기한 미국 제국주의의 위협적인 재출현 덕분에 인기를 얻었다. 하지만 하트와 네그리가 말하는 '제국Empire'은 우리가 흔히 아는 '제국주의impérialisme'와는 매우 다르다. 제국주의는 하나의 중심 또는 여러 중심과 주변의 존재를 함의한다. 이때 전제는 지배적 지역(역사적으로 유럽, 그다음엔 미국)과 제국주의의 피해자인 피지배 지역이 존재한다는 것이다. 이런 의미의 제국주의는 중심 국가의 힘이 세계 무대로 분출하는 데서 전형적으로 나타난다. 특히 레닌의 견해에서 봤을 때, 여기에는 제국주의 국가들 사이에 분쟁이 존재한다는 뜻이 들어 있다.

하트와 네그리는 세계의 지정학적·경제적 관계 개념을 거부한다. 그들이 보기에 "제국주의와 달리 제국은 영토적인 권력 중심을 수립하지 않으며 고정된 경계나 장벽에 의존하지도 않는다. 제국은 계속 팽창하는 자체의 개방적 경계 안에 지구적 영역 전체를 점차 통합하는 탈중심화하고 탈영토화한 지배 장치다."[19] 하트와 네그리는 세계화가 이뤄지는 오늘날 미국의 필연적 쇠퇴를 확인한다. 그들이 보기에 세계화는 국가 주권과 근대에 국가가 지녔던 규제 능력을 폐기한다. 그들은 세계화가 국가 형태를 근본적으로 재검토하게 한다고 생각하는 좌파나 우파 분석가들의 관점을 공유한다. 이는 주권이라는 게 사

---

19   같은 책, p. 17.

라졌음을 의미하지 않는다. 이제부터 주권은 제국이라고 하는 더 높은 층위에 자리 잡는다. 앞의 인용문에서 말하듯 제국의 주권이란 중심도 없고 국한된 영토도 없다는 사실로 규정된다. 하트와 네그리는 들뢰즈가 구상해낸 개념을 참조해, 제국을 '매끄러운 공간espace lisse'이라 말한다. 제국은 국가적 '구체제'에 특징적인 정치·경제의 불균형과 경계의 '우툴두툴함'을 알지 못한다. 권력은 확실히 존재하지만, 그야말로 장소를 지니지 않는다. "제국의 이 매끄러운 공간 속에 권력의 **장소**는 없다. 권력은 어디에나 있지만 어디에도 없다."[20] 여기서 우리는 푸코의 '탈중심화한' 권력 개념의 영향을 확인할 수 있다.

그러나 제국에 권력 전략을 수립하고 실행하는 전 지구적 행위자가 없는 것은 아니다. 하트와 네그리가 제안하는 동시대 정치 세계의 존재론에서 다국적 기업은 가장 크고 좋은 몫을 차지한다. 다국적 기업은 국가에 구속되기는커녕 "영토와 주민을 직접 구조화하고 접합하며, 국민국가를 상품·화폐·주민을 작동시키고 그 흐름을 기록하는 단순한 도구로 만드는 경향이 있다."[21] 결국 다국적 기업은 그 네트워크와 이동성 덕분에 제국의 맥락에서 우위를 점하고 국가를 단순한 '도구'로 전락시킨다. 하트와 네그리는 역사가 폴리비오스Polybios(기원전 2세기)가 로마제국을 묘사한 데서 영감을 얻어 제국의 구조를 그린다. 그 구조는 세 부분으로 이뤄져 있다. 정상에는 '군주'의 몸통이 있다.

20 같은 책, p. 239.
21 같은 책, p. 58.

예컨대 미국(하트와 네그리는 어쨌거나 미국의 지배력을 인정한다), G8 같은 연합 세력, IMF(국제통화기금)·NATO(북대서양조약기구)·세계은행 같은 국제조직을 들 수 있다. 그다음에는 다국적 기업이나 중간 정도의 약한 지배력을 지닌 국민국가 같은 '귀족'의 몸통이 자리 잡는다. 이 '귀족'이 체계 전체에 미치는 잠재적 영향력은 '군주'의 영향력보다 약하다. 인민을 대표하는 곳으로 추정된 유엔 총회나 비정부기구 총회 같은 '민주주의'의 몸통이 이 구조를 완성한다.

하트와 네그리는 제국 내에서 국제법의 중요성을 강조한다. 베를린 장벽의 붕괴 이후 미국을 선두로 (이라크, 코소보, 소말리아에서) '국제공동체'가 이끄는 군사적 개입은 이제 막 싹트기 시작한 국제법의 이름으로 행해졌지, 강력한 이익을 내세우며 행해지지 않았다. 그런 경우가 아니더라도, 예컨대 2003년 이라크 사례에서 부시 행정부가 유엔 안전보장이사회에 군사적 공격의 정당성을 설득하고자 할 때 보여줬던 당사자들의 악착스러움은, 국제적 법률기구가 국가 행위에 대해 어떤 구속력을 지니는지를 잘 말해준다. 이는 국제적 합법성이 없는 고전적 형태의 제국주의와 제국을 동일시하는 것을 거부하는 두 저자가 내세우는 논거 중 하나다. 제국의 출현은 세계 법질서의 변화와 관련이 있을 뿐 아니라, 여기에는 경제적 기반이 깔려 있다. 제국의 출현은 1970년대 이후 자본주의가 겪은 엄청난 변화와 관련이 깊다. 하트와 네그리는 제국의 경제적 차원에서 착안해 '인지자본주의'의 등장이라는 가설을 내놓았다.

이러한 제국에 맞서는 것이 '다중Multitude'이다. 하트와 네그리에게 다중은 노동자계급을 대신하는 새로운 해방 주체다. 최근 사회운동, 특히 '대안세계화' 운동을 가로지른 커다란 논쟁은 과연 노동자계급이 오늘날 효과적인 주체이자 개념인가, 그것을 '다중' 같은 다른 주체로 대체해야 하는가를 둘러싸고 벌어졌다. 예컨대 2003년 생드니의 '유럽사회포럼Forum social européen' 당시 100여 명의 젊은이들이 참석한 토론에서 영국 마르크스주의자 캘리니코스와 이탈리아 감옥에서 갓 출소한 네그리가 그 문제를 두고 맞선 적이 있다. 다중은 매우 오랜 개념이다. 정확히 규정하긴 어렵지만 근대 정치철학에서 다중 개념이 처음 사용된 것은 아마도 마키아벨리 때일 것이고, 이어 스피노자와 홉스Thomas Hobbes가 그 개념을 사용했다. 동시대 비판이론가 중에는 『제국』 저자들을 비롯해, 파올로 비르노와 알바노 가르시아 리네라가 이 개념을 사용한다.[22]

다중 개념은 그 이름에서 알 수 있듯 복수의 개인들을 가리킨다. 이 복수성은 통일성을 띠지 않는다. 다시 말해 복수성을 이루는 개인들이 가령 노동자라거나, 여성이라거나, 흑인이라거나, 동성애자라거나 하는 공통점을 반드시 지니지는 않는다. 이런 의미에서 환원 불가능한 복수성이라는 관념은 다중의 기반이 된다. 그러나 통일성이 없다고 해서 다중이 지속적으로 존재하지 못하는 것은 아니다. 다시 말

---

22   이 개념이 제기하는 정치적·개념적 쟁점에 관한 최고의 입문서는 다음과 같다. Paolo Virno, *Grammaire de la multitude. Pour une analyse des formes de vie contemporaines*, L'Éclat, Combas, 2002.

해 통일성의 부재가 다중을 해체하지는 않는다. 다중은, 다중으로 존재하기 위해 통합되어야 한다든지 다중에 속하는 이들의 공통분모로 환원될 것을 필요로 하지 않는 복수성의 존재 양상이다. 이런 특징 때문에 다중은 근대 정치의 두 개념이자 주체였던 '인민peuple'(그리고 국민nation)이나 '사회계급classes sociales'과 구별된다. 인민은 국가에 의해 언제나 이미 통치당하거나 '지식을 제공받는informée' 인구를 가리킨다는 점에서 다중에 대립한다. 다중과 달리 인민은 통일성의 원리를 지닌다. 근대 이론가들(홉스, 루소Jean-Jacques Rousseau)이 채택하는 국가 형태가 어떠하든, 국가와 시민 간에 체결한(체결한 것으로 가정된) '사회계약'이 바로 그 통일성의 원리다. 다중 주창자들은 '인민' 개념을 쓰는 데 적대적이다. 하지만 인민 개념은 노동운동 역사상 매우 빈번히 사용됐다. 다중 주창자들이 보기에 다중은 '인민 이전에' 혹은 '인민보다 먼저' 존재하며, 국가에 포획되기를 거부한다.

같은 이유에서 다중은 '사회계급', 특히 '노동자계급'에 대립한다. 동시대 마르크스주의에서 사회계급이란 경향적이거나 상대적인 것에 지나지 않을지라도, 경제적 차원에 속하는 하나의 통일된 원리를 지닌다. 어떤 사회계급이 됐건 그 구성원들은 성적 혹은 민족적 다양성을 띠곤 한다. 그럼에도 한 가지 요인이 그들을 통합하는데, 바로 사회경제적 구조 안에서 개인들이 점하고 있는 위치다. 그들은 노동자이거나, 관리자이거나, 부르주아다. 이런 계급적 위치가 당에 의한 계급 통합을 '객관적으로' 정당화하는 것이다. 반면 다중 고유의 복수성은 통합을 시도하지 않은 채 그대로 유지된다. 왜냐하면 다중은 환원 불가능하며, 그 자체가 장점으로 여겨지기 때문이다.

하트와 네그리가 발전시킨 '다중' 개념은 사회학적이면서 정치적이다. 이 개념은 피지배계급의 현 상황을 결정하는 몇몇 요소를 파악하게 해준다는 점에서 성공적이었다. 하트와 네그리는 사회계급 개념이 더는 그런 것을 설명해주지 않는다고 말한다. 지난 30여 년간 임금노동자계급은 파편화했다. 전후 임금노동자의 정체성과 지위는 비교적 뚜렷하게 정립됐지만, 1970년대 초 위기와 1970년대 말 신자유주의적 전환으로 임금노동자가 증가하고 이들의 조건은 점점 더 비균질화했다. 노동운동의 위기는 예전의 사회적 지위와 연결된 행동 레퍼토리를 토대로 노동자들을 결집하기 어렵다는 데서 일부 기인한다. 이 어려움은 위기를 객관적이면서도 '재현 가능한' 것으로 만들었다. 임금노동자의 파편화 및 대량 실업과 더불어 일반적인 고용 불안정성도 높아졌다. 여전히 많은 나라에서 법적으로는 정규직(무기계약)이 중심이지만, 정규직은 이제 그 규범적 힘을 상실했다.

임금노동자 조건의 이 복수성에는 다른 형태의 복수성, 더욱 정치적인 복수성이 더해진다. 20세기 후반은 이른바 '부차적 전선'의 확산으로 특징지어진다. 부차적 전선은 자본과 노동의 대립으로 이뤄진 '주요 전선'과는 다르게 페미니즘, 생태학, 반식민주의, 동성애자 운동 등으로 이뤄진다. 시대가 발전하면서 '소수자 정치'는 점점 더 중시되는 추세다. 노동운동에서 나온 조직들의 헤게모니적이고 중앙집권적인 행위, 그리고 이 행위가 동과 서에 야기한 대재앙은 이 추세에 큰 영향을 끼쳤다. 하지만 정치적 정체성의 세분화와 다양화 움직임은 근대성의 기본적 경향이기도 하다. '다중' 개념은 오늘날 정체성 형태가 지닌 복수성, 즉 억압과 저항 형태가 지닌 복수성을 설명해줄 수 있는 듯하다. 아르헨티나의 '피케테로스piqueteros'(피켓을 든 사람들)에서 멕시코의 사파티스타, 프랑스의 '상파피에sans-papiers'(미등록 체류자), 이탈리아 사회 센터 활동가들을 거쳐 퀴어에 이르기까지, '다중' 개념은 체계를 변화시킬 이들의 잠재력을 없애지 않으면서도 이 무한한 복수성의 측면을 포착한다.

'제국'과 '다중'의 관계는 무엇일까? 네그리에게 투쟁은 언제나 우선성을 지닌다. 이는 투쟁이 체계를 위태롭게 한다는 것을, 달리 말해 투쟁의 강도가 높아질수록 이윤율이 낮아지고 권력 형태가 쇠약해진다는 것을 의미한다. 이게 바로 사람들이 위기에 대한 '주의주의적volontariste' 이론이라 부르곤 하는 것이다. 이 이론은 위기가 자본주의의 객관적 모순에서 나오는 것이 아니라 자본주의에 반대하는 이들의 전투성 정도에서 나온다고 주장한다. 하트와 네그리는 이 도식을 제국과 다중의 관계를 정식화하는 곳에 재인용한다. 그들이 보기에 제국이 존재하려면 다중의 역량을 포착할 필요가 있다. 제국은 '기생적인' 구조다. 그것은 다중의 창조하고 협업하는 능력을 먹고 산다. "프롤레타리아계급 권력은 자본에 한계를 부과한다. 그 권력은 위기를 결정하는 데 만족하지 않고 변혁의 성격과 근원을 규정한다. 프롤레타리아계급은 자본이 미래에 채택해야만 할 사회 형태와 생산 형태를 바로 지금 고안한다."[23] 제국과 다중의 관계는 애매하다. 한편으로 제국은 다중에서 유래하는 혁신의 요소를 흡수할 필요가 있다.[24] 다른 한편으로 제국이 다중에 미치는 영향은, 이미 고정돼 있거나 이미 존재하는 형태를 위해 다중의 창의성을 억제하는 경향이 있다. 제국과 다중의 관계를 생각하는 이런 방식은 하트와 네그리에 앞서 이미 존재했다. 홉스에게 리바이어던Leviathan의 구성은 다중을 전제 조건으로, 심지어 존재 이유로 삼는다. 그 맥락에는 다중을 규율하고, 거기 내재하는 내전의 위협을 줄이려는 목적이 있다.

'다중'은 '제국'에 맞서 어떤 태도를 취할까? 하트와 네그리에게 가해진 비판 가운데 하나는 전략적 성찰이 부재하다는 것이다. 정당한 비판이긴 하나 동시대 비판이론가에게 대부분 해당할 만한 것이기도 하다(전략적 성찰은 특정한 상황의 조건을 요구한다). 사실 우리는 하트와 네그리에게서 전략적 성찰의 밑그림을 발견할 수 있다. 이들이 강조하는 논점 가운데 하나가 다중의 **유목적**nomade 특성이다. '노마디즘nomadisme'은 현재 매우 유행하는 이론이다. 그 이론은 들뢰즈와 과타리에게서, 특히 『천 개의 고원』의 「유목론Traité de nomadologie」이라는 유명한 장에서 유래한다. 국가는 영토적 실체다. 그런데 이 말은 국가가 영

---

23 Hardt et Negri, *Empire*, p. 328. 하트와 네그리는 『제국』과 『다중』에서 '프롤레타리아계급' 개념을 계속 사용한다. 여기서 프롤레타리아계급은 '다중'과 동의어다.

24 이 점에서 하트와 네그리의 견해는 뤼크 볼탕스키와 에브 시아펠로가 『자본주의의 새로운 정신』에서 취한 견해에 가깝다. 볼탕스키와 시아펠로의 견해에서 보면 자본주의는 1960~1970년대의 체제 저항을 어용화하고 그것을 막스 베버의 의미에서 '정신'으로 변화시켰다. 이전의 반체계적(antisystémiques) 가치는 오늘날 자본주의의 발전성을 보장한다. 볼탕스키와 시아펠로에게 그런 메커니즘은 본질적으로 이데올로기 차원에 존재하지만, 하트와 네그리에게 그 메커니즘은 더 일반적인 것이다. 사실 이런 유의 이론은 패배 시기에 전형적이었다. Luc Boltanski et Ève Chiapello, *Le Nouvel Esprit du capitalisme*, Gallimard, Paris, 1999.

토를 통제하고 그곳에 드나드는 인구 유입을 조절할 때에만 유효하다. 이 관점에서 국가는 운동에 저항하는 심급이다. 반면 다중은 운동 쪽에, 다시 말해 들뢰즈와 과타리에 이어 하트와 네그리가 말하는 '탈영토화' 쪽에 자리 잡는다. 『천 개의 고원』 저자들에게 이 개념은 기본적으로 욕망과 관련이 있다. 욕망은 언제나 탈영토화, 생명력, 흐름 쪽에 있지만, 국가권력은 욕망을 예속하고자 그것을 언제나 재영토화하려 한다. 흥미로운 요소는 제국이라는 새로운 형태의 주권이 국가 주권과 달리 탈영토화 쪽에 있다는 사실이다. 제국의 토대가 되는 자본의 동시대적 형태가 유동적이라는 점에서 제국은 탈영토화되어 있다.

인지자본주의를 향하여?

'제국'이 출현하는 경제적 맥락이 중요치 않은 것은 아니다. 노동자주의가 마르크스주의에 대한 독창적 해석이라 할지라도, 네그리는 마르크스주의를 대표하는 한 사람이므로 결국엔 경제에 어떤 위치를 부여할 의무가 있다. '제국'과 '다중' 이론을 수반하는 경제적 가설은 '인지자본주의'다. 프랑스 철학자이자 경제학자인 얀 물리에부탕은 인지자본주의에 이론적으로 가장 엄밀한 특성을 부여했다.[25] 인지자본주의 가설은 상업자본주의(17~18세기)와 산업자본주의(19~20세기)를 잇는 자본주의의 '세 번째 시기', 곧 인지자본주의가 최근에 출현했다

---

25   Yann Moulier-Boutang, *Le Capitalisme cognitif. La nouvelle grande transformation*, Amsterdam, Paris, 2007.

는 생각을 출발점으로 한다. 인지자본주의는 기본적으로 '비물질적'이거나 '인지적인' 노동이 자본주의에 지배적이라는 사실로 규정된다. 오늘날 상품은 예전보다 더 많은 지식과 노하우를 포함한다. 이런 추세는 시간이 갈수록 심해질뿐더러 기술 분야에만 나타나는 것이 아니라 경제 전반에 나타난다. 그렇게 자본주의가 점차 비물질적 특성을 띠어가는 것은 인간의 오랜 활동인 농업에서도 확인된다. 오늘날 농산물의 인지적 구성은, 통상 장기간의 실험실 연구와 현장의 농업 기술 노하우를 필요로 하는 화학비료뿐만이 아니라, 인증 제도와 매우 정교해진 마케팅 기술까지 포함한다. 지식가치의 중요성은 이런 식으로 커져가지만, 노동시간으로 측정된 전통적 노동가치의 중요성은 점점 줄어들고 있다. 물론 이 주장은 '일반 지성'과 관련지어야 한다.

지식가치의 부상은 전통적 마르크스주의의 '정치경제학 비판'에 위기를 불러온다. 정치경제학과 그 비판의 토대가 되는 공리 가운데 하나는 물질 자원의 희소성이다. 물질 자원이 개인들 또는 사회계급들 사이에서 소유를 위한 투쟁의 대상이 되는 까닭은 그것이 희소하기 때문이다. 마르크스 등이 예고한 공산주의 사회는 물질의 풍부함을 주요 특징으로 한다. 하지만 거기까지 이르려면 자본주의에 내재한 희소성을 넘어서야 한다. 그런데 노동가치에서 지식가치로 이행함으로써 상황은 복잡해진다. 지식은 경제학자들이 말하듯 '비경합재 bien non rival'다. 이는 한 사람이 지식을 소유한다고 해서 다른 사람이 그 지식을 소유하는 데 방해가 되진 않으며, 그 지식의 가치가 감소하지도 않음을 의미한다. 고기 한 점이나 주거지와 달리 '$E=MC^2$'이라는 공식은 수없이 많은 사람들이 소유한다. 그리고 그 가치는 줄어들지 않는다. 나아가 이런 유형의 재화는 그것을 소유하는 사람이 많을수록 더 큰 가치를 지니게 될 수 있다. 실제로 최대한의 협업이 지식(현 사례에서는 과학적 지식)의 발전을 가능하게 한다. 소유자의 수와 해당 개체의 가치 관계는 결국 물질적 대상에서는 반비례하고, 인지적 대상에서는 비례한다. 지식가치가 노동가치를 대체하는 중이라는 가설에서 출발해보면, 자본주의의 작동 방식과 소유 구조에 상당한 격변이 일어나는 것이다. 우리는 희소성과 결별함으로써 '포스트자본주의'로 기울게 될 것이다. 그러므로 제국과 그 경제적 토대인 인지자본주의는 하트와 네그리가 '코뮤니즘'으로 규정하기를 고수하는 새로운 사회의 싹을 품고 있다.

자본주의의 변화는 사회계급의 성격 또한 변화시킨다. 지식가치가 노동가치를 대체하자마자 새로운 가치 형태에 기초를 둔 새로운 사회계급이 나타나야 한다. 이전에 산업노동자계급을 착취함으로써 산업자본주의가 기능할 수 있었던 것과 마찬가지로, 이 새로운 사회계급의 활동을 착취함으로써 새로운 자본주의 체제가 수립된다. 네그리와 물리에부탕은 이 새로운 피착취계급을 '코그니타리아트cognitariat'라고 불렀다. 이 신조어는 '인지적인 것cognitif'과 '프롤레타리아계급prolétariat'의 합성어다. 코그니타리아트는 두뇌와 지식 말고는 아무것도 소유하지 않은 채 비물질적 생산에 기여하는 모든 사람으로 구성된다. 코그니타리아트는 1970년대 말에 '대중노동자'를 대체한 '사회적 노동자'의 연장선상에 있다. 연예 산업에 종사하는 계약직 노동자들이

한 예일 것이다. 대표적인 비물질적 재화, 곧 문화를 생산하는 이 노동자들은 연극·텔레비전·뮤지컬·영화 제작에서 필수적인 요소다. 동시에 2003년 프랑스에서 이들의 지위를 둘러싸고 벌어진 논쟁이 보여주듯 전반적으로 이 노동자들은 고용이 불안정하다. 이처럼 높은 수준의 문화자본과 역시 높은 수준의 불안정화가 코그니타리아트 구성원들을 특징짓는 것이다.

인지자본주의 체제에서 노동과 비-노동hors-travail의 구분은 사라지는 추세다.[26] 물질적 재화의 생산은, 다소 복잡하지만 정해져 있는 일련의 업무 수행을 전제로 한다. 이 업무들은 노동 현장에서 행해지는데, 여기에는 노동시간이 불연속적이고 측정 가능하다는 것과 '비-노동'에 비해 경계가 뚜렷하게 정해져 있다는 것이 전제로 깔려 있다. 그러나 고도로 인지적인 재화의 생산에서는 노동을 측정하기가 곤란해진다. 연극계에서 일하는 계약직 노동자라면 특정 시간에 시작해 특정 시간에 끝나는 리허설에 참여할 것이다. 하지만 그가 하는 본질적인 노동은 이를테면 연극 대본을 익히는 과정에 있을 것이다. 이 노동은 십중팔구 그의 집에서 행해질 것이고 그 노동을 정확히 측정하기란 불가능하다. 또 다른 예를 보자. 생물학 박사학위 과정생의 노동시간을 어떻게 측정할 것인가? (논문을 읽고 강의에 참석함으로써 이뤄지는) 그의 교육은 낮과 밤의 어느 시간에나 행해지며, 그는 자신의 노동으로 과학적·경제적 혁신에 기여한다. 인지자본주의는 노동과 비-노동

---

26   같은 책, p. 119.

의 구분을 뒤죽박죽으로 만든다. 노동은 낮 전체로 확대된다. 이는 노동이 이제 '삶'과 동의어임을 의미한다. 이런 이유에서 인지자본주의 가설을 지지하는 많은 이들은 '보장된 소득revenu garanti'이나 '보편수당allocation universelle'을 굳세게 옹호한다.[27] 이들이 보기에는 노동과 비-노동의 구분이 점점 사라져가는 상황에서, 노동 측정과 보상 문제에 어떤 해결책을 제시할 수 있는 것은 노동 여부와 무관하게 지급되는 무조건적 소득뿐이다. 노동은 측정될 수 없으므로, 임금과 취업의 고리를 끊고 모든 이에게 '기본소득revenu d'existence'을 나눠주는 것이 옳다는 얘기다.

제국주의 이론의 부활

제국주의 문제는 신비판이론 내부에서 핵심적이다. 물론 이는 세계 지정학적 정세 때문이다. 오늘날 일반적으로 새로운 세계의 권력균형 문제, 특수하게는 제국주의 문제가 대단히 중요한데, 이는 우파 사상가들에게도 마찬가지다.[28] 비판이론 내부에서 제국주의 문제는 홉

---

27   이 주제에 관해서는 다음을 보라. Jean-Marc Ferry, *L'Allocation universelle. Pour un revenu de citoyenneté*, Cerf, Paris, 1995; Philippe van Parijs, *Real Freedom for All. What (if Anything) Can Justify Capitalism?*, Clarendon, Oxford, 1997.

28   예컨대 다음을 보라. Niall Ferguson, *Colossus. The Rise and Fall of the American Empire*, Penguin Books, Londres, 2005 [니알 퍼거슨, 『콜로서스: 아메리카 제국 흥망사』, 김일영·강규형 옮

슨(레닌은 제국주의를 자본주의의 '최고 단계'로 다룬 책에서 홉슨의 논의에 의존했다)에서 로자 룩셈부르크, 부하린Nikolai Bukharin, 체 게바라를 거쳐 프란츠 파농에 이르기까지 오랜 역사를 갖는다. 제국주의 문제는 지난 수십 년간 재형성돼왔지만 비판사상가들의 관심 밖이었던 적이 없다. 제국주의 문제가 겪은 변화 가운데 하나는 제국주의에 관한 경제이론, 즉 제국주의를 자본주의 논리에 내재한 요소들로 설명하는 이론의 영향력이 줄어들고, 다른 설명 요소, 예컨대 제국주의 현상의 정치적·문화적 차원을 강조하는 분석의 영향력이 커졌다는 것이다.

마르크스주의와 제국주의

여기서 이야기할 첫 번째 저자 그룹은 하트와 네그리의 개념을 비판하는 제국주의 이론가들로 이뤄진다. 아틸리오 보론Atilio Borón, 다니엘 벤사이드, 앨릭스 캘리니코스, 맬컴 불Malcolm Bull, 고팔 발라크리슈난Gopal Balakrishnan, 엘런 메익신스 우드Ellen Meiksins Wood가 대표적이다. 대개 이 저자들은 3장에서 소개한 동시대 지식인 유형 가운데 '저항가'에 속한다. 저항가는 1960~1970년대 마르크스주의(비록 당시 마르크스주의가 매우 다양했을지라도)에 매우 가까이 있던 이들이다. 하트와 네그리가 마르크스주의의 제국주의 개념과 거리를 두었음을 생각해보면, 이 저항가들이 하트와 네그리의 '제국' 이론에 가장 혹독한 비판가가 된 것은 당연하다. 이들은 어떤 점에서 하트와 네그리를 비판

김, 21세기북스, 2010].

하는가? 여기서는 먼저 이들이 '제국' 이론을 어떻게 반박하는지를 주로 다룬 다음, 이들이 '다중' 개념을 어떻게 반박하는지 검토하겠다.

우선 이 비판가들이 보기에 '제국' 이론은 오늘날 존재하는 제국주의의 모순을 과소평가한다. '제국' 이론은 제국이 국민국가로 분할된 세계를 넘어서는 초국가적 실체entité supranationale라고 주장한다. 이것이 하트와 네그리가 자주 사용하는 '매끄러운 공간'이라는 표현이 갖는 의미의 전부다. 그런데 강대국들의 대결은 분명 사라지지 않았다. 2003년 이라크 전쟁은 특히 미국과 유럽 국가들의 국가적 이해가 반드시 일치하는 것은 아님을 보여줬다. 경제 대국으로서 중국의 대두, 중국이 미국과 유지하는 대립관계는 미래에 십중팔구 지정학적 결과를 빚어낼 것이다. 대만은 이 대립의 구체적 원인이다. 아프리카나 아시아에서 벌어지는 저강도 전쟁은 대부분 이 대륙들을 둘러싼 제국주의적 경쟁의 발현인데, 이 전쟁들 또한 세계 공간이 전혀 '매끄럽지' 않음을 보여준다. 그렇게 21세기의 대립은 많은 점에서 19~20세기를 구조화했던 대립과 닮아 있다.

이 사실은 '제국' 이론에 대해 자주 행해지는 두 번째 비판으로 이어진다. 경제의 세계화가 국제질서에 영향을 미친다는 점은 거의 의심할 여지가 없다. 다국적 기업이나 비정부기구 같은 비국가적 혹은 초국가적 실체의 출현은 국가가 이제 영향력 있는 행위자들의 존재에 기대야 함을 의미한다. 그러나 19세기와 20세기 후반 상황은 그렇지 않았고 (또는 덜 그랬고) 국제 문제에서 국가의 힘은 의심의 여지 없이 지금보다 더 컸다. 하트와 네그리가 주장하듯 국가 형태가 현재 돌이킬 수 없이 쇠퇴하고 있다고, 오늘날 국가는 다국적 기업들의 '도구'에 지나지 않으며 국가의 고유한 효력을 잃었다고 주장하는 것은 아무리 봐도 지나친 주장 같다.

세계화는 자본주의에 내재하는 팽창 논리로부터 기인한 것이지만 강대국들이 고안해낸 정책의 산물이기도 하다. 세계무역의 증가는 1970년대 이후 세계 주요 경제 대국들의 내수 감소와 함께 이뤄져 왔다. 또한 흔히 경제 분야에서 말하는 '규제 완화'나 '개방'은 법률 제정의 양적 증가를 요구했지, 감소를 요구하지 않았다. 국가가 아니라면 국제 입법 같은 문제를 누가 처리하겠는가? 게다가 다국적 기업들은 그 국제화 정도는 저마다 다를지언정, 대개 서방에 있는 본국과 밀접하게 연관돼 있다. 세계화에 맞닥뜨린 사회계급을 주제로 한 사회학적 분석들이 잘 보여주듯, 이 기업들의 방침은 대개 해당 국가의 엘리트들에게서 나온다.[29] 고전 마르크스주의적 제국주의 이론의 핵심 주장 가운데 하나는 자본주의 체제에서 경제와 국가 논리가 근본적으로 통합되어 있다는 것이다. 이는 국가권력이 많게든 적게든 직접 자본가에게 '도움을 주고' 거꾸로 자본가는 국가의 지정학적 계획을 돕는다는 것을 의미한다. 제국주의는 이 두 논리가 통합된 결과다. 하트와 네그리를 비판하는 이들은 오늘날 세계적 갈등 아래서 이 제국주의 모델에 이의를 제기할 하등의 이유도 없다고 주장한다.

29　Anne-Catherine Wagner, *Les Classes sociales dans la mondialisation*, La Découverte, Paris, 2007.

리오 패니치: 초강대국 미국의 연대기

제국주의에 대한 동시대 마르크스주의적 접근을 레닌, 부하린, 로자 룩셈부르크의 고전 이론을 단순히 반복하는 것으로서 소개하는 것은 정말 부당한 일이다. 이 전통을 대표하는 데이비드 하비의 책 제목을 빌려 말하자면 '신제국주의'의 성격을 둘러싼 논쟁은 아주 치열했다. 논쟁의 중요한 부분은 리오 패니치의 우상 타파적 주장을 둘러싸고 명확해졌다. 캐나다 요크 대학의 정치학 교수인 패니치는 동시대 마르크스주의에서 중요한 출판물인『소셜리스트 레지스터Socialist Register』를 주도하는 인물이다. 이 출판물은 랠프 밀리밴드 Ralph Miliband(영국 외무부 장관과 노동당 당수를 지낸 에드 밀리밴드의 아버지)가 1960년대에 창간한 것으로, 그는 제국주의와 관련된 많은 논의를 싣는『뉴 레프트 리뷰』의 성실한 협력자이기도 하다. 패니치는 샘 긴딘 Sam Gindin과 함께 쓴 일련의 글에서 최근의 변화에 맞춰 고전 마르크스주의의 제국주의 이론을 재검토할 것을 제안한다.[30]

패니치의 첫 번째 비판은 이 이론이 제국주의를 설명하면서 경제적 요소의 비중을 과대평가하고 정치적 측면을 과소평가한다는 것이다. 패니치가 보기에 제국주의는 레닌이나 부하린의 생각과 달리, 자본축적의 내적 모순에서 직접 비롯한 결과가 아니다. 제국주의는 국가의 권력의지 자체에서 나오는 것이지, 자본가계급의 물질적 이익

---

30   Leo Panitch et Sam Gindin, "Global Capitalism and American Empire," *Socialist Register*, vol. 40, 2004.

에서만 나오는 건 아니라는 얘기다. 이 점에서 패니치의 견해는 마이클 맨Michael Mann, 앤서니 기든스Anthony Giddens 같은 '신베버주의' 이론가들이 국가를 보는 견해에 가깝다.[31] 이 관점에서 보면 제국주의 이론은 국가 이론의 확장이지, 고전 마르크스주의에서처럼 경제 위기 이론의 확장으로 여겨서는 안 된다. 패니치는 국가 이론, 더 일반적으로는 정치이론이 언제나 마르크스주의의 취약점이었다는 사실이 문제라고 덧붙인다. 실제로 마르크스주의자들은 국가가 '상부구조'에 속한다는 점 때문에, '하부구조'인 경제적 문제들을 중시하고 국가를 등한시했다. 그런데 패니치가 보기에 제국주의를 다룬 마르크스주의 이론의 취약점은 이런 결함에서 비롯하는 것이다.

국가가 경제에 대해 '상대적 자율성'을 갖는다는 가설은 패니치의 제국주의 분석에서 핵심이다. "[국가가 반드시] 자본가계급이나 경제에 대해 자율적이지는 않지만, [국가는] 체계 전체를 대신해서on behalf 행동할 수 있는 자율적 역량을 지닌다. 비록 국가의 정당성과 재생산이 자본의 일반적 축적에 의존할 수밖에 없어 그 역량이 제한된다 할지라도 그렇다."[32] 패니치는 마르크스주의를 계속 표방한다. 그래서 그는 정치적 과정이 경제적 과정에 기반을 두고 있다고 본다. 하지만 동시에 그는 이제까지 너무 단순한 용어로 고안된 이 두 심급 사이 관계

31   Michael Mann, *The Sources of Social Power. The Rise of Classes and Nation-States, 1760-1914*, Cambridge University Press, Cambridge, 1993.

32   Leo Panitch et Sam Gidin, "Superintending Global Capital," *New Left Review*, n° 35 (nouvelle série), septembre-octobre, 2005, p. 102.

의 복잡성을 포착하고 경제에 대한 정치의 '상대적 자율성'을 주장한다. 이 얘기는 국가가 세계 무대에 군사적으로 개입하는 것은 정치나 경제, 아니면 그 둘 모두 때문이며, 오로지 경제적 이유만으로 제국주의라는 결과가 자동으로 도출되진 않음을 의미한다. 또한 경제적 이유가 문제 될 때조차 이를 '매개'하는 정치적 의사 결정은 필수적이다.

칼 폴라니Karl Polanyi에게서 영향을 받은 패니치는 자본주의의 특징이 경제와 정치를 점차 분리하는 데 있다고 주장한다. 이 체계가 출현하기 이전에 두 심급은 서로 맞물려 있었고, 그리하여 어느 한쪽에 속하는 사건이면 무엇이든 다른 쪽에도 영향을 미쳤다. 더 정확히 말해 모든 현상은 언제나 양쪽에 모두 속했다. 두 영역이 분리된다는 것은 한쪽에서 일어난 일이 반드시 다른 쪽에 영향을 미치진 않는다는 뜻이다. 다른 말로 하면 두 영역은 이제 서로 자율성을 얻으려 한다. 이는 일국적 차원과 국제적 차원 모두에 적용된다. 따라서 일국적 부르주아계급, 다국적 기업, 그 밖의 다른 경제적 행위자들 사이에서 발생하는 경제적 경쟁이 제국주의자들 사이에서 벌어지는 (정치적) 분쟁으로 반드시 표출될 이유는 없다. 반대로 마르크스주의의 '표준' 모델은 정치가 경제로부터 절대 '분리되지' 않으며, 경제 내부의 과정은 언제나 정치적(지정학적) 과정에 영향을 미친다고 주장했다.

다른 한편으로 패니치는 세계화가 일국적 부르주아계급의 결속을 점차 와해한다고 주장한다. 일국적 부르주아계급은 18세기 이래 자본과 국가의 이익이 서로 만나고 뒤섞이는 장소였다. '일국적' 부르주아계급이라는 생각은 바로 거기서 나온다. 일국적 부르주아계급이 견실함을 잃고 패니치가 생각하듯 '초국적' 지배계급이 출현했다고 보면 제국주의적 경쟁은 존재할 이유가 줄어든다. 실제로 일국적 부르주아계급 이익의 구조적 차이가 경쟁의 원인이 되곤 했다. 패니치의 이런 추론은 어떤 점에서는 하트와 네그리의 견해에 가깝다. 양쪽 모두 세계화가 국가 형태와 (일국적 부르주아계급을 포함한) 국가장치 전체를 없앤다는 생각을 옹호한다. 이런 의미에서 그들은 오늘날 지배계급이 초국적 특성을 띤다는 생각에 동의한다.[33] 그렇지만 두 가지 점에서 패니치의 견해는 『제국』 저자들과 구별된다. 한편으로 패니치는 세계화 때문에 국가의 힘이 약해진다는 데 동의하지 않는다. 그에게 세계화는 무엇보다 국가 정책의 산물이다. 다른 한편으로 패니치는 오늘날 미국 제국이 그 어느 때보다 강력하다고 주장한다. 특히 하트와 네그리가 미국의 제국주의적 힘을 제한하는 것으로 본 국제기구들은, 오히려 미국의 힘이 세계를 지배하는 데 매개 역할을 한다는 점에서 그 힘의 강력한 지지자다.

현재 패니치는 미국 제국주의에 대한 그의 견해로 가장 유명하다. 아마도 이 문제와 관련해 신비판사상 내에서는 국내 경제의 재앙적 상황과 중국 같은 새로운 강대국의 출현 때문에 현재 미국이 쇠퇴일로에 접어들었다고 보는 주장이 지배적일 것이다. 조반니 아리기와 데이비드 하비는 이 주장을 지지하는 대표적인 이들이다. 아리기는,

---

33　볼탕스키와 시아펠로의 방식으로 말하면, 이것이 이들이 만들어낸 '연결주의 엘리트(élite connexionniste)' 개념이 지닌 의미 전체다.

지난 수십 년간 "미국이 세계 정치경제 내부에서 그 중심성을 유지하는 능력을 상대적으로 또 절대적으로 잃었다"고 주장한다.[34]

패니치는 미국의 헤게모니가 종식되었다는 가설에 반대한다. 먼저 양적인 측면의 논거로, 1984~2004년 미국의 경제성장률은 3.4퍼센트에 이른다. 이는 1953~1974년 '황금기'(당시 경제성장률은 3.8퍼센트에 이르렀다) 이전 모든 시기의 성장을 능가할 뿐 아니라, 같은 시기 다른 G7 나라들의 성장도 능가하는 수준이다.[35] 같은 시기에 미국 경제의 생산성은 3.5퍼센트나 증가했다. 또 '연구개발' 비용은 일본·독일·영국·이탈리아·캐나다의 비용을 합친 것보다 많았다. 수출량은 주요 경쟁국들보다 뚜렷하게 높은 수준을 유지했다. 결국 통계적인 측면에서 여러 분석가가 예고한 쇠퇴는 전혀 확인되지 않았다. 더 일반적으로 패니치는 1970년대 초 석유파동과 케인스-포드주의 모델의 위기 당시 시작됐던 수익성의 위기가 신자유주의 모델을 통해 미국의 보호 아래 해결됐다고 주장한다. 반대로 아리기나 로버트 브레너 같은 저자들은 위기가 해결되지 않았으며, 미국의 적자는 자본주의를 조정하는 새로운 방법을 확립하지 못하는 미국의 무능력을 보여준다고 여긴다. 그들에게 신자유주의는 경제와 금융 불안정을 야기하는 요인이고, 역동적인 축적의 조건을 보장하는 데 절대 이르지 못한다.

다른 한편으로 패니치는 일본·유럽연합·중국 같은 경쟁 강대국

34   Giovanni Arrighi, "Hegemony Unravelling," *New Left Review*, n° 33, mai-juin 2005, p. 74.
35   Leo Panitch et Sam Gindin, "Superintending Global Capital," pp. 113-114.

들과 미국의 관계를, 20세기 초 미국과 이전 강대국이었던 영국 사이에서 지배적이던 관계에 비교할 수 없다고 주장한다. 반면 아리기가 내세우는 논거는 오늘날 우리가 미국과 중국 사이에서 목격하는 배턴 터치가 이전에 미국과 영국 사이에서 있었던 것과 같은 종류라는 것이다. 특히 새로운 강대국이 이전 강대국의 채권을 어마어마하게 소유한다는 사실은 헤게모니가 옮겨 갔음을 나타내는 신호다. 지난 세기 헤게모니의 이행은 전례 없는 폭력의 주기, 즉 두 차례 세계대전을 대가로 이뤄졌다. 헤게모니의 이행이 이번에도 비극적인 상황에서 이뤄질 가능성을 배제할 수는 없다.

패니치가 보기엔 강대국들의 경제는 상호침투적이어서 예측 가능한 미래에 어떤 분쟁 위기도 없을 것으로 전망된다. 그러한 경제가 유지하는 관계를 이전의 제국주의적 경쟁 방식처럼 생각하는 것은 잘못이다. 더 정확히 말해 미국 경제는 해외 직접투자를 통해 잠재적 경쟁국의 경제에 매우 깊게 침투해 있으며, 그 결과 미국이 경쟁국의 항의를 받는다는 건 거의 상상도 할 수 없는 일이 됐다. 더군다나 일본이나 중국 같은 나라에 대한 미국의 심한 무역 적자는 미국이 약함을 나타내는 게 아니라, 오히려 강함을 나타낸다. 이 적자는 4반세기 전부터 존재해왔다. '보통의' 국가들이라면 타격을 입을 수도 있는 적자와는 성격이 다르다는 얘기다. 여기에 덧붙는 사실은 '부채를 보유하고 있다는 것'과 '그런 금융 권력을 정치·군사 권력으로 전환한다는 것'은 또 완전히 별개의 일이라는 점이다. 현재 중국은 거기까지 도달하지 못했다. 따라서 패니치의 견해에서 보면, 미국은 세계적 차원에서 심각한 적수를 아직 만나지 못했고 가까운 시일에도 만나지 못할 것으로 보인다.

로버트 콕스: 국제관계에 대한 신그람시주의 이론

로버트 콕스Robert Cox는 다른 방식으로 제국주의 문제를 제기한다. 콕스는 제네바에 있는 ILO(국제노동기구)에서 여러 지도적 역할을 수행했다. 그는 20세기 후반 매우 혁신적인 국제관계 이론을 제시하기도 했다. '신그람시주의' 국제관계 이론으로 알려진 그의 이론은 세계 지정학적 질서를 분석하고자 헤게모니, 변형주의, 역사적 블록, 수동 혁명 같은 그람시의 개념을 활용한다. 콕스의 이론은 그 분야에서 매우 유명하다. 대부분의 개론서는 현실주의, 자유주의, 신제도주의, 구성주의와 마찬가지로 콕스의 이론에 한 장을 할애한다.

콕스에 힘입어 국제관계에 대한 신그람시주의 이론은 1990년대 이후 중요한 발전을 겪었다.[36] 영국 출신이지만 캐나다에서 교수로 재직 중인 스티븐 길Stephen Gill은 북미에서 이 흐름을 대표하는 걸출한 인물이다. 특히 저서 『새로운 세계질서 속의 권력과 저항』에서 그는 그람시뿐만 아니라 푸코의 권력 개념에서도 영감을 받아 신자유주의적 세계화에 맞선 저항을 살펴본다.[37] 이 저서는 상이한 권력 개념을

---

36   Andreas Bieler et Adam Morton, "A critical theory route to hegemony, world order and historical change: neo-Gramscian perspectives in international relations," *Capital & Class*, n° 82, 2004.

37   Stephen Gill, *Power and Resistance in the New World Order*, Palgrave Macmillan, New

생산적으로 교배한 뚜렷한 사례라 할 수 있다. 또한 신그람시주의 국제관계 이론은 네덜란드에서, 특히 케이스 판데르 페일Kees van der Pijl, 헹크 오버베이크Henk Overbeek의 작업을 통해 흥미로운 발전을 겪었다.[38] 네덜란드의 신그람시주의자들, 이른바 '암스테르담학파'는 유럽연합의 출현이 초국가적 엘리트들의 구성, 대륙의 금융·산업 자본 구조, 신자유주의 이데올로기와 맺는 관계를 다룬 주목할 만한 연구들을 출판했다.

도대체 그람시와 국제관계는 무슨 관련이 있을까? 그람시는 이에 관한 견해를 거의 표명하지 않았다. 하지만 콕스가 보기에 사회 세계에 대한 그람시의 전반적 이해는 지정학 일반, 특히 제국주의에 대한 새로운 사유 가능성을 제시한다.[39] 콕스의 접근은 20세기 국제관계를 지배하는 학설인 현실주의에 대립한다. 현실주의는 주요한 두 공리에 기초를 둔다. 첫 번째 공리는 국제관계의 기본 단위가 국가라는 것이다. 지정학과 지정학적 사건들, 즉 전쟁·조약·국제기구·무역·외교 같은 사건들을 분석하려면 이권을 소유하고 주로 그 이권을 실현할 목적에서 움직이는 국가들로 세계가 구성된다는 원칙에서 출발해야 한다. 중요한 요소는 현실주의자들이 국가를 '블랙박스'처럼 생각한다는 것이다. 현실주의자들은 체제의 성격(민주주의, 독재 권력)이든 사회계급

York, 2008.

38   Kees van der Pijl, *Transnational Classes and International Relations*.

39   Robert Cox, "Gramsci, Hegemony, and International Relations: an Essay in Method," *Millenium: Journal of International Studies*, vol. 12, 1983.

의 관계든, 혹은 다른 특성이든 간에 국가 내부에서 일어나는 일을 검토하지 않는다. 결국 모든 국가는 같은 방식으로 행동한다. 곧 모든 국가는 목적에 도달하고자 지배력을 높이려 한다. 현실주의자들이 내세우는 두 번째 공리는 국제 체계가 '아나키즘적'이라는 것이다. 국가 간에 일어날 법한 분쟁을 억제할 수 있는, 국가의 권위를 능가하는 권위란 지구상에 없다. 특히 현실주의자들은 국제조직에는 고유한 힘이 없다고 생각한다. 국제조직은 강대국들이 힘을 겨루는 무대에 불과하다.[40]

로버트 콕스는 여러 측면에서 현실주의를 비판한다. 먼저 그의 비판은 이 학설의 '비역사성'과 관련이 있다. 현실주의는 모든 시대와 모든 장소에 적용된다고 가정되는 추상적인 이론이다. 그러니 현실주의에는 형식주의가 팽배하며, 이 점은 현실주의를 대표하는 이들이 논리학이나 게임 이론에 보이는 관심에서 단적으로 드러난다. 반면 콕스에게 국제관계는 역동적 체계를 구성하는 것으로, 그 자체의 역사를 지니고 있다. 콕스는 자신의 분석을 '역사주의'라 칭한다.[41] 그는 '역사적 유물론'이라는 명칭을 채택하지만 이를 '환원주의적' 형태의 유물론과 구별한다. 콕스의 역사주의는 사회구성체가 시간과 함께

---

40   오늘날 현실주의에 대한 가장 설득력 있는 정식화를 보여주는 것은 다음 책이다. John Mearschemer, *The Tragedy of Great Power Politics*, Norton, New York, 2001.

41   Timothy Sinclair, "Beyond International Relations Theory: Robert Cox and Approaches to World Order," in Robert Cox et Timothy Sinclair (dir.), *Approaches to World Order*, Cambridge University Press, Cambridge, 1996.

변화한다고 보는 데서 잘 나타난다. 결국 국제 체계는 시대마다 다른 '기본 단위'에 기초를 둘 수 있다. 두 세기 동안 지속된 국민국가는 이 체계의 어느 한 조직 양상에 지나지 않는다. 더 일반적으로 콕스는 페르낭 브로델Fernand Braudel로부터 이어지는 '장기지속' 분석 계보에 자신의 연구를 포함시키며, 세계 지정학 내에서 큰 구조적 변화가 일어날 수 있음을 인정한다. 게다가 모든 유물론자가 그렇듯 콕스의 역사적 유물론은 '생산'에 우위를 부여한다. 이 같은 관점에서 국제 체계는 해당 시대에 통용되는 '생산양식'의 영향을 받는 것으로 간주된다. 하지만 콕스는 생산을 넓은 의미에서 해석한다. 생산은 경제적 생산과 동의어가 아니다. 제도·규범·관념도 산업이나 금융과 마찬가지로 생산의 구성 요소인 것이다.

콕스가 그람시에게 물려받은 주요 개념은 헤게모니다. 그람시에게 이 개념은 한 사회계급이 여타 계급들에, 또는 한 사회 분파가 여타 분파들에 행사하는 특정한 지배 유형을 가리킨다. 그람시는 볼셰비키와 대결한 제정 러시아와 서유럽 사회의 차이를 인정한다. 그는 서유럽 사회에서 권력이 훨씬 더 분산돼 있다고 보며, 엄밀한 의미의 국가는 러시아처럼 권력 대부분을 한곳에 집중해서는 안 된다고 주장한다. 이 점에서 그람시는 푸코의 분석을 예고한다. 서유럽의 부르주아계급은, 실제 통치 행위에서의 장악력을 전혀 잃지 않으면서도, 다른 계급들을 직접 다스리지 않아도 될 정도로 다른 계급들에 대해 '헤게모니'를 행사하게 되었다. 그람시가 『옥중수고』에 실린 한 편의 글에서 말한 것처럼 국가는 서구에서 "외곽의 참호"에 지나지 않으며,

"그 이면에는 강력한 요새와 진지를 갖춘 체계가 굳건히 자리 잡고" 있다.[42]

전략 차원에서 이 주장은 중대한 결과를 가져왔다. 이 주장은 국가와 시민사회의 경계가 희미해졌을 때 국가권력을 장악할 수 있다고 가정한다면(그람시는 그럴 수 있다고 봤다), 그런 권력 장악이 기존 질서를 전복하기에는 결코 충분치 않음을 뜻한다. 따라서 '시민사회' '문화' '상식'을 대상으로 하는 활동이 불가피해진다. 그람시는 "새로운 대중적 신념의 필요성, 말하자면 새로운 상식과 더불어, 전통적 신념에 준하는 강도와 강제성을 지니고서 대중의 의식 속에 뿌리내릴 새로운 문화와 새로운 철학의 필요성"을 주장한다.[43] 『옥중수고』의 저자가 보기에 헤게모니는 교회·언론·학교 같은 '매개적' 제도를 통해 몸과 마음에 스며든다. 사회 구성원 대부분이 이런 제도를 정당한 것으로 여긴다는 사실이 특정 헤게모니의 토대를 공고히 하는 것이다.

어떻게 이 헤게모니 개념이 국제관계 분석에 적용될까? 콕스는 다른 계급에 대한 어느 한 계급의 헤게모니 개념을, 나머지 국제 공동체에 대한 어느 한 국가의 헤게모니 개념으로 대체한다. "어느 한 국가가 헤게모니를 쥐려면 보편적이라 생각되는 세계질서를 정립하고

---

42   Antonio Gramsci, "Notes sur Machiavel, sur la politique, et sur le Prince moderne" [안토니오 그람시, 『그람시의 옥중수고 1: 정치편』, 이상훈 옮김, 거름, 1999]는 웹사이트 www. marxists. org에서 볼 수 있다.

43   Antonio Gramsci, *Cahiers de prison*, tome Ⅲ, cahiers 11, Galimard, Paris, 1978 [안토니오 그람시, 『그람시의 옥중수고 2: 철학·역사·문화편』, 이상훈 옮김, 거름, 1999].

보호해야 할 것이다. 그 질서란 한 국가가 다른 국가들을 직접 착취하는 것을 가능케 하는 질서가 아니라, 다른 국가들 대부분이 (아니면 적어도 헤게모니의 영향을 받는 국가들이) 자신들의 이해와 양립할 수 있다고 생각하는 질서다."[44] 헤게모니는 지배와 다르다. 헤게모니 없이 지배하는 상황이 존재하며, 헤게모니가 나타나는 다른 상황도 존재한다. 헤게모니가 지배와 구별되는 지점은 지배받는 국가들이 거기에 동의한다는 것, 다시 말해 지배가 지배국이 전개하는 원초적 힘만으로 이뤄지지 않는다는 것에 있다. 이런 동의는 지배국이 해당 국가 공동체에 보장해줄 수 있는 군사적 보호, 경제적 번영, 또는 그 두 요소의 결합에 기초를 둔다. 앞의 인용문이 말해주듯 헤게모니에 종속된 국가들은 그 헤게모니가 자국의 이익에 부합한다고 생각해야 한다. 더욱이 헤게모니는 헤게모니를 쥔 국가가 다른 국가들에게 정치적·문화적 모델이 된다는 점에서 특징적이며, 다른 국가들의 엘리트들은 헤게모니를 쥔 국가에서 작동하는 제도를 그대로 베껴낸다. 로마제국에서 미국에 이르기까지 그런 사례는 드물지 않다. 헤게모니의 문화적 차원은 헤게모니가 국가의 표층에 그치지 않고 헤게모니 아래에 있는 사회 깊숙이, 그 사회의 경제·풍속·신념에 침투함을 함의한다.

근대 역사를 일별해보면 헤게모니 시기와 비헤게모니 시기가 번갈아 나타남을 알 수 있다. 1845~1875년 영국은 세계경제의 부정할 수 없는 중심이었다. 영국의 지배는 지정학적 균형을 보장한다는 점

---

44   Rober Cox, "Gramsci, Hegemony, and International Relations: an Essay in method," p. 136.

에서, 그리고 영국 경제의 활기가 영국이 지배하는 지역들에 (또 그 지역의 엘리트들에게) 일정한 번영을 가져다준다는 점에서 헤게모니의 성격을 띤다. 또 당시 영국은 문화적 모델이 되어 영국의 제도와 풍속이 국제적으로 확산되기도 했다. 두 번째 시기인 1875~1945년에는 헤게모니가 없었다. 그 시기에 영국의 세력은 쇠퇴하고 미국이 부상했으며, 보호주의가 자유무역을 대체하고, 여러 제국(오스만튀르크 제국, 오스트리아-헝가리 제국)이 다시 통합되는데, 이 모든 것은 두 차례 세계대전에서 정점에 달한다. 당시 어떤 강대국도 다른 국가들에 지배를 강요할 조건을 갖추지 못했으며, 그 국가들의 동의를 얻어내기란 더욱 불가능했다.

세 번째 시기인 1945~1975년에는 미국이 전례 없는 경제성장을 이루고 생산·소비의 문화적 모델을 폭넓게 확산시키는 등 새로운 헤게모니로 등장했다. 이 새로운 헤게모니의 특징은 미국의 지배가 유엔·세계은행·IMF 같은 국제조직을 통해 행해졌다는 것이다. 이 국제조직들은 교회나 학교 같은 '매개적' 제도의 국제적 버전이다. 국제조직은 지배받는 이들에게 이 지배가 정당한 것으로 보이게 함으로써, 다시 말해 지배를 헤게모니로 바꿈으로써 지배를 '부드럽게' 해준다. 네 번째 시기는 1975년에 시작됐다. 이 해는 미국의 헤게모니의 쇠퇴를 예고한다. 이는 전후 성장의 침체만이 아니라 베트남 전쟁의 패배, 국제조직 내부에까지 목소리를 높인 제3세계의 부상에 따른 결과다. 콕스는 미국의 헤게모니가 1970년대 중반 이후 위기에 접어들었다고 주장함으로써 아리기나 하비 같은 저자들과 의견을 같이한다.

일반적으로 국제조직에서 자신들의 헤게모니를 행사하는 데 성공했던 나라들은 정치적·기술적 혁명을 크게 겪은 나라들이다. 콕스가 보기에 국제적 헤게모니는 국가의 지배계급이 획득한 헤게모니를 세계 무대로 옮겨놓은 것이다. 국가의 지배계급이 확립한 제도들은 이내 전 세계로 퍼져나간다. 따라서 콕스는 국가 내부에서 일어난 일이 국제질서를 구성하는 데 일차적으로 중요하다고 본다. 이 견해는 『옥중수고』에서 그람시가 지정학을 논하는 몇몇 구절을 통해 표명한 견해이기도 하다. 이 모델은, 변화의 원인을 국제적 차원에서 찾고 국가 내에서 일어난 것을 파생물로 여기는 다른 분석들(이매뉴얼 월러스틴의 세계체계론 등)과는 구별된다. 콕스는 헤게모니 모델이 피지배 국가로 확산된 결과를 그려보고자 그람시의 '수동 혁명' 개념을 활용한다. 수동 혁명이란 혁명의 근원이 해당 국가 외부에 있는 혁명을 말한다. 다시 말해 혁명이 그 국가에서 발생한 사회적 전복의 결과가 아닌 혁명이다. 예컨대 19세기 이탈리아 북부의 부르주아계급은 국가 통일을 주관하기에는 너무 약했다. 그리하여 통일이 나폴레옹 군대에 의해 외부에서 '도입'되고 부과되었다. '수동 혁명'은 해당 국가의 정치구조상 변화를 초래하므로 엄연히 하나의 '혁명'이다. 그렇지만 내부에서 발생하지 않았다는 점에서 그 혁명은 '수동적'이다.

데이비드 하비: '공간적 조정'과 '강탈을 통한 축적'

현재 가장 세련된 제국주의 이론은 아마도 2003년 출간된 『신제국주의The New Imperialism』에서 전개된 데이비드 하비의 이론일 것이다.

원래 하비는 1960년대에 19세기 영국의 홉 생산을 다룬 논문으로 학위를 받은 지리학 전공자다. 지리학의 인식론 연구 이후 그는 마르크스주의 쪽으로 돌아섰다. 마르크스주의의 지리학적 해석을 구상하던 그는 역사적 유물론을 참조해 그것을 '역사지리적 유물론' 또는 '지리적 유물론'이라 불렀다. 전통적으로 마르크스주의자들은 자본주의의 공간적 차원을 거의 고려하지 않는데, 하비의 독창성은 바로 그 윤곽을 탐구한 데서 나온다. 『자본의 공간Spaces of Capital』과 『사회정의와 도시Social Justice and the City』의 저자 하비가 스스로 영향을 받았다고 인정하는 이들 가운데는 20세기 후반 매우 혁신적인 비정통 마르크스주의자였던 프랑스 철학자 앙리 르페브르(1901~1991)가 있다. 르페브르는 특히 『공간의 생산La Production de l'espace』을 썼고 "도시에 대한 권리"를 사유한 학자로서, 그의 저서와 사유는 하비의 분석에 영향을 미쳤다.[45] 물론 하비가 비판적 관점에서 사회적 과정과 공간적 과정을 연관시킨 유일한 사람은 아니다. 비슷한 관점에서 행해진 많은 연구를 여러 학술지에서 찾아볼 수 있으며, 대표적으로 『앤티포드: 급진 지리학 저널Antipode: A Radical Journal of Geography』이 유명하다.

하비는 마르크스의 공간 이론을 재구성하는 대가다운 작업을 수행했다.[46] 19세기 모든 사상가와 마찬가지로 마르크스는 자신의 시

---

45   르페브르 저작에 입문하려면 다음을 보라. Stathis Kouvélakis, "Henry Lefebvre, penseur de la modernité urbaine," in Jacques Bidet et Stathis Kouvélakis (dir.) *Dictionnaire Marx contemporain*.

46   David Harvey, "The Geography of Capitalist Accumulation: A Reconstruction of Marx's

대를 대상으로 사유하는 사상가였고, 그의 중요한 저작들은 역사적 변화를 이해하려는 시도였다. 하지만 마르크스에게도 공간을 대상으로 한 사유가 있었으며, 하비는 이를 끄집어내 발전시키고자 했다. 공간에 대한 마르크스주의적 이해는 제국주의 문제와 밀접하게 연관돼 있다. 『정치경제학 비판 요강』의 한 대목에서 마르크스가 말하는 내용을 보자.

> 자본은 교류, 즉 교환에 방해가 되는 모든 공간적 장벽을 무너뜨림으로써 전 지구를 정복하고 시장으로 만들어야 한다. 아울러 자본은 시간을 통해 공간을 소멸시키는 방향으로, 다시 말해 한 장소에서 다른 장소로 이동하는 데 걸리는 시간을 최소화하는 방향으로 나아가야 한다. 따라서 자본이 발달할수록 자본이 유통되는 시장은 더 확장되고 자본 유통의 공간적 경로가 형성되는데, 그럴수록 자본은 시장을 더 확장하는 동시에 시간을 통한 공간의 소멸을 더 많이 달성하려고 애쓴다.[47]

모든 점에서 감탄할 만한 이 대목에는 두 가지 사유가 담겨 있

Theory," *Spaces of Capital: Toward a Critical Geography*, Edinburgh University Press, Édimbourg, 2001.

47   Karl Marx, *Fondements de la critique de l'économie politique*, Anthropos, Paris, 1968, p. 32.

다. 먼저 마르크스는 자본주의가 애초부터 전 지구적이라고 주장한다. 전 지구를 정복하고 그것을 시장으로 바꾸려는 경향은 자본주의에 내재적이며, '세계화'에 대한 통상적 논의들과는 반대로 이 추세는 우연히 일어난 것도, 최근에 일어난 것도 아니다. 마르크스가 『자본』의 한 구절에서 말하듯 "세계시장은 자본이라는 개념 자체에 포함돼 있다". 하지만 자본주의의 세계적 팽창은 대가를 치른다. 상품의 생산 장소와 판매('이윤 실현') 장소의 거리가 멀수록 그 비용은 더 올라간다. 운송이 무료가 아니기 때문이다. 이는 자본주의가 운송비용을 최소화하고 자본가가 얻는 이익을 최대화하고자 상품의 '회전속도'를 계속 높여야 함을 암시한다. 마르크스가 "시간을 통한 공간의 소멸"이라는 수수께끼 같은 표현으로 지칭하는 것이 바로 이러한 현상이다. 자본주의 체제에서 상품의 유통, 다시 말해 시간을 가속화함으로써 공간을 소멸시키는 일은 필수불가결하다. 이는 공간의 '압축'으로 이어지며, 그 효과는 개개인이 공간에 대해 지닌 표상 자체에서 감지된다.

새로운 공간에 침투해 이를 착취하려는 자본주의의 경향은 자본주의가 주기적으로 겪는 위기에서 기원한다. 생산자들 사이에 조정이 이뤄지지 않으므로, 자본주의 체계는 스스로 빨아들일 수 있는 자본보다 더 많은 자본(여기에는 상품화한 자본도 포함된다)을 낳고, 이는 자본의 가치를 주기적으로 떨어뜨린다. 이것이 바로 마르크스주의자들이 '과잉축적의 위기'라 말하는 것이다. 그에 따라 실제 수익성을 대체할 수 있다는 일시적 환영을 불러일으키는 금융 거품이 뒤따른다. 그렇지만 자본주의는 이 위기를 (일시적으로) 해결할 방법을 갖고 있다.

자본주의의 위기로 빚어진 자본 파괴가 이윤율을 높일 수 있는 한 수단이 되는 것이다. 하비는 과잉축적의 위기를 해결하는 또 다른 방법에 주목했다. 그는 이것을 **공간적 조정**spatial fix이라 부른다. 공간적 조정 개념에는 두 가지 의미가 있다. 하나는 문자 그대로의 의미이고, 다른 하나는 비유적 의미다.[48] '공간적 조정'을 문자 그대로 보면, 자본이 기계·운송·통신 같은 구체적 형태를 띠고 투자됨으로써 (즉 고정됨으로써) 환경을 변화시킨다는 의미다. 이는 자본을 공간적 실체 또는 '영토화한' 실체로 여기는 것이다. 르페브르가 좋아하는 표현을 빌리자면 자본은 공간을 '생산한다produire'. 자본은 기존 공간에 순응하는 추상적 실체가 아니다. 한편 '공간적 조정'의 비유적 의미는 자본의 과잉축적 문제를 '해결'한다는 생각을 가리킨다(영어로 to fix는 '조정하다' 또는 '해결하다'를 뜻한다). 이처럼 하비는 공간을 통하는 것, 좀 더 정확히 말하면 이제껏 자본주의적 관계로부터 자유롭던 공간에 자본을 이식하는 것이 자본의 위기 해결 방식 가운데 하나라는 견해를 제시한다.

하비가 스스로 영향을 받았다고 인정하는 이들 가운데 로자 룩셈부르크가 있다. 로자 룩셈부르크는 1913년 『자본축적: 제국주의에 관한 경제적 설명Die Akkumulation des Kapitals: Ein Beitrag zur ökonomischen Erklärung

---

48   David Harvey, *The New Imperialism*, Oxford University Press, Oxford, p. 115 [데이비드 하비, 『신제국주의』, 최병두 옮김, 한울아카데미, 2016]; David Harvey, "The Spatial Fix: Hegel, von Thünen, and Marx," *Spaces of Capital*.

des Imperialismus』을 출간했다. 이 책에서 그는 제국주의에 관한 독창적 이론을 전개한다.[49] 그가 보기에 제국주의는 세계경제의 중심부 나라들에서 노동자를 착취해 나타난 과소소비 때문에 발생하는 것이다. 착취로 말미암아 제품을 소진할 수 없을 정도로 수요가 부족해지면, 해당 국가는 잉여 상품을 세계의 다른 지역에 수출하려 하는데, 제국주의는 바로 이런 필요에서 생겨난다. 물론 필요할 경우 교역은 강제로 부과된다. 로자 룩셈부르크에 따르면 자본주의는 자체 위기를 해소하기 위해 언제나 자본주의적이지 않은 '외부'를 필요로 한다. 그 '외부' 지역들은 과잉생산의 위기를 겪지 않고 다른 지역의 위기를 '흡수'할 수 있어야 하므로 자본주의적이어서는 안 된다. 결국 전 지구적 체계는 '외부' 지역들을 비자본주의 상태로 유지할 필요가 있기에 그 지역들의 발전을 막고자 한다. 이렇게 볼 때 세계 많은 지역의 저발전 상태는 세계적 규모의 자본축적을 위해 기능하는 셈이다.

하비는 과소소비가 자본주의의 위기의 원인이라는 생각을 거부한다. 대부분의 동시대 마르크스주의 경제학자들처럼 그에게도 위기를 설명하는 데 주요한 것은 자본의 과잉축적과 그런 축적이 낳는 수익성의 위기다. 동시에 하비는 로자 룩셈부르크의 제국주의 이론에 진실된 요소가 있음을 지적한다. 자본주의가 그 위기를 극복하고자

---

49   하비의 제국주의 개념화에 현저한 영향을 미친 또 다른 이는 한나 아렌트다. Hannah Arendt, *Les Origines du totalitarisme*, tome II, *L'Impérialisme*, Seuil, Paris, 1998 [한나 아렌트, 『전체주의의 기원 2』, 이진우·박미애 옮김, 한길사, 2006].

'외부'를 필요로 한다는 주장은 옳다. 이 '외부'의 주된 역할은 과잉 생산된 상품의 유통이 아니라, 수익성 없는 자본을 흡수하는 것이다. 축적에 관한 이 새로운 틀이 '공간적 조정'을 이룬다. 공간적 조정은 과잉 축적의 위기의 (당연히 일시적인) 해결책이자, 기계·운송·공장·통신·댐을 경유한 새로운 '공간의 생산'이 이뤄지는 구체적 장소인 것이다.

오늘날 중국은 전 지구적인 공간적 조정 자체다. 중국은 1970년대 말부터 시장경제로 이행하며 막대한 해외 자본을 끌어들이는 자석이 됐다. 이농 현상은 파격적으로 싼 비용에 쓸 수 있는 새로운 노동력을 지속적으로 공급했고, 해마다 10퍼센트씩 오르는 도시 평균 소득과 더불어 내부 시장도 커졌다. 중국의 개발은 명백한 공간적 함의를 지닌다. 거대 도시가 늘어나고 댐 건설 등으로 환경파괴가 일어나면서, 자본주의가 말 그대로 공간을 생산함을 보여주는 것이다.

자본의 과잉축적 경향은, 잉여 자본을 흡수한 뒤에는 공간적 조정도 그런 과잉축적을 야기할 것임을 암시한다. 2차 세계대전 이후 경제 재건의 필요에 따라 독일과 일본은 막대한 해외 자본 투자의 대상이 됐다. 그렇지만 1960년대부터 독일과 일본은 미국 등 경제 강대국들과 세계시장에서 경쟁할 수 있게 되었다. 마찬가지로 중국은 앞으로도 여러 해 또는 수십 년 동안 전 지구적 자본의 귀착지가 될 것이다. 그러나 중국의 성장률이 영원히 지속될 수 없음은 확실하다. 그때부터 자본주의는 수익성 있는 새로운 공간을 찾게 될 것이다. 공간적 조정이 역동성을 잃을 때 자본은 그곳을 버릴 것이다. 이것이 자본 축적의 역사적 중심지였던 유럽과 미국에서 일어난 일이다. 해외 이

전으로 인해 버려진 공장, 대량 실업으로 쫓겨나 불확실한 미래를 예상하는 인구가 이루는 탈산업화 이후 풍경은 이 현상을 잘 보여준다. 하비가 말하듯 "자본이 떠난 자리는 황폐해지고 가치 절하된다. 1970~1980년대 (피츠버그, 셰필드, 루르 지방 등) 자본주의의 심장부와 (봄베이 등) 세계 다른 지역에서 벌어진 탈산업화가 바로 그런 사례들이다."[50]

로자 룩셈부르크는 자본이 과잉축적의 위기를 극복하고자 언제나 '외부'를 필요로 한다고 주장한다. 자본주의와 제국주의가 불가분하게 연결되어 있는 것은 이 때문이다. 제국주의는 자본주의의 생존을 위한 필수 조건이다. 하비는 '후기'자본주의 시기에는 지구상에 자본의 논리에서 벗어나는 지역이 거의 없다는 것이 문제라고 주장한다. 따라서 잉여 자본을 투입할, 자본주의적 관계가 없는 장소를 찾기가 어렵다. 하지만 그런 장소를 전적으로 '만들어낼' 수는 있다. 이것이 공간적 조정 개념을 보완하는 두 번째 개념, **강탈을 통한 축적** accumulation by dispossession이 뜻하는 바다. 이 개념은 사회의 비자본주의적 영역이 다소 급격하게 자본주의적 영역으로 변하는 상황을 가리킨다. 이는 인구에 대한 '강탈'을 전제로 한다. 왜냐하면 대체로 시장의 사적 논리가 더 '집단적'이고 더 오래된 사회조직 양식을 몰아내기 때문이다.

강탈을 통한 축적에는 몇 가지 유형이 있다. 공공서비스의 민영

---

50   David Harvey, *The New Imperialism*, p. 116.

화가 대표적이다. 이 경우 국가가 이제까지 경쟁으로부터 보호해온 교육·보건·에너지 같은 영역이 자본에 개방된다. 그러면 시민 공동체의 이익은 민간 사업자를 위해 '강탈'당한다. 또 다른 유형의 강탈을 통한 축적은 전쟁이다. 무력 분쟁이 야기한 파괴는 이미 투입된 자본(하부구조, 경제조직)을 파괴하고 새로운 자본을 투입할 수 있게 한다. 이런 의미에서 과잉축적의 위기는 전쟁과 밀접하게 연관되어 있다. 강탈을 통한 축적의 세 번째 유형은 국제 이주 또는 국내 이주다. 멕시코나 인도와 같은 나라에서 농민을 내쫓고 그 땅을 사유화하고 그들을 세계 대도시 슬럼가의 도시 하층 프롤레타리아로 만드는 일이 바로 그 한 예다.[51]

강탈을 통한 축적 개념은 『자본』에서 마르크스가 말한 '본원적 축적' 개념의 영향을 받은 것이다. 본원적 축적은 인구의 소수 일부가 (폭력적으로) 공동재산을 점유함으로써 다수를 희생시키는 것을 말한다. 18~19세기 유럽에서 이전엔 모두가 경작할 수 있었던 땅에 울타리를 친 것이 본원적 축적의 고전적 사례다. 강탈을 통한 축적은 자본주의에 '다시 활력을 불어넣으려면', 곧 받아들일 수 있는 수준으로 이윤율을 높이려면 본원적 축적이 주기적으로 반복되어야 한다는 사실을 드러낸다. 마르크스가 생각한 것과 달리 본원적 축적은 자본주의의 기원에 한정되지 않는다. 과잉 축적된 자본에 출구를 찾아

---

51   Mike Davis, *Planet of Slums*, Verso, Londres, 2007 [마이크 데이비스, 『슬럼, 지구를 뒤덮다: 신자유주의 이후 세계 도시의 빈곤화』, 김정아 옮김, 돌베개, 2007].

주어야 하는 체계의 필요성 때문에, 본원적 축적은 세계 여러 나라에서 정규적으로 일어난다. 강탈을 통한 축적 개념은 제국주의의 전통적 개념을 확장할 수 있게 해준다는 점에서, 특히 '국내' 제국주의와 '국외' 제국주의를 연관시킨다는 점에서 흥미롭다. 강탈은 자본주의에 아직 낯선 '주변' 영토뿐만 아니라, 자본주의적 관계가 이미 자리를 잡았다가 민영화, 전쟁, 인구 유출로 파괴된 지역에도 영향을 미친다. 결국 본원적 축적은 자본을 그림자처럼 따라다닌다.

강탈을 통한 축적은 피해자의 저항에 부딪힌다. 1980년대 이후 프랑스에서 공공서비스 수호를 위해 벌인 투쟁이나 브라질에서 무토지 농민들이 벌인 운동은 투쟁이 공동재산의 소유와 관리 방식을 둘러싸고 일어난다는 것을 보여준다. 하비와 마르크스를 이어주는 논거는 모든 강탈이 부정적이지는 않으며, 그것이 '진보적' 측면을 포함할 수 있다는 것이다. 이처럼 "정치운동이 거시적이고 장기적인 성과를 얻으려면 잃어버린 것에 대한 노스탤지어를 극복하고, 강탈이라는 제한된 형태로 얻을 수 있는 자산assets의 이전이 이끌어낼 긍정적 이득을 인식할 준비가 돼 있어야 한다."[52] 마르크스는 자본주의가 봉건제에 비해 진보적이라 여겼으며, 자본주의가 사회주의로 가는 고통스럽지만 필연적인 한 단계라고 주장했다. 하비에게 『자본』을 쓴 마르크스의 견해는 지나치게 일방적이다. 보통 자본주의는 약간의 진보도 허용하지 않으며, 평등한 사회관계를 파괴한다. 그러나 동시에 하비는

---

52   David Harvey, *The New Imperialism*, p. 178.

마르크스처럼 '강탈의 제한된 형태'가 때로 봉건제를 철폐하고 인민의 삶을 향상시킨다는 것을 인정한다. 그런 조건이라면 강탈 자체를 거부하는 것은 교조적인 행위다.

국민국가: 지속이냐 초월이냐

하트와 네그리는 세계화 시대에 국민국가가 다국적 기업과 국제조직, 전 지구적 행위자들 때문에 구조적으로 약해졌다고 주장한다. 따라서 이『제국』저자들은 변화를 주도할 힘을 국민국가에 제한적으로 할당하는 한편, 그 힘이 앞으로 수십 년 동안 더 약해질 것이라고 본다.

국민국가는 사실상 두 가지 문제를 포함한다. 두 문제는 밀접하게 연관돼 있지만 서로 구별된다. 첫 번째는 민족nation과 민족주의nationalisme의 문제다. 이 문제는 민족주의—그것이 극단(극우)적으로 표출되었을 때의 의미에서가 아니라, 세계가 민족들로 나뉘는 현실을 동반한 이데올로기라는 의미에서—가 프랑스 혁명 이래로 강력했던 만큼, 오늘날에는 어느 정도로 강력한지를 아는 문제와 관련이 있다. 두 번째는 국가État의 문제다. 이 문제는 예컨대 자본주의, 시민사회, 지정학과의 관계 속에서 근대국가가 어떤 형태와 기능을 갖는가와 관련 있다. 물론 근대 민족들은 대부분 국가 형태를 띠고 존재하기에, 위 두 주제는 밀접하게 연결된다. 그렇지만 국가 없는 민족, 즉 디아스포라 같은 예외가 존재한다. 다른 한편으로 보면 과거에는 민족과 국가가 이 정도로 연결돼 있지 않았으며, 현재에는 유럽연합 같은 '초민족적supranationale' 국가 또는 준국가 형태가 출현하고 있다.

이 절에서는 민족과 민족주의의 문제와 그것들이 새로운 정치 형태로 대체될 가능성을 주요하게 논할 것이다. 그렇지만 마지막 항목에서 조르조 아감벤이 구상한 '항구적 예외상태' 이론을 통해 국가 형태의 문제에 접근할 것이다.

베니딕트 앤더슨과 톰 네언: 세계화에 직면한 국민국가

20세기 말 비판이론 내부에서만이 아니라 매우 광범위하게 논의된 민족주의 이론은 단연 베니딕트 앤더슨의 이론이다. 페리 앤더슨의 형이자, 뉴욕주 코넬 대학의 국제관계학과 교수를 지낸 베니딕트 앤더슨은 처음부터 아시아를 전공으로 삼았다. 그의 마지막 책은 필리핀에 관한 것인데, 특히 필리핀 독립의 아버지인 호세 리살José Rizal의 문학 작품과 정치 활동을 다루고 있다.[53] 베니딕트 앤더슨은 1983년 『상상된 공동체: 민족주의의 기원과 보급에 대한 고찰Imagined Communities: Reflections on the Origin and Spread of Nationalism』이라는 이제는 고전

---

[53] Benedict Anderson, *Under Three Flags: Anarchism and the Anti-Colonial Imagination*, Verso, Londres, 2006 [베네딕트 앤더슨, 『세 깃발 아래에서: 아나키즘과 반식민주의적 상상력』, 서지원 옮김, 길, 2009]. 또한 다음을 보라. Razmig Keucheyan, "Éléments d'astronomie politique. À propos de Benedict Andeson, *Under Three Flags: Anarchism and the Anti-Colonial Imagination*," *Contretemps*, n° 20, 2006.

이 된 책을 출간했다.[54] 이 책에서 그는 민족이 "상상된 공동체"라는 생각을 전개한다. 앞으로 언급할 다른 저자들처럼 앤더슨의 민족주의 개념 또한 마르크스주의의 지적 맥락 속에서 전개됐다. 그의 민족주의 개념은 많은 점에서 마르크스주의와 구별되긴 하지만 말이다. 민족주의는 마르크스주의에서 언제나 문제가 된다. 알다시피 마르크스주의는 '프롤레타리아 국제주의'를 표방한다. 그럼에도 레닌을 필두로 고전 세대의 많은 마르크스주의자들은 민족자결권을 인정했다. 그들은 민족자결권 인정을 하나의 전략이자, 국제주의로 가기 위해 필요한 하나의 단계로 생각했다.

문제는 종교와 마찬가지로 민족주의가 20세기에 전혀 사라지지 않았다는 것이다. 민족주의는 계속 강해졌을뿐더러 사회주의 건설 시도가 국민국가의 틀에서 이뤄짐으로써 사회주의를 '흡수'하기까지 했다. 앤더슨의 민족주의 이론은 이 점을 확인하는 데서 출발한다. "현실은 명확하다. '민족주의 시대의 종말'이 임박했다는 아주 오랜 예견은 당치도 않다. 오늘날 정치 생활에서 민족보다 더 보편적인 가치는 없다."[55] 마르크스주의 관점에서 보면 참으로 비정상적인 이 민족주의의 지속 현상 앞에서, 1970~1980년대 비판사상가들은 이 현상을 다

---

54   프랑스어 제목 'Imaginaire national'이 영어 imaginal communities의 의미를 적절하게 표현하는지를 둘러싸고, 이 책의 프랑스어 번역에 대한 논쟁이 있었다.

55   Benedict Anderson, *Imaginaire national. Réflexions sur l'origine et l'essor du nationalisme*, La Découverte, Paris, 2006, p. 8 [베네딕트 앤더슨, 『상상된 공동체: 민족주의의 기원과 보급에 대한 고찰』, 서지원 옮김, 길, 2018].

시 이해하려는 노력을 촉발했다. 곧 다룰 톰 네언도 앤더슨이 확인한 바와 유사한 사실에서 출발한다.

앤더슨은 민족에 대한 유명한 정의를 제시했다. 민족은 그에게 "상상의 정치적 공동체로서, 본질적으로 제한적이면서 동시에 주권적인 공동체로 상상된다".[56] 그가 보기에 민족은 더 강한 존재론적 일관성을 지닌 사회계급들과 달리, 객관적인 그 무엇에도 근거하지 않은 '상상'의 산물이다(이 주장은 당연히 마르크스주의로부터 영향을 받은 것이다). 민족은 시간이 지나면서 그런 일관성을 획득했지만, 인구조사, 박물관, 지도 작성법 같은 제도들을 통해 초기 민족주의적 엘리트들이 부과한 (상상적) 이데올로기로부터 귀납적으로 구성된 것이다. 앤더슨이 '상상' 개념을 강조한다는 사실은 그에게 민족이 '표상'의 문제임을 나타내준다. 이 표상이 거꾸로 민족에 영향을 미치는 어떤 구체적인 사회 현실 속에 구현된다고 할지라도 말이다. 아무리 작은 규모의 민족이라도 대개 민족 구성원은 같은 민족 구성원을 직접 알 기회가 결코 없을 것이다. 하지만 현실적인 관계가 없음에도 모두의 정신에는 앤더슨이 말한 "교감communion의 이미지", 즉 모든 개인이 같은 민족 공동체에 속한다는 표상이 있다. 앤더슨은 자신이 속한 역사주의 전통에 있는 또 다른 민족주의 이론가를 인용한다. 바로 "민족주의는 민족의식을 일깨우는 것이 아니라 민족이 없는 곳에 민족을 만들어내는 것이다"라고 주장하는 어니스트 겔너Ernest Gellner다.

56   같은 책, p. 19.

'상상'의 산물이라는 점 외에도, 다른 세 가지 요소가 앤더슨의 민족 정의에 나타난다. 바로 민족은 '제한'되어 있고 '주권'을 가졌으며, 하나의 '공동체'로 경험된다는 점이다. 민족의 제한적 특성은 국경이 아무리 탄력적인들 무한정 그렇지는 않다는 사실에서 비롯한다. 민족은 영토적 실체다. 민족의 행정구역 주변부는 전쟁이나 조약을 계기로 바뀔 수 있지만, 그럼에도 민족은 지리적으로 안정적이다. 권력의 영토화는 구체제의 권력 형태와 근대의 권력 형태를 구별해주는 요소 가운데 하나다. 민족의 '제한적' 특성이 '객관적인' 것만은 아니다. 시민이 취하는 주관적 측면이나 '상상적' 측면에서 볼 때, 민족은 자국민을 외국인과 분리해주는 '외부' 존재를 가정한다. 어떤 민족도 인류 전체와 동일한 외연을 갖지 않으며 그럴 가능성도 없다. 이것이 곧 사회계급, 특히 마르크스주의 관점에서는 인류 전체와 종국에는 동일시될 사명을 지닌 노동자계급과 민족을 구별해주는 지점이다.

'주권'은 이전의 민족과 대비되는 근대 국민국가를 특징짓는 요소다. 구체제 귀족들은 국제화한, 더 정확히 말하면 유럽화한 집단이었다. 앤더슨은 11세기 이후 영국 본토를 다스린 것은 잉글랜드의 왕조가 아니었음을 상기시킨다. 노르망디의 플랜태저넷Plantagenet 왕조, 웨일스의 튜더Tudor 왕조, 스코틀랜드의 스튜어트Stuart 왕조, 네덜란드의 오라녀나사우Orange-Nassau 왕조, 독일의 하노버Hanover 왕조가 영국 본토의 왕권을 계승했다. 물론 이는 근대 민족의 맥락에서는 생각할 수 없는 일이다. 겔너가 이미 주목했듯 근대 민족은 엘리트들의 내생적 형성으로 특징지어진다. 다시 말해 엘리트들은 국가 영토에 있는 국민 중에서(대부분 매우 높은 사회계급에서) 배출된다. 이런 의미에서 근대 정부는 지배적 정치체제가 민주주의가 아닐 때조차 민족 의지의 표현으로 간주된다.

앤더슨이 규정하는 민족의 마지막 요소는 민족이 하나의 '공동체'라는 것이다. 이 점은 거듭 말하건대 당사자들의 '상상' 속에서는 민족 공동체에 속한다는 사실이 그들이 속한 그 어떤 '분파'보다 우선적이라는 점에서 그렇다. 그 분파가 사회계급, 종교 단체, 혹은 다른 어떤 유형의 집단이 됐건 간에 말이다. 민족의 기반으로 상정되는 동포 간 '우애'는, 앤더슨이 말하듯 자기 나라를 위해 "수많은 사람들이 누군가를 죽이기보다 죽을 각오가 되어" 있을 수 있게 하는 것이다.[57] 민족과 민족주의는 이런 희생 능력을 개인들에게 불러일으킴으로써 과거 두 세기 동안 그토록 위력을 발휘할 수 있었다.

앤더슨은 민족주의가 인쇄술의 대규모 확산과 맞물려 출현했음을 보지 못한다면 민족주의를 제대로 이해할 수 없을 것이라고 말한다. 그가 "인쇄 자본주의print capitalism"라 이른 것은 18세기에 점차 모습을 드러냈다. 이 시기부터 인쇄는 자본가의 투자를 끌어들이는 영리 활동이 됐다. 문해 교육의 진전은 독서 인구를 증가시켰고, 문학회나 정치 결사 등 사회제도가 확립되어 프랑스 혁명과 뒤이은 근대 민족주의에 결정적인 영향을 미쳤으며, 다시 이 제도들이 문해 교육의 발전을 촉진했다. 이런 요인들이 모여 출판물 시장의 출현으로 이어진

---

57   같은 책, p. 21.

것이다.

출판물 시장의 출현은 민족주의의 비약에 두 가지 중대한 결과를 가져왔다. 첫째로 출판물 시장은 점점 더 표준화된 민족어가 등장하는 데 기여했다. 인쇄의 자본주의적 특성은 이윤을 증대할 목적에서 최대한 많은 독자가 읽을 수 있는 책을 출판하도록 출판사를 부추겼다. 이로써 라틴어가 권위를 잃었고, 그 영향력도 줄어들었다. 게다가 언어가 인쇄된다는 사실은 해당 언어를 안정시켜 언어의 변화를 더욱 더디게 했다. 이는 민족어에 더 큰 역사적 '깊이'를 부여했는데, 그 덕분에 동시대인들을 민족사의 지난 시기와 동일시하는 일이 용이해졌다. 이런 표준화 때문에 사람들은 표현을 더 정확히 할 필요를 느끼게 됐고, 철자법과 구문론 규범을 만들어내는 제도들, 예컨대 학회의 중요성이 커졌다. 일반적으로 보면 이런 표준화는 점점 더 많은 사람들이 한층 더 비슷한 언어를 구사하게 되었음을 함의한다. 공동의 언어가 같은 민족임을 나타내는 (유일한 기준은 아니지만) 어떤 하나의 기준이 되면서 이 사람들은 점차 서로를 동포로 여기게 됐다.

인쇄 자본주의의 두 번째 결과는 특히 언론 및 저널리즘과 관련이 있다. 앤더슨이 보기에 언론은 근대 민족의 출현에 주도적인 역할을 했다. 국내 정기간행물을 읽음으로써 모든 개인이 전국에서 일어나는 사건을 알 수 있게 된 것이다. 신문에서 같은 기사를 읽는 파리 사람과 마르세유 사람은 비록 그들이 직접 만난 적은 없을지라도 같은 집단에 속한다고 생각하게 된다. 이처럼 신문은 같은 나라의 국민에게 '동시성'의 의미를 부여한다. 신문은 예전에 국지적(봉건적)이었던 표상들과 시간성을 전국적으로 '동시화'한다. 결국 근대 민족을 뒷받침하는 '교감의 이미지'는 구체적인 사회적 토대를 얻으며, 그 토대는 자본주의의 발달, 특히 자본주의와 (넓은 의미에서 본) 문화의 관계 발달 속에 위치한다. 따라서 근대 민족의 '상상적' 특성, 다시 말해 근대 민족 출현에서 관념이 행한 역할을 강조했다는 이유로 앤더슨의 민족주의 이론을 '관념론적'이라 여기는 것은 잘못이다. 왜냐하면 문제가 되는 상상적인 것은 최종심급에서는 하부구조 차원에 있는 과정의 산물이기 때문이다.

마르크스주의 관점에서 볼 때 민족주의가 제기하는 주요 문제는 지속의 문제다. 왜 이런 케케묵은 현상이 지속되고, (국제사회가 해마다 공인하는 나라 수를 보건대) 심지어 강화되는 것일까? 게다가 어째서 근대 사회경제적 변화가 예고한 국제주의는 민족주의를 따라잡지 못했을까? 이 문제의 해답은 앤더슨의 다음 주장에서 그 실마리를 찾을 수 있다. "서유럽의 18세기는 민족주의 시대의 여명만이 아니라 종교적 사유 방식의 황혼을 나타내기도 한다. 계몽주의나 합리주의적 세속화 시대에도 고유한 어둠이 있다. 종교적 신념의 일환이었던 고통은 그 신념이 쇠퇴한 뒤에도 사라지지 않았다."[58] 앤더슨이 보기에 근대에 이르러 민족주의는 이전에 종교가 수행했던 기능의 일부를 이어받았다. 이것이 민족주의가 세속화의 직접적인 결과임을 의미하는 것은 아니다. 하지만 민족주의의 출현과 그 지속을 설명하는 요소 가운

---

58   같은 책, p. 25.

데 하나는, 이전에 종교가 답하던 '실존적' 문제들에 민족주의가 답변을 제공한다는 사실이다. "나는 왜 태어났을까? 내 가장 친한 친구는 왜 마비됐을까? 내 딸은 왜 정신장애가 있을까? 종교는 이런 것을 설명하려 한다. 마르크스주의를 포함한 진보주의적이고 진화론적인 모든 사유 양식의 큰 결함은 이런 종류의 물음에 불편한 침묵으로 대처한다는 것이다."[59] 베니딕트 앤더슨에게 민족주의는 개인들에게 일종의 연속성을 부여한다. 이는 이런저런 유물론적 형태로 특징지어지는 진보주의적 학설들이 거의 하지 못하는 일이다. 아득한 과거에서 그 기원을 찾아 불명확한 미래에 투사하는 민족주의는, 민족을 '영원한' 실체로 바꾸는 '본질주의'다. 이로써 한 나라의 국민들은 그들을 넘어서는 총체성에 그들 존재를 기입한다. 앤더슨은 이 주장을 뒷받침하고자 민족주의의 논리를 다음과 같이 기술한 레지 드브레Régis Debray를 인용한다. "내가 프랑스인으로 태어난 것은 정말이지 순전히 우연이다. 하지만 어찌 됐건 프랑스는 영원하다."[60]

앤더슨과 비슷한 지점에서 출발한 또 다른 비판사상가 톰 네언은 민족주의에 대한 다른 결론에 이른다. 오스트레일리아 멜버른에서 정치학 교수를 지낸 네언도 앤더슨처럼 영국의 신좌파 세대에 속한다. 이 세대의 특징 가운데 하나는 '민족 문제'를 다시 검토하기 시작했다는 점이다. 민족 문제는 1914년 1차 세계대전의 트라우마 이후

59   같은 책, p. 24.
60   같은 책, p. 25.

마르크스주의 전통 안에서 긴 공백기를 거쳤다(사실상 서구 마르크스주의에서 민족 문제는 부재했다). 1914년 이전의 핵심 마르크스주의자들, 특히 오스트리아와 러시아 제국에 있었던 이들은 (오토 바우어와 레닌만 보더라도) 이 문제를 정면으로 다뤘다. 당시 민족주의 운동은 프롤레타리아 국제주의에 대한 장벽으로 여겨졌기 때문에 그들이 벌인 논쟁은 격렬했다. 하지만 1차 세계대전 이후 민족 문제는 이론적 차원에서 생기를 잃고 말았다. 이는 특히 스탈린이 관련 주제로 글을 쓴 사실에서 비롯하기도 하지만(『마르크스주의와 민족 문제』라는 스탈린의 책은 1912년으로 거슬러 올라간다), 전쟁 당시 민족 문제가 야기한 분열 때문이기도 했다. 네언은 스코틀랜드 태생이다. 이 점은 네언 스스로 시인하듯 민족 문제에 대한 그의 관심을 이해하는 데 중요하다. 그가 놓인 상황은 오스트리아-헝가리 제국 같은 다민족 국가의 맥락에서 민족주의를 성찰한 마르크스주의자들의 상황과 유사해 보이는 면이 있다. 스코틀랜드는 아일랜드처럼 강력한 민족주의 운동을 전개하지 못했는데, 왜 그런지를 이해하는 것이 네언의 연구 목적 중 하나였다.

네언은 페리 앤더슨과 함께 '네언-앤더슨 테제'로 알려진 주장을 펴기도 했다. 이 주장은 1960년대에 많은 논쟁의 대상이 됐다. 네언과 앤더슨은 영국이 17세기에 너무 일찍 혁명을 겪었으며, 그 결과 영국이라는 국가가 오늘날까지도 시대에 뒤떨어지는 성격을 갖게 됐다고 주장했다. 17세기 영국 사회에는 부르주아적 요소가 거의 없었기에 토지를 소유한 귀족이 혁명을 이끌었다. 19세기 영국 부르주아계급은 프랑스 혁명의 결과에, 또 1830~1840년대 '차티스트' 운동으로 경험한 국내 프롤레타리아계급의 위세에 경악했다. 그러나 이들 부르주아계급은 스스로 고유한 정체성을 발전시키지 못했으며, 경제·문화 차원에서 주도적인 역할도 하지 못했다.[61] 네언과 앤더슨이 보기에 이는 다른 민족 형성에 비추어 영국의 '비정상적인' 특성을 말해주는 것이었다. 이로써 네언은 1970년대 말 일련의 논문에서 영국의 '쇠락'을 예고했으며, 그의 대표 저서로는 『영국의 종말The Break Up of Britain』(1977), 『민족주의의 민낯Faces of Nationalism』(1997), 『전 지구적 민족Global Nations』(2006)이 있다.

베니딕트 앤더슨처럼 네언은 마르크스주의와 민족주의의 관계에 문제가 있음을 인정한다. 네언은 어느 논문 도입부에서 "민족주의 이론은 마르크스주의의 거대한 역사적 실패"라고 단언한다.[62] 또한 앤더슨처럼 네언도 민족주의에 관한 '유물론적' 견해를 구상한다(그는 '유물론적'이라는 형용사를 '마르크스주의적'이라는 형용사보다 선호한다). 다만 그가 보기에 근대 민족주의의 출현을 이해하기 위한 결정적인 요소는 앤더슨이 우선성을 부여한 '인쇄 자본주의'가 아니라 하부구조 차원의 또 다른 현상인 "불균등 결합 발전uneven and combined development"이다. 특히 트로츠키에게서 찾아볼 수 있는 이 불균등 결합 발전 이론은, '선

---

61   E. P. 톰슨은 영국의 '특수성'에 관한 이런 주장에 비판적이다. E. P. Thompson, "The Peculiarity of the English," *The Poverty of Theory, and Other Essays*, Monthly Review Press, New York, 1980. 톰 네언이 전개한 주장에 관해서는 다음을 보라. Tom Nairn, "The Twilight of the British State," *New Left Review*, n° 101-102, janvier-avril 1977.

62   Tom Nairn, "The Modern Janus," *New Left Review*, n° 94, novembre-décembre 1975, p. 3.

216   2부 이론들

진국'의 발전에는 '후진국'의 저발전 상태가 불가피하게 동반된다는 생각을 가리킨다. 다시 말해 문제가 되는 후진국의 지체 상태란 실제로 지체돼 있는 게 아니라, 서방 국가의 '선진성'과 철저히 동시성을 지니는 것이다. 이런 의미에서 한 국가의 저발전 상태는 다른 국가 발전의 직접적인 결과이므로 '결합된' 불균등 발전인 것이다. 이 주장은 중대한 전략적 결과를 가져온다. 무엇보다 여기서는, 사회주의 세력이 혁명을 일으키려면 나라가 그만큼 '성숙'해야 한다는 생각을 단념해야 한다고 본다. 저발전 국가는 저발전 상태에 계속 머물기 때문에 그런 '성숙'에 도달할 수 없다. 이 생각은 이매뉴얼 월러스틴, 조반니 아리기를 위시한 '세계체계' 이론가들을 통해 더욱 발전했다.

네언이 보기에 민족주의는 불균등 결합 발전에 직면한 주변부의 반작용이다. 이런 조건에서 세계경제 편입 방식의 결과로 생긴 강제된 저발전 주기에서 벗어나려면, 주변부 국가들은 주의주의적 방식으로 자국의 독자적 발전 조건을 창출하려 애쓰는 것 말고는 다른 선택의 여지가 없다. 저발전에 맞서는 이런 저항은 양면적인 방식으로 이뤄졌다. 한편으로 피지배 국가들은 독자적인 발전 전략, 예컨대 사회주의적 발전 전략을 채택했다. 다른 한편으로 피지배 국가들은 중심부에서 작동한 모델을 모방했다. 하지만 이들의 모방은 '선진국'이 도약했던 환경과는 매우 달라진 자본주의적 산업 환경 속에서 실행됐다. 피지배 국가 입장에서는 둘 중 어느 방식을 선택해 적용하든 엄청난 사회적 힘을 동원해야 했고, 이는 근대 민족주의 형태를 띠었다. 원형민족적 부르주아계급bourgeoisies proto-nationales은 사회적 동원에 성공하기 위해 자기들 수중에 있는 자산에 기대야 했다. 중심부 국가에서 자본주의적 특성을 나타내던 사회제도들을 이들은 전혀 갖추지 못했다. 이들에게 가용 가능한 자원이라고는 풍습·민간전승·언어·종교 등 그 지역 특수성에 기반한 것들뿐이었다.

네언이 보기에 근대 민족주의는 이 특수성을 적극 활용해 탄생했다. 근대 민족주의는 이 특수성과 불균등 결합 발전이 충돌하여 생긴 것이다. 정의상 이 특수성의 내용은 각 지역에 고유한 것이다. 이런 의미에서 어떤 민족주의든 특유의 양상을 띤다. 하지만 동시에 이 특수성이 동원되는 방식은 보편적이다(이것이 민족주의의 '~주의'가 뜻하는 바다). 네언은 민족주의의 이중성을 설명하고자 "근대 야누스"라는 표현을 사용한다. 알다시피 야누스는 두 얼굴 중 하나는 과거를 바라보고, 다른 하나는 미래를 바라보는 로마의 신이다. 그렇게 민족주의는 이전의 전통에서 유래하는 요소들에 기초를 두지만 그 요소들을 근대적 현상으로 변형시킨다.

네언이 민족주의의 출현을 발전과 관련지은 최초의 저자는 아니다. 앞서 이미 어니스트 겔너의 민족주의 이론을 언급한 바 있다. 겔너는 민족주의가 전형적인 근대화 이데올로기라고 주장한다. 겔너가 보기에 민족주의는 산업화의 파생물이다. 산업화는 표준화한 교육 체계의 출현, 더 일반적으로는 '엑소사회화exosocialisation'(다수 개인들에 공통된 사회화)의 출현을 수반한다. 그 어느 때보다 많은 생산자들의 상호 이해와 조정이 필요한 지속적인 경제성장은 국가가 주도하는 이런 사회화를 필수적으로 요구한다. 이렇게 볼 때 산업화 중인 모든 지역은 민족과 민족주의를 발생시킨다. 반면 네언이 보기에 민족주의는 산업화를 꼭 수반하지는 않는다. 민족주의는 주변부 국가들의 저발전 상태의 산물이다. "영국, 프랑스, 미국은 민족주의를 고안하지 않았다. 그 나라들에서는 애초에 그렇게 할 필요가 없었기 때문이다."[63]

네언의 주장에서 흥미로운 부분은 민족주의가 주변부에서 나타났고, 그다음에야 중심부인 서유럽으로 되돌아왔다는 것이다. 주변부에는 전 세계 인구 중 압도적인 다수가 살고 있으므로 민족주의는 세계 역사에서 고려하지 않을 수 없는 현상이 되었다. 저발전 상태에서 벗어나려 애쓰는 주변부 국가들은 세계경제에 편입되고, 그렇게 함으로써 세계경제를 바꾼다. 그 결과 자본주의의 활동 범위는 계속 확대된다. 더구나 민족주의는 일단 중심부에 도달하면, 거기 존재하는 국가 제도와 결합하여 더욱 강화한다. 네언이 보기에 근대국가와 민족주의의 만남은 뒤늦은 편이다. 결국 민족주의는 원래 '반제국주의적'이다. 그렇지만 네언은 민족주의의 출현을 설명해주는 것이 정치적·문화적 차원이 아닌 사회경제적 측면임을 강조한다. 민족주의를 설명해주는 주된 요소가 세계경제라는 점에서 그의 분석은 '유물론적' 측면을 지닌다.

그럼에도 네언은 베니딕트 앤더슨과 마찬가지로 민족주의를 설명하는 데 '주관적' 요소들이 중요함을 인정한다. 그는 "민족주의의 주관성은 민족주의에 관한 중요한 객관적 사실"이라고 주장한다.[64] 민

63   같은 글, p. 15.

족주의에 관한 '객관적' 분석은 민족주의가 포함하는 주관적 요소들을 포착할 수 있어야 한다. 베니딕트 앤더슨은 민족이 '상상된 공동체'라고 주장한다. 이 말은 곧 민족이 물질적 기원을 지닌 표상들의 존재를 전제로 한다는 뜻이다. 그 표상들은 제도로 구현되고 사회 현실을 변형시킨다. 네언에게도 상황은 마찬가지다. 비록 민족주의가 '객관적' 과정(불균등 결합 발전)의 산물일지라도 민족주의의 성공은 민족주의가 해당 개인들의 '정체성'을 지배함을, 그들의 '감정'에 호소함을 전제 조건으로 한다. 이 현상에 깃든 감정의 하중이 민족주의의 '낭만적'이고 '인민적'인 억양을 설명해준다. 민족주의는 일종의 '계급 간' 현상으로, 한 영토 내에서 사회계급들끼리 갖는 결연을 상정한다. 네언이 말하듯 원형민족적 부르주아계급은 자신들의 목적을 이루고자 "대중을 역사 속으로 초대"해야 했다. 즉 그들의 민족적 프로젝트에 대중이 들어올 수 있는 공간을 마련해야 했던 것이다. 하지만 그러려면 "대중이 이해하는 언어로 초대장을 작성해야" 했으며, 따라서 대중이 아는, 특히 남반구 나라들에서 다수를 차지하는 농촌 인구가 아는 전통문화에 기댈 필요가 있었다.[65] 이런 식으로 민족주의는 가장 시대에 뒤떨어진 측면과 가장 근대적인 측면을 뒤섞는다.

이 모든 데서 연유해 톰 네언은 여러 대표적 마르크스주의자들에게서 엿보이는 '추상적 국제주의'에 비판적인 태도를 보인다. 네언은

---

64   같은 글, p. 8.
65   같은 글, p. 12.

19~20세기 동안 민족주의에 맞서 국제주의가 겪은 패배, 특히 모든 사회주의적 실험이 국민국가의 틀로 주조될 수밖에 없었던 사실은 절대 우연이 아니었다고 말한다. 국제주의는 앞서 언급한 이유들 때문에 패배할 수밖에 없었다. 세계 자본주의 경제가 불균등 결합 발전을 만들어냈고, 불균등 결합 발전은 민족주의를 만들어냈다. "마르크스주의 학설에서 말한 새로운 보편적 계급이 '독일인' '쿠바인' '아일랜드인' 같은 형태가 아닌 '프롤레타리아'의 형태로 나타나는 것은 불가능했다."[66] 민족주의는 우연이지도, 일시적이지도 않다. 민족주의는 세계 자본주의 경제 논리 자체의 일부다.

게다가 네언은 많은 점에서 민족주의를 긍정적인 현상으로 여긴다. 그는 민족주의의 혼종성, 다양성, 보편성을 칭송한다. 또한 그는 '코즈모폴리터니즘cosmopolitanisme', 예컨대 울리히 벡Ulrich Beck이 근래 유행시킨 개념 등을 신뢰하지 않는다. 네언은 이것이 현실과 무관한 지식인들의 창작물이라고 주장한다. 그가 보기에 보편성은 다른 문화가 만나고 뒤섞이는 데서 나오지, 어떤 때에도 선험적으로a priori 주어지지 않는다. 이런 의미에서 민족주의는 '차이différence'를 전제로 하고, 근대 세계에서 민족은 국가와 결합하여 '국민국가'를 형성한다.[67] 이런 관점에서 네언은 20여 년 전부터 보이던 민족의 수적 증가를 꼭

---

66   같은 글, p. 22.

67   Tom Nairn, "Globalization and Nationalism: The New Deal," *Open Democracy*, 7 mars 2008, p. 8. 이 글은 웹사이트 www.opendemocracy.net에서 볼 수 있다.

해로운 것으로 간주하지 않는다. 물론 그는 민족주의의 긍정적 효과를 인정하지만, 그것이 무조건적 긍정은 아니다. 그는 '시민적civique' 민족주의와 '종족적ethnique' 민족주의를 구분한다. 후자는 일반적으로 민족주의와 그 가장 공격적인 형태인 파시즘의 해악이라 여겨지는 속성을 갖는다. 네언은 인구의 대다수가 농민일 때 민족주의가 위험해진다고 가정하며, 이에 관해 한 논문에서 "농촌의 저주"라 말하기도 했다.[68] 그의 관점에서 보면 농민들은 민족주의의 '종족적' 형태를 발전시키는 경향을 띤다. 자본주의로 이행해감으로써 농촌이 겪게 되는 갑작스러운 변화와 더 낮은 교육 수준이 그 원인이다. 하지만 도시 인구 안에서 민족주의는 대체로 바람직한 결과를 양산한다.

네언은 세계화가 제기하는 도전에 대응하는 데는 가장 작은 국가들인 '극소국가들'이 일반적으로 가장 효과적이며, 더 나은 방어 수단을 갖고 있다고 강조한다. 이를 보여주고자 그는 가령 정기간행물 『포린 폴리시Foreign Policy』에 실린 가장 번영한 나라들의 지표를 언급한다.[69] 이 지표는 국민의 '복지' 수준을 측정할 수 있는 경제적·사회적·문화적 통계를 종합해 만들어진 것이다. 가장 높은 점수를 받은 20개국 가운데 싱가포르·스위스·덴마크·체코공화국·뉴질랜드가 특히 눈에 띈다. 이 국가들이 높은 점수를 받은 이유는 인구수가 적은

---

68   Tom Nairn, "The Cruse of Rurality: Limits of Modernisation Theory," *Faces of Nationalism. Janus Revisited*, Verso, Londres, 1997.

69   Tom Nairn, "Globalization and Nationalism: The New Deal," p. 6.

덕분에 국민의 '결속력'이 더욱 높아졌을 뿐 아니라, 환경 변화에 대한 통제력이 더욱 잘 발휘됐기 때문이다. 네언은 포스트모던 민족 협력의 시대에는 '작은 것이 아름답다small is beautiful'고 주장한다. 네언이 세계화를 국민국가 최후의 노래로 보지 않는 이유가 여기 있다. 하트와 네그리가 생각한 것과 반대로 국가는 세계화의 주역으로 남아 있는 것이다.

위르겐 하버마스와 에티엔 발리바르: 유럽의 문제

베니딕트 앤더슨과 톰 네언은 세계가 앞으로도 계속 국민국가를 토대로 조직될 것이라고 본다. 이는 초국가적 수준에서 어느 정도 통합된 국가연합이 출현하는 것을 배제하지 않으며, 국제조직이 다소간 행동할 여지가 있다는 사실도 배제하지 않는다.

위르겐 하버마스와 에티엔 발리바르는 부분들 곧 국민국가들로 환원될 수 없는 초국가적 '블록들'의 출현을 개념화하고자 했다. 그렇다고 해서 하버마스와 발리바르가 이런 블록들의 통합을 이미 완수된 것으로 보거나, 블록들의 전 지구적 확산이 돌이킬 수 없게 됐다고 보는 것은 아니다. 또한 이들이 국민국가가 세계화에서 그 영향력을 잃었다고 보는 것도 아니다. 하지만 하버마스와 발리바르는, 20세기 후반에 국가도 제국도 아닌 새로운 정치적 실체들이 출현했으며, 그 실체들이 인류의 정치 역사를 이제껏 가본 적 없는 길로 이끌 수 있다고 여긴다.

이 책에서 다루는 저자들 가운데 하버마스는 가장 유명한 축에 속한다. 프랑크푸르트학파를 이끌었던 아도르노와 호르크하이머의 계승자이자, 근대성의 사회학과 인간 행동의 일반 이론('의사소통 행위' 이론)을 주제로 책을 쓴 그는 20세기 후반의 위대한 사상가다. 그의 저작들은 마르크스주의에서 분석철학, 체계 이론, 칸트주의를 거쳐 프래그머티즘pragmatisme에 이르기까지 현대 사상의 주요 경향을 독창적인 방식으로 통합하고 종합한 것이다. 1962년 출간된 그의 유명한 첫 번째 책은 18세기 유럽에서 출현한 '공론장'을 다룬다. 그의 대표작 『의사소통 행위 이론Theorie des kommunikativen Handelns』(1981)은 '도구적' 합리성과 구별되는 '의사소통적' 합리성을 매개로 합의, 곧 '담론 윤리'의 출현 조건을 사유하려 한 시도다.

하버마스는 학술 활동과 병행하여, 2차 세계대전 이후 공적 논쟁에 끊임없이 개입했다. 그는 독일의 전쟁범죄 책임 문제에 많은 에너지를 쏟았고, 이 문제로 1980년대 당시 에른스트 놀테Ernst Nolte에 맞서며 '역사가들의 논쟁Hisorikerstreit'에서 주역으로 떠올랐다. 또한 그는, 당시 교황청 신앙교리성 장관이었으며 훗날 교황 베네딕토 16세가 될 추기경 요제프 라칭거Joseph Ratzinger와 논쟁을 벌이기도 했다.[70] 한편 하버마스는 예전의 프랑크푸르트학파, 곧 '비판이론' 학파의 유산을 정리한 주요 대표자다. 그는 비판이론을 롤스의 정의론이나 마이클 왈저Michael Walzer의 공동체주의communautarisme 이론 등 이 시대 '정치

70   Joseph Ratzinger et Jürgen Habermas, "Les fondements prépolitiques de l'État démocratique," *Esprit*, n° 306, juillet 2006.

철학'을 대표하는 정전의 반열에 올려놓음으로써, 그 이론을 '정상화 normalisé'했다. 동시에 그가 개진한 몇몇 가설은 무시할 수 없는 파괴적 무게를 지니고 있기도 하다.

하버마스는 네언이 민족주의의 본질로 여겼던 지역적 특수성과 근대주의의 결연이 현재 우리 눈앞에서 분해되고 있다고 본다. 다른 말로 하면 '근대 야누스'의 두 얼굴이 분리되는 과정에 접어든 것이다. "공유된 문화적 정체성이 사회 구성과 국가 형태로부터 유리되면서, 분명 이전보다 더욱 분산된 민족성은 이제 더는 국가에 소속된다는 사실에 결부되지 않는다."[71] 하버마스는, 근대 국민국가가 지배적인 '문화적 정체성'을 언제나 국가 구조에 연결한다고 주장한다. '국민성', 다시 말해 한 개인이 한 국가에 속한다는 사실은 이 두 요소의 결합에서 나온다. 적잖은 소수자들이 많은 나라들에 존재할 때, 이들은 지배적 정체성을 대표하는 집단과 평화롭게 공존하기도 하며, 지배적 집단으로부터 억압받기도 한다. 스위스나 벨기에 같은 몇몇 국가에는 여러 문화가 공존하는가 하면, 페루·볼리비아·아르헨티나에 퍼져 있는 아이마라족 정체성처럼 하나의 동일한 정체성이 여러 국가에 퍼져 있을 수도 있다. 다만 일반적으로 국민국가는 많은 점에서 '판타지'로 이뤄진 역사적 구성의 산물이지만, 실제 영향력을 행사하는 지배적인 문화에 기초를 둔다.

---

71   Jürgen Habermas, "Le patriotisme constitutionnel," in Dominique Schnapper, *Qu'est-ce que la citoyenneté?*, Gallimard, Paris, 2000, p. 290.

하버마스는 하나의 문화적 정체성을 하나의 국가와 동일시하는 것은 오늘날 사라져가는 추세라고 본다. 동시대 세계에서 문화적 정체성의 문제와 국가 제도의 문제는 갈수록 별개의 것으로 여겨지며, 이에 따라 여러 세기에 걸친 공통의 역사도 종언을 고하고 있다. 이제 문화적 다원주의가 국가의 정상적인 존재 양상이 되었다. 그 결과 두 심급을 결합했던 '국민국가' 형태는 정치적 적합성을 상실했다. 하버마스가 이 문제에 할애한 저작 가운데 하나는 『국민국가 이후』라는 의미심장한 제목의 책이다.[72] 어떤 점에서 하버마스는 세계화라는 맥락에서 국민국가의 약화에 대한 하트와 네그리의 진단을 공유한다. 그는 세계화가 정치 형태의 역사에 새 시대를 열었고, 그 결과 주권 문제가 심각하게 대두되었다고 본다. 하지만 이 같은 진단을 통해 그는 『제국』 저자들과는 다른 결론을 이끌어낸다.

국민국가의 쇠퇴라는 하버마스의 가설을 뒷받침하는 첫 번째 논거는 기술적·군사적 차원이다. 근대 국민국가는 민족주의 이데올로기와 분리될 수 없다. 민족주의 이데올로기는 민족을 최상의 정치적 가치로 여기며, 필요에 따라 자국민에게 고도의 희생을 요구한다. 유럽 대륙의 수많은 전쟁들은 물론, 20세기 두 차례 세계대전은 민족주의의 동원 능력을 증명한다. 그런데 정치적 가치라는 측면에서 민족이 차지하는 우위는 적어도 서구 사회에서는 통용되지 않으며, 그 동원 능력은 약해졌다. 한 가지 원인은 무기의 발달인데, 이것이 '군 복

---

72   Jürgen Harbermas, *Après l'État-nation*, Fayard, Paris, 2000.

무'를 역설적인 것으로 만들었다. "오늘날 다른 나라를 위협하는 데 실제로 무기를 사용하는 자 누구든 그 순간 사실상 자기 나라를 파괴하고 있다는 사실을 알고 있다."[73] 하버마스가 생각하기에 "자신의 조국을 방어"하라는 민족주의의 요구를 이행하기란 불가능해졌다. 왜냐하면 이제 조국을 방어하는 일은 곧 조국을 파괴하는 일이 됐기 때문이다. 경쟁자들이 핵무기를 소유하고 있다는 사실은 적대행위가 촉발됐을 때 그들이 서로 파괴한다는 사실을 뜻한다. 핵 전략가들은 이 현상을 'mutually assured destruction'(상호확증파괴)의 첫 음절을 따 'MAD'라 부른다. 냉전 시대 공포의 균형은, 핵무기가 사용되는 순간 적대국의 핵미사일이 모든 나라를 지도에서 지워버릴 것이라는 각국의 확신을 토대로 삼았다. 이것이 핵무기가 확산되고 있음에도 정작 실제 사용된 경우는 두 번에 그친 까닭이다.

하버마스가 보기에 이 전략적 상황이 정치 일반, 그리고 특히 국민국가의 진화에 갖는 함의는 아직 완전히 현실화되지 않았다. 일단 전쟁 때문에 어떤 국가가 쇠약해져 항복하는 데 그치지 않고 아예 파괴될 수 있다면, 조국 '방어'는 조국 절멸로 이어질 위험을 무릅써야 하는 일이 되며, 이로써 '방어'의 의지는 의미를 상실한다. 조국의 생존을 위해서라면 군사적 갈등에 연루되지 않는 것이 최선이다. 따라서 군사주의는 지속 불가능해진 데 반해, 평화주의는 애국주의적 태도의 전형이 되었다. 문제는 군사주의가 쇠퇴함에 따라 민족주의가

---

73   Jürgen Harbermas, "Le patriotisme constitutionnel," p. 291.

그 주요 동력 중 하나를 상실했다는 점이다. 왜냐하면 조국 방어를 위한 국민 동원은 언제나 민족주의가 스스로 존재 가치를 증명하는 수단이었기 때문이다. 결국 민족주의를 지탱하던 지주의 하나가 무너진 셈이다.

이 논거는 '공학적'이라는 점에서 흥미롭다. 이 주장에서 보면 기술 발전은 사회 세계를 어떠한 방식으로 재주조할 수가 있다. 즉 여기서 민족주의의 쇠퇴라는 사회 현상의 원인은 핵무기 출현이라는 기술적 현상이 되는 것이다. 이 논거를 통해, 프랑크푸르트학파 1세대가 하버마스에게 끼친 영향의 흔적을 볼 수 있다. '문화산업'을 주제로 한 분석이 보여주듯 아도르노와 호르크하이머의 사유에서 기술과 그 결과에 대한 성찰은 특별한 자리를 차지했다.

하버마스가 민족주의의 쇠퇴를 설명하고자 내세우는 두 번째 논거는 20세기 후반 이후 타자성에 대한 인식의 변화와 연관이 있다. 국제 이민이 늘고 매스미디어와 관광이 대중화하면서 개인들은 외국 문화와 점점 더 많이 접촉하게 된다. 이는 두 가지 중요한 결과를 낳았다. 먼저 이민은 사회의 종족 구성을 바꿔놓았다. 이제까지 국가 구성원은 문화나 종교 차원에서 (상대적으로) 더 동질적이었지만, 이민은 다양성을 가져왔다. 이는 어느 문화적 정체성도 더는 온전히 남아 있지 못함을 의미한다. 지배적 정체성의 존재는 국민국가의 형성과 불가분의 관계에 있었으나, 이제 이민이 그 기반을 허물었다고 말할 수 있다. 그러나 타자성과의 접촉은 표상의 질서와도 관계가 있다. 미디어가 전달하는 먼 나라의 이미지는 국민들에게 점차 자국 전통을 '상대주의적으로' 인식하게 했다. 이로써 국민들은 자신들의 문화를 '가능한 삶의 한 형태'일 뿐이라 여기게 됐다. 민족주의에서는 민족, **자기** 민족을 최고의 정치적 가치로 여기기에, 이런 상대주의는 민족주의를 약화시킬 수밖에 없다. 하버마스는 특수주의를 '넘어선' 상대주의가 모든 민족 전통에 내재하는 보편주의를 두드러지게 했다고 주장한다. 타자의 문화를 가능한 삶의 한 형태로 인정하는 것은 자기 문화와 동등한 가치를 그 문화에 부여하는 것이다.

하버마스가 제시하는 세 번째 논거는 학문, 특히 인문학이 민족주의와 맺는 관계에 관한 것이다. 인문학, 그 가운데서도 역사 서술은 언제나 '민족 서사'를 구성하는 기능을 맡았다. 민족주의의 발원 이후로 인문학은 지배계급과 결탁해 기존 질서를 정당화하는 일을 도맡았다. 그렇게 자국사의 중요한 순간들은 부각되고 어두운 시간들은 침묵에 싸이며, 민족 서사는 교과서를 통해 전 국민에게 전해진다. 그렇지만 20세기 후반에 들어 인문학은 권력에서 멀어졌는데(사실 이 과정은 꽤나 더 일찌감치 시작됐다), 두 가지 현상이 여기에 기여했다. 첫 번째 현상은 학문 활동의 전문화다. 그 덕분에 연구자들은 대학이 제공하는 보호, 특히 재정적 보호를 받으면서 권력과의 연줄을 끊을 수 있었다. 나아가 전문화는 더 엄밀하고 덜 정치적인 학문 생산의 규범을 만들어냈다. 특히 베버가 말한 '가치중립성'은 연구자들의 자율성을 제고하는 데 기여했다. 두 번째 현상은 연구의 국제화다. 역사가들은 자기 나라보다는 다른 나라의 역사에 점점 더 관심을 가졌다. 이에 따라 연구자들은 자신들이 연구하는 나라의 정치적 이슈와 거리를 두게 됐고, 역사 서술은 더욱 '객관성'을 확보할 수 있었다. 프랑스 비시 정부에 대한 주요 전문가가 미국인 로버트 팩스턴Robert Paxton이라는 사실이 이를 잘 보여준다.

　이 모든 게 하버마스가 '탈민족적인postnationale 정치적 정체성'의 출현이라는 가설을 정식화하는 데 기여했다. 표상과 정서affect를 모두 동원한다는 의미에서 그것은 하나의 '정체성'이다. 그러나 그 내용은 민족 정체성과 구별된다. '탈민족적인 정치적 정체성'은 전통이나 특수한 역사에 근거하지 않고 '정치질서와 기본법의 원리'에 기초를 두기 때문이다. 이제부터 애국심은 문화가 아닌 추상적인 원리, 인권이나 법에 의한 통치 같은 것을 대상으로 한다. 이것이 하버마스가 이 새로운 애국심을 '입헌적constitutionnel'이라 규정하는 이유다. 하버마스가 보기에 개인들은 자신들의 민족적 전통 자체에는 더 이상 애착을 갖지 않는다. 그들이 전통의 어떤 측면, 예컨대 요리·스포츠·음악 등에 가치를 부여하지 않기 때문은 아니다. 이는 '구체적인 총체'로서의 민족이 더 이상 서방 국가에서 그런 의미로 기능하지 않기 때문이다. 민족은 19~20세기에 그랬던 만큼의 열정을 더는 일으키지 못한다. 이제 시민들은 '함께 살기'의 원리, 양심과 표현의 자유, 투표권, 거주 이전의 자유, 법 앞의 평등 같은 주제를 더 중요하게 여긴다. 이처럼 "민주주의와 인권의 보편화라는 추상적 관념이 견고한 실체가 되고, 언어·문학·역사라는 민족적 전통의 빛은 이 보편의 프리즘을 통과하면서 굴절된다."[74] '입헌적 애국주의'라는 틀에서는 그 형식이 애국주의의 내용이 되는 것이다.

탈민족적인 정치적 정체성의 출현은 정치적 정체성 차원에서 하나의 혁명이다. 특히 그 혁명의 토대가 되는 보편화는, 하버마스가 오랫동안 천착해왔던 칸트적 의미의 '코즈모폴리터니즘'에 대한 물음을 다시 수면 위에 올렸다. 특수성들이 교배됨으로써 보편이 생겨난다고 주장하는 네언과 달리, 하버마스는 보편이 나타나려면 민족 전통이 약해져야 하고, 사회적 삶의 일반 원리가 민족 전통으로부터 초연해져야 한다는 생각을 옹호한다. 보편과 관련해 네언은 '창조적' 개념화를 발전시키지만, 하버마스는 '감산적' 개념화를 제안하는 것이다. 이런 맥락에서 하버마스는 단일 유럽의 건설을 탈민족적인 코즈모폴리터니즘의 전조로 본다. 그는 유럽을 아주 진지하게 인식하는 현대 사상가로서, 유럽 건설에 필요한 견고한 철학적 기반을 제공하고자 했고 마침내 2005년 유럽 헌법 제정 조약에 적극 찬성했다.[75] 하버마스는 이 헌법이 공동의 계획을 중심에 놓고 유럽인들을 동원할 수 있으며, 무엇보다 관료주의적이라 여겨지던 유럽에 정치적 내용을 부여할 수 있다고 보았다. 그는 특히 유럽이 '공론장'을 만들어냄으로써 단순한 '공동 시장' 단계를 넘어설 필요가 있음을 강조했다.

에티엔 발리바르는 2005년의 유럽 헌법 제정 조약에 반대했다. 이 조약이 신자유주의를 지향할 뿐 아니라, 현재 유럽에는 그 조약을

---

74   같은 글, p. 294.
75   특히 하버마스가 귄터 그라스, 볼프 비어만과 함께 작성한 다음 논단을 보라. Jürgen Habermas, Günter Grass et Wolf Biermann, "À nos amis français," *Le Monde*, 3 mai 2005.

정당화할 입헌 권력이 없다는 것이 이유였다. 젊은 시절 마르크스주의자로 출발한 발리바르는 자크 랑시에르, 피에르 마슈레Pierre Macherey, 로제 에스타블레Roger Establet와 함께 알튀세르의 공저자로서『'자본'을 읽자』를 집필했다. 이 책의 나머지 공저자와 마찬가지로 발리바르는 이후 알튀세르주의, 심지어 마르크스주의와 거리를 두게 됐다. 그렇지만 그는 여전히 프랑스에서 저명한 마르크스 연구자로서 1993년『마르크스의 철학』이라는 책을 출간했다.[76] 알튀세르처럼 프랑스 공산당원이었던 그는 1980~1981년 비트리와 몽티네레코르메유에서 일어난 불도저 사건을 계기로 당에서 제명되었다. 공산당 소속으로서 각각 두 도시의 시장이던 폴 메르시카Paul Mercieca와 로베르 위Robert Hue는 이주노동자 단지를 강제 철거했다. 당시 발리바르는「샤론에서 비트리까지De Charonne à Vitry」라는 논문을 발표하여, 프랑스 공산당이 과거 탈식민화에 대해 취했던 태도와 이후 이주에 대해 가진 견해 간의 연속성을 규명했다. 그는 유럽에 관한 저작에서 민족성, '종족성ethnicité', 이주를 다뤘고, 이 문제는 그의 오랜 관심사였다.『'자본'을 읽자』공저자이기도 한 그는 이 문제를 자신의 전공인 사회계급 문제와 연결시키기도 했다. 또한 이와 관련해 1988년 이매뉴얼 월러스틴과 함께『인종, 민족, 계급: 애매한 정체성』이라는 책을 출간했다.[77]

---

76   Étienne Balibar, *La Philosophie de Marx* [에티엔 발리바르,『마르크스의 철학: 마르크스와 함께, 마르크스에 반해』, 배세진 옮김, 진태원 해제, 오월의봄, 2018].

77   Étienne Balibar et Immanuel Wallerstein, *Race, nation, classe. Les identités ambiguës*, La Découverte, Paris, 1988.

유럽에 관한 발리바르의 성찰은 **경계**frontière 개념을 중심으로 이뤄진다. 그의 주된 공로는 이 '경계' 개념을 진정한 철학적 문제로 만들었다는 데 있다. 우리는 미래에 유럽 시민권이 어떻게 될 것인지 거의 모르지만, 그와 관련해 '경계들의 시민권'이 문제로 부각되리라는 것은 분명하다. 유럽은 서로 얽힌 하나의 경계 더미다. "유럽은 그 자체로 하나의 경계이거나, 더 정확하게는 경계들의 중첩이고, 결국 세계 역사와 문화의 관계들의 중첩(여하튼 그 관계들의 커다란 한 부분)이 유럽 안에 투영되어 있다."[78] 문화, 언어, 종교, 지적이거나 정치적인 전통이 만나고 충돌하는 장소인 유럽은 엄밀히 말해 경계를 갖지 않는다. 왜냐하면 유럽 자체가 하나의 경계이기 때문이다. 이 특별한 지위는 근대 세계에서 유럽 대륙이 차지하던 중심적 자리로부터, 특히 그 제국주의적 과거(그리고 현재)로부터 유래한다. 이것이 전 세계에 투영되었다 함은 지구상에 존재하는 문명들 간의 관계가 유럽에 응축적으로 내포되어 있음을 뜻하며, 그 결과 오래전부터 다양한 출신지의 이주민들이 유럽 영토 안에 존재해왔다. 이는 유럽 시민권에, 결국 시민권이라는 관념 자체에 영향을 미칠 수밖에 없다.

유럽 건설에서 '경계 패러다임'의 핵심성은 대륙의 정치·사법 역사상 영토가 갖는 중요성에서 유래하기도 한다. 발리바르는 끊임없이 영감의 원천이 되어주는 카를 슈미트에 의지하여[79] 유럽의 공법에서

---

78   Étienne Balibar, *L'Europe, L'Amérique, la guerre. Réflexions sur la médiation européenne*, La Découverte, Paris, p. 33.

영토가 주권을 정의하는 데 가장 중요했음을 보여준다. 이 관점에서는 영토를 관리하는 자, 결국 영토 안을 돌아다니는 인구를 관리하는 자가 주권자다. 이것이 슈미트가 말한 "대지의 노모스$_{nomos}$", 즉 영토 관리에서 발생하는 규범성이다. 여기서 영토의 범위, 결국 주권의 범위를 규정하는 경계의 성격이 도출된다. 이렇게 볼 때 주권자는 경계에 대해 권력을 지닌 자로서, 인간이든 상품이든 정보든 무엇을 그 영토에 출입시킬지 결정하는 자다. 그러나 유럽 건설은 이런 유럽의 사법 전통을 위태롭게 한다. 과거 유럽의 사법 전통은 독립된 국가들로 나뉜 대륙의 상황을 조정하는 역할을 수행했다. 그런데 이 국가들이 정치적 통합 과정에 들어간다면, '대지의 노모스'는 어떻게 될까? 그 경우 주권을 규정하는 영토와 그 경계들의 지위가 극적인 변화를 겪을 것이다. 유럽의 '한계'를 두고 되풀이되는 논쟁은 이런 사실을 나타내는 징후다.

소련의 붕괴는 유럽이 건설되는 조건을 바꿔놓았다. 앞서 유럽은 소련과 함께 초국가적 실체라는 지위를 나눠 가졌지만(소련은 제국 유형의 초국가적 실체였다), 소련 붕괴 이후 유럽은 대륙에서 유일한 초국가적 실체가 됐다. 소련의 몰락은 유럽연합의 '환경'을 변화시켰다. 이제 유럽연합의 환경은 유럽연합에 가입할 수 있는 나라들이 조성했고, 그 나라들의 통합 양식이 문제로 떠올랐다. 러시아, 캅카스 지역 나라

---

79   Carl Schmitt, *Le Léviathan dans la doctrine de l'État de Thomas Hobbes*, Seuil, Paris, 2002에 부친 발리바르의 서문 "Le Hobbes de Schmitt, le Schmitt de Hobbes"를 보라.

들, 발칸 지역 나라들, 터키는 유럽연합에 들어갈 소명을 지니는가? 고대부터 유럽의 나라들과 관계를 맺어온 지중해 연안 세계와 유럽연합의 관계는 어떠해야 하는가? 발리바르가 보기에 '소명vocation'을 운운하며 문제를 제기하는 것은 잘못인데, 이는 유럽의 구성원임을 '본질화'하는 행위이기 때문이다. 여하간 이 문제는 유럽의 경계가 어떤 곳은 포함하고 어떤 곳은 포함하지 않는다는 식으로 답할 수 있는 문제가 아니다. 유럽 시민권을 '경계들의 시민권'이라 말하는 것은 이런 문제 자체의 제거를 거부하고 유럽의 미래가 이 지역들에서 펼쳐질 것이라고 강조하는 것이다.

이제까지 모든 형태의 시민권은 '배제의 규칙'에 기초해왔다. 이 규칙은 공동체 안에 있는 개인과 그 바깥에 있는 개인을 분리한다. 고대 도시에서 구성원이 될 수 있는 기준은 법으로 정해져 있거나, 시민권이 세습된다는 의미에서 '객관적'이었다. 근대국가에서 그 기준은 국가가 해당 영토에 적용하는 권리들의 보편주의로 나아간다. '배제의 규칙'은 그러한 차이를 넘어, 두 가지 상이한 의미의 시민권에 공통된 요소로 존재한다. 전 인류에게 동일한 외연을 갖는 시민권이란 없다(프롤레타리아 국제주의는 시민권 개념을 받아들이지 않았다). 그런데 유럽 건설은 '개방의 원리'나 '비배제적 귀속'에 기초한 새로운 형태의 시민권을 고안할 것을 요구한다. 이 새로운 시민권은 그 대륙-경계의 특성을 반영한 유럽의 구성적 다원주의에 부합해야 할 뿐만 아니라, '안팎'의 대립에 기초한 과거 1000년 동안의 시민권 부여 방식과 철저히 단절한 귀속 방식을 발전시켜야 한다. 발리바르는 이 일의 어려움을 시인한다. 그는 비배제적 시민권이 "논리적으로 난해하며 역사적으로 전례 없는 관념"이라는 점을 인정하면서도, 제국 및 다민족 국가의 역사와 비교 가능한 요소들을 제시한다고 주장한다.[80]

발리바르가 '유럽의 경계들'이라 부르는 것이 꼭 그 대륙의 지리적 가장자리를 가리키는 것은 아니다. 그 경계들은 유럽의 중심에 걸쳐 있을 수도 있다. 유럽의 경계들은 특히 주요 도시를 관통한다. 대개 이곳에서는 이민자의 신분증과 체류허가증을 확인하는 경찰 검문이 실시된다. 이 경계는 정치적 실체이며, 공권력이 지정하는 장소에 놓인다. 결국 그 안에는 권력관계가 있다. 발리바르가 유럽을 주제로 쓴 글을 관통하는 가설 하나는 **유럽의 아파르트헤이트**apartheid의 존재다. 알랭 바디우, 에마뉘엘 테레Emmanuel Terray와 더불어 발리바르는 미등록 체류자, 더 일반적으로는 이민자를 적극 옹호하는 프랑스 지식인이다. '아파르트헤이트'(인종 격리 정책) 개념은 원래 남아프리카공화국 상황을 가리키는 것이었지만, 그는 이 상황이 유럽에서 다른 형태로 재등장하고 있다고 본다. 유럽 영토에 불법적으로 들어온 사람들에 대한 탄압은 계속 늘어나고 있고, 이는 '유럽이라는 요새'를 구축하려는 조짐과도 맥을 같이한다. 그러나 문제는 일시적인 이민 정책보다 더 심각하다. 그것은 결국 유럽 건설 계획의 기반에 영향을 미친다.

---

80   Étienne Balibar, *Nous, citoyens d'Europe? Les frontières, l'État, le peuple*, La Découverte, Paris, 2001, p. 250 [에티엔 발리바르, 『우리, 유럽의 시민들?: 세계화와 민주주의의 재발명』, 진태원 옮김, 후마니타스, 2010].

예전엔 유럽의 한 나라에서 외국인은 (유럽이든 아니든) 다른 국가의 국민으로 간주됐다. 하지만 마스트리흐트 조약(1992)이 발효되면서 외국인의 지위는 질적 변화를 겪었다. 이제 '유럽공동체'의 외국인, 즉 유럽연합 회원국의 국민과 '유럽공동체 바깥'의 외국인 사이에 구분이 확립된 것이다. 발리바르는 이렇게 썼다. "차별은 유럽공동체의 태생 자체에 각인돼 있다. 이는 모든 회원국이 불평등한 권리를 갖는 두 개의 외국인 범주를 규정하기 때문이다."[81] 마스트리흐트 조약은 유럽 시민권('배제의 규칙')을 각 회원국 국민의 시민권의 합으로 정의한다. 곧 어떠한 개인이라도 회원국의 시민이라면 유럽 시민이다. 문제는 이런 정의가 '총합' 수준의 아포리아를 낳고, 이 아포리아가 유럽연합 내 외국인이라는 조건에 대한 경멸로 귀결된다는 것이다. 이에 발리바르는 유럽 시민권이 '일국적' 시민권 모델을 단순히 유럽공동체 층위로 옮겨놓은 것으로 볼 수는 없다고 결론짓는다. 정치적 근대성은 '시민권=국적nationalité'이라는 등식으로 특징지어진다. 정치적·사회적 권리를 향유하는 것은 국가 공동체에 소속되는 것과 연관이 있다. 이 두 요소가 이제 분리되어 진화하게 될 것이다. 이 점에서 발리바르의 분석은 하버마스의 분석과 일치한다.

유럽 건설이 직면한 문제는 대체로 오늘날 '유럽 인민'의 부재에서 비롯한다. 유럽은 '주체 없는' 주권이다. 실제 정치적 정당성에 기초를 두지 않음에도 그 영향력은 유럽인들의 삶에서 커져만 간다. 유럽

---

81   같은 책, p. 222.

통합의 과정은 '계약주의'와 '자연주의'라는 두 가지 경향 사이에서 진동한다.[82] 계약주의에서는 유럽을 하나의 계약으로 생각한다. 다시 말해 유럽 통합을 회원국들의 이익에 부합하는 것으로 생각하고 최소 공통분모 전략으로 계약을 진전시키려 한다. 이제까지 맺은 조약, 특히 2005년 유럽 헌법 제정 조약을 구상했던 발레리 지스카르 데스탱 Valéry Giscard d'Estaing이 주재한 '협정'의 기능은 이 과정을 잘 보여주는 사례다. 다른 한편으로 유럽 건설에는 자연주의가 깃들어 있다. 자연주의에서는 회원국들이 그리스-로마 또는 유대-기독교를 공통된 기원으로 한다는 사실 때문에 '자연스레' 통합될 운명이라고 주장한다. 유럽연합 안에 터키가 들어오는 것을 두고 회원국들이 망설이는 것은 이러한 측면을 잘 보여준다. 이 관점에서 유럽 건설의 정당화는 계약 당사자들의 '합리성'에서 나오지 않고 당사자들을 공통된 조상의 '후예'로 가정하는 데서 나온다.

유럽연합을 정당화하는 두 방식에는 모두 문제가 있다. 발리바르가 2005년 유럽 헌법 제정 조약에 반대한 것은 그 기초에 깔려 있던 극도로 '계약주의적인' 접근과 관련이 있다. 물론 유럽 건설은 필요하다. 유럽 건설은 매우 관료주의적인 유럽 구조에 정치적 내용을 부여하는 데 도움이 될 것이다. 하지만 헌법은 정의상 '구성하는 권력'의 산물이다. 다시 말해 헌법은 정치질서를 구성하는 심급인 '인민'의 산

82　Étienne Balibar, *Droit de cité*, PUF, Paris, 2002, p. 50 [에티엔 발리바르, 『정치체에 대한 권리』, 진태원 옮김, 후마니타스, 2011].

물인 것이다.[83] 17~18세기 영국·미국·프랑스의 사례가 보여주듯, 헌법 제정 권력은 대개 혁명이나 내전 상황에서 나타난다. 유럽 헌법 제정 조약의 비준 과정에서는 '헌법이 도출되는 권력의 존재'라는 문제가 이미 해결된 것으로 치부됐다. 이 대목에서 '자연주의'는 유럽에 대한 신화적 개념화에 기초를 둔다. 하지만 유럽은 불변의 실체가 아니다. 유럽에는 역사가 있다. 발리바르는 그 역사를 찾아 오라녀 공 빌럼 3세(17세기 말)로 거슬러 올라간다.[84] 당시 외교상으로 '유럽'이라는 말이 '기독교 세계chrétienté'라는 말을 대체했고, '기독교 세계'는 분명 아주 다른 지리적 실체를 지칭했다. 이는 지금처럼 유럽을 일관성 있는 총체로 이해하는 것이 비교적 근래의 일임을 말해준다.

발리바르에 따르면 유럽 건설에서 통용되는 '계약주의'와 '자연주의'는 일반적으로 동일한 경향을 띤다. 이 둘 모두 발리바르가 열렬히 지지한 '유럽에 대한 정치적 개념화', 즉 유럽을 '일반 의지'의 산물로 보는 시각에 반하는 것이다. 유럽연합의 관료주의적 성격은 정당한 주권국가로부터 발현된 것이라고는 생각할 수 없는 사법·행정 조치를 만연하게 한다. 이런 상황에서 유럽연합 내에 '허구적 종족성', 곧 민족주의 성향, 나아가 인종주의 성향이 다시 나타나는 것은 당연하다. 민족주의와 인종주의에 대한 전투를 효과적으로 수행하려면 유럽 차

83　'구성하는 권력' 개념은 에마뉘엘 조제프 시에예스(Emmanuel Joseph Sieyès)에 그 기원을 두며, 카를 슈미트와 안토니오 네그리가 특히 이 개념을 구상했다.

84　Étienne Balibar, *Nous, citoyens d'Europe?*, p. 22.

원에서 자발적인 방식으로 정치를 복원해야만 한다. 또 그러한 정치는 유럽이 집단적 운명을 공유하고 있다는 생각을 바탕으로 해야 한다. 이 '운명 공동체' 개념은 발리바르가 한나 아렌트(그리고 에르네스트 르낭Ernest Renan)에게서 빌린 표현으로, 신화적 과거를 바라보는 '에트노스ethnos'에 미래를 향한 '데모스demos'를 대조한 것이다.

발리바르는 유럽을 더 민주화하기 위한 작업을 시작할 수 있는 여러 '작업장chantiers'을 언급한다. 예컨대 그는 부르디외를 좇아 노동조합과 공동체 운동의 범유럽적 조직화를 제시한다.[85] 관료적 구조를 정치화하려면 대등한 위치의 시민사회가 그런 조직에 요구를 해야만 한다. 또한 발리바르는 '경계들의 민주화'를 제안한다. 유럽연합 출입을 결정할 때 임의성을 줄이고 이러한 결정을 민주적 통제 아래 둘 것을 요청한 것이다. 가장 인상적인 작업장은 언어와 번역의 문제에 관련된다. "유럽어는 기호가 아니라 교차 사용을 통해 계속 변화하는 체계다. 다시 말해 하나의 **번역**이다."[86] 유럽어는 유럽연합의 이른바 '통용어langue de travail' 중 그 어느 것도 아니다. 또한 유럽인들 사이에서 가장 널리 쓰이는 언어인 영어가 유럽어인 것도 아니다. 유럽어는 번역이며, 유럽 대륙(이나 다른 곳)에서 사용되는 한 언어가 다른 언어들로 넘어가는 능력이다. 이 생각이 앞서 이야기한, 유럽에 나타나는 문화적 다원성과 관계가 있음은 분명하다. 움베르토 에코Umberto Eco의 작업에서

---

85   Pierre Bourdieu, "Pour un mouvement social européen," *Le Monde diplomatique*, juin 1999.

86   Étienne Balibar, *Nous, citoyens d'Europe?*, p. 318.

영향을 받은 발리바르의 이 제안은 젊은 유럽인들을 대상으로 언어적 상호이해 교육을 강화하자는 주장을 담고 있다. 이는 모든 개인으로 하여금 더 많은 언어를 배우게 하는 것이 아니라, 저마다 다른 사람에게 자신을 이해시키면서 자신의 고유한 언어로 말하도록 하는 것이다. 여기서 요구하는 바는 각 언어의 '정수'나 '정신'을 이해하는 일이지, 반드시 정확한 문법이나 단어를 이해해야 한다는 것이 아니다. 유럽의 운명은 유럽 거주민들이 그러한 정신을 이해하는 능력에 달려 있을지도 모르겠다.

왕후이: '소비주의적 민족주의'와 중국 신좌파의 출현

21세기 초 누구나 관심을 갖는 국가의 행보는 중국의 행보다. 아마도 20세기 말 가장 중요한 두 사건은 소비에트 장벽이 사라지면서 1917년 러시아 혁명이 열었던 역사적 주기가 끝난 일, 그리고 1970년대 말 이후 중국이 덩샤오핑의 지도 아래 자본주의로 전향한 일일 것이다. 자생적으로 출현해 자기 조정 능력을 갖춘 시장이라고 하는 허구를 아무도 믿지 않는 나라가 있다면 그곳은 바로 중국이다. 중국에서는 강한 국가의 주도로, 국가의 직접적인 표명 속에서 신자유주의적 개혁이 단행됐다(시장의 허구는 '시카고 보이스Chicago Boys'[87]와 아우구스

---

87   [옮긴이] 시카고 대학에서 자유주의 경제학을 공부한 1970~1980년대 칠레 경제학자들을 일컫는다. 특히 미국의 경제학자 밀턴 프리드먼과 아놀드 하버거(Arnold Harberger)의 영향을 받은 이들은 피노체트가 이끄는 칠레의 군부독재를 위해 연구를 수행했으며, 칠레가 단행한 자유주의적 경제 개혁, 이른바 '칠레의 기적'을 이끌어내는 데 중요한 역할을 했다.

토 피노체트Augusto Pinochet의 칠레에서 이미 그 신빙성을 잃었다). '중국 신좌파'를 대표하는 이들 가운데 하나인 왕후이는 중국의 현 체제가 '소비주의적 민족주의' 형태를 취한다고 본다.[88] 여기서 '민족주의'라 함은, 하버마스에게서 봤던 것처럼 유럽 국가에서 민족 감정의 지속은 의혹의 대상이 될 수 있지만 오늘날의 중국에서는 그런 의혹이 전혀 없다는 의미에서다. 또 '소비주의'라 함은, 20세기 중국의 정치적 급진주의가 "부자 되세요!"를 허용했다는 의미에서다. 기조François Guizot 또한 이를 부인하지 않았을 것이다.[89] 새로운 유산계급은 자기과시용 소비의 대가가 되었고, 더 이상 이데올로기에는 아무 관심 없는 기술 관료들이 국가를 경영하기에 이르렀다.[90] 경제 관료와 정치 관료의 결탁은 상당한 수위의 부패를 초래했고, 그때까지 민족이라는 상상된 공동체의 중심에 있던 노동자와 농민은 배제됐다.

1959년에 태어난 왕후이는 원래 문학 전공자다. 그는 작가 루쉰魯迅(1881~1959)에 관한 논문을 쓴 바 있다. 루쉰은 중국 신좌파에 영향을 준 한 인물로 당시 공산주의 운동과 가까웠으며, 마오쩌둥이 그의

88   Wang Hui, *The End of the Revolution. China and the Limits of Modernity*, Verso, Londres, 2009.

89   [옮긴이] 1830년 7월 혁명 이후 루이 필리프의 '7월 왕정'은 법 앞의 평등과 재능에 따른 문호개방을 지지했지만, 민주주의를 두려워했고 선거권의 과도한 제약을 고집했다. 시민들이 선거권 확대를 요구하자 당시 프랑스의 역사가이자 정치가였던 프랑수아 기조는 "부자가 되어라. 그러면 투표할 수 있다"라고 하면서, 중간계급 및 노동자들의 요구를 외면했다.

90   중국 공산당 간부의 형성에 관해서는 다음을 보라. Émilie Tran, "École du parti et formation des élites dirigeantes en Chine," *Cahiers internationaux de sociologie*, vol. CXXII, 2007.

글에 탄복하기도 했다. 왕후이는 1989년 '천안문天安門 사건' 때 적극 참여했고, 이어지는 정부의 진압 시기에 1년 동안 중국 어느 지역에 있던 '재교육' 수용소에 보내졌다.[91] 이후 그는 자기 세대의 많은 중국 지식인들과 마찬가지로 미국에 건너가 연구를 해나갔다. 미국 체류는 그의 경력과 작업이 국제화하는 발단이 됐으며, 이로써 그는 서구에서 중국 신좌파를 '공식' 대표하는 한 인물로 자리매김했다. 문학을 주제로 계속 글을 쓰던 그는 관념의 역사와 사회이론에 점점 더 몰두했다. 그렇게 왕후이는 네 권으로 된 『근대 중국 사상의 흥기現代中國思想的興起』라는 기념비적인 책의 저자가 되었다.[92]

1996년부터 2007년까지 왕후이는 사회학자 황핑黃平과 함께 잡지 『두슈读书』('독서'라는 뜻)의 주간을 맡았다. "독서 영역에서 금지된 구역은 없다"라는 구호를 토대로 1979년 창간된 『두슈』는, 10만 독자를 거느리며 당대 정치·경제·문화 논쟁이 벌어지는 한 장소로 기능했다. 하지만 『두슈』의 영향력이 커짐에 따라 당국의 압력은 예견된 일이었고, 결국 왕후이와 황핑은 해임됐다. 1997년 왕후이는 큰 반향을 일으킨 논문 「현대 중국의 사유와 근대의 문제当代中国的思想状况与现代性问题」를 발표했고, 이 논문은 그다음 해 학술지 『소셜 텍스트Social Text』에 영어로 번역되어 실렸다. 여기서 그는 1980~1990년대 중국의 사회사

---

91   Pankaj Mishra, "China's new leftists," *New York Times*, 15 octobre 2006.

92   Zhang Yongle, "The future of the past. On Wang Hui's Rise of Modern Chinese Thought," *New Left Review*, n° 62, mars-avril 2010.

와 지성사를 섬세하게 관련지을 것을 제안했다.[93] 왕후이는 『트랜스크리틱: 칸트와 마르크스トランスクリティーク: カントとマルクス』 저자인 일본의 가라타니 고진,[94] 그리고 한국의 백낙청白樂晴과 더불어 오늘날 가장 풍부한 아시아 비판사상가로 이름을 올리고 있다.

1960~1970년대 서구 신좌파와 마찬가지로 '중국 신좌파'는 단일 집합체가 아니다. 원래 '신좌파'는 이를 비방하는 사람들이 유통시킨 용어다. 이 말에는 왕후이를 비롯해 왕샤오광王紹光, 추이즈위안崔之元, 왕샤오밍王曉明, 간양甘陽, 첸리췬錢理群 등 신좌파의 대표 주자들이 중국을 문화대혁명 시절로 되돌려놓으려 한다는 뜻이 들어 있었다. 신좌파 주창자들을 아우르는 요소는 적어도 세 가지가 있다. 먼저 이들은 신자유주의와 중국 정부의 권위주의를 모두 비판한다. 다시 말해서 그들은 한 가지 현상의 두 측면이 서로 관계한다고 본다. 1980년대 이후 매우 강력해진 중국의 자유주의자들은 (그리고 덩샤오핑이 나라를 개방한 뒤 등장한 '신계몽주의자들'은) 국내에 시민 자유가 부재함을 비판하지만 신자유주의적 개혁에는 찬성한다. 그들이 제안하는 바는 그저 경제적 자유주의를 정치 영역으로 확장하자는 것이다.[95] 신좌파는 이

---

93   Wang Hui, "Contemporary Chinese thought and the question of modernity," *Social Text*, n° 55, été 1998.

94   Kojin Karatani, *Transcritique. On Kant and Marx*, MIT Press, Cambridge, 2005 [가라타니 고진, 『트랜스크리틱: 칸트와 맑스』, 이신철 옮김, 도서출판 b, 2013].

95   Wang Chaohua, "Minds of the nineties," in Wang Chaohua (dir.), *One China, Many Paths*, Verso, Londres, 2003, pp. 30-35.

생각에 반대한다. 신좌파에 따르면 권위주의와 신자유주의적 개혁은 더불어 하나의 체계를 이룬다. 신자유주의적 개혁은, 국가가 물러서고 자율적인 시민사회가 출현함으로써 경제 분야의 자유가 커진 결과가 전혀 아니다. 그것은 국가가 권위주의적인 방식으로 시행한 것이다. 따라서 권위주의와 신자유주의는 모순되지 않으며 오히려 그 반대다. 중국에서 국가와 시민사회는 여러 방식으로 상호의존하기에 결국 그 둘을 엄격히 구분하기란 어렵다.

더 일반적인 관점에서 신좌파는 중국에 만연한 성장 물신주의와 '근대화'의 목적론을, 또한 그것이 사회와 생태계에 불러온 처참한 결과를 고발한다. 사회계급들 사이에, 도시와 시골 사이에, 남성과 여성 사이에 심해지는 불공평함, 공기업의 대대적인 사유화, 국내 이주노동자들의 끔찍한 삶의 조건, 문화의 상품화⋯⋯. 어떤 점에서 신좌파가 점유하는 정치적 공간은 20세기 유럽 사회민주주의(오늘날의 사회자유주의가 아닌 이전의 사회민주주의)가 점유하던 사회적 공간과 일치한다. 비록 중국 신좌파를 대표하는 몇몇이 사회민주주의보다는 좌파 성향을 더 많이 띠긴 하지만 말이다. 신좌파가 제창하는 모범적인 조치는, 2차 세계대전이 끝나고 서구 복지국가에서 볼 수 있었던 것과 비슷한 사회보장 유형을 중국에 확립하는 것이다. 20세기 중국에서 사회민주주의는 전혀 실현되지 못했다. 과연 이 나라가 겪은 경제 발전에 뒤이어, 21세기에는 이곳에 사회민주주의가 실현될 수 있을 것인가?

중국 신좌파의 두 번째 특징은 첫 번째 특징과 밀접하게 연관된다. 신좌파를 대표하는 이들에게 마오주의를 포함한 20세기 중국 혁명의 전통은 끝나지 않았다. 신좌파는 덩샤오핑 시대의 개혁 이래 나라를 장악한 중국 공산당이 교묘하게 대대적으로 조작한 집단적 기억상실을 비난한다. 물론 신좌파는 마오쩌둥이 주도한 모든 정치, 가령 1950년대 말의 '대약진 운동' 등을 옹호할 만한 것으로 여기진 않는다. 하지만 왕후이가 말하듯 좋든 싫든 마르크스주의는 중국을 근대로 이끌었다. 따라서 마르크스주의의 다른 측면과 함의를 진지하게 검토하는 일은 중국이 미래로 나아갈 수 있는 유일한 방법이다.[96]

이런 맥락에서 보건대, 엘리트들이 전개한 노력에도 불구하고 중국 혁명의 유산이 압제받는 계층 내에 여전히 강력하게 남아 있다는 사실에 주목할 필요가 있다. 근래 10년간 증가한 노동조합 투쟁을 통해 새로운 노동자계급이 사회 전면에 등장했는데, 이런 투쟁은 지난 세기에 우세했던 평등주의적 상상력, 정확히 말하자면 '공산주의'를 토대로 한다. 오늘날에도 이 상상력은 '교범'으로, 인민이 겪는 불의에 맞선 요구와 저항의 표현 수단으로 남아 있다. 사회학자 칭콴 리Ching Kwan Lee의 말을 빌리면 결국 중국에서는 "마오쩌둥의 유령"이 계속 계급투쟁을 사로잡고 있는 것이다.[97]

중국 신좌파의 세 번째 특징은 이들이 브로델, 푸코, 하이데거, 마르쿠제, 들뢰즈, 제임슨, 리오타르, 데리다 등 중국에서 큰 인기를

---

96   Wang Hui, *The End of the Revolution*, pp. 4-5.

97   Ching Kwan Lee, "From the specter of Mao to the spirit of the law," *Theory and Society*, vol. 32, n° 2, 2002; Ching Kwan Lee, *Against the Law. Labor Protests in China's Rustbelt and Sunbelt*, University of California Press, Berkeley, 2007.

얻은 일련의 저자들을 중국에 소개한 매개자라는 사실이다. 달리 말해 중국 신좌파는 신비판사상의 중국식 갈래이며, 이 둘은 이론적 준거 전체를 공유한다.[98] 예컨대 추이즈위안은 로베르토 웅거의 '비판법학 연구'에서 영향을 받았으며 그와 함께 글을 쓰기도 했다.[99] 왕샤오밍은 「문화연구 선언」의 저자로서, 이 글은 스튜어트 홀과 리처드 호가트가 정초한 접근을 동시대 중국 문화에 적용할 것을 제안하고 있다.[100] 그 밖에도 더 많은 사례가 있을 것이다.

중국 신좌파와 신비판사상의 관계를 말할 때 분명히 해야 할 세 가지가 있다. 첫째, 신비판사상이 중국에 적용될 수 있었던 것은 이 나라의 공식적 이데올로기가 마르크스주의라는 사실과 밀접한 관련이 있다. 이는 관련 저자들이 읽히는 방식에 영향을 미칠 수밖에 없다. 예를 들어 마르크스주의를 표방하지만 중국 공산당 교육원이 가르치는 내용과 거의 무관한 마르크스주의를 표방하는 프레드릭 제임슨은 다른 나라에서 수용된 것과 같은 방식으로 중국에 수용될 수 없을 것이다.

둘째, (비판적이든 아니든) 많은 중국 지식인들이 타지에 흩어져 살

98   중국에서 수용한 몇몇 신비판사상에 관해서는 예컨대 다음을 보라. Wang Ning, "The mapping of Chinese postmodernity," *Boundary 2*, vol. 24, n° 3, 1997.

99   Cui Zhiyuan, "Whither China? The discourse on property rights in the Chinese reform context," *Social Text*, n° 55, 1998.

100   Wang Xiaoming, "A manifesto for cultural studies," in Wang Chaohua (dir.), *One China, Many Paths*.

고 있고 일부는 아주 오래전부터 그래왔는데, 그 결과 중국의 지적
장은 매우 국제화되었다. 이는 신좌파를 관통하는 많은 논쟁이 중국
대륙뿐만 아니라 대만이나 미국에서도 일어난다는 사실을 뜻한다.

　셋째, 중국 지식인들의 직업화/학문화 양상은 특수하다. 마오쩌
둥 주석이 문화대혁명 당시 일소하고자 했던 "3대 격차" 가운데 하나
가 바로 정신노동과 육체노동의 격차다(다른 두 가지는 지배자와 피지배자
의 격차, 도시와 시골의 격차다). 왕후이가 말하듯 이론과 실천의 조화는
마오쩌둥 시절 지속적인 관심사였다. 이 때문에 지식인들이 대거 가
혹한 처분을 받기도 했다. 그러나 1970년대 말부터 덩샤오핑은 '역량'
존중에 호소하며 '전문가'를 새로운 체제의 한 지주로 삼았다. 그때부
터 지식인 계층과 경쟁력 있는 대학 체계가 자리를 잡았다. 실천으로
부터의 구조적 분리는 중국 바깥 세계에 있던 동시대 비판사상에 영
향을 끼쳤는데, 이것이 이제 중국 좌파에까지 힘을 뻗치고 있는 것이
다. 그렇다고 해서 중국 좌파의 대표적 학자들이 사회운동이나 노동
조합 운동, 특히 생태 운동과 매우 긴밀한 관계를 맺는 데 방해를 받
는 것은 아니다.[101] 하지만 이제 다른 나라들처럼 중국의 지적 장도
정치 영역으로부터 상대적으로 자율성을 얻게 됐다.

　왕후이의 매우 경이로운 분석 가운데 하나는 천안문 사건과 관
련이 있다. 왕후이가 보기에 서구에서 이 사건을 바라보는 인식은 이
데올로기적으로 편향되어 있었다. 그 인식은 1980년대에 팽배하던 신

101　Leslie Hook, "The rise of China's new left," *Far Eastern Economic Review*, avril 2007.

자유주의 헤게모니에 의해, 그리고 천안문 사건이 소비에트 블록의 몰락과 동시에 일어났다는 사실에 의해 과잉 결정된 것이다.[102] 미디어는 천안문 사건이 학생들의 주도로 일어났으며 민주적 권리의 도입을 요구한 것이라고 소개했다. 물론 그런 요구도 있었지만 그게 다는 아니었다. 당시 여러 사회 영역에서 이 운동에 참여했고, 그들의 요구는 정치적일 뿐 아니라 사회경제적인 것이기도 했다. 천안문 사건은 이전 10년간 신자유주의의 비용을 치른, 도시의 모든 사회계층을 결집시켰다(상대적으로 농민은 거의 없었다). 천안문 사건은 부패와 사유화에 기인한 사회적 불의에 맞선 항거이자, 표현의 자유와 다당제를 위한 항거였다. 신자유주의적 세계화와 이를 구현하는 IMF·세계은행·WTO 같은 국제기구에 반대하는 운동이 여러모로 천안문 사건에서 예견됐다고 볼 수 있는 까닭이 여기 있다. 그와 같은 운동은 1990년대 말 전 세계적으로 나타나 시애틀, 제노바, 포르투알레그리에서 그 정점에 달했다. 이런 의미에서 천안문 사건은 최초의 '반세계화' 운동이라 할 수 있다.

결국 여러 이유에서 1989년은 전환점이 되는 해였다. 한편으로 그해는 러시아 10월 혁명으로 시작된 주기의 종말을 상징하고, 바디우의 말을 빌리면 현실 사회주의가 초래한 "어두운 재앙"의 종말을 상

---

102 Wang Hui, "Aux origines du néolibéralisme en Chine," *Le Monde diplomatique*, avril 2002; Wang Hui, *China's Next Order. Society, Politics and Economy in Transition*, Harvard University Press, Cambridge, 2003, chapitre I.

징한다.[103] 하지만 같은 흐름 속에서 천안문 사건을 통해 이 시기는 전 지구적 투쟁의 새로운 주기의 탄생을 예고했다. 이 주기가 세계적 규모의 자본축적의 미래 중심지인 중국에서 시작됐다는 사실은 다가올 수십 년간 많은 의미를 지니게 될 것이다.

오늘날 많은 비판사상가들은 초국가적인 정치적 실체의 출현에 관심을 갖는다. 우선 하버마스와 그의 '입헌적 애국주의' 이론이 그렇다. 또 뒤에서 보겠지만 '아프로폴리터니즘' 개념을 통해 범아프리카 차원에서 코즈모폴리터니즘의 출현을 생각하는 아실 엠벰베도 있다. 비슷한 관점에서 왕후이는 오늘날 본질적인 무언가가 '아시아' 개념 주변에서 행해진다고 주장하는데, 이것이 그가 『두슈』 주간을 맡는 동안 다른 아시아 나라 출신 사상가들에게 잡지의 많은 지면을 할애한 이유다.

'아시아' 개념은 원래 에드워드 사이드가 해체한 '동양$_{Orient}$' 개념과 같은 이유에서 식민주의의 고안물이었다.[104] 근대에 아시아는 유럽에서 온 식민지 개척자들의 지배욕의 대상이자, 지리학자·작가·철학자 등 유럽 학자들의 지식욕의 대상이었다. 아시아에 대한 식민주의적 표상은 정권에 봉사하는 지식인들의 전유물은 아니었다. 마르크스의 생산양식 범주에서 중요한 '아시아적 생산양식' 개념은, 아시아 대

---

103   Alain Badiou, *D'un désastre obscur. Sur la fin de la vérité d'État*, Éditions de l'Aube, La Tour-d'Aigues, 1991 [알랭 바디우, 『모호한 재앙에 대하여』, 박영기 옮김, 논밭출판사, 2013].

104   Wang Hui, "Les Asiatiques réinventent l'Asie," *Le Monde diplomatique*, février 2005.

류에 대한 어떤 본질주의가 모든 정치적 감수성을 막론하고 근대적 에피스테메에 영향을 미쳤음을 알려준다.

그러다 19세기에 들어 일어난 반식민주의 운동이 '아시아'에 긍정적 의미를 부여함으로써 이 흐름이 뒤집혔다. 예를 들어 중화인민공화국과 그 수립자인 마오쩌둥은 처음엔 비동맹 운동에 참여했고, 수많은 반식민주의 운동이 계승하게 될 '장기적 인민 전쟁' 같은 전략 모델을 고안하면서, 반식민주의에서 분명 중요한 역할을 했다. 그렇지만 20세기 후반은 중국이 그 국가적 야망을 재확인하는 계기가 됐다. 중국을 서양에 이원적으로 대립시키는 이분법은 중국 엘리트들의 정치사상만이 아니라 중대한 인민 영역의 정치사상까지 재구성했다. 이 맥락을 떠나서는 '신유학néoconfucianisme'이 체제의 이데올로기적 기반으로서 출현하게 된 사실을 이해할 수 없다.[105] 신유학은 근대화가 중국에서 자생한 것이지, 서양으로부터 이식받은 산물이 아님을 입증하고자 한다.

왕후이가 보기에 '소비주의적 민족주의'를 벗어날 수 있는 유일한 방법은 범아시아 차원의 국제적 연대 가능성, 결국 탈식민화한 아시아적 상상계의 가능성을 모색하는 것이다. 중국이 세계화에 편입될 수 있는 또 다른 방법은 중국이 주변부 국가들과의 관계를 재고하는 것이다. 하지만 이를 위해선 사회적으로 더 정의로운 대안적 근대성의

---

105   Arif Dirlik, "Confucius in the borderlands: global capitalism and the reinvention of Confucianism," *Boundary 2*, vol. 22, n° 3, 1995.

길을 발굴해야 할 것이다.[106]

조르조 아감벤: 항구적 예외상태

국민국가가 제기하는 문제 가운데 지난 수십 년간 국가 형태가 겪은 변화는 아직 논의되지 않았다. 이 문제는 국가와 시장의 관계 변화에서부터, 세계화와 초국적 네트워크(다국적 기업, 디아스포라, 비정부기구 등)의 구성이 초래한 새로운 영토성을 거쳐, 로이크 바캉Loïc Wacquant이 말한 '형벌 국가État pénal'의 출현에 이르기까지 많은 측면을 포함한다.[107] 우리는 문제의 한 측면에 논의를 국한할 것이다. 바로 20세기에 출현한, 아감벤이 "항구적 예외상태"라 명명한 것이다.

아감벤은 매우 흥미로운 동시대 철학자다. 그는 세계적 영향력을 떨치는 이탈리아 사상가 세대에 속하는데, 여기에는 안토리오 네그리, 조반니 아리기, 파올로 비르노, 로베르토 에스포지토Roberto Esposito, 잔니 바티모Gianni Vattimo가 포함된다. 이 세대를 출현시킨 사회적·지적 결정요소를 더 자세히 들여다본다면 흥미로울 것이다. 신학을 주요 준거로 삼는 변화무쌍한 저작들을 쓴 아감벤은 하이데거, 벤야민, 아렌트, 푸코, 기 드보르 같은 사상가들의 영향을 받았다. 그는 하이데거의 강의를 들었으며, 기 드보르와 친분이 있었고 이탈리아어로 번

---

106   이에 관해서는 왕후이의 근래 저서를 보라. Wang Hui, *The Politics of Imagining Asia*, Harvard University Press, Cambridge, 2011.

107   Loïc Wacquant, *Les Prisons de la misère*, Liber/Raisons d'agir, Paris, 1999 [로익 바캉, 『가난을 엄벌하다』, 류재화 옮김, 시사IN북, 2010].

역된 기 드보르의 책 서문을 쓰기도 했다.[108] 아감벤이 지적이고 전투적인 젊은이들에게 끼친 영향은 갈수록 커지고 있다. 예컨대 『도래하는 봉기』를 쓴 '보이지 않는 위원회Comité invisible'는 그의 사상에서 많은 영향을 받았다.[109]

'예외상태'를 주제로 한 성찰은 고대 로마의 독재 개념으로 거슬러 올라가며, 마르크스 또한 '프롤레타리아계급 독재'를 언급할 때 그 개념을 참조했다.[110] 하지만 예외상태를 주제로 한 성찰은 20세기에 상당히 탄력을 받았는데, 이는 헌정질서가 정지되는 사례가 늘어난 결과였다. 특히 예외상태는 발터 벤야민과 카를 슈미트 사이에서 논쟁의 대상이 되었다. 1922년 출간한 『정치신학Politische Theologie』에서 슈미트는 정치적 '예외상태'의 성격 문제를 제기한다. 이 독일의 법학자는 그 책의 한 유명한 구절에서 "주권자는 예외상황을 결정하는 자"라고 주장한다.[111] 앞서 1년 전 슈미트는 『독재Die Diktatur』라는 책을 통해, (기존의 권리를 유지하는 데 목표를 둔) '위원 독재'와 (새로운 법질서를 구성하는 데 목표를 둔) '주권 독재'를 구분한 바 있다. 같은 해 벤야민이 작성한 논고 「폭력 비판을 위하여Zur Kritik der Gewalt」에서 예외 문제는 권

---

108   아감벤의 사유에 대한 소개로는 다음을 보라. Stany Grelet et Mathieu Potte-Bonneville, "Une biopolitique mineure. Entretien avec Giorgio Agamben," *Vacarme*, n° 10, 2000.

109   Comité invisible, *L'insurrection qui vient*, La Fabrique, Paris, 2007.

110   Karl Marx, *Critique du programme de Gotha*, Éditions sociales, Paris, 2008.

111   Carl Schmitt, *Théologie politique*, Gallimard, Paris, 1988, p. 15 [칼 슈미트, 『정치신학: 주권론에 관한 네 개의 장』, 김항 옮김, 그린비, 2010].

리와 폭력의 관계를 통해 제기된다. 그리고 20년 뒤에 나온 「역사의 개념에 대하여Über den Begriff der Geschichte」라는 논문에서 벤야민은 예외 상태를 다시 언급한다.

> 피억압자들의 전통은 우리가 사는 '예외상태'가 규칙임을 우리에게 가르쳐준다. 우리는 이 상황을 설명해주는 역사 적 개념화에 도달해야 한다. 그러면 우리는 우리의 사명이 진정한 예외상태를 제정하는 데 있음을 발견할 것이다. 그 렇게 우리는 파시즘에 맞선 투쟁에서 우리의 태도를 확고 히 할 수 있을 것이다.[112]

예외상태가 점점 더 규칙이 되어가고 있다는 역설적인 사실은 아감벤의 분석에서 출발점이 된다.

고전적 정의에 따르면 예외상태란, 헌법과 권리를 위험에서 구해 내고자 그것들을 일시적으로 정지시키는 것을 말한다. 이는 두 가지 요소로 정당화된다. 첫 번째 요소는 절대적 필요다. 이 경우 공화국이 매우 크고 임박한 위험에 직면해 있어야 한다. 따라서 공화국을 보호 하려면 정치적 결정의 정상적인 과정을 중단하고, 그 과정을 (20세기

---

112 Walter Benjamin, "Sur le concept d'histoire," Œuvres III, Gallimard, Paris, 2000, § VIII [발 터 벤야민, 「역사의 개념에 대하여」, 『역사의 개념에 대하여, 폭력비판을 위하여, 초현실주의 외』, 최 성만 옮김, 길, 2008].

이전의 고전적 의미에서) '독재'로 대체해야 한다. 이 논쟁에 자주 오르내린 법률 격언에서처럼, "필요는 법을 알지 못한다Necessitas non habet legem". 다시 말해 필요는 법의 정지를 허용한다. 이 관점에서 예외상태는 법에 대립되지 않는다. 그것은 법의 한 가능 조건이다. 왜냐하면 예외상태가 없으면 모든 입법 행위가 불가능해져 법질서 자체가 사라질 것이기 때문이다. 고전적 예외상태 학설을 떠받치는 두 번째 요소는 그것의 일시적 성격이다. 사회를 덮친 위험에서 사회를 구해내면 독재는 폐기되고 법은 복원된다. 원칙적으로 법을 정지할 권한이 있는 제도는 (특히 프랑스 전통에서 봤을 때) 정상적인 상황에서라면 법을 만드는 제도, 곧 의회다.

결국 예외상태는 두 가지 면에서 시간성을 나타낸다. 위험은 **임박**해야 하고 독재는 **일시적**이어야만 한다. 이 두 측면이 '입헌 독재dictature constitutionnelle' 가능성을 규정한다. (프랑스와 독일 등) 몇몇 나라에서는 헌법에 그 헌법의 정지 가능성을 규정해둔다. (영국과 미국 등) 몇몇 나라에서는 헌법을 부인할 가능성을 헌법 자체에 넣어두는 게 위험하다고 여겨 그렇게 하지 않는다. 후자에서 문제가 되는 것은 예외상황이 벌어졌을 때 극단적인 무질서가 자리 잡을 수도 있다는 점이다. 흥미롭게도 예외상태가 법과 유지하는 모호한 관계는 '저항권'에서도 확인된다. 2차 세계대전 같은 억압 상황에서 시민들은 그간 무시된 것으로 보이는 법과 정의의 이름으로 자신들의 정당한 저항권을 행사할 수 있었다. 여기서 그들은 법의 이름으로 법에 맞선 셈이다.

아감벤의 생각에 예외상태는 오늘날 진정한 '통치 패러다임'이 되었다.[113] 예외상태는 앞서 언급한 시간적 제약에서 벗어나 지속적인 법정치 질서로 변했다. 여기에는 국내법과 국제법 모두에 영향을 끼친 사건이 하나의 전환점이 됐다. 바로 2001년 9·11 테러와 '테러와의 전쟁'(그 주동자들 말마따나 '끝나지 않는' 전쟁)이다.[114] 하지만 항구적 예외상태를 구성하는 요소들은 1차 세계대전 이후부터 자리 잡기 시작했다. 1차 세계대전은 교전국들이 그 법에 깊은 영향을 미치게 될 예외법을 도입하는 데 계기가 되었다. 항구적 예외상태는 먼저 근대 정치의 기반 가운데 하나인 권력 분립이 붕괴됨에 따라 나타난다. 아감벤은 권력 분립이 일어나지 않았던 시대, 권력이 집중되거나 공유되던 시대로 우리를 데려간다. 이 철학자가 말하듯 서양이 전 지구에 '민주주의'의 가르침을 주던 시기는, 서양이 민주주의 전통에서 아마도 돌이킬 수 없이 멀어지던 시기와 일치한다.[115] 항구적 예외상태에서는 행정권이 입법권과 사법권을 흡수한다. 이 사실은 정부가 다른 권력만이 아니라 시민사회에까지 침투해 들어가는 '전체주의' 체제에서 잘 드러난다.

그러나 이는 민주주의 체제에도 영향을 미친다. 우리는 수십 년

---

113   Giorgio Agamben, *État d'exception*, *Homo Sacer*, II, 1, Seuil, Paris, 2003, chap. I [조르조 아감벤, 『예외상태』, 김항 옮김, 새물결, 2009]. 예외상태에 대한 아감벤의 성찰은 '입헌 권력'에 관한 네그리의 성찰과 관련지어 봐야 한다. Antonio Negri, *Le Pouvoir constituant. Essai sur les alternatives de la modernité*를 보라.

114   Jean-Claude Paye, *La Fin de l'État de droit: la lutte antiterroriste, de l'état d'exception à la dictature*, La Dispute, Paris, 2004.

115   Giorgio Agamben, *État d'exception*, p. 35.

전부터 '법규명령décret에 의한 통치'가 급부상하고 있음을 보아왔다. 의회의 사후 인준을 필요로 하지만 행정부에 그 원천을 두는 법규명령은 입법부가 아닌 행정부에서 나오는 구속력을 지닌 규범이다. 아감벤이 보기에, 법규명령 통치는 예외적인 경우에만 사용하기로 되어 있지만 오늘날 정상적인 수법처럼 자리 잡았다. 이탈리아가 그 선두 주자다. 이탈리아에서 법규명령은 '법의 일상적 원천'이 됐으며, 그것의 일반화는 민주주의 전체로 뻗어나간다.

항구적 예외상태는 새로운 공간 유형 속에서, 푸코가 말한 대로 새로운 '헤테로토피아hétérotopies' 속에서 구현된다.[116] 관타나모 수용소가 한 예다. 그곳에는 미국이 '적敵 전투원' 또는 '불법 전투원'으로 여기는 이들이 갇혀 있다. '전쟁포로'라는 자격은 전쟁법이 존재한 이래로 존재해왔으며, 포로에게 법적 지위를 부여하고 몇몇 권리를 보장해준다. 반면 미국의 '애국법Patriot Act'(2001년 10월)이 통용시킨 '적 전투원'이라는 용어는 포로에게서 모든 권리를 박탈한다. 그것은 법적 진공상태 속으로 사람을 빨아들인다. 여기서 포로는 간수의 권력에 순전히 좌우되고, (어쩌면) 간수의 선의에 의해서만 거기서 다시 나올 수 있다. '불법 전투원'이라는 용어는 개인을 "법적으로 명명할 수 없고 분류할 수 없는 존재"로 만든다. 아감벤이 보기에 "여기 견줄 만한 유일한 대상은, 시민권과 함께 모든 법적 정체성을 상실했지만 적어도

---

116 Michel Foucault, "Des espaces autres," *Dits et Écrits*, tome I, Gallimard, Paris, 2001 [미셸 푸코, 「다른 공간들」, 『헤테로토피아』, 이상길 옮김, 문학과지성사, 2014].

유대인이라는 정체성은 간직했던, 나치 수용소에 있던 유대인들의 법적 상황이다. (…) 관타나모의 억류자에게서 벌거벗은 생명은 극도의 비결정성에 이른다".[117]

'벌거벗은 생명'은 아감벤이 저서『호모 사케르: 주권 권력과 벌거벗은 생명』에서 발전시킨 개념이며,『예외상태Stato di eccezione』는 연작의 두 번째 권이다(『아우슈비츠의 남은 자들: 문서고와 증인Quel che resta di Auschwitz: L'archivio e il testimone』은 세 번째 권이다).[118] 이는 '단순히 살아 있다는 사실'을 지칭하는 '조에zóé'(벌거벗은 생명)와, 개인이나 집단의 특수한 존재 양식에 관련되는 '비오스bios'(자격 있는 생명)를 구분한 고대의 개념을 참조한 것이다. 또한 이 구분은 '생명관리정치biopolitique' 개념을 통해 푸코가 시작한 논쟁의 맥락에서 제기된 것이다.[119] 아감벤에게 주권 권력은 어떤 매개도 없이 벌거벗은 생명에 행사된다. 이 사실은 관타나모의 '불법 전투원' 사례에서처럼 개인이 권리를 박탈당했을 뿐만 아니라 권리 주체가 아닌 것으로, 법외자로 여겨지는 상황에서 뚜렷하게 나타난다. 예외상태가 '통치 패러다임'이 되었다는 주장은,

---

117   Giorgio Agamben, *État d'exception*, p. 13.

118   Giorigo Agamben, *Homo Sacer. Le pouvoir souverain et la vie nue*, Seuil, Paris, 1997 [조르조 아감벤,『호모 사케르: 주권 권력과 벌거벗은 생명』, 박진우 옮김, 새물결, 2008]; Giorigo Agamben, *Ce qui reste d'Auschwitz. L'archive et le témoin*, Payot, Paris, 1999 [조르조 아감벤,『아우슈비츠의 남은 자들』, 정문영 옮김, 새물결, 2012].

119   예컨대 다음을 보라. Michel Foucault, *Naissance de la biopolitique*, Gallimard/Seuil, Paris, 2004 [미셸 푸코,『생명관리정치의 탄생: 콜레주드프랑스 강의 1978~79년』, 오트르망(심세광·전혜리·조성은) 옮김, 난장, 2012].

그런 공간과 그 공간이 산출하는 '추방당한 자들'이 오늘날 만연하다
는 주장으로 이어진다. 미등록 체류자가 또 하나의 명백한 예다. 아감
벤 사유의 중심에는 주권(법)과 생명의 관계가 놓여 있다. "예외상태는
독특한 장치다. 그 덕분에 법은 생명과 관계하고, 법 자체의 정지라는
사실 자체로부터 생명을 그 안에 포함한다. 결국 예외상태 이론은 산
자와 법을 연결하고 산 자를 법에 내맡기는 관계를 규정하기 위한 선
결 조건이다."[120]

인류는 '핵 시대'로 진입했으며, 이 현상이 항구적 예외상태의 출
현에 기여했다. 특히 미국의 헌법학자 클린턴 로시터Clinton Rossiter가 이
점을 강조했다.[121] 핵무기 보유국은 새로운 종류의 '체계적systémique' 위
험을 야기한다. 이 위험은 그 나라가 감수해야 하는 위험의 유형이나
규모 면에서 전대미문의 위험이다. 이 위험을 관리하려면 거대한 행정
적·기술과학적 구조가 확립되어야 하므로, 결국 국가가 엄청나게 팽
창하게 된다. 이러한 구조에서는 재난 발생 시의 비상 계획을 포함해
민간과 군사 차원에서 핵에너지 생산과 유통을 규제한다. 핵 시대는
핵발전소로 둘러싸인 국가 기밀과 국가 이성의 영역을 확장했으며, 그
만큼 공적 영역을 축소했다. 더군다나 핵 시대는 군사 분쟁의 성격을
바꿔놓았다. 핵무기 보유국들 사이에 존재하는 공포의 균형은 내전,

---

120   Giorigo Agamben, *État d'exception*, p. 10.

121   예컨대 다음을 보라. Clinton Rossiter, "Constitutional Dictatorship in the Atomic Age," *The Review of Politics*, vol. 11, octobre 1949.

폭동과 반폭동, '테러와의 전쟁'이나 '마약과의 전쟁', '국제적 치안' 활동 같은 '저강도' 전쟁을 증가시켰다. 그 결과 전쟁과 평화라는 선명한 이분법은 전쟁과 평화의 구분이 더는 무의미한 일련의 '폭력 상태'에 길을 내주고 말았다.[122]

아감벤이 보기에 예외상태는 민주주의 사회 내부에 남은 군주제나 절대주의의 잔재가 결코 아니다. 달리 말해 예외상태는 근대성 내부에 구체제가 지속함을 나타내지 않는다. 예외상태는 '민주주의 혁명' 전통의 순수한 산물이다. 그 근대적 형태가 프랑스 혁명에서 유래하기 때문이다.[123] 이는 명백한 사실이다. 예외상태가 민주주의 법질서의 정지에 있다고 한다면, 민주주의 질서가 존재할 때에만 예외상태는 나타날 수 있기 때문이다. 이 사실을 일단 인정하고 나면, 진짜 문제는 민주주의 체제의 본질과 관련해 어떤 결론을 이끌어내야 하느냐는 것이다. 예외상태는 근대의 모든 시기에 민주주의를 그 그림자처럼 뒤따랐고, 이 그림자는 오늘날 점점 더 커지고 있다. 아감벤에게 예외상태란 폭력과 법이 필연적으로 맺는 내밀한 관계를 드러내준다. 법은 폭력에 맞서 보호해주는 것이 아니라 폭력의 잠재력을 내포하는데, 예외상태는 이 폭력의 잠재력이 현실화된 것이다. 이렇게 볼 때 법에 내포된 폭력을 무해하게 하려면 두 심급을 분리할 필요가 있다. "마치 아이가 규범에 맞는 용도를 찾아줄 목적에서가 아니라 그런 용

---

122   Frédéric Gros, *États de violence. Essai sur la fin de la guerre*, Gallimard, Paris, 2006.

123   Giorgio Agamben, *État d'exception*, p. 16.

도로부터 벗어나게 할 목적에서 쓸모없는 물건을 가지고 놀 듯, 언젠가 인류는 법을 가지고 놀 것이다."[124] 그런 결과에 이바지할 수 있는 것은, 폭력과 법의 관계에 개입해 둘의 연결고리를 끊어낼 수 있는 변혁적(혁명적) 정치 활동뿐이다. 그런 활동에 참여하는 일이야말로 벤야민이 말한 "진정한 예외상태"를 불러올 것이다.

구자본주의와 신자본주의

전통적으로 마르크스주의는 경제 분석을 정치이론이나 문화이론과 결합한다. 이 패러다임에서는 토대가 (복잡한 방식으로 그리고 매개를 통해) 상부구조를 결정한다. 여기에는 체계의 전체 논리를 놓치지 않으려면 이 두 심급을 동시에 연구해야 한다는 전제가 깔려 있다. 게다가 마르크스주의자들이 말하는 '경제'는 고전파 경제학자들이 이해하는 '경제'와 부분적으로만 겹친다. 마르크스주의자들이 경제가 상부구조를 '결정한다'고 주장할 때는, 흔히들 생각하는 것처럼 모든 것이 경제적 과정으로 설명된다고 주장하는 게 아니다. '경제'가 상부구조를 결정할 때는, 경제가 자체의 성격을 바꿔 상부구조와 (변증법적인) 상호영향관계를 맺게 된다. 어찌 됐건 고전 마르크스주의에서 경제는 정치나 문화와 밀접하게 연결된다.

---

124   같은 책, p. 148.

서구 마르크스주의와 함께 상부구조 분석이 독자적으로 이뤄지는 경향도 나타난다. 그람시, 루카치, 아도르노, 사르트르, 알튀세르는 이전의 마르크스주의자 세대에 비해 경제를 덜 문제시한다. 상부구조 분석이 독자성을 확보하게 된 이유는 다양하다. 그것은 가령 마르크스주의 경제학의 '동결glaciation', 다시 말해 경제학 연구가 점점 더 공산당의 통제 아래 놓였다는 사실과 관련이 있다. 상부구조 분석의 독자화는 경제학자의 (그리고 인문학 내 다른 학과들의) '직업' 전문화에서 비롯한 결과이기도 한데, 이는 학제 간 연구를 감소시키는 경향이 있다. 흥미롭게도 동시대 자본주의를 다루는 이 절에서 거론할 저자들은 대부분 직업(대학교수) 경제학자다.

경제이론이 정치이론 내지는 문화이론과 분리된 것은 오늘날 비판사상에서 더욱 두드러진다. 다시 말해 오늘날 비판사상은 서구 마르크스주의에서 시작된 상부구조 분석의 독자화 경향을 계승하고 있다. 예를 들어 '포스트모더니티' 계보에 속하는 프레드릭 제임슨은 마르크스주의 경제학자 에르네스트 만델Ernest Mandel이 정식화한 '후기자본주의' 분석에 의지한다. 하지만 제임슨에게서 후기자본주의 분석은 진정한 동인으로 작용하기보다는 '부가적인' 기능을 수행할 뿐이다. 오늘날 자본주의의 변화를 다룬 뛰어난 연구들은 로버트 브레너, 클라우디오 카츠Claudio Katz, 프랑수아 셰네François Chesnais, 로버트 폴린Robert Pollin, 엘마 알트파터Elmar Altvater, 로버트 웨이드Robert Wade, 얀 물리에부탕 같은 저자들을 통해 행해졌다. 더군다나 우리는 정치든 문화든 상부구조를 다룬 연구들을 찾아볼 수 있다. 하지만 토대와 상부구조라는, 비판의 두 영역은 이제 분리된다. 이런 분리 경향이 미래에는 줄어들 것인지, 만일 그렇다면 어떤 조건에서 그러할 것인지는 흥미로운 문제다. 이와 관련해 비판주의가 없지 않다. 이 문제는 더 일반적인 문제, 즉 지적 분업을 한 측면으로 하는 분업에 대한 비판의 일부가 된다.

인지자본주의 비판

앞서 보았듯 네그리가 제시한 가설이자 그의 학파가 집중적으로 분석한 문제는 바로 '인지자본주의'의 출현이다. 많은 경제학자들이 이 가설에 의문을 제기했다. 자본주의가 임금노동자의 지식을 가치화한다는 점은 명백하다. 그런데 자본주의는 시대와 경제 부문을 막론하고 그 지식으로부터 이윤을 추출할 수 있는 방법을 언제나 알고 있었다. 심지어 가장 급진적인 테일러주의의 시기에도, 다시 말해 생산 직무의 전면적인 합리화 시기에도 노동자들의 지식은 생산에 동원됐다. 노동의 인지적 내용은 직업에 따라 달라진다. 엔지니어와 미숙련 노동자가 같은 지적 작업을 행하지 않는 것은 당연하다. 하지만 두 경우에는 모두 인지적 차원이 존재하고, 이는 모든 작업에서 마찬가지다. 그러므로 노동가치가 지식가치로 이행하는 일은 실제로 일어나지 않는다. 후자는 전자에 이미 포함되어 있기 때문이다.[125]

게다가 '인지' 가설의 주창자들은 선진국에 한정해 분석하는 경

125　Michel Husson, "Sommes-nous entrés dans le capitalisme cognitif?," *Critique communiste*, n°

향이 있다. 그런데 전 지구적 차원에서 보면 눈에 띄는 것은 고전적 피착취자이지, 인지적 피착취자가 아니다. 지난 수십 년간 경제 부문에서 괄목할 만한 사실은 세계시장에 중국이 통합됐다는 것, 그리고 그런 통합이 전 지구적 노동력에 끼치는 영향이다. 중국이 '세계의 공장'일 뿐 아니라 예컨대 한 해에 100만 명 이상의 엔지니어를 배출한다 할지라도, 중국 공장에서 헤게모니를 쥔 이는 물론 인지노동자가 아니다. 인도나 브라질 같은 '거인들'이 세계시장에 통합되고 옛 소련 나라들에서 '본원적 축적'이 맹위를 떨침으로써, 북반구 나라들은 노동조건을 낮춰야 한다는 압박을 받고 있다. 더군다나 1970년대 말 신자유주의적 전향은 가장 폭력적인 형태의 자본주의 착취를 재출현시켰다.

노동시장의 '유연화', 연금 납부 기간 연장으로 귀결된 연금 제도의 잇따른 '개혁', 실업자 보호의 약화 등이 이 경향을 잘 보여준다. 요컨대 '케인스-포드주의적' 타협에 의거한 진보적 임금 관계는 심각하게 손상되었다. 이 모든 조치는, 1970년대 경제성장의 '장기파동'이 역전됨에 따라 이윤율이 하락한 데 대응하려는 시도다. 어떤 점에서 지난 수십 년간 일어난 사회경제적·사법적 변화는 '산업화 이전'의 자본주의 형태로 우리를 데려간다. 이것이 미셸 위송Michel Husson이 말한 '순수' 자본주의다.[126] 19세기 후반 처음 출현한 조직화한 노동운동

169-170, été-automne 2003.

126   Michel Husson, *Un pur capitalisme*, Page 2, Lausanne, 2008.

은 자본주의 체계의 가장 야만적인 경향들에 맞섰고, 이를 통해 자본 축적 조건을 안정시켰다. 그러나 포드주의적 임금 관계가 붕괴하면서 자본주의의 가장 퇴행적인 측면은 부활했다.

기술이 진화하고 교육 수준이 일반적으로 높아지면서 노동의 인지적 측면이 늘어났다는 점은 분명하다. 혁신의 첨단에 자리 잡은 정보과학 같은 분야는 경제에서 상대적으로 점점 더 중요성을 띠어갔다. 이 분야는 구글이나 마이크로소프트, 1990년대에 급증한 스타트업 기업들이 내보이는 '공생적' 이미지와는 딴판으로, 새로운 형태의 억압과 소외를 발생시켰다. 이로써 동시대 자본주의 내 피지배계급의 본질에 대해 우리가 갖고 있던 생각은 재검토되어야 한다. 그러나 이 경향은 더 오랜 착취 형태와 공존한다. 결국 자본주의는 여러 시간성을 동시에 통합한다. 테일러주의는 새로운 형태의 조직과 기술 혁신을 통해 '제2의 젊음'을 되찾은 것 같다. "고용된 노동력이 양 극단에서 실제로 증가하고 있다. 한편에서는 인지노동자들로 구성된 노동력이 급속히 늘어나고 있지만, 정작 대규모 고용 창출은 판매직이나 개인 서비스 같은 저숙련 일자리에서 나타난다."[127] 이런 경제의 '이중' 구조는 특히 미국에서 찾아볼 수 있다. 미국은 실리콘밸리 유형의 인지적 가치가 높은 분야를 극도로 무자비한 착취 상황과 결합한다.

많은 비판적 경제학자들이 (마르크스주의의) 가치법칙은 유지돼야 하며 '인지주의' 가치 이론으로 대체될 수 없다고 본다. 가치법칙은 상

---

127   Michel Husson, "Sommes-nous entrés dans le capitalisme cognitif?," p. 2.

품의 가치가 그 상품에 포함된 노동량으로 결정된다고 주장한다. 이 관점을 옹호하는 이들이 보기에 이 가치법칙은 동시대 자본주의에서도 계속 실효성을 지니는데, 여기에는 '자본'과 '노동'의 대립이 현재에도 여전히 구조를 결정한다는 함의가 깔려 있다. 반면 인지주의자들은 '노동의 종말'이라는 가설을 개진했고, 제러미 리프킨, 앙드레 고르 같은 저자들이 이 관점을 공유한다. 이 가설은 노동 문명—여기서는 노동을 통해 '자아실현'이 이뤄지고, 소득은 노동과 뗄 수 없다—이 종언을 고하고 있다고 주장한다. '노동의 종말'이라는 생각은 두 가지 가설을 전제로 한다. 먼저 그 주창자들은 완전고용이 이제 실현 불가능하다고 본다. 실업은 계속될 것이다. 실업은 사회구조의 일부이며, 일시적인 위기라든지 부적합한 경제 정책 때문에 나타나는 것이 아니다. 인지주의자들이 보편수당에 호의적인 이유 가운데 하나는 일정 수위 아래로 실업이 감소하는 일이 일어날 법하지 않다고 보기 때문이다. 따라서 모두에게 최소한의 재원을 보장하는 방식으로 고용과 소득의 연결을 끊는 것이 중요하다. 두 번째 가설은 첫 번째 가설을 부분적으로 정당화하는 내용인데, 한때 인간이 했던 노동의 많은 부분을 이제는 기술이 행하고 있고 점점 더 그렇게 되리라는 것이다. 고용의 쇠퇴는 노동이 기계로 대체된다는 사실에 부분적으로 기인하며, 인지주의자들이 보기에 이런 변화는 긍정적이다. 그것은 마침내 노동에서 벗어난, 결국 착취에서 벗어난 문명을 생각할 수 있게 한다.

미셸 위송은 완전고용이 불가능해졌다는 주장을 근거 없는 주장으로 본다. 그런 주장은 현 상황을 가지고 일반화한 것이기에 정당화될 수 없다. 1997~2001년 나타난 경제 '호전'은 유럽에서만 1000만 개의 일자리를 창출했고, 이는 완전고용에 대한 논의를 다시 불러일으켰다.[128] 더군다나 기술 발전은 그 자체로 고용을 축소하지 않는다. 가령 기계는 고안되고 조립되고 유지돼야 하는데, 이는 기계에도 인간 노동이 들어가 있음을 뜻한다. 우리는 인지주의자들이 기술에 매혹됐다고 비판할 수 있다. 이들의 매혹은 노동자주의 흐름에서 유래하며, 바로 그 흐름이 '노동의 종말' 가설의 원천이 된다. 기술은 그 자체로 '진보적'이지 않다. 기술의 긍정적이거나 부정적인 결과는 언제나 권력관계에 달려 있다. 여하튼 기술이 발전하는 것만으로 자본주의적 착취가 없어지진 않을 것임이 확실하다. 왜냐하면 노동이란 직업일 뿐만 아니라 최종심급에서는 사회관계이기 때문이다.

'보편수당'이라는 모토를 옹호하는 인지주의자들에 맞서 미셸 위송은 다음과 같은 슬로건을 제시한다. "모든 임금노동자들이여, 임금노동자계급을 철폐하자!" 이 관점에서 현 시기에 적합한 급진적 조치는 보편수당 지급이 아니라 노동시간 단축이다. 노동시간 단축은 모든 이에게 고용을 되돌려줄 것이다. 결국 사회는 완전고용의 명맥을 다시 이어나가게 될 테고, 임금노동자계급의 집단적 철폐 방식을 검토할 수 있을 것이다. 무엇보다 완전고용은 '산업예비군'을 감소시킴으로써 임금에 대한 압박을 낮출 수 있을 것이다. 노동시간이 단축되면 사유재산 영역에 개입하는 일도 가능해진다. 자본주의에서 가치가 임

128 같은 글, p. 3.

금노동의 일부분에 대한 자본가의 전유로부터 발생한다면, 노동시간 단축은 자본가가 전유하는 몫에 대한 수탈의 형태를 띠는 것이다.

게다가 인지주의자들이 즐겨 인용하는 『정치경제학 비판 요강』에서 마르크스는 여가 시간을 부의 실제적인 척도로 보았다. 어찌 됐건 시장경제 영역의 기능을 조금도 바꾸지 않은 채 보편수당을 요구하는 것은 소용이 없다. 왜냐하면 보편수당이 노동시장의 유연화를 훨씬 더 많이 창출하는 데 이용될 수 있기 때문이다. 소득이 노동시간에 비례하지 않게 되면 노동시간 연장도 더는 기업에 비용 부담이 되지 않는다. 이에 더해 보편수당이 재정적으로 실현 가능하려면 퇴직연금, 가족수당, 실업수당, 보건수당 같은 다른 사회복지 수당이 희생돼야 한다.[129] 따라서 이는 임금노동자가 빈곤해지는 한 원인이 될 수 있을 것이다. 밀턴 프리드먼 같은 우파 경제학자들이 일정한 형태의 '보장된 소득'에 호의적이라는 사실이 무언가 암시하듯 말이다.

로버트 브레너: 장기침체

최근 몇 년간 국제적으로 가장 영향력을 떨친 비판적 경제학자는 아마도 미국의 로버트 브레너일 것이다. UCLA 교수이고, 『뉴 레프트 리뷰』 편집위원이며, 미국 정치조직인 '연대Solidarity'의 기관지 『어게인스트 더 커런트Against the Current』 편집위원인 브레너는 1970년대

---

129 보편수당 산정에 관해서는 르네 파세의 계산을 보라. René Passet, *L'Illusion néo-libérale*, Fayard, Paris, 2000.

이후 세계경제가 겪은 '장기침체long downturn'를 분석한 것으로 유명하다. 브레너는 한때 '분석 마르크스주의'에 가까웠다. 또한 그가 구상한 마르크스주의는 엘런 메익신스 우드와 함께 때로는 '정치적' 마르크스주의로 불리기도 하는데, 이 수식어는 원래 브레너의 자본주의 이론을 반박했던 프랑스 마르크스주의자인 기 부아Guy Bois가 쓴 표현이다.[130] E. P. 톰슨은 몇몇 전통적 형태의 마르크스주의에서 매우 영향력 있는 토대/상부구조라는 은유를 문제 삼은 바 있는데(E. P. 톰슨은 마르크스주의의 결정론적 측면을 비판했다), 이 문제 제기에서 영감을 받은 정치적 마르크스주의는 사회 변화가 근본적으로 정치적인 생산관계에서 주로 발생한다고 주장한다. 이는 특히 봉건제에서 자본주의로의 이행에 적용된다. 우드는 자본주의의 특징 가운데 하나가 정치와 경제를 분리해 그 둘이 자율적인 영역이라는 인상을 주는 점이라고 말한다. 이 분리를 '자연스러운 것으로 여기는' 모든 관점에 맞서 그는 다음과 같이 주장한다.

> '경제적인 것'은, '사회적인 것'에 대립되는 '물질적인 것'이 '국지적으로' 분리된 영역이 아니다. 경제적인 것 자체가 필연적으로 사회적이다. 그것은 사회관계와 사회적 실천으로 구성된다는 의미에서 '물질적인 것'이다. 게다가 '토대'는

---

130 Paul Blackledge, "Political Marxism," in Jacques Bidet et Stathis Kouvélakis (dir.), *Critical Companion to Contemporary Marxism*, Brill, Leiden, 2008.

(…) '경제적인 것'만은 아니며, 공간적으로 분리된 상부구
조로 여길 수 없는 법정치적·이데올로기적 형태 및 관계를
뜻하기도 하고, 그런 형태 및 관계로 구체화되는 것이기도
하다.[131]

브레너는 원래 자본주의를 연구한 역사가다. 이 분야에서 그가
제시한 논문은 '브레너 논쟁Brenner debate'이라는 이름으로 유명한 중요
한 논쟁을 불러일으켰다. 케임브리지 대학 출판부에서는 이를 제목으
로 한 책을 발간하기도 했는데, 선두적인 경제사가들의 기고 논문을
모은 그 책의 중심에 브레너가 있었다.[132] 당시 논쟁을 야기했던 논문
들은 1970년대에 학술지 『과거와 현재』에 발표되었다(이 학술지는 홉스
봄, E. P. 톰슨, 힐 등 영국 마르크스주의 역사가들이 창간하고 편집한 것이다). 브
레너는 『상인과 혁명Marchants and Revolution』(1993)이라는 책을 통해 영국
혁명(잉글랜드 내전) 당시 런던 상인 계층의 역할을 연구하기도 했다.

1960년대부터 비판적 정치경제학 내부에 '제3세계주의tiers-
mondiste'로 통칭할 만한 새로운 흐름이 윤곽을 드러냈다. 제3세계주의
에는 라울 프레비시Raúl Prebisch, 세우수 푸르타두Celso Furtado, (장차 브

---

131   Ellen Meiksins Wood, *Democracy Against Capitalism. Renewing Historical Materialism*,
Cambridge University Press, Cambridge, 1995; Paul Blackledge, "Political Marxism," p. 270에서
재인용.

132   T. H. Ashton et C. H. E. Philpin (dir.), *The Brenner Debate. Agrarian Class Structure and
Economic Development in Preindustrial Europe*, Cambridge University Press, Cambridge, 1987.

라질의 대통령이 될) 페르난두 엔히키 카르도주Fernando Henrique Cardoso 등 '라틴아메리카 경제위원회Comisión Económica para América Latina, ECLAC'(현재 는 '라틴아메리카·카리브 경제위원회')를 대표하는 이들이 구상한 '종속 dépendance' 이론과 더불어, 이매뉴얼 월러스틴과 조반니 아리기가 전개 한 '세계체계' 분석이 포함된다. 안드레 군더 프랑크Andre Gunder Frank와 사미르 아민 같은 경제학자들도 이 흐름에 속한다. 물론 이들의 분석 에는 차이가 존재한다. 하지만 세계 자본주의의 출현과 기능 면에서 '제3세계'가 놓인 처지에 주목한다는 점에서는 궤를 같이한다. 정치 적 차원에서 이 전통은 민족해방 투쟁 및 반식민지주의와 연결된다. 1955년 반둥 회의를 계기로 나타난 '비동맹' 운동은 그들에게 주요한 정치적 준거가 됐다. 아민과 월러스틴을 포함해 그 운동을 대표하는 이들 중 몇몇은 마오주의에 가까운 견해를 취하기도 했다.

　　1977년 브레너는 제3세계주의를 격렬히 비판하는 글을 『뉴 레 프트 리뷰』에 실었다. 그는 『국부론The Wealth of Nations』의 저자 애덤 스 미스Adam Smith의 이름을 따서 '신스미스주의'라는 용어(마르크스주의를 대표하는 사람들 사이에서는 불명예스러운 용어)를 사용해 제3세계주의를 비판했다.[133] 브레너가 보기에 제3세계주의자들은 자본주의의 출현과 기능을 설명할 때 계급관계를 핵심에서 빼버렸다. 제3세계주의자들의 주요 목적은 자유주의 내부에 존재하는, 특히 애덤 스미스에게 존재

133　Robert Brenner, "The Origins of Capitalist Development: A Critique of Neo-Smithian Marxism," *New Left Review*, vol. 104, juillet-août 1977.

하는 자본주의에 대한 '낙관주의적' 견해를 공박하는 것이었다. 이 낙관주의적 견해는 분업을 토대로 한 세계무역의 발전이 저발전 지역의 발전으로 귀결될 것이라고 주장한다. 분업은 생산성을 높일 것이고, 이 높아진 생산성은 또 부의 생산을 증대할 것이라고 말이다. 브레너가 주로 비판한 군더 프랑크와 월러스틴에게 자본주의는 '저발전의 발전'을 야기한다. 다시 말해 세계 중심부의 발전이 그 주변부의 저발전과 밀접한 관계를 맺고 있다는 것이다. '불균등 결합 발전' 이론에서 보듯, 저발전은 '선진국'에 비해 저발전 국가의 발전이 '지체'되었다는 뜻이 아니다. 저발전은 중심부의 선진성과 동시에 나타나는 현상이며, 그 선진성의 직접적 산물이다. 일부 나라들의 발전은 결국 다른 나라들의 저발전을 전제 조건으로 한다.

브레너는, '신스미스주의자들'이 자유주의자들의 낙관주의적 모델을 비판하며 세계무역이라는 동일한 설명 요소를 자신들의 분석의 중심에 놓는다고 주장한다. 자유주의자들이 보기에 세계무역은 모든 나라에 부와 발전을 만들어내지만, 신스미스주의자들이 보기엔 '후진국'에 저발전과 빈곤을 발생시킨다. 하지만 양쪽에서 작동하는 메커니즘은 같은 것인데, 왜냐하면 발전 혹은 저발전이 국제무역의 팽창과 특화에서 유래한다고 보기 때문이다. 결국 이는 제3세계주의 경제학자들에게 중심부-주변부 논리가 엄밀한 의미의 계급갈등 이상으로 중요함을 말해준다. 그들의 자본주의 분석에서 중심부-주변부 논리는 계급투쟁을 대체하는 경향이 있다. 예를 들어 중심부-주변부 논리는 주변부 경제를 세계시장으로부터 '절연déconnecter'시켜서 '독자적'

경제 발전을 도모하는 '자립적' 해법을 옹호하는 쪽으로 귀결된다.[134] 1960년대 남반구 나라들에서 유행한 '수입 대체' 산업화 정책은 이런 가설을 온건히 해석한 것이다. 더 급진적인 형태는 북한처럼 '일국사회주의' 건설을 끝까지 밀고 나간 나라들에서 발견된다. 브레너가 보기에 이 모든 것은 주변부 국가들의 '약한 고리'와 중심부 국가들의 노동자계급 간 결연을 추구하는 고전적 레닌주의 전략에서 매우 멀리 벗어나 있다.[135]

브레너에 따르면 자본주의에서 중요한 것은 국제무역과 세계시장의 확장이 아니라 계급투쟁이다. '신스미스주의'에서 자본축적의 전제 조건은 주변부 국가들에서 발생한 이윤을 세계체계의 중심부로 이전하는 것이다. 주변부는 중심부에서 판매되는 재화를 좀 더 저렴하게 생산하거나 중심부에서 생산된 재화를 좀 더 높은 가격에 구매하기 때문에, 이러한 이윤의 이전은 경제적 방식으로 발생할 수 있다. 그러나 이윤이 강제로 이전될 수도 있다. 월러스틴은 서양에서 강력한 국가들이 등장한 이유가 필요시 이윤의 이전을 군사적으로 보장할 수 있기 때문이라고 본다. 그러나 브레너는 신스미스주의자들이 자본주의적 이윤의 원천을 주변부 국가들로 보는 것은 오류라고 한다. 이윤은 애초에 중심부 국가들에서 창출됐고 이후에도 줄곧 거기서 재

---

134   Samir Amin, *La Déconnexion*, La Découverte, Paris, 1986.

135   Robert Brenner, "The Origins of Capitalist Development: A Critique of Neo-Smithian Marxism," p. 92.

생산된다. 주변부 국가들은 그 점에서 하위 기능을 할 뿐이다. 따라서 제3세계의 발견과 착취는 자본주의의 출현에서 전혀 중요한 역할을 담당하지 않는다(그러나 이것이 제3세계가 이후 자본주의의 발전에 기여하지 않았음을 뜻하지는 않는다).

자본주의의 기원은 15~16세기 중에 영국의 농업, 더 일반적으로는 서유럽의 농업에 도입된 기술 혁신에서 찾아야 한다. 이 혁신은 마르크스주의자들이 말하는 '상대적' 잉여가치, 다시 말해 생산성 향상에 따른 잉여가치의 증가를 가져왔다.[136] 기술 혁신의 도입과 이어진 생산성 향상은 그 자체로 당시 영국의 계급투쟁 상황에서 비롯한 것이었다. 14세기부터 거듭된 농민 반란은 농노제를 공격했으며, 결국 16세기에 엘리자베스 여왕은 농노제를 폐지했다. 이는 지배계급이 농민을 강도 높게 착취함으로써 (예를 들어 노동시간을 늘림으로써) '절대적' 잉여가치를 상승시키는 것을 저지했다. 이제 농민은 적어도 원칙상으로는 자유롭기 때문이다. 생산성을 높이기 위해선 다른 방법을 찾아야 했고, 이 방법은 점차 새로운 생산양식, 곧 자본주의의 출현으로 귀결된다. 브레너는 자본주의의 주요 특징은 생산성 향상을 통해 이윤을 발생시키는 능력이라고 주장한다. 따라서 자본주의는 자체에 자본을 공급하기 위해 주변부를 필요로 하지 않는다. 브레너에게 자본

---

136 같은 글, p. 78. 이 문제에 관해서는 또한 다음을 보라. Ellen Meiksins Wood, *L'Origine du capitalisme*, Lux, Montréal, 2009 [엘린 메익신즈 우드, 『자본주의의 기원』, 정이근 옮김, 경성대학교출판부, 2002].

주의적 발전은 '내생적인' 또는 '자생적인' 것이다. 이것이 몇몇 비판가가 브레너의 자본주의 이론을 '유럽중심주의'라 규정하는 이유이기도 하다.[137]

브레너는 오늘날 자본주의의 위기를 분석한 저자로서, 그의 분석은 광범위하게 논의돼왔다. 그가 보기에 이 위기는 '장기지속'에 해당하는 것이다. 그것은 1973년 1차 석유파동 무렵을 계기로 나타났지만 이를 야기한 요소들은 이미 1960년대 중반부터 있어왔다. 다른 비판적 경제학자들과 마찬가지로 브레너는 콘드라티예프Nikolai Kondratiev가 고안한 자본주의 발전의 '장기파동' 이론을 수용한다. 콘드라티예프의 파동 이론에서 자본주의는 수십 년 동안의 긴 경제적 주기들로 구성되며, 하나의 주기는 '팽창 국면'과 '수축 국면'으로 나뉜다. 전후 성장기인 '영광의 30년' 시기가 끝나고 1970년대에 이르러 경제는 극심한 침체기로 접어들었는데, 이것이 현재 우리 시대를 규정한다. 이 국면의 특징은 역사상 낮은 성장률이다. 반복적인 방식으로 발생하는 콩종크튀르conjoncture(경기순환의 특정한 한 국면)의 위기는 '장기지속'의 위기를 토대로 생각해야 한다. 따라서 문제는 이 위기를 불러일으킨 요인이 무엇이며 이 위기가 그토록 오래 지속된 이유가 무엇인지를 확인하는 데 있다.

브레너는 30년 넘게 우리가 경험하고 있는 자본주의의 위기를

---

137 J. M. Blaut, "Robert Brenner in the Tunnel of Time," *Antipode. A Journal of Radical Geography*, vol. 26, 1994.

전형적인 '마르크스주의적' 위기로 본다. 이 위기는 마르크스가 (또한 그에 앞서 영국의 고전파 경제학자들이) 이전에 강조했던 메커니즘, 곧 이윤율 저하 경향으로 설명할 수 있다. 이 마르크스주의의 가설은 수많은 논쟁을 야기했다. 오늘날 마르크스주의를 표방하는 경제학자들 가운데 몇몇은 그 가설의 타당성에 이의를 제기하기도 한다.[138] 그렇지만 브레너를 비롯한 많은 경제학자들이 1970년대 이래 자본주의가 심각한 수익성의 위기를 겪고 있다는 사실에 동의한다. 이는 자본 투자로부터 나오는 이윤이 특히 제조업 부문에서 급격히 저하된 사실과 더불어, 제조업 부문의 이윤 저하가 위기의 근원임을 뜻한다. 유의미한 통계 몇 가지만 지적하면, 브레너가 쇠퇴의 시작 시기로 보는 1965년에서 1973년 사이 미국 제조업 부문의 이윤율이 40퍼센트나 감소했다. G7 국가들 전체에서도 같은 시기 이윤율 저하는 25퍼센트에 이른다.[139] 1950년에서 1970년 사이 미국 제조업 부문의 순이윤은 24퍼센트 이상 상승했다. 하지만 1970년에서 1993년 사이에는 고작 14퍼센트 상승했을 뿐이다. 더군다나 이른바 '스타트업'이나 '닷컴' 같은 IT 기업의 출현 때문에 호황기로 여겨지는 1990년에서 2000년 사이 세계 평균 1인당 GDP(국내총생산) 증가율은 1.6퍼센트였다. 1889년에서 1989년 사이 이 증가율은 2.2퍼센트에 달했다.[140] 1940년대 말에서

---

138 Michel Husson, "Sur la baisse tendancielle du taux de profit," *Note Hussonet*, 20 novembre 2008. 이 글은 웹사이트 http://hussonet.free.fr에서 읽을 수 있다.

139 Robert Brenner, "The World Economy at the turn of the Millennium: Toward Boom or Crisis?," *Review of International Political Economy*, n° 8, printemps 2001, p. 14.

1970년대 초까지 전개된 '장기파동'의 팽창 국면은 전례 없는 성장률을 특징으로 했다.

이윤율이 낮아진 원인은 무엇일까? 이 주제는 비판적 경제학자들 사이에서 광범위한 논쟁의 대상이다. 이는 경제 문제만은 아닌데, 왜냐하면 일단 위기를 발생시키는 메커니즘을 확인한 뒤엔 위기에 대응하려면 어떤 정책을 실행해야 하는지가 문제로 제기되기 때문이다. 브레너는 이를 설명하는 요인을 국제경제 경쟁과 불균등 발전에서 찾아야 한다고 본다.[141] 2차 세계대전이 끝날 당시 미국은 이론의 여지 없는 세계적 경제 강국이었다. 유럽은 전쟁으로 많은 것이 파괴되어, 영국을 제외한 유럽 대륙의 모든 나라가 미국과 경쟁한다는 게 불가능했다. 미국의 경제적 헤게모니는 정치적 헤게모니를 수반했는데, 이 또한 전쟁 덕분이었다. 그러나 1960년대에 들어서면서 주로 독일과 일본, 나아가 프랑스와 이탈리아가 점차 세계시장에서 미국의 경쟁자로 변모했다. 이들 나라는 미국으로부터 지식을 이전받고 내생적 혁신을 이룬 덕분에 상대적으로 진보한 기술 발전 단계에 도달했다. 이들 나라는 이런 기술 발전을, 당시 미국에 비해 생산성 대비 임금 수준이 낮은 현실과 결합시켰다.[142] 브레너가 보기에 이들 나라에서 아직 광범위하게 존재하던 농촌 인구는 '산업예비군'을 형성해, 임금인

140　Robert Brenner, "Towards the Precipice," *London Review of Books*, 6 février 2003.

141　Robert Brenner, *The Economics of Global Turbulence*, Verso, Londres, 2006, chap. 2.

142　Robert Brenner, "The World Economy at the turn of the Millennium: Toward Boom or Crisis?," p. 13.

상 요구가 일시적으로 억제되는 데 기여했다. 이 모든 요인 덕분에 독일과 일본은 미국 기업들의 시장 점유율을 잠식할 수 있는 완벽한 위치를 점했다. 그러나 한편으로 이 새로운 진입국들의 등장은 제조업 부문에서 과잉생산능력 문제를 빚어냈고, 이는 이후 장기화될 이윤율 저하 국면의 시작을 알리는 신호였다. 이제 생산능력은 전 세계 수요를 초과하여 잠재적 과잉생산 상황에 이르렀으며 투하 자본의 가치를 잠식했다. 게다가 새로운 진입국들이 이끈 기술 혁신은 이전에 가동했던 고정자본(기계)을 점점 더 빠르게 유휴화했고, 이는 이윤율을 더욱 끌어내렸다.

한 산업부문에서 과잉능력과 과잉생산의 문제가 명확해졌을 때, 그 부문에 투자했던 투자자라면 자본을 회수하여 새로운 이윤의 원천을 찾아 다른 산업 활동으로 자본을 이전하는 것 외에 다른 방법이 있을 수 있을까? 여기서 브레너는 자본주의적 생산의 무정부성에 대한, 즉 스스로 활동을 조정할 수 없는 생산자들의 무능력에 대한 마르크스의 논거로 돌아간다. 체계 전체 논리에서 치명적인 것이 반드시 개별 자본가의 관점에서도 치명적인 것은 아니다. 산업부문에서 고정자본에 대한 투자는 막대하다. 직무가 새로워지면 새롭게 훈련시킬 수 있는 노동과 달리, 고정자본은 그 정의대로 '고정'되어 있기 때문에 새로운 직무에 최적화하기가 매우 어렵다. 이런 조건에서 개별 생산자에게 합리적인 전략은 상황이 더 나빠지기 전에 다른 이들에게 피해를 주더라도 자신은 궁지에서 벗어나는 것이다. 문제는 총합적 수준에서 이런 행동이 이윤율의 일반적 저하라는 악순환으로 체계를 이끈다는 점이다. 브레너, 또 그에 앞서 마르크스가 보기에, 이 점은 자본주의의 비합리성을 잘 드러내주는 동시에 자본주의를 합리적으로 계획된 생산양식으로 대체할 필요성을 말해주는 것이다.

물론 이윤율 저하에 맞서 지배계급이 아무 반응도 없이 가만있지는 않았다. 이른바 신자유주의, 그리고 이에 부응해 1970년대 후반부터 실행된 (하지만 그 이전에 고안된) 일련의 공공정책은 모두 지배계급이 이 문제에 맞서 생각해낸 해법이다. 그 목적은 필요한 모든 방법을 동원해 이윤율을 복원하는 것이다. 신자유주의가 이윤율 저하를 막았는지, 혹은 심지어 역전시켰는지를 두고 비판적 경제학자들 사이에서도 논쟁이 일었다. 제라르 뒤메닐Gérard Duménil과 도미니크 레비 Dominique Lévy는 신자유주의가 1980년대 이후 자본주의 '부활'의 조건을 만들어냈다고 본다.[143] 이 부활은 새로운 민간 투자 기회, 곧 자본의 가치증식 기회를 제공한 공공서비스 민영화, 세계무역 자유화, 그리고 더 일반적으로는 국민 중 최상위 부유층에 대한 감세를 통해 이들이 지불하는 연대 '비용'을 절감해준 복지국가 파괴의 결과였다.

자본주의의 부활은 '금융화financiarisation', 곧 금융이 지배하는 자본주의가 출현한 결과이기도 하다. 실질 이윤율이 낮아지자 자본은 점점 더 금융 부문에 투자되고, 투기에 몰리는 경향을 띠었다. 금

---

143 Gérard Duménil et Dominique Lévy, *Capital Resurgent. Roots of the Neoliberal Revolution*, Harvard University Press, Cambridge, 2004 [제라르 뒤메닐·도미니크 레비, 『자본의 반격: 신자유주의 혁명의 기원』, 이강국·장시복 옮김, 필맥, 2006].

융 부문의 규제 완화와 개방, (특히 미국에서 보듯) 신용대출 조건의 완화 같은 것이 투기의 흐름을 창출했고, 이는 투자 기금과 해당 고객 및 경영진에게 엄청난 부를 안겨주었다. 이 투기 물결은 금융 '거품'도 초래했다. 가장 최근의 거품은 2000년대 초에 터진 '텔레콤' 거품과 현재 우리가 겪는 위기의 시작인 부동산 거품(이른바 '서브프라임')이다. 이 금융 거품은 브레너가 말한 "주식시장 케인스주의stock-market Keynesianism"에서 파생한 것이다.[144] 행정 당국은 실물경제에서 이윤 저하를 상쇄하고 금융 부문으로 투자 전환을 유도하고자 금융 투자에 대한 고수익을 인위적으로 유지했다. 위기가 발생하기 전까지 이 정책은 금융 투자에 대한 고수익을 보장해주었고, 이에 따라 전반적인 경기 후퇴는 더욱 가속화했다.

브레너는 금융이 지배하는 자본주의란 그 이름부터 모순적이라고 주장한다.[145] 금융 이윤은 궁극적으로는 실물경제에서 얻는 이윤에 기반해야 한다. 1990년대 클린턴Bill Clinton 정부 시절 미국이 겪은 것처럼, 그렇게 해도 전반적으로 또는 부분적으로 금융에 기반한 일시적 호전이 일어날 수 있다. 하지만 결국엔 대규모 경제 위기가 도래해야만 이윤율을 회복할 수 있으며 비로소 새로운 토대에서 축적을 재개할 수 있다. 위기는 자본 파괴의 메커니즘이다. 이윤율 저하의 근원이 과잉능력에 있으므로 수익성 있는 투자가 다시 가능하려면 이

144   Robert Brenner, "Towards the Precipice."
145   Robert Brenner, "The Economy in a World of Trouble," *Against the Current*, janvier 2009.

위기가 없어서는 안 된다. 흥미롭게도 브레너는 하비가 전개한 '공간적 조정' 개념에 비판적이다. 하비는 ('룩셈부르크주의'의 맥락에서) 자본주의의 위기가 새로운 공간에 자본을 투자하게끔 한다고, 곧 자본주의적 관계에 아직 물들지 않은 (또는 예컨대 전쟁으로 다시 새로워진) 공간에 자본을 배치함으로써 그 위기를 해결하게 한다고 주장한다. 브레너가 보기에 자본의 '세계화', 즉 자본이 점차 전 지구로 확장되는 것 또한 위기의 산물이다. 하지만 자본을 새로운 지역에 배치해도 대개는 축적을 재개하는 데 이르지 못한다. 1980년대부터 아시아, 특히 중국에서 나타난 생산능력은 이미 다른 지역에서 나타난 생산능력과 중복되는 경향이 있었다. 이전과 비교해봤을 때 아시아의 생산능력은 중복되는 것이지, 보완적인 게 아니다. 따라서 생산능력은 하비가 생각하듯 이윤율을 회복하기는커녕, 오히려 이윤율 저하를 촉진한다.

브레너는 1960~1970년대에 자본주의가 도전을 받아 이윤율이 낮아졌다고 하는 분석에 단호히 반대한다. 이 점은 그가 위기의 시작을 1960년대 중반으로 거슬러 올라가 찾는다는 사실에서 잘 드러난다. 1960년대 중반은 (노동운동, 제3세계 운동, 반문화 운동 등) '반체계' 운동이 아직 활발하지 않던 시기다. 특히 브레너는 조절학파의 위기론을 비판한다.[146] 조절학파는 1970년대 후반의 위기가 노동자들이 이윤율에 압력을 행사한 결과라고 주장한다. 이 시기는 실업이 엄청나

---

146 이와 관련해서는 다음을 보라. Robert Boyer (dir.), *Théorie de la régulation: l'état des savoirs*, La Découverte, Paris, 2002.

게 줄어든 성장 국면이었으며, 노동자를 대변하는 정치조직과 노동조합의 중요성이 컸던 시기인 만큼, 임금과 노동비용이 증가했고 이윤의 몫은 그만큼 감소했다. 1970년대까지 노동이 자본에 부과한 '임금 관계'는 거기서 비롯한 수익성의 감소가 경제 전반을 위기에 빠뜨리기 전까지는 노동에 유리했다. 더 정확히 말해 포드주의에서 노동조직 형태는 임금 관계와 연동하여 생산성 향상을 허용했고, 이는 이윤과 임금의 정기적 증가를 허용했다. 생산성 향상이 멈췄을 때도 임금은 임금 관계 때문에 계속해서 증가했지만, 이윤은 감소하기 시작했다.

브레너는 '영광의 30년' 동안 부가가치의 분배가 임금노동자에게 상대적으로 유리했다는 사실을 부인하지 않는다. 그는 신자유주의 시대인 1970년대 말부터 시작된 노동운동 파괴가 이윤율 저하를 막았다는 생각에도 동의한다. 그러므로 결국 임금 관계는 수익성의 등락에 영향을 끼친다. 하지만 그것은 절대로 주요 설명 요소가 될 수 없다. 브레너가 보기에 주된 요소는 생산자들 간 조정되지 않은 국제경쟁에서 찾아야 한다. 브레너가 조절이론을 반박하고자 제시한 논거 가운데 하나는, 힘의 관계가 임금노동자에게 유리했던 나라건, 그렇지 않았던 나라건 간에 모든 선진국이 위기로부터 영향을 받았다는 것이다. 조절이론의 가설이 사실이었다면 오직 전자의 나라들만이 타격을 입었어야 했다. 브레너가 봤을 때 여기서 도출될 수 있는 결론은 하나다. 바로 위기의 기원을 자본주의의 **전반적** 동역학에서 찾아야 한다는 것이다.

조반니 아리기: 최후의 '체계적 축적 순환'?

앞서 '제3세계주의자'로 규정한 저자 가운데 이탈리아 출신인 조반니 아리기가 있다. 그러나 그는 미국, 특히 빙엄턴의 뉴욕 주립대학과 볼티모어의 존스홉킨스 대학에서 대부분의 경력을 보냈다. 1960년대 그가 이탈리아에서 교육받던 시절, 이탈리아 내에서 공산당 바깥의 주요 마르크스주의의 경향은 노동자주의였다. 아리기는 노동자주의를 대표하는 이들과 교류하긴 했지만 그 일원은 아니었고, 이후 이론적으로 네그리와 다른 행보를 보였다.[147] 1970년대 초 아리기는 『옥중수고』를 쓴 그람시의 사상을 표방하는 지식인·활동가 집단 '그람시 그룹Gruppo Gramsci'을 만들었다.[148] 당시에는 공산당이 그람시의 지적 유산에 대한 소유권을 주장하며 관리했기 때문에, 당 바깥의 좌파가 그람시의 계승자임을 자처하는 것은 흔치 않은 일이었다. 마르크스주의의 쇄신을 위해 노력하던 이들은 (이탈리아 공산당에 의해 오염된 그람시에 반대해) 통상 반그람시주의자를 자처하곤 했으니 말이다. 그람시는 아리기의 최근 작업에까지 영향을 미쳤는데, 그 영향은 특히 미국의 '헤게모니'의 쇠퇴와 중국의 눈부신 발전을 기술한 아리기의 마지막

---

147 하지만 아리기의 최근 저서 제목 '베이징의 애덤 스미스'가 노동자주의의 대표적 인물인 마리오 트론티의 글 제목 '디트로이트의 마르크스'를 참조하고 있다는 점에 주목할 수 있다. Mario Tronti, *Ouvriers et capital*, Christian Bourgois, Paris, 1977.

148 이에 관해서는 아리기가 사망하기 직전에 출판된, 아리기와 하비의 인터뷰를 보라. Giovanni Arrighi, "The Winding Paths of Capital. Interview by David Harvey," *New Left Review*, n° 56 (nouvelle série), mars-avril 2009.

저서 『베이징의 애덤 스미스Adam Smith in Beijing』에서 두드러진다. 하지만 아리기가 그람시를 계승하는 방법은 동시대 비판사상, 예컨대 그람시를 '문화'와 '상부구조'의 사상가로 여기는 '문화연구'에서 주로 사용하는 방식과는 구별된다. 아리기는 토대 분석, 즉 전 지구적인 경제적·사회적 과정 분석에 매진했다. 아프리카 체류 경험은 그의 지적 형성에 결정적인 영향을 미쳤다. 그는 1960년대 초 아프리카에서 강의하며, 제국주의가 이 대륙에 끼친 영향과 발전 문제에 관심을 갖게 됐다. 1978년 출간된 그의 중요한 저서가 바로 『제국주의의 기하학』이었다.[149]

'세계체계' 이론가인 아리기는 이 이론을 발전시킨 핵심 인물인 월러스틴 이후 가장 유명한 축에 속한다.[150] 세계체계론은 마르크스와 마르크스주의의 영향을 받았으며 '제3세계주의'에서 파생한 이론들, 주요하게는 '종속' 이론과의 상호작용을 통해 발전했다. 세계체계론의 또 다른 주요 지적 원천은 프랑스 역사가 브로델의 경제·사회사다. 세계체계 분석은 브로델의 '장기지속'이라는 관점을 수용했으며, '세계경제' 개념을 차용해 '세계체계' 개념을 일반화했다. 세계체계는 하나의 또는 복수의 대륙을 포괄하는 지구의 일부분인 광범위한 지

---

149 Giovanni Arrighi, *The Geometry of Imperialism, Limits of Hobson's Paradigm*, Verso, Londres, 1987.

150 세계체계 분석에 대한 개론으로 다음을 보라. Immanuel Wallerstein, *Comprendre le monde. Introduction à l'analyse des systèmes-mondes*, La Découverte, Paris, 2006 [이매뉴얼 월러스틴, 『월러스틴의 세계체제 분석』, 이광근 옮김, 당대, 2005].

리적 실체로서, 다수의 문화적 하부체계들을 포함하지만 하나의 분업으로 연결되는 체계로 정의된다.[151] 다른 말로 하면 월러스틴이 '문화적 하부체계'라 말한 일련의 나라들이 경제적으로 통합된 전체인 것이다. 세계체계는 정치적으로 통일되어 고대 로마나 오스만튀르크 같은 제국의 형태를 띨 수도 있고, 근대 유럽처럼 단일한 정치적 중심을 결여하거나 다중심적 체계의 성격을 띨 수도 있다. 하지만 어찌 됐건 간에 전체의 일관성은 정치가 아니라 공통의 분업에 여러 나라들이 참여하는 것을 통해 부여된다. 세계체계론에는 마르크스주의적 경제 우선성에서 도출된 두 가지 특성이 있다. 한편으로 세계체계론은 중심부-주변부 논리로 특징지어진다(이 논리에 '반¥주변부semi-périphérie'가 추가된다). 주변부에 대한 중심부의 착취가 세계체계 내부의 자본주의적 축적 동역학의 주요 근원이다. 다른 한편으로 세계체계론은 '방법론적 국제주의', 즉 국가에 과도한 중요성을 부여하지 않고 분석의 초점을 국제적 차원에 둔다는 점이 특징적이다.

아리기에게 자본주의는 '영토적territoriale' 논리와 '분자적moléculaire' 논리가 만난 결과다.[152] 그는 자본주의를 순전히 경제 체계로 생각하

---

151   Immanuel Wallerstein, *Le Capitalisme historique*, La Découverte, Paris, 2002 [이매뉴얼 월러스틴, 『역사적 자본주의/자본주의 문명』, 나종일·백영경 옮김, 창비, 1993].

152   Giovanni Arrighi, *Adam Smith in Beijing. Lineages of the Twenty-First Century*, Verso, Londres, 2009, pp. 211-212 [조반니 아리기, 『베이징의 애덤 스미스: 21세기의 계보』, 강진아 옮김, 길, 2009]. 이 구분은 하비와 공동으로 만들어낸 것이다. 그것은 먼저 Giovanni Arrighi, *The Long Twentieth Century. Money, Power and the Origins of our Time*, Verso, Londres, 1994 [조반니 아리기, 『장기 20세기: 화폐, 권력, 그리고 우리 시대의 기원』, 백승욱 옮김, 그린비, 2014]

는 것은 잘못이라고 본다. 자본주의는 다른 차원으로 환원 불가능한 정치적 차원을 포함하는데, 이는 가치 추출 메커니즘이 언제나 국가 구조에 의해 보장되고 있다는 사실을 의미한다. 세계체계 이론가들은 시장과 자본주의를 구분한 브로델의 분석을 수용한다. 이들 생각에 시장은 자본주의의 출현 이전부터 존재했으며, 따라서 시장경제와 자본주의는 두 개의 다른 심급으로 봐야 한다. 심지어 월러스틴은 자본주의가 시장에 반한다고 주장한다. 그에 따르면 이윤의 형성은 독점의 존재를 필수적으로 요구하는데, 이는 경쟁과 양립 불가능하기 때문이다. 아리기는 권력이 공간에 투영돼 그 공간에 있는 인구와 천연자원을 통제하는 방식을 '영토적' 논리라 부른다. 그렇게 구성된 정치공간은 불연속성을 띤다. 그 공간은 어느 정도 명확히 정해진 경계와 주권으로 이뤄진다. 반면 '분자적' 논리는 경제에 속하는 모든 것, 즉 생산·무역·금융의 흐름이라든지 노동자들의 이주를 말한다. 그것은 불연속성 없이 점진적으로 진행되고 경계와 주권을 '아래로부터' 침식하는 경향을 지니기에 '분자적'이라 불린다.

자본주의의 이 두 논리 관계는 언제나 문제적이고, 체계를 불안정하게 한다. 시대에 따라 어느 한 논리가 다른 논리보다 우세할 수 있다. 냉전 시대 미국의 대對소련 '봉쇄' 정책처럼 어떤 때에는 영토적 논리가 지배적이다. 물론 여기서는 미국 자본이 스스로의 번영을 위

와 David Harvey, *The New Imperialism*에서 등장했는데, 이는 Hannah Arendt, *Les Origines du totalitarisme*, tome II, *L'Impérialisme*으로부터 영감을 받은 것이다.

해 최대한 공간을 개방해두고자 했으므로, 이 모든 것이 지정학의 결과만은 아니었음 또한 분명하다. 반면 19세기 후반 '고전적' 제국주의에서는 경제 논리가 우세했는데, 당시 국가들은 무역회사들보다 시간적으로 뒤처져 있곤 했다. 하지만 제국주의는 당연히 지정학적 문제이기도 했다. 이 논리들 사이의 긴장은, 공간 속에서 분자적 논리의 진행이 무제한적이기 때문에 분자적 논리가 국가의 통제로부터 탈주하려 한다는 사실에서 비롯한다. 국가는 점차 정치적·군사적 행동반경을 넓힘으로써 이런 자본의 분자적 확장을 뒤쫓아 가려 애쓴다. 문제는 그렇게 함으로써 국가가 "제국의 과잉확장"(아리기가 기꺼이 인용하는 폴 케네디Paul Kennedy의 표현이다)이라는 위험을 무릅쓰게 된다는 것이다.[153] 이 개념은 세계체계의 중심부와 거기서 가장 먼 주변부 사이의 거리가 극단적으로 확장된 상황을 가리킨다. 이 거리가 늘어날 때 영토 통제 비용도 그만큼 늘어나는데, 그 비용은 터무니없는 수준에 도달할 때까지 계속 늘어날 것이다. 과잉확장으로 군 예산과 제국 관료제는 팽창하고, 가장 역동적인 경제 부문의 이윤은 다른 데로 흘러들어 간다. 결과적으로 이는 세계체계가 쇠퇴하는 한 원인이 된다.

아리기가 보기에 자본주의는 그 태동 이래 네 차례 '체계적 축적 순환cycles systémiques d'accumulation'을 겪었다.[154] 개별 순환은 두 국면으

---

153   Paul Kennedy, *The Rise and Fall of Great Powers: Economic Change and Military Conflict from 1500 to 2000*, Vintage Books, New York, 1989 [폴 케네디, 『강대국의 흥망』, 이왈수·전남석·황건 옮김, 한국경제신문, 1997].

154   Giovanni Arrighi, *Adam Smith in Beijing. Lineages of the Twenty-First Century*, p. 230.

로 구성되는데, 하나는 '실물적' 국면이고, 다른 하나는 '금융적' 국면이다. 첫 번째 국면은 실물경제의 발전이 이뤄지는 시기다. 이 시기 동안에는 일련의 사적 경제행위자들이 국가 구조와 협력함으로써, 잘 조직된 분업을 토대로 생산과 상업의 선순환적인 동역학을 개시하는 데 성공한다. 그러나 시간이 지나면서 이 동역학은 불가피하게 과잉축적으로 치닫는다. 이전에 분업에 참여했던 경제행위자들의 경쟁이 심해지고, 이 때문에 개별 자본 분파들의 투자로부터 발생하는 이윤은 감소한다. 그리하여 체계적 축적 순환은 '금융적' 국면에 들어간다. 이 국면이 앞서 말한 '금융화', 즉 이윤율이 낮아짐에 따라 자본이 금융 부문과 투기로 도피하려는 경향에 조응한다. 아리기가 보기에 금융화는 언제나 체계적 축적 순환의 쇠퇴(그가 멋지게 개념화한 "헤게모니의 가을")를 나타내는 징후이자, 그것이 새로운 순환으로 대체된다는 징후다. 오늘날의 금융화 또한 예외라고 볼 수 없다.

모든 체계적 순환은 헤게모니적 중심을 구성한다. 아리기가 규정한 네 차례 순환은 15세기부터 17세기 초까지 제노바, 16세기 말부터 18세기 말까지 네덜란드, 18세기 중반부터 20세기 중반까지 영국, 19세기 말부터 오늘날까지 미국을 중심으로 한다. 아리기는 이 정치적 실체들 가운데 그 어느 것도 고전적 의미의 '민족국가nation'가 아니었다는 사실에 주목하는데, 그 각각은 독특한 방식으로 영토적 논리와 분자적 논리를 결합하면서 자본주의 발전의 한 국면을 지배했다. 제노바의 헤게모니는 본질적으로 분자적이었다. 제노바 헤게모니는 그 어떤 영토도 정복하지 않았다. 16세기의 지배적 제국은 스페인이었고, 당시 제노바는 정치적으로 불안정하고 군사적으로 허약했다. 자본주의 초기에 제노바 헤게모니는 본질적으로 제노바가 국제 상업·금융 네트워크를 장악·통제했기 때문에 가능했던 것이다. 영국은 그 식민 제국의 확장이 보여주듯 두 논리를 동시에 완전하게 적용한 최초의 '헤게모니 국가hegemon'였다.[155] 아리기는 각각의 헤게모니적 중심이 모두 직전의 헤게모니적 중심보다 규모가 더 크다는 점을 강조한다. 역사가 흐를수록 세계체계의 범위가 확장되고, 체계 전체를 지탱하고 균형을 유지하려면 체계의 중심 또한 커지는 것이다. 계속되는 '헤게모니 국가'의 팽창 속에서 결정적인 요소는 인구다. 세계체계의 넓이가 더 확장될수록 그 역동성과 생산성을 보장해야 하는 인구는 더 증가한다. 정치적 중심은 축적의 중심이기도 하므로, 여기에는 이전보다 많은 가용 노동력이 필요해진다.

아리기는 오늘날 우리가 미국이 지배하는 체계적 축적 순환의 쇠퇴를 목격하고 있다고 본다. 미국의 베트남 전쟁 패배는 이런 쇠퇴의 '징후적 위기signal crisis'였으며, 이라크 전쟁은 그 '최종적 위기terminal crisis'였다. 전쟁은 그에 따른 재정 적자와 결합되어, 한 헤게모니가 다른 헤게모니로 이행하는 데 중요한 역할을 한다. 아리기는 미국의 지배력이 오늘날까지도 계속되고 있지만 이는 '헤게모니 없는 지배'의 전형적 사례라고 본다.[156] 이 점에서 아리기의 분석은 로버트 콕스의

---

155   같은 책, p. 241.
156   같은 책, chap. 7.

분석과 가깝다. '지배'는 피지배자의 동의를 수반하지 않는 경제적·군사적 우월 상황을 말한다. 피지배자는 대안이 없어서 지배를 당하지만, 지배에 적극 협력하지는 않으며 대체로 지배를 침식하려 한다. 지배가 헤게모니로 전환하려면 피지배 집단이 그 지배가 자신들에게 이익이 된다고 여겨야 한다. 곧 피지배 집단이 그 지배가 자신들에게 이로운 것이라고 명확히 인식하는 것이 필요하다. 다른 말로 하면, 적어도 피지배 집단 내부의 지배계급이 그 지배로부터 이익을 볼 수 있다고 생각해야 한다. 그뿐만 아니라, 피지배 집단이 자신들을 지배 집단과 문화적으로 동일시해야 한다. 1970년대까지 미국은 이런 요소를 잘 갖추고 있었으며, 덕분에 진정한 '헤게모니 국가'가 될 수 있었다. 하지만 베트남 전쟁 이후, 나아가 이라크 전쟁과 '새로운 미국의 세기를 위한 기획Project for the New American Century'의 실패 이후 미국이 헤게모니의 요소를 결여하고 있다는 점은 더욱 분명해졌다.

체계적 축적 순환이 실물적 국면에서 금융적 국면으로 이행해 갈 때 우리는 역설적으로 '벨 에포크belle époque'(좋은 시절)의 출현을 목격한다. 미국 순환에서 벨 에포크는 레이건과 클린턴 집권기였는데, 당시는 성장의 (일시적) 회복을 볼 수 있었다. 영국 순환에서는 19세기 말과 20세기 초 에드워드 시대가 비슷한 특징을 보였으며, 유사한 시대가 제노바 순환과 네덜란드 순환에도 있었다. 초기에는 금융화가 이윤율을 허구적으로 회복한다. 이는 정치적·경제적 상황을 안정시키고 지배 강대국의 헤게모니 열망을 다시 작동시킨다. 문제는 금융화가 과잉축적의 문제를 전혀 해결하지 못하며, 심지어 빈약한 이윤 광

맥을 둘러싸고 자본 간 경쟁을 증대하는 경향이 있다는 점이다. 이것이 벨 에포크가 대개 전쟁과 혁명적 과정으로 끝나는 이유다.

브레너는 1960~1970년대에 일어난 자본주의에 대한 도전, 특히 중심부 국가들에서 일어난 노동운동이 이윤율 저하에 결정적인 영향을 끼치지 못했다고 말한다. 위기의 한 원인을 국제 경쟁과 그것이 야기한 과잉능력에서 찾는다는 점에서 아리기는 브레너와 의견을 같이한다. 그러나 그는 임금노동자계급이 이윤율 등락에 가한 압박과 관련해서는 브레너에게 동의하지 않는다. 아리기는 1968~1973년 세계적으로 임금이 급등했다고 본다. 1950~1960년대에도 임금은 올랐지만 더 느린 속도로 또는 노동생산성과 같은 속도로 올랐으며, 이는 기업의 이윤 폭을 유지시켜줬다. 그러나 1968년 이후 임금은 훨씬 더 급격히 올랐으며 결국 이윤율을 그만큼 저하시켰다.[157] 여기에 더해 1970년대 초의 위기는 인플레이션을 수반했다. 아리기는 이 인플레이션이 무엇보다 노동자들이 이룩해낸 임금 인상에서 기인한 것으로 본다. 이 요소가 각국 정부들에 통화량을 증가하도록 압박을 가했고(이를 위해서는 금본위제를 포기해야 했다), 바로 이것이 인플레이션을 불러왔다.[158] 이런 의미에서 인플레이션은 임금노동자들이 가진 전투성의 징후였다. 아리기는 이런 요소들을 참작해 노동운동의 압력이 이윤율

---

157   Giovanni Arrighi, *The Long Twentieth Century*, p. 305; Giovanni Arrighi, *Adam Smith in Beijing*, p. 126.

158   통화주의의 반혁명, 그 구호 가운데 하나는 "인플레이션 제로"였는데, 그 목표는 인플레이션 감소로 이윤을 회복함으로써 이 역학관계를 뒤집는 것이었다.

저하에 영향을 끼쳤다고 주장한다. 이 점에서 그는 조절이론가들과 인지주의자들의 견해에 동의하지만, 브레너의 의견에는 반대한다.

쇠퇴하는 미국 제국을 누가 계승할 것인가? 첫 번째 가능성은 세계가 '체계적 카오스chaos systémique'의 긴 시기를 겪는 것이다. 새로운 축적 순환을 안정시킬 수 있는 확고한 '헤게모니 국가'의 부재로 지구는 어쩌면 전쟁과 강도 높은 경제적 경쟁을 치를지도 모른다. 월러스틴은 미국 순환의 쇠퇴가 자본주의의 결정적인 몰락을 수반할 것이라는, 다른 말로 하면 이 네 번째 체계적 축적 순환이 자본주의의 마지막 순환이 될 수도 있다는 가설을 정식화했다.[159] 월러스틴은 봉건제로부터 자본주의로 이행하던 16세기와 비견할 만한 시기로 우리가 접어들고 있을지 모른다고 생각한다. 이 가설의 기저에는 오늘날 자본 집적과 독점의 정도가 이윤 형성이 더는 어려운 수준까지 심화했다는 인식이 깔려 있다. 또한 월러스틴은 자본주의를 대체할 체제가 자본주의보다 더 정의롭고 덜 폭력적이라는 보장은 없다는 점을 덧붙인다. 오히려 현재의 모든 현실은 그 반대의 상황을 가정하도록 한다.

아리기는 자본주의가 사라질 것이라고 진단하는 데까지 나아가지 않는다. 그는 체계적 카오스가 도래할 가능성 외에도 아시아, 특히 중국의 헤게모니 아래 새로운 세계체계가 출현할 가능성 또한 배

---

159   Immanuel Wallerstein, *L'Utopistique, ou les choix politiques du XXIᵉ siècle*, Éditions de l'Aube, Paris, 2000 [이매뉴얼 월러스틴, 『유토피스틱스: 또는 21세기의 역사적 선택들』, 백영경 옮김, 창비, 1999]; Immanuel Wallerstein, "Le capitalisme touche à sa fin," *Le Monde*, 11 octobre 2008.

제할 수 없다고 본다. 이것이 그의 '유작' 『베이징의 애덤 스미스』가 의미하는 바다. 중국의 경제 발전은 중국이 주도하는 21세기의 가능성, 즉 '워싱턴 컨센서스Washington Consensus'를 잇는 '베이징 컨센서스Beijing Consensus'를 예고하는지도 모른다. 문제는 과거 미국이 영국에 대해 그랬던 것처럼, 쇠약해져가는 경쟁자를 몰아낼 목적으로 중국이 '힘 대 힘의 정치'를 개시할 야망을 갖고 있느냐는 것이다. 아리기는 중국이 '화평굴기和平崛起'(평화롭게 우뚝 선다)를 특징으로 하는 새로운 종류의 헤게모니적 중심이 될 가능성을 배제하지 않는다. 그러나 아리기의 이 시나리오는 너무 과감해서 현실성이 희박한 가설로 보는 게 합리적일 듯하다. 국제관계 이론가인 존 미어샤이머John Mearsheimer가 일깨워주듯, 경제적 위력을 군사적 위력으로 전환하는 것을 일부러 삼갔던 강대국은 이제껏 역사상 존재한 적이 없기 때문이다.[160]

엘마 알트파터: 화석자본주의

엘마 알트파터는 비판적 경제학의 운명은 그 학문이 생태 문제와 어떤 관계를 맺느냐에 달려 있다고 생각하는 경제학자다. 이런 생각을 하는 경제학자들은 아직 소수지만 점점 늘어나는 추세다. 알트파터는 독일의 경제학자로 2000년대까지 베를린 자유대학 교수를 지냈다. 반세계화 운동의 핵심 인물인 그는 세계 및 지역 사회포럼에 자주 참여했다. 특히 그는 국제금융관세연대의 독일 학술위원회에서 적

---

160 John Mearsheimer, "Clash of the Titans," *Foreign Policy*, n° 146, 2005.

극적인 활동을 펼쳤는데, 이곳은 국제금융관세연대의 국가 지부 가운데 비교적 늦게 출범했으나 현재 가장 역동적으로 움직이고 있다. 알트파터는 학술위원회에서 출판한 탄소배출권 거래제에 대한 책을 공동으로 엮기도 했으며[161] 그는 자본주의를 다룬 여러 책을 썼으며, 대표적으로 『시장의 미래The Future of the Market』(1993), 『세계화의 한계Grazen der Globalizierung』(비르기트 만코프Birgit Mahnkopf 공저, 1996), 『자본주의의 종말 Das Ende des Kapitalismus』(2005) 등이 있다. 1970년대에 그가 창간한 저널 『PROKLA』는 지금까지 정기적으로 간행되고 있다. 'PROKLA'라는 제목은 'Probleme des Klassenkampfs'(계급투쟁의 문제들)의 약자이며, 부제는 '비판적 사회과학 저널Zeitschrift für kritische Sozialwissenschaft'이다.[162]

생태 위기 때문에 경제학자들은 현행 쟁점에 맞게 자신들의 이론을 쇄신해야 한다는 요구를 받는다. 이 점에서 알트파터의 지적 경력은 흥미롭다. 마르크스주의 '정치경제학 비판' 연구자로 출발한 그는 이 패러다임의 연속선상에서 생태적 주제와 관련된 활발한 활동을 펼쳐왔기 때문이다. 2003년 그는 「생태적 마르크스주의는 존재하는가?」라는 의미심장한 제목의 논문에서 이 물음에 긍정적으로 답한 바 있다.[163] 곧이어 제임스 오코너James O'Connor, 존 벨러미 포스터, 폴

---

161 Elmar Altvater et Achim Brunnengräber, *Ablasshandel gegen Klimawadel? (Le Commerce des émissions contre le changement climatique?)*, VSA Verlag, Hambourg, 2008.

162 웹사이트 www.prokla.de를 보라.

163 Elmar Altvater, "Is There an Ecological Marxism?," 2003년 라틴아메리카 사회과학연구협의회(Consejo Latinoamericano de Ciencias Sociales, CLACSO)에서 한 강연으로 웹사이트 www.

버킷Paul Burkett, 장마리 아리베Jean-Marie Harribey, 테드 벤턴Ted Benton 같은 이들도 이 연구 계획에 함께 참여하게 됐다.

비판적 경제학자들과 생태학의 관계에는 두 가지 주목할 만한 사안이 있다. 이미 말한 바 있지만, 우선은 새로운 문제에 맞서는 것이 이론적 혁신의 요소라는 점을 얘기할 수 있다. 생태적 쟁점들의 새로움은 비판사상가들에게 기존 비판 문헌 바깥에서 준거를 찾도록 했다. 이 과정에서 급진 생태주의자들이 새롭게 참고한 저자들 가운데 한 명이 일리야 프리고진Ilya Prigogine이다. 1977년 노벨 화학상을 받은 프리고진은 20세기 후반의 가장 혁신적인 학자로 손꼽힐 만하다.[164] 그는 열역학 분야의 권위자로 유명한데, 열역학은 몇몇 '생태경제학자'가 (앞으로 보겠지만) 광범위하게 참조하는 분야다. 프리고진은 열역학 연구를 통해, 하나의 체계가 균형을 이룰 수 있는 조건들 및 그 체계의 '자기조직화auto-organisation'를 다루는 일반 인식론을 도출해냈다. 알트파터도 프리고진을 자주 인용하는데, 특히 이를 통해 자본주의가 사용하는 에너지 비용의 증가 때문에 자본주의가 갈수록 불안정해지는 경향이 있다는 가설을 뒷받침하고자 한다.

다음으로, 생태 문제 같은 새로운 문제에 대응하는 두 가지 태도를 생각해볼 수 있다. 첫 번째 태도는 생태학을 기존 경제학 모델 내에 있는 여러 변수 가운데 하나로 취급하는 것이다. 이는 생태 문제

polwiss.fu-berlin.de에서 볼 수 있다.

164   Ilya Prigogine et Isabelle Stengers, *La Nouvelle Alliance*, Gallimard, Paris, 1986.

가 아직 부각되지 않았던 18세기에서 20세기 초반 시기에 전개된 경제학 이론에 이 변수를 포함시키려는 태도다. 두 번째 태도는 생태학의 관점에서 고전파·마르크스주의 경제학 범주를 비판하는 것이다. 이는 기존 이론이 부분적으로 또는 전체적으로 시대에 뒤떨어졌음을 명확히 하고, 오늘날 생태적 도전에 제대로 대응할 수 있는 새로운 학설을 구상할 필요성을 주장하는 태도다. 이 두 번째 태도에서 바람직한 것은 토머스 쿤Thomas Kuhn이 말한 '패러다임 전환'이다. 생태학에 관심을 갖는 동시대 비판적 경제학자들은 두 가지 태도를 양끝으로 하는 스펙트럼상에 있다. 이들 모두는 비판적 경제학의 개념적 장치들을 근본적으로 바꿔야 할 필요를 느낀다. 물론 그것은 복잡한 일이다. 게다가 패러다임 전환은 마음대로 되는 것이 아니다. 아마도 완벽한 변화가 이뤄지려면 다음 비판사상가 세대나 그다음 세대를 기다려야 할 것이다. 그럼에도 오늘날 경제학자들은 생태학을 끌어안는 이론을 적극적으로 구상하고 있다.

알트파터는 **화석자본주의**capitalisme fossile 개념의 고안자 가운데 한 명이다. 그는 석탄·석유·천연가스 같은 화석에너지의 집중적 이용이 없었다면 오늘날 같은 자본주의의 팽창은 없었을 것이라고 말한다. 특히 19세기 후반부터 시작된 전 체계 규모의 석유 사용은 알트파터가 말하는 '화석에너지 산업혁명'을 가능하게 했다.

> 화석에너지의 지속적인 보급과 대대적인 사용이 없었다면
> 근대 자본주의는 바이오에너지(바람, 물, 바이오매스, 근력 등)

의 한계에 갇혀 있었을 것이다. 자본주의적 사회 형태와 유사한 것을 (유럽뿐만 아니라 라틴아메리카와 아시아의) 고대 사회에서 간혹 찾아볼 수 있다 해도, 이 사회들은 화석에너지를 활용하지 못했기에 성장하거나 번영할 수 없었다.[165]

화석에너지, 특히 석유는 자본주의의 발전에 여러 영향을 미쳤다. 먼저 석유는 경제적·사회적 시공간에서 중대한 변환을 야기했다. 자본은 그 본질상 유동적이다. 앞서 인용한 마르크스의 말처럼 "세계시장은 자본이라는 개념 자체에 포함돼 있다". 이는 자본이 세계의 지역 간 발전 격차를 활용하는 형태로 자신의 가치를 증식함을 의미한다. 그런데 바이오에너지에만 의존했다면 자본의 유동성은 그리 효과적이지 않았을 것이다. 바이오에너지는 자본의 활동 영역을 협소한 시공간 내로 국한했을 것이고, 이는 지역적 수준에서 '미시자본주의microcapitalismes'가 발전하는 데 유리한 환경을 조성했을지는 몰라도 19세기 후반 이후 더욱 확장된 세계체계로서 자본주의를 가능하게 하지는 못했을 것이다. 알트파터는 이 현상을 이르고자 하비의 '시공간 압축' 개념을 사용한다. 이 개념은 이윤율의 안정화나 증가의 조건이 되는 자본의 회전속도를 끊임없이 가속화하는 것을 가리킨다. 이 가속화는 세계를 '축소하는' 결과를 낳는다. 운송과 통신 부문에

---

165 Elmar Altvater, "The Social and Natural Environment of Fossil Capitalism," in Leo Panitch et Colin Leys (dir.), *Socialist Register*, n° 43, 2007, pp. 6-7.

서 기술 혁신이 일상적으로 도입되기에 그렇다. 그런데 '시공간 압축'이 가능하려면 화석에너지라는 조건이 필요하다. 자본주의가 화석에 지나지 않는다는 생각은 여기서 나온다. 태양에너지는 이런 유의 압축을 일으키기엔 너무 약하고 분산적이다. 따라서 미래 태양에너지 체제로 이행하려면 우리 사회의 시공간적 조직화, 말하자면 자본주의 자체의 급진적 변화가 함께 가야 한다.

석유가 자본주의에 끼친 영향은 또 있다. 자본주의 체제에서 생산성은 생산수단을 계속 혁신함으로써만 향상될 수 있다. 이것이 앞서 로버트 브레너를 다루며 언급한 '상대적 잉여가치'인데, 이는 생산 과정의 기술 혁신에서 나온다. 다른 한편 '절대적 잉여가치'는 (예컨대 노동시간 연장처럼) 기존 생산 기술 체제 내의 노동 강도를 강화함으로써 나온다. 지속적인 사회적·기술적 진보만이 생산성을 높인다는 말은 에너지 소비 증가가 이윤 창출의 필요불가결한 조건임을 주장하는 것과 같다. 달리 말해 이윤을 창출하려면 생산성이 높아져야 하고, 생산성이 높아지려면 에너지 사용이 늘어나야 한다. 알트파터가 말하듯 결국 경제성장은 이전보다 더 많은 양의 에너지와 물질이 상품으로 변화한 결과에 지나지 않는다.[166] 이 사실에서 두 가지 결론을 이끌어낼 수 있다. 첫째, 자본의 가치와 에너지 소비의 **필연적** 연결 관계는 '녹색 자본주의capitalisme vert'(자연을 존중하는 자본주의)라든지 '지속

---

166 Elmar Altvater, "The Growth Obsession," Research Center On Development and International Relations, *Working Paper*, n° 101, 2001, p. 6, 웹사이트 http://vbn.aau.dk에서 볼 수 있다.

가능한 발전'을 출현시키려는 시도가 처음부터 실패할 운명이었음을 말해준다(물론 이것이 생태적 개혁을 도입하지 말자는 주장은 아니다). 둘째, 자본주의의 이런 특징은 자본주의를 불안정하게 하며 자기파괴적으로 만든다. 물론 그 이유는 화석에너지 가용량이 시간이 갈수록 감소한다는 데 있다.

알트파터에게 영향을 준 대표적 인물이 니콜라스 제오르제스쿠로에젠(1906~1994)이다. 오늘날 가장 영향력 있는 생태주의 이론가 가운데 한 명인 제오르제스쿠로에젠은 급진 생태학의 한 흐름인 '탈성장décroissance' 담론의 선구자다. 경제학과 통계학을 전공한 그는 1970년대 초에 『엔트로피 법칙과 경제 과정』이라는 영향력 있는 책을 출간했다.[167] 이 책에서 그는 자연이 성장에 부과하는 한계를 사유하지 못하는 신고전파 경제학 이론의 무능력을 비판한다. 결국 이 무능력은 지배적인 경제 패러다임이 뉴턴 역학에 기초한다는 사실에서 비롯한다. 그가 보기에 경제에 가장 적합한 모델을 제공하는 것은 열역학이다. 왜냐하면 열역학은 그 모델의 중심에 에너지 고갈 문제를 상정하기 때문이다. 그는 특히 '열역학의 두 번째 원리'를 경제 분석에 도입하는데, 그 원리에 의거하면 우주 안에서 구할 수 있거나 사용할 수 있는 에너지는 불가역적으로 줄어들고 있다. 다른 말로 하면 한 작업에서 사용한 에너지 양은 최종적으로 소모되고, 그 소모된 양만큼

---

167   Nicholas Georgescu-Roegen, *The Entropy Law and the Economic Process*, Harvard University Press, Cambridge MA, 1971.

의 에너지는 다른 작업에 사용될 수 없다. 이것이 제오르제스쿠로에 젠의 책 제목에 들어가 있는 그 유명한 '엔트로피' 기능으로, 성장에 필요한 에너지는 계속 줄어들 수밖에 없기 때문에 성장은 그 정의상 무한히 가능할 수 없다는 그의 주장을 이론적으로 뒷받침한다. 이런 이유로 이 경제학자와 그를 따르는 이들은 '탈성장' 문제를 전면에 내세운다.

알트파터는 노동을 잉여가치의 주요 원천으로 보는 가치법칙을 여전히 유효한 것으로 간주하는 마르크스주의의 맥락에서 '엔트로피' 개념을 수용한다. 그의 이론적 견해는 사실 다의적이며, 이런 이유에서 흥미롭다. 그는 다음과 같이 말한다. "자본은 가역성과 순환성의 논리에서 작동하지만, 역사는 엔트로피 증가와 그에 부합하는 모든 과정의 비가역성으로 구성된다."[168] 이는 『공산당 선언Manifest der Kommunistischen Partei』에 나오는 "이제까지 모든 사회의 역사는 계급투쟁의 역사"라는 생각과는 거리가 먼 것이다. 알트파터에게 역사는 분명 계급투쟁의 과정이기도 하지만, 또한 에너지 손실의 과정이기도 하다. 이 경제생태학 이론은 혼종적인데, 마르크스주의의 오래된 비판 대상과 생태 위기로 야기된 새로운 문제들을 통합하는 새로운 이론 창출을 모색하기 위한 한 걸음의 의미를 갖고 있다.

엔트로피의 정도는 해당 체계의 지배적 에너지 체제에 따라 증감한다. '화석화'할 수밖에 없는 자본주의의 필연적 특성상 자본주

---

168 Elmar Altvater, "The Social and Natural Environment of Fossil Capitalism," p. 7.

는 상당한 양의 에너지를 사용할 수밖에 없고, 이에 따라 엔트로피의 정도 또한 클 수밖에 없다. 자본의 가치증식을 위해 꼭 필요한 '시공간 압축'을 가능하게 하는 전 지구적 교통·통신 네트워크는 무제한적인 석유 소비를 유발하고, 이에 따른 이산화탄소 과다 배출은 기후 위기를 야기한다. 게다가 우리는 석유 자원이 고갈되고 있음을 알고 있다. 많은 전문가들은 석유 공급이 감소하기 시작하는 시점을 일컫는 '허버트 피크Hubbert's Peak'를 우리가 이미 지나왔다고 경고한다. 그 시점이 아직 지나지 않았다고 보는 이들도 있지만, 모든 시나리오를 막론하고 석유가 고갈되리라는 점은 분명하다. 더구나 유전이 더 깊은 곳에 있거나 원유의 점성이 더 커져서 석유 추출 비용이 일정 수준을 넘어가면, 비용은 그 가치를 넘어설 것이다. '화석에너지 산업혁명'이 창출한 현행 에너지 체제를 바꾸기 위해 알트파터는 '태양에너지 혁명'에 기초를 둔 '태양에너지 사회'의 출현을 요구한다.[169] '태양에너지 혁명'을 위해서는 태양·수력·풍력·지열·바이오매스 등 재생에너지에 대한 대대적 투자가 필요하다. 중국이나 인도 같은 나라의 급속한 발전이 엔트로피를 몇 배로 증가시키고 있는 상황에서 이런 혁명은 더욱 절실하다. 실제로 지금 같은 발전이 계속된다면 에너지 낭비가 심한 서구식 생활방식이 세계적으로 일반화되고 말 것이다.

알트파터는 '축축한 석유wet oil'와 '종이 석유paper oil'를 구분한다. 석유는 자본이 소유한 객관적·물리적 시설을 통해 개발되는 천연자

---

169 Elmar Altvater, "The Growth Obsession," p. 15.

원인 동시에 금융적 가치 또한 지니고 있다. 달리 말해 석유는 여느 상품과 마찬가지로 '교환가치'와 '사용가치'를 지닌 하나의 상품이다. 이는 여러 결과를 낳는다. 첫째, 석유는 투기의 대상이다. 따라서 실질적인 매장량이나 생산량과 상관없이 (또는 이와 불확실하게 관련된 채로) 가격이 변동하게 된다. 이에 알트파터는, 우리가 4장에서 지금껏 쭉 살펴본 동시대 자본주의의 핵심 특징인 '금융화'가 석유 시장에도 영향을 끼친다는 점에 주목한다. 중동에서 석유 개발이 낳은 '오일달러'는 1970년대 오일쇼크 이래 금융 영역을 팽창시켜왔다. 금융이 석유에 끼친 또 다른 영향은 30여 년 전부터 주주들이 기업에 요구한 '투자 수익'이 오로지 높은 성장률을 통해서만 달성 가능하게 됐다는 것이다. 그런데 현재 기술의 성격상 그러한 성장률은 (재생 불가능한) 에너지를 이전보다 더 많이 사용해야 실현될 수 있다. 이는 겉보기에 가장 추상적이고 비물질적인 금융적 가치가 환경에 직접적인 영향을 미친다는 사실을 보여준다. 생태경제학자들은 동시대 자본주의를 가상세계에서 작동하는 '사이버자본주의cybercapitalisme'로 보는 견해를 맹렬히 공격한다. 오늘날처럼 금융 부문이 점점 더 중요해지는 때에조차 자본주의는 여전히 물질적 생산양식인 것이다.

알트파터가 보기에 우리는 '석유와 온실효과의 제국주의oil and greenhouse imperialism'의 출현을 목격하고 있다. 이 경제학자는 기후 위기를 현재의 전 지구적 맥락에서 설명하며 제국주의라는 마르크스주의적 주제에 새로운 중요성을 부여한다. 희소성이 일반화한 상황에서 제국주의는 점점 더 폭력적이게 되는 경향이 있다. 석유나 물 같은 천연

자원이 희소해지면서 이를 둘러싼 갈등도 과격해진다. 그리하여 석유 생산 지역을 통제하기 위한 무력 충돌도 빚어지는데, 이라크 전쟁이 이를 잘 보여준다. 하지만 이는 모든 사회 내에 새로운 유형의 불평등, 즉 환경 불평등이 나타났음을 암시하기도 한다.[170] 따라서 기후변화의 결과는 사회계급마다 다르게 영향을 끼친다. 알트파터는 뉴올리언스를 강타한 카트리나를 비롯해 허리케인이 2005년 한 해 동안 2조 달러의 물리적 손실을 야기했음을 지적했다.[171] 이 손실의 상당 부분은 기층 대중 계급이 부담해야 했다. 사회사와 자연사를 두 개의 분리된 역사로 생각하는 것은 잘못이다. 이 둘은 복잡한 양상으로, 하지만 밀접하게 연결돼 있다.[172] 겉으로 보기에 기후 위기는 무차별적으로 인류 전체에 영향을 미치는 듯하지만(어쨌거나 이것이 주류 생태학의 견해이지만), 사실 기후 위기는 본질적으로 계급적 현상인 것이다.

뤼크 볼탕스키: 자본주의 정신, 너 거기 있니?

이제까지 우리가 거의 다루지 않았던 자본주의의 한 측면은 자본주의의 이데올로기적 차원이다. 마르크스가 이 체계를 '사회관계'라 했을 때 이는 분명 이데올로기적 차원을 포함하는 말이었다. 『독일 이데올로기』의 공저자인 마르크스는 이 주제를 다른 차원에 대한

170　이 불평등은 특히 영미권 나라들에서 전개된 '환경 정의' 운동의 표적이 된다. 이에 관해서는 다음을 보라. Carolyn Merchant, *Radical Ecology*, pp. 170-176.

171　Elmar Altvater, "The Social and Natural Environment of Fossil Capitalism," p. 11.

172　다음 책이 이를 잘 보여준다. Mike Davis, *Génocides tropicaux*, La Découverte, Paris, 2006.

분석과 분리 불가능한 것으로 다루면서, 이데올로기에 대해 매우 심오한 분석을 담은 몇몇 저작을 남겼다. 뤼크 볼탕스키Luc Boltanski는 이데올로기 문제를 참신한 방식으로 다룬 오늘날의 비판사상가다. 아마도 그는 현재 살아 있는 프랑스 사회학자 중에서는 브뤼노 라투르Bruno Latour와 함께 국제적으로 가장 유명한 학자일 것이다. 볼탕스키의 가장 흥미로운 저서 가운데 하나는 『자본주의의 새로운 정신』인데, 이 책은 에브 시아펠로Ève Chiapello와 함께 집필해서 1999년 출간된 1000쪽에 달하는 묵직한 책이다.[173] 이 책의 집필을 위한 프로젝트와 이를 위해 시작한 신자본주의néocapitalisme에 대한 연구 프로그램은 프랑스를 한 달 가까이 마비시켰던 1995년 11~12월 총파업 당시 시작되었다. 이 총파업은 신자유주의적 자본주의에 대한 대대적인 항의로 일어난 세계 최초의 대규모 저항이었다. 또한 이 일은 신자유주의적 자본주의에 대한 전대미문의 저항 방식의 출현을 잘 보여줬다. 볼탕스키는 자본주의 이론과 이에 대한 비판을 『비판에 대해서: 해방의 사회학 개요』라는 책에서도 이어간다.[174] 그는 막스 베버의 『프로테스탄트 윤리와 자본주의 정신The Protestant Ethic and the Spirit of Capitalism』(1904~1905)과 앨버트 허시먼Albert Hirschman의 『열정과 이해관계The Passions and the Interests』에서 사용된 개념인 자본주의 '정신esprit'을 재조명하고자 한다.[175]

173   Luc Boltanski et Ève Chiapello, *Le Nouvel Esprit du capitalisme*.

174   Luc Boltanski, *De la critique. Précis de sociologie de l'émancipation*, Gallimard, Paris, 2009.

부르디외의 가장 가까운 협력자 가운데 한 명이었던 볼탕스키는 1970년대에 부르디외와 함께 여러 중요한 글을 집필했다. 이들이 함께 쓴 대표적 논문은 「지배 이데올로기의 생산La production de l'idéologie dominante」으로서 부르디외가 창간한 저널 『사회과학 연구지Actes de la recherche en sciences sociales』에 실렸고, 근래 볼탕스키의 새로운 서문과 함께 재출판되었다.[176] 이 논문은 자본주의 이데올로기에 관한 볼탕스키의 이후 작업을 예고하고 있다. 부르디외가 구축한 사회학 전통은 2002년 부르디외가 사망한 뒤로 10년간 중요한 저작들을 생산해냈다. 그의 계승자 가운데 가장 잘 알려진 한 명인 로이크 바캉은 미국 버클리의 캘리포니아 대학 교수로 '신자유주의적 형벌pénalité néolibérale' 이론을 구상한 인물이다. 이를 통해 그는 세계 도처의 감옥 체계들이 신자유주의가 초래한 빈곤을 관리하고, 노동시장에서 노동자들을 길들이고 있다는 점을 보였다. 또한 그는 미국 '게토ghetto'와 프랑스 '방리유banlieues'(교외)의 차이점 및 유사점을 밝히는 중요한 비교연구 작업을 수행하기도 했다.[177] 다른 분야에서는 문학사회학자인 파스칼 카사노바가 1999년 『문학의 세계 공화국』을 출판하여 세간의 이목을

---

175   Albert Hirschmann, *Les Passions et les intérêts*, PUF, Paris, 1980 [앨버트 허쉬먼, 『열정과 이해관계: 고전적 자본주의 옹호론』, 김승현 옮김, 나남, 1994].

176   이 저널의 내력을 가장 최근에 거론한 이는 볼탕스키다. Luc Boltanski, "Critique sociale et émancipation. Entretien avec Laurent Jeanpierre," in Collectif avec *La Revue des livres et des idées, Penser à gauche. Figures de la pensée critique aujourd'hui*, Éditions Amsterdam, Paris, 2011.

177   Loïc Wacquant, *Parias urbains. Ghetto, banlieue, État*, La Découverte, Paris, 2007.

집중시켰다. 이 책에서 그는 세계문학의 장場의 출현과 작동을 기술하면서, 모더니즘의 확산, 문학과 민족주의의 관계, 노벨상 같은 문학적 축성 의례에 관심을 기울였다.

볼탕스키는 1980년대 후반 즈음 부르디외와 거리를 두기 시작했다. 로랑 테브노Laurent Thévenot와 함께 집필한 『정당화에 대하여: 규모의 경제학』(1991)은 그 둘의 결별을 확인해준다. 이 책의 저자들은 부르디외의 '비판적 사회학scociologique critique'과 결별하고 '비판에 대한 사회학scociologique de la critique', 즉 사회 주체들의 통상적인 비판 활동에 대한 사회학을 전개하고자 했다.[178] 1980~1990년대에는 프랑스에서 구조주의와 마르크스주의의 쇠퇴의 반향으로 북미의 프래그머티즘(윌리엄 제임스William James, 존 듀이John Dewey, C. S. 퍼스C. S. Peirce, 조지 허버트 미드George Herbert Mead)이 영향력을 얻었다.[179] 『정당화에 대하여』는 바로 이 영향력의 자취를 담고 있다. 그로부터 10년쯤 전 볼탕스키는 '관리자cadres'를 다룬 사회학 저서인 『관리자: 사회집단의 형성Les Cadres: La formation d'un groupe social』(1982)을 집필했다. 이 책은 (뒤에서 보게 될) E. P. 톰슨의 사회계급의 '구성주의' 개념에서 영향을 받았으며, 심지어 그 영향을 뚜렷이 계승한 프랑스 내 최초의 책으로 볼 수 있다. 볼탕스키에게 관리자는 '즉자적' 계급이 아니다. 볼탕스키의 목표 가운데 하나

---

178   Luc Boltanski et Laurent Thévenot, *De la justification. Les économies de la grandeur*, Gallimard, Paris, 1991.

179   프랑스에서 일어난 프래그머티즘 수용에 관해서는 다음을 보라. François Dosse, *L'Empire du sens. L'humanisation des sciences humaines*, La Découverte, Paris, 1997.

는 '즉자적_{en soi}' 계급과 '대자적_{de soi}' 계급의 대립을 넘어서는 것이다. 1930년대 프랑스에서 관리자 계급의 등장이란 여러 제도를 통해 관리직으로 '구성'되고 '편성'된 새로운 노동 집단이 나타난 것을 말한다. 국가도 관리직을 독립적 범주로 다뤘고(예컨대 프랑스 국립 경제·통계 연구소INSEE는 공식 통계에 관리직 범주를 신설했다), 관리직 노동조합과 함께 관리자 대상의 전문 언론이 출현했으며, 관리직이 다른 업종 노동자들을 대표하는 노동조합에 가입하여 임금협상을 하게 된 현상 등이 여기 해당한다. 『자본주의의 새로운 정신』도 신자유주의적 기업에서 관리직 교육에 사용하는 교과서 분석을 기초로 주장을 펼치고 있다는 점에서, 관리직에 대한 볼탕스키의 관심은 『관리자: 사회집단의 형성』 이후 지속되었다고 볼 수 있다. 마치 베버에게 금욕주의적 프로테스탄티즘이 초기 자본주의의 정수를 담고 있던 것과 마찬가지로, 볼탕스키에게 관리직이 사용하는 교과서들은 자본주의의 새로운 정신의 진수를 담고 있는 것이었다.

　『자본주의의 새로운 정신』은 프랑스에 '자본주의'라는 말을 다시 유행시키는 데도 기여했다. '자본주의'는 1980~1990년대 신자유주의 시기 동안 공론장에서 거의 철저히 사라진 용어였다. 체계가 자연화하면서("대안은 없다there is no alternative"), 그 체계를 지칭하는 말이 사라지게 된 것이다. 볼탕스키와 시아펠로는 자본주의를 "형식상 평화적인 수단을 통해 이뤄지는 자본의 무제한적 축적"으로 아주 간략하게 정의한다.[180] 자본주의는 매우 부조리한 체계다. 축적의 '무제한적' 특성은 근거도 없고 정당화되지도 않는다. 인간의 필요는 정의_{定義}상 제한되어 있는데 자본의 무제한적 축적은 왜 필연적이어야 하는가? 아리스토텔레스는 그 자체 외에 다른 목적이 없는 재화의 무제한적 축적을 '크레마티스티케chrematistike'라 했다. 아리스토텔레스는 이런 축적을 비난하며 여기에 '에코노미아economia', 곧 목적을 위한 축적을 대립시켰다.[181] 볼탕스키와 시아펠로는 자본주의의 본질이 '크레마티스티케'라고 주장한다.

자본주의의 부조리한 성격은 자본주의가 개인을 축적 메커니즘 내부로 끌어들일 만한 것을 자본주의의 외부에서 찾아야 함을 뜻한다. 달리 말해 이 체계가 요구하는 태도에 순응할 이유를 사람들에게 제시하는 자본주의 정신이 없다면 자본주의는 존재할 수 없다. 볼탕스키와 시아펠로가 자본주의 '정신'이라 말한 것은, 바로 자본주의적 활동에 편입되는 데 근거를 제공해주고 이를 정당화하는 이데올로기다. 물론 한 사람이 임금노동자인가, 고용주인가, 아니면 중간 관리자인가 하는 문제도 자본주의 정신이 그들의 자아에 작동하는 방식과 전혀 무관하지는 않다.

자본주의 정신은 역사적으로 진화한다. 오늘날 세계화한 자본주의가 개인을 동원할 때 100년 전의 인지적·도덕적 내용을 그대로 포함하지는 않는 게 당연하다. 이제까지 역사를 보면 세 가지 주요 자

---

180   Luc Boltanski et Ève Chiapello, *Le Nouvel Esprit du capitalisme*, p. 37.

181   둘의 차이점에 대해서는 다음을 보라. Jean Baechler, *Le Capitalisme*, Gallimard, Paris, 1995, 2 vols.

본주의 정신이 발견된다. 첫 번째 자본주의 정신은 19세기 후반에 지배적으로 나타났다. 이를 체현한 이들은 부르주아 기업가로서, 투자의 위험을 무릅쓰고 혁신을 창출하며 승승장구하는 산업 기수 같은 모습이었다. 당시 기업 조직은 (기업가가 아버지 역할을 하는) 온정적 가부장제paternaliste의 양상을 띠었는데, 임금노동자는 복종의 반대급부로 일정한 안정성을 보장받았고, 자본은 기업가 가족 간에 양도되는 식이었다. 따라서 같은 계급끼리의 결혼이 중시됐고, 자손의 방탕함으로 자본이 낭비되는 것에 대한 공포가 존재했다.

두 번째 자본주의 정신은 1930~1960년대에 나타났다. 「아메리카주의와 포드주의」(1934)에서 그람시는 그 전제들을 이미 꿰뚫어보고 분석한 바 있다. 볼탕스키와 시아펠로는 그람시를 참조하지 않지만, 신기하게도 이들의 '정신' 개념과 그람시의 '헤게모니' 개념은 분명 유사성을 보인다(게다가 그람시는 베버의 『프로테스탄트 윤리와 자본주의 정신』의 이탈리아어 번역본을 알고 있었다). 이전 시기와 비교했을 때 자본주의적 기업의 규모는 비약적으로 커졌다. 엄격한 테일러주의적 분업이 부과되었으며, 합리적인 감독관이라든지 계획하는 엔지니어의 모습이 첫 번째 정신에서 언급했던 자신만만한 기업가의 모습을 대체했다. 자본 소유와 기업 경영이 점점 더 분리되는 것은 이 단계에서다. 그리하여 존 케네스 갤브레이스John Kenneth Galbraith가 말한 '기술관료구조technostructure'가 정착하기에 이른다. 20세기 전반부 프랑스 자본주의에서 관리직의 출현이 갖는 의미를 다룬 볼탕스키의 이전 작업은 이 새로운 축적 구조와 밀접한 관계를 갖고 있다.

세 번째 자본주의 정신은 오늘날의 정신, 자본주의의 '새로운' 정신이다. 이 정신은 1960~1970년대, 특히 1968년 무렵에 이전의 정신을 비판한 데서 유래한다. 당시 사회 비판과 예술 비판은 모두 체계에 도전했다.[182] 특히 노동운동 진영에서 제기된 사회 비판은 자본주의가 초래하는 물질적 빈곤과 이 빈곤에서 득을 보는 이들의 이기주의나 비도덕성을 대상으로 했다. 이런 비판 형태는 에밀 졸라의 소설들을 자연스레 연상시킨다. 이는 부의 더 균등한 분배라든지, 노동에 더 이로운 부가가치의 분배를 요구한다. 또 거기서 급진파는 자본주의를 전복할 것을 호소한다. 사회 비판은 본질적으로 사회경제적 현상인 '착취'에 대한 비판이다.

예술 비판은 비본래성inauthenticité을 두고 자본주의를 비판하며, 의미의 상실과 거기서 야기되는 태도의 규격화를 문제 삼는다. 사회 비판보다 더 '질적인' 이런 비판 형태는 예술가들이나 학생들의 보헤미안풍 생활방식에 그 기원을 둔다(사실 노동운동에서 양적인 비판과 질적인 비판은 오래전부터 공존해왔다). 부르디외는 플로베르Gustave Flaubert를 다룬 책에서 19세기에 예술의 장이 경제의 장에서 통용되던 가치를 뒤집으며 어떻게 구성되었는지, 또는 존재의 물질적 측면에는 '무관심한' 태도가 어떻게 당시 부르주아적 공리주의의 정반대가 됐는지를 보여

---

182 이 구분은 볼탕스키와 시아펠로가 카를로스 그라나에게서 영감을 받은 것이다. Carlos Graña, *Bohemian versus Bourgeois. French Society and the French Man of Letter in the Nineteenth Century*, Basic Books, New York, 1964.

줬다.[183] 결국 여기서 착취보다 더 문제가 되었던 것은 소외였다.

이 두 비판 형태는 자본주의의 기원 이래 존재해왔지만, 하나가 다른 것의 우위에 서거나 하나가 (또는 둘이) 잠시 사라지는 등 대체로 따로따로 진화했다. 1968년 5월 무렵 자본주의를 문제 삼았던 힘은 이 두 비판을 하나로 수렴시켰다. 프랑스의 1968년만 놓고 보자면 당시 사건이 가진 힘은 이것이 반식민주의나 페미니즘과 분리될 수 없다는 사실 외에도, 프랑스 역사상 가장 대대적으로 일어난 노동자 파업이자 전례 없는 규모의 학생운동이었다는 사실에서 나왔음이 분명하다.[184]

자본주의에 대한 비판은 그 정신을 변하게 했다. 자본주의가 진화하는 것은 언제나 그런 이유에서다. 이 점에서 볼탕스키가 이 체계를 이해하는 방식은 이탈리아 노동자주의와 유사하다. 노동자주의에서 노동자계급은 공세적이고, 자본이라는 '기생적' 요소는 노동자계급의 맹렬한 공격에 맞서 진화해야만 한다. 볼탕스키와 시아펠로가 보기에 이것이 한 시대의 자본주의의 구조와 그에 대한 비판 형태 사이에 존재하는 '동형성isomorphies'을 설명해주는 부분이다. 20세기 초 노동운동 조직은 많은 점에서 자본주의적 기업에 가까웠다. 조직의 규모는 컸고, 위계적 분업이 이뤄졌으며, 실증주의적 이데올로기에 젖어

---

183 Pierre Bourdieu, *Les Règles de l'art. Genèse et structure du champ littéraire*, Seuil, Paris, 1998 [피에르 부르디외, 『예술의 규칙: 문학 장의 기원과 구조』, 하태환 옮김, 동문선, 1999].

184 1968년을 대상으로 한 성찰에 관해서는 다음을 보라. Kristin Ross, *Mai 68 et ses vies ultérieures*.

4장 체계   311

있었다. 20세기 중반에 관료화한 자본주의를 문제 삼을 때 사회 비판과 예술 비판은 함께 '낡은' 노동운동에 대항하여 당과 노동조합을 비판했다. 그 비판가들이 바로 이 책에서 말한 '신좌파'다.

1970년대에 출현한 신자유주의적 자본주의는 관료화하지 않고 네트워크화한 자본주의다. 볼탕스키와 시아펠로는 그것을 '연결주의connexionniste'라 부른다. 자본주의의 세계화는 새로운 교통·통신 기술을 통해 가능해졌다. 자본주의는 구상(정신노동)과 실행(육체노동)이라는 이항대립을, 통합적이고 자율적인 팀과 '품질관리' 논리로 대체함으로써 엄격한 테일러주의적 분업과 결별했다. 노동시장뿐만 아니라 기업 내부에서도 유연성이 이러한 신자본주의의 키워드다. 자본과 국가가 점점 더 '지식을 축적해감savant'에 따라 지식은 신자본주의에서 핵심적인 역할을 수행한다. 대량 실업으로 신자본주의는 '영광의 30년' 당시 제시했던 안정성을 임금노동자에게 제공할 수 없게 됐다. 하지만 이 체제는 결점을 이점으로 바꾸어 경력 이동성을 높이고, 결국 임금노동자를 '기획projet'이 진행되는 일정 기간에만 고용하게 했다. 그러나 경력 불안정성은 임금노동자의 동기 유발을 더욱 어려운 과제로 만들었는데, 이제 임금노동자가 더는 기업에 감정적으로 투자할 이유가 없어졌기 때문이다.

볼탕스키와 시아펠로의 결정적 논거는 이 새로운 정신과 함께 자본주의가 1968년의 자유지상주의적 요구를 되찾았다는 것이다. 더 정확히 말해 자본주의는 세계화한 경쟁 시대에 모든 임금 상승을 비현실적인 것으로 제시하면서 사회 비판을 불법화했으며, 가변성·자율성·창조성·반관료주의 같은 예술 비판의 토대가 되는 가치를 자기 목적을 실현하기 위한 수단으로 채택했다. 이전의 보헤미안적 가치들은 이제 모든 관리자를 고무한다. 지난날의 관료주의적 위계질서는 비효율적인 것으로 간주된다. 개인이 기업에서 성장하는 것은 기업의 한 목표이기도 하며, 심지어 효율적 경제행위는 이런 개인의 성장을 전제로 한다. 1990년대 '스타트업'이나 '닷컴' 기업, 또는 구글 같은 다국적 기업은 자본주의가 1968년의 자유지상주의적 가치를 회복했음을 잘 보여준다.

볼탕스키는 2009년 출간된 한 대담집을 통해, 그로부터 10년 전 『자본주의의 새로운 정신』에서 펼친 주장들을 비판적으로 재검토했다. 그는 2000년대에 우리가 테일러주의와 노동 규율의 공세적 귀환을 목격해왔다고 말한다.[185] '자본주의의 새로운 정신'이 순전히 환영이었던 것은 아니다. 그 정신은 실제로 존재했다. 그러나 짧은 시간 동안만 존재했고, 더군다나 그 영향력은 가장 '선진적인' 자본주의 국가에 지리적으로 국한되었다. 전 지구적 차원에서는, 예컨대 중국이나 브라질에서는 테일러주의 아래 임금노동자의 고전적 모습이 언제나 우세했다. 1970년대 이후, 더욱이 2008년 금융 위기 이후 자본주의는 장기간 위기에 빠져 있다. 그리고 이 위기가 이전 10년간을 지배했던 '자유지상주의적' 정신을 누르고야 말았다.

---

185 "La révolte n'est pas un plaisir solitaire. Entretien avec Luc Boltanski et Olivier Besancenot," *Contretemps*, n° 1 (nouvelle série), 1er trimestre 2009.

5장 주체

이 장은 '해방 주체', 곧 사회변혁의 매개자가 될 수 있는 행위자의 문제를 다룬다. 오늘날 이 문제에 대한 관심은 뜨거우며, 그 반열에 들어가는 후보자는 그 어느 때보다도 많다. 문제 제기 방식은 과거의 방식과 현저히 다르지만, 현재 비판이론과 1960~1970년대 비판이론을 관통하는 것은 결국 같은 문제 제기다.

조직화한 노동자계급이 역사적 변화의 주동자로 보이던 시기에도 행위자들은 복수였다는 사실은 중요하다. 이 책의 의도는 1960년대 이전 시기와 그다음 시기 사이에 뚜렷한 역사적 휴지休止가 존재했다는 믿음을 주려는 것이 아니다. 1960년대 이전 시기는 노동자계급이 전적으로 중심성을 보였다는 특징이 있다. 하지만 이후 수년간 갑자기 사회가 '복잡'해졌다. 요구가 증가했고, 요구의 근원지 또한 다양해졌다. 앞서 노동자계급이 가졌던 상대적 중심성은 한편으로는 인구 우세의 결과였고, 다른 한편으로는 그 계급을 대표하는 조직들이 19세기 이후 오랫동안 누린 정치적 헤게모니의 결과였다. 이 두 요소의 결합은 1950년대 후반부터 점차 와해되었다(또는 이후 신자유주의적 공세가 이런 변화에 기여하면서 그 결합이 파괴됐다). 산업노동자계급은 세분화했지만, 이전에 위성화한 하위 산업부문은 자율적인 방식으로 목소리를 냈다. 그 결과 오늘날 여전히 우리가 처한 비확정적 상황이 생겨났고, 이는 더욱 정교해진 이론적 설명을 촉발했다.

민주주의적 사건

자크 랑시에르, 알랭 바디우, 슬라보예 지젝은 이 시대 가장 유명한 비판사상가로 꼽힌다. 랑시에르의 『민주주의는 왜 증오의 대상인가La Haine de la démocratie』, 바디우의 『사르코지는 무엇의 이름인가De quoi Sarkozy est-il le nom?』『공산주의 가설L'Hypothèse communiste』, 지젝의 저서 대부분, 예컨대 영화 〈매트릭스Matrix〉에서 영감을 받은(영화 자체는 보드리야르의 논지에서 영감을 받았다)[1] 『실재의 사막에 오신 것을 환영합니다Welcome to the Desert of the Real!』는 지난 몇 년간 가장 많이 팔린 인문학 서적 목록에서 높은 순위를 기록했다. 이 책들은 가장 이해하기 쉬우면서도 난해한 저작들이다. 물론 이 책들은 저자들의 전문 영역인 철학에, 또는 알랭 바디우의 표현을 빌리자면 "정치적인 것의 조건 아래 있는 철학"에 속한다.[2] 이 세 사상가를 향유하는 독자 규모를 보면 현재 비판이론이 사회의 몇몇 활동 분야, 특히 정치적으로 가장 활발한

---

1   Razmig Keucheyan, "Les communautés de fans de *Matrix* sur Internet: une étude de sociologie de la connaissance," *L'Année sociologique*, vol. 56, 2006.

2   Alain Badiou, *Abrégé de métapolitique*, Seuil, Paris, 1998, chap. I [알랭 바디우, 『메타정치론』, 김병욱·박성훈·박영진 옮김, 이학사, 2018].

분야와 상호작용하고 있음을 알 수 있다.

포스트구조주의로 변모하는 순간 구조주의는 '사건으로 전환'했다. 다시 말해 포스트구조주의는 사회 현상의 우연성을 더 주시하기 시작했다. 우리는 푸코가 1970년 콜레주 드 프랑스Collège de France에서 첫 강연을 행한 시점부터 이 전환이 시작되었다고 주장할 수 있다.[3] 이후 이 전환은 구조주의와 마르크스주의의 '전체주의적' 경향을 비판한 데리다와 들뢰즈의 저서에서 확장되었다.[4]

랑시에르와 바디우는 이 역사의 산물이다. 이들은 1960~1970년대 프랑스 철학자 세대를 대표하는 가장 젊은 사람들이었다. 역사는 그들을 그 자체로 보는 것이 더 적절하다고, 또는 푸코, 알튀세르, 바르트, 들뢰즈, 데리다 세대와는 다른 새로운 사상가 세대를 대표하는 최초의 사람들로 보는 것이 더 적절하다고 말할 것이다. 어찌 됐건 1968년이 상징하는 청천력력 없이, 거기서 불거진 이론적 결과 없이 랑시에르의 '몫 없는 이들의 몫' 이론과 바디우의 '사건' 이론을 이해할 수는 없다. 더 간접적이긴 하지만 지젝에게서도 같은 사실을 확인할 수 있다. 랑시에르나 바디우보다 더 젊은, 슬로베니아 출신의 지젝은 프랑스에서 수학했기에 동시대 프랑스의 지적 맥락에 속하며, 이 맥락을 대표하는 몇몇 사람, 그중에서도 라캉의 영향을 받았다. 하지

---

3   Alex Callinicos, *The Resources of Critique*, Polity, Londres, 2006, p. 84.
4   이와 관련해서는 다음을 보라. Martin Jay, "Epilogue: The Challenge of Post-Structuralism," *Marxism and Totality. The Adventures of A Concept from Lukács to Habermas*.

만 소련 시절 고국에서 반체제 인사였던 지젝은 동유럽 세계에 속하기도 한다.

자크 랑시에르: 몫 없는 이들의 몫

랑시에르의 저서는 주요하게 정치이론, 교육철학, 미학, 이 세 분야와 연관이 있다. 그러나 모든 위대한 저서가 그렇듯 그의 저서는 범주를 넘나들며, 건드리지 않는 분야가 없다. 랑시에르의 철학 작업에서 눈에 띄는 특징은 그가 이제까지 분리돼 있던 문제 제기들을 혁신적인 방식으로 관련짓는다는 점이다. 그가 미학 영역에서 구상한 '감각적인 것의 나눔'이라는 개념은 그가 정치 영역에서 말한 '치안' 개념과 연관되는 부분이 있다. 이로써 그는 미학과 정치 사이에 존재하는 은밀한 관계를 확인할 수 있었다. 마찬가지로 그가 『무지한 스승』에서 진술한 교육 원리는 요컨대 '지성의 평등'이라는 그의 공리계를 참조케 한다. 우리는 이 공리계가 가질 수 있는 정치적 함의를 짐작할 수 있다.[5]

발리바르와 마찬가지로 랑시에르는 원래 알튀세르의 제자였다. 『'자본'을 읽자』의 공저자 가운데 한 명인 그는 이 책에서 「'1844년 수고'에서 '자본'에 이르는 비판 개념과 정치경제학 비판Le concept de critique

---

5   Jacques Rancière, *Le Maître ignorant. Cinq leçons sur l'émancipation intellectuelle*, 10/18, Paris, 2004 [자크 랑시에르, 『무지한 스승: 지적 해방에 대한 다섯 가지 교훈』, 양창렬 옮김, 궁리, 2016].

et la critique de l'economie politique des *Manuscrits de 1844* au *Capital*」이라는 장을 썼다. 1974년 랑시에르는『알튀세르의 교훈』을 출간하며 스승과 결별했다.[6] 이듬해 그는 철학·정치 단체를 만들고『논리적 봉기들Les Révoltes logiques』이라는 저널을 창간했다. 이 저널의 이름은 랭보Arthur Rimbaud에게서 영감을 받은 것으로, 랭보의 시「민주주의Démocratie」(『일뤼미나시옹 Illuminations』에 수록)는 "가장 흉악한" 군사적·산업적 "착취"에 복무하는 군인의 입을 빌려 이렇게 말한다. "우리는 논리적 봉기들을 학살할 것이다." 이 무렵 랑시에르는 바디우처럼 마오주의에 닿아 있었다. 하지만 랑시에르는 '프롤레타리아 좌파GP' 구성원이었고, 바디우는 '프랑스 마르크스-레닌주의 공산주의자 연합UCFML'에 속했다. 랑시에르는 그때부터 다작을 했다.『프롤레타리아의 밤』 같은 그의 몇몇 저서는 푸코와는 다른 방식으로 철학과 문서고를 연결짓고,[7]『정치적인 것의 가장자리에서Aux bords du politique』『불화: 정치와 철학La Mésentente: Politique et philosophie』『민주주의는 왜 증오의 대상인가』 같은 다른 저서들은 더 직접적으로 이론적이다.

랑시에르와 알튀세르의 결별은 랑시에르의 저서에 편재하는, 인식과 정치의 관계 문제를 둘러싸고 행해졌다. 알튀세르의 구조주의적이고 '이론적인' 마르크스주의는 '과학'과 '이데올로기'를 구분한다. 대중은 이데올로기의 피해자다. 그 내용은 시대에 따라 달라질 수 있지

---

6   Jacques Rancière, *La Leçon d'Althusser*, Gallimard, Paris, 1974.

7   Jacques Rancière, *La Nuit des prolétaires, Archives du rêve ouvrier*.

만 이데올로기 자체는 역사의 상수常數다. 마르크스주의 이론으로 무장한 당과 지식인만이 그 베일을 찢고 실제 역사의 운동에 다가갈 수 있다. 여기서 전제가 되는 것은, 그런 당과 지식인의 기여가 없다면 대중은 현실에, 자신들이 놓인 조건에 무지한 채로 있으리라는 것이다. 알튀세르는 역사적 운명에 대한 의식이 외부로부터 노동자계급에 불어넣어져야 한다는 좀 더 정치적인 형태를 띠는 레닌의 생각을 극단화한다.

『마르크스를 위하여』의 저자 알튀세르는 과학과 이데올로기를 구분하면서, 플라톤의 『국가Politeia』로 거슬러 올라가는 고대의 대립, 곧 '독사doxa'와 '에피스테메épistémé'의 대립을 20세기 상황에 적용한다. '독사'는 최대 다수를 사로잡은 기만적인 일반적 의견을, '에피스테메'는 합리적 인식을 지칭한다. 플라톤의 견해에서는 오직 철학자만이 그 하나에서 다른 하나로 넘어갈 수 있다. 이런 이유로 플라톤은 철학자가 정치 권력에 도달하는 것에 (또는 권력을 가진 이들이 철학을 실천하는 것에) 우호적이었다. 알튀세르에게서는 당과 마르크스주의 지식인이 철학자 역할을 맡는다. 하지만 두 경우에 제기된 문제와 해결책은 같은 것이다. 동시대 사상에서 '독사'와 '에피스테메'의 대립은 알튀세르에게서만이 아니라 부르디외의 사회학에서도 나타난다. 랑시에르는 부르디외와 관련하여, 플라톤의 '철인왕哲人王' 개념을 참조해 「사회학자 왕Le sociologue roi」이라는 글을 쓰기도 했다.[8] 부르디외에게 (그리고 그

---

8   Jacques Rancière, *Le philosophe et ses pauvres*, Flammarion, Paris, 2007.

에 앞서 뒤르켐에게) 사회학자란 '선개념prénotion'과의, 즉 (부정적인 뜻을 내포한) 상식sens commun과의 '인식론적 단절'을 행하는 사람이다. 그는 사회학자가 일반적인 의견을 삼감으로써 사회의 객관성에 다가간다고 주장한다. 랑시에르는 이처럼 시대와 학파를 관통하는 '독사/에피스테메'의 변천을 비판하면서, 스스로 반플라톤주의자임을 드러낸다. 이런 점에서 랑시에르는, 플라톤 철학의 계보에 본인의 철학을 자리매김한 바디우와 구별된다.

'독사'와 '에피스테메'의 구분에서 도출되는 것이, 스승maître의 지위와 형상을 한 '통달maîtrise'이다. 철학자든, 사회학자든, 마르크스주의자든, 개인이든, 집단(당)이든, 스승은 '기만적인 믿음'과 '사실로 밝혀진 앎'을 구분할 줄 아는 자다. 이를 통해 스승은 알지 못하는 자들에게 그들이 알지 못한다고 말해줄 수 있고, 그들이 알지 못하는 것을 말해줄 수도 있다. 이처럼 역사의 운동을 그 본질에서 파악했기에 마르크스주의 이론가는 대중이 놓인 조건을 대중에게 밝힐 수 있다. 스승은 '독사'와 '에피스테메' 사이에 벌어진 틈을 비집고 들어가 이 틈에서 권력을 끌어내는 자다. 랑시에르는 알튀세르에게 맞서, 즉 모든 통달에 맞서 '지성의 평등égalité des intelligences'이라는 공리계를 제시한다. 이 '공리계'는 문자 그대로의 의미에서 이해해야 한다. 랑시에르에게 '지성의 평등'은 경험적 사실도, 사회가 정한 (도달할 수 있거나 이상적인) 목적도 아니다. 이것은 하나의 원리, 곧 모든 행위나 해방 사유의 조건으로 여겨지는 하나의 전제다. 『무지한 스승』은 19세기 지적 해방의 이론가인 조제프 자코토Joseph Jacotot의 교육 개념을 다룬다. 자코토가 생각하길, (무지한) 스승이 자기는 알지 못하는 것을 가르칠 수 있다면, 그건 그 스승이 제자에게서 지적 자율성의 자각을 일으킨다는 조건에서다. 이는 제자의 무지를 스승의 학식으로 대체하는 문제가 아니라, 지식에서 지식으로 이행해 가는 문제다. 지성의 평등이라는 공리계는 '독사'와 '에피스테메'의 차이를 없애는 데서 출발한다.

지성의 평등에 적용되는 것이 그대로 평등에도 적용된다. 랑시에르는 **치안**police과 **정치**politique를 구분한다. 먼저 '치안'은 기존 사회질서—사회에서 지위와 부(랑시에르가 말하는 '몫')의 불평등한 분배—를 고착화하고 영속할 목적에서 동원되는, 대개 무의식적이고 함축적인 일체의 수단을 가리킨다. 이 수단은 물리적이거나 심리적일 수 있는데, 우리가 보통 말하는 '경찰'(경찰관)은 그 일부 요소에 불과하다. 결국 '치안'은 언제나 '감각적인 것의 나눔partage du sensible'에 기초를 둔다. '감각적인 것의 나눔'은 해당 사회에서 볼 수 있는 것과 볼 수 없는 것, 말할 수 있는 것과 말할 수 없는 것을 규정하며, "어떤 말은 담론으로, 어떤 말은 소음으로 즉 불법적인 말로 이해"되는 결과를 가져온다.[9] 감각적인 것의 나눔은 사회질서의 토대이자 사회질서를 정당화하는 '세계관'이다. 이 개념은, 랑시에르가 보기에 '미학'—해당 시대에 유효한 예술 체제로 환원되지 않는, 넓은 의미에서의 미학—의 한 형태가

---

9   Jacques Rancière, *La Mésentente. Politique et philosophie*, Galilée, Paris, 1995, p. 52 [자크 랑시에르, 『불화: 정치와 철학』, 진태원 옮김, 길, 2015]. 또한 다음을 보라. Jacques Rancière, *Le Partage du sensible. Esthétique et politique*, La Fabrique, Paris, 2000, p. 12 [자크 랑시에르, 『감성의 분할: 미학과 정치』, 오윤성 옮김, 도서출판 b, 2008].

모든 사회질서의 기저에 있음을 보여준다.

반면 '정치'는 치안에 대한 논박이 이뤄지는 국면을 가리킨다. 정치의 도전은 '몫 없는 이들', 즉 사회질서의 셈에 들어가지 않았던 이들이 역사의 무대에 침입할 때 일어난다. 이런 침입을 랑시에르는 '몫 없는 이들의 몫part des sans-parts', 달리 말해 최초의 셈에서 몫을 갖지 못했던 이들의 몫이라 부른다. 몫 없는 이들은 분명 몫을 갖지 못했기에, 이들의 몫은 그 자체로는 비어 있다. 그것은 역사적 상황에 따라 정치적 내용으로 채워진다. 몫 없는 이들의 몫의 갑작스러운 출현은 모든 '치안' 기능에 유령의 형태로 잠재되어 있다. 랑시에르는 '몫 없는 이들의 몫'이 정치 그 자체라고 말한다. 몫 없는 이들이 자신들의 존재를 부각하고자 사용하는 원리가 평등이다. 그들은 자신들이 그 피해자인 '잘못tort'에 맞서 이 평등을 내세운다. 여기서 우리는 랑시에르에게 정치와 평등이 같은 것이라는 결론을 이끌어낼 수 있다.

그런데 몫 없는 이들은 스스로 모습을 드러내고 사회질서를 교란하는 한편, 자신들에게 돌아올 몫을 요구하는 데 만족하지 않는다. '몫 없는 이들의 몫'은 이미 존재하는 셈에 합리적으로 통합될 수 있는 여러 몫들 가운데 하나가 아니다. 몫 없는 이들은 모든 몫을 요구하며, 자신들을 공동체 전체와 동일시한다. 랑시에르는 이것이 민주주의 사건의 핵심적 특징이라고 말한다.

인민은, 상대편이 인민에게 행한 잘못을 명분 삼아 공동체 전체와 자신들을 동일시한다. 고대의 빈민들, 제3계급[평민

칭), 근대 프롤레타리아계급 등 몫 없는 이들 누구든 몫의 전부 아니면 무無가 아니고서는 사실상 어떤 몫도 가질 수 없다. (…) 인민은 여러 계급들 가운데 한 계급이 아니다. 공동체에 해를 끼치고 이 공동체를 정의와 불의의 '공동체'로 정립하는 잘못이 있다고 할 때, 인민은 바로 그 잘못의 계급classe du tort이다.[10]

몫 없는 이들이 그 피해자인 이러한 잘못 때문에, 몫 없는 이들은 자신들이 출혈할 때 모든 공동체를 대신해 말하기 시작한다. 우리는 이 잘못이 그러한 권리를 그들에게 준다고, 다시 말해 이 잘못이 공동체와 관련해 본질적인 무언가를 나타내준다고 믿어야 한다. 프랑스 혁명 당시 제3계급은 자신들에게 돌아올 부와 주권의 몫을 요구하는 데 그치지 않았다. 제3계급은 사회질서를 장악하고 있던 자들을 청산하고 '인민'을 중심에 세우는 근대적 주권을 고안했다. 또 다른 예로 〈인터내셔널가The Internationale〉는 '우리는 아무것도 아니다, **무언가가 되자**'라고 말하지 않고, "우리는 아무것도 아니다, **모든 것이 되자**"라고 말한다. 갑자기 들리고 보이게 된 몫 없는 이들은 이제까지 통용되던 감각적인 것의 나눔을 해체하고 공동체를 새로운 나눔으로 이끈다. 이를 위해 문제시해야 할 것은 공동체의 기반 자체다.

핵심적인 요소는 **누구나** 인민이라는 것이다. 랑시에르가 덜 자

---

10   Jacques Rancière, *La Mésentente*, p. 28.

유지상주의적이고 더 국가주의적이었다면 그는 레닌의 표어를 받아들일 수 있었을 것이다. "모든 요리사는 국가를 다스리는 법을 배워야 한다." 인민은 경험적이거나 사회적인 그 어떤 특징으로도 규정되지 않는다. (랑시에르에게 사회학은 치안 편에, 다시 말해 사회집단과 이 집단으로 돌아오는 몫에 대한 과학적임을 자처하는 셈에서 제외하기décompte의 편에 있다.) 인민은 인구의 어떤 뚜렷한 부분도 지칭하지 않는다. 물론 인민은 몫 없는 이들로 구성되며, 이 몫 없는 이들이 지배계급의 지위에서 충원되는 때는 거의 없다. 하지만 사회구조 속 개인들의 위치와 이들의 정치행위 사이에는 좁힐 수 없는 거리가 있으므로, 개인들의 위치를 가지고 정치적 태도를 추론해낼 수는 없다. 랑시에르가 보기에, 이런 의미에서 인민은 언제나 자기 자신과 다르다. 이 차이가 없다면 엥겔스가 즐겨 인용하던 생시몽의 격언이 말해주듯 사태에 대한 관리가 인간에 대한 통치를 대신하게 될 것이다. 랑시에르가 정치적 우연성에 부여한 역할을 보면, 알튀세르의 구조주의 등을 끝으로 하는 이른바 가장 과학적인 형태의 마르크스주의로부터 랑시에르가 얼마나 멀어졌는지를 알 수 있다.

치안과 정치의 구분은 대체로 불명료하다. 예컨대 마르크스주의자들이 말하는 '프롤레타리아계급'은 현재 존재하는 사회의 한 요소와 (혁명적) 정치를 모두 가리킨다. 따라서 '프롤레타리아계급'은 불가분하게 경험적이면서도 정치적인 개념이다. 마찬가지로 정치적으로 효과적인 대부분의 개념은 이중적인 성격을 띤다. 4장에서 우리는 하트와 네그리의 '다중' 개념이 오늘날 사회에서 진행 중인 구체적인 과정(특히 피지배계급의 세분화)을 잘 파악하고, 정치적 기획 또한 포함하고 있기에 성공할 수 있었음을 살펴봤다.

랑시에르는 정치가 겪을 수 있는 변질의 병인학을 제안한다. 먼저 정치는 때로 '원정치archipolitique'로 바뀐다. 이 표현은 공동체가 포함하는 모순을 제거함으로써, 공동체를 그 자체와 동일한 것으로 만들려는 시도를 지칭한다. 전체주의나 오늘날의 극단적 '공동체주의'가 이런 경향에 속한다. 다음으로 '파라정치parapolitique'는 민주주의를 위협하는 또 다른 위험으로, 문제의 '탈정치화dépolitisation'를 지칭한다. 이는 신자유주의가 정치의 갈등적 차원을 제거하고, 유일하게 가능한 합리적 방법으로 상정된 것을 통해 문제를 해결한다고 보는 것이다. 참고로 랑시에르의 주요 저작들은 1980~1990년대 신자유주의적 맥락에서 쓰인 것들이다. 정치가 변질되는 세 번째 형태는 '메타정치métapolitique'다. 파라정치와는 반대로 메타정치는 공동체 내에 극복할 수 없는 갈등이 존재함을 인정하지만, '최종심급에서는' 이 갈등이 정치에 외재적이라고 주장한다. 정치적으로 보이는 문제의 원천이자 해결책이 경제에 있다고 주장할 때 마르크스주의는 메타정치로 넘어간다.

정치가 치안에 개입할 때 랑시에르가 '탈동일시désidentification'라 부르는 과정이 추진된다.

> 모든 주체화는 탈동일시다. 곧 한 장소가 자연성에서 탈피하는 것이요, 셈해지지 않은 셈의 공간, 몫과 부재하는 몫

을 연결하는 공간인 만큼 누구나 셈에 들어갈 수 있는 주
체 공간이 열리는 것이다.[11]

'탈동일시' 개념은 동시대 정치이론 일반에서, 특히 비판사상에
서 정체성에 부여하는 중요성을 잘 보여준다. 랑시에르에게서 '탈동일
시' 개념은 '자연성naturalité'이라는 관념, 즉 모든 개인은 그가 사회에
서 어떤 자리에 있느냐에 따라 일정한 사회적 속성을 지닌다는 관념
을 비판하고자 제시된 개념이다. 정체성에 반대되는 것으로서 정치는
기존의 정체성을 위태롭게 하고 주체화, 즉 '주체' 형성 과정을 일으킴
으로써, 개별적이거나 집단적인 가능성의 공간을 여는 것이다. 정체
성과 거리를 두지 않으면 주체는 없다. 이 점에서 랑시에르의 주장은
'퀴어' 이론가 주디스 버틀러의 주장과 일치한다. 탈동일시는 구체적
인 정치적 실천, 사회학자들이 말하는 '행동 레퍼토리répertoire d'action'를
가리킨다. 크리스틴 로스(랑시에르의 저작을 영어로 옮긴 바 있다)가 분석한
'탈동일시'의 전형적인 사례는, 1968년 무렵에 혁명적인 학생들이 노
동계로 '사회적 이동voyages sociaux'을 감행해 그중 많은 이들이 공장으로
'하방établissement'한 일이다.[12] 여기서 나타난 이동은 학생이라는 정체성
과 결별하고 정치적 목적에서 다른 사회적 범주들과 자신을 재동일시

---

11   같은 책, p. 60.

12   Kristin Ross, *Mai 68 et ses vies ultérieures*. [옮긴이] 프랑스어 établi는 '컨베이어벨트'를 뜻
하는데, 1968년 당시 공장으로 하방(下放)을 많이 하게 되면서 이 단어에 '하방'이라는 뜻이 더해
졌다.

하고자 하는 확고한 의지를 띤 것이었다. 그리고 그런 의지를 가능케 한 것은 1968년 5월의 일반적인 탈동일시 분위기였다.[13]

랑시에르에게 평등과 그 효과는 보편적이다. 이 절에서 다룰 세 사상가들의 공통점 하나는 정치에서 보편주의를 다시 활성화하고자 하는 의지다. 오늘날 비판사상에서, 그리고 일반적으로도 보편주의는 평판이 좋지 않다. 좌파 내 주류 경향을 보면, 보편주의를 가장해 서구의 관점을 나머지 세계에 강요하려는 서구의 '제국주의적'의지와 보편주의를 동일시한다. 비판이론 내에서 지배적인 것은 역사적 현상의 상대성을 강조하는 '다문화주의multiculturalisme'와 '소수자 사유pensée minoritaire'다. 랑시에르는 보편적인 것에 확고히 집착한다. 하지만 이 보편적인 것이란 그의 표현대로 언제나 '국소적local'이면서도 '단독적singulier'인 보편성이다. 그는 1950~1960년대에 알제리 독립을 위한 연대 운동이 활발히 벌어진 데 비해, 1990년대에 학살당하고 강제 이주당하던 보스니아 인구를 위한 지지 운동이 상대적으로 부재했음을 지적한다. 그리고 전자의 사례에서는 구체적인 정치적 유대가 알제리와 프랑스 활동가들 사이에 생성됐다는 사실을 확인한다. 활동가 전체가 "타자의 대의"에서 자기 대의의 일부를 알아보았으며,[14] 그렇게 국제적 연대는 구체적인 정치적 외형을 띨 수 있었다.[15] 랑시에르는 이

---

13 하방과 탈동일시에 관해서는 다음을 보라. Robert Linhart, *L'Établi*, Minuit, Paris, 1981.

14 『정치적인 것의 가장자리에서』에 담긴 저명한 논문 가운데 하나는 「타자의 대의(La cause de l'autre)」이다.

15 Jacques Rancière, *La Mésentente*, p. 188.

렇게 주장한다.

> 정치적 주체는 자기 자신을 의식하고, 스스로에게 자신의
> 목소리를 부여하고, 사회에 자신의 무게를 부과하는 집단
> 이 아니다. (…) 그는 주어진 경험의 지형에서 존재하는 지
> 역, 정체성, 기능, 그리고 능력을 결합하거나 분리하는 행위
> 자다.[16]

정치적 주체는 언제나 하나의 사건이다. 그것은 사회계급도, 젠
더도, '민족ethnique' 공동체도 아니며, 비록 그런 유형의 집단에 의존할
수 있을지라도 그 집단이 정치적 주체인 것은 아니다. 또한 정치적 주
체는 '사회유대lien social'의 한 형태도 아니다. 주체는 평등의 자발적 출
현으로 나타나며('잘못'과 같은 매우 일반적인 요인 말고는 이 자발성을 설명하
기란 여러모로 어렵다), 새로운 '감각적인 것의 나눔'이 확립되는 순간 사
라진다. 랑시에르에게 지속 가능한 정치란 말은 그 자체로 모순이다.
여기서 한 가지 단순한 결론이 나온다. 바로 정치와 민주주의는 드물
게 나타난다는 것이다.

알랭 바디우: 사건, 충실성, 주체
어떤 점에서 바디우의 사유는 랑시에르의 사유와 흡사하다. 두

---

16   같은 책, p. 65.

철학자의 행보는 비교될 수 있다. 둘 다 처음에는 알튀세르의 구조주의와 가까웠다가 그것이 가진 가장 결정론적인 측면과 거리를 두면서, 정치적 과정에 내포된 우연성을 점점 더 강조하기에 이르렀다. 바디우는 알튀세르에 앞서 사르트르의 시기를 겪었으며, 오늘날까지도 우리는 그에게서 사르트르의 영향을 느낄 수 있다.[17] 1968년 5월의 사건은 당연히 이 같은 사상적 변천에 많은 영향을 끼쳤다. 바디우가 행하는 '존재'와 '사건'의 구분은 랑시에르가 정식화하는 '치안'과 '정치'의 대립과 어떤 측면에서는 일치한다. 그렇지만 여러 층위에서 두 사람의 의견은 일치하지 않는다. 예컨대 바디우는 플라톤주의를 표방한다. 그의 플라톤주의는 확실히 당혹스러울 때가 있지만, 적어도 상식과 '의견opinion'의 지배에 대한 비판에 몰두한다는 점에서 특징적이다. 랑시에르도 확실히 상식을 옹호하지는 않는다. 그에게 상식이란 '치안'의 구성 요소다. 하지만 그가 상식에 반대해 '진리' 같은 강한 개념을 동원하지는 않는 것과 달리 바디우는 그러하기를 주저하지 않는다. 바디우는 '진리vérité'와 '인식connaissance'을 구분하는데, 이는 알튀세르의 '과학'과 '이데올로기' 대립을 연상시키기도 한다.

바디우는 철학적 체계의 구축자다. 철학의 이 고전적 과업을 가장 태연스레 이어받은 동시대 비판사상가가 바디우라는 데는 이론의 여지가 없다. 바디우가 구상한 학설은 '사건' 이론이다. 매우 복잡한

---

17 이 몇 마디로 이해할 수 있는 것보다 바디우와 알튀세르의 관계는 더 복잡하다. Alain Badiou, "Althusser: le subjectif sans sujet," *Abrégé de métapolitique*.

이 이론의 전모를 여기서 다 드러낼 수는 없다. 이는 『존재와 사건』 (1988)과 『세계의 논리』(2006)라는 두꺼운 책들에서 전개되었으며, 여기에 『주체 이론Théorie du sujet』(1982)을 덧붙여야 할 것이다. 또한 사건 이론은 『사도 바울: 보편주의의 정초Saint Paul: La fondation de l'universalisme』 (1997), 『메타정치론Abrégé de métapolitique』(1998), 『윤리학: 악의 의식에 관한 에세이L'Éthique: Essai sur la conscience du mal』(1993), 『세기Le Siècle』(2005) 등에서도 전개되는데, 이 책들은 좀 더 주제를 잘 드러내주고, 대체로 덜 두껍고, 이해하기 더 쉽다.

바디우의 사건 이론은 주요하게 존재être, 사건événement, 주체sujet, 충실성fidélité이라는 네 범주에 기초를 둔다. 태초에 존재가 있었다. 존재는 그 가장 기본적인 차원에서 무생물의 순수 '다수multiples'로 되어 있다. 이 다수는 근대 물리학에서 연구하고 고전 유물론에서 내세우는 것 같은 유형의 '소립자'가 아니다. 어떤 실재하는 개체가 아니라 존재의 형식적인 속성이라는 의미에서, 그것은 질료 '이편en deçà'에 자리 잡는다. 바디우에게 기초 존재론ontologie fondamentale은 수학과 다른 것이 아니다. 이는 곧 가장 기초적인 차원에서 존재가 형식적인 존재 양상을 지님을 뜻한다.

바디우가 말하듯 '구조화se structurer'하거나 '하나-로-셈해질comptés-pour-un' 때 '다수'는 최초의 존재론적 일관성을 얻는다. 그때부터 그것은 다수의 구조화한 '현시présentations'인 '상황situations'으로 변한다. 따라서 실재계의 일관성은 계산 활동에 의존한다. 이 활동은 셈해진 다수가 실재하는 개체가 아니므로 근원적 '비어 있음vide'을 토대로 이뤄진다. 셈해진 다수는 셈해질 때에만 실재하는 개체가 된다. '상황'의 수많은 사례가 존재한다. 프랑스 사회는 그 한 사례이고, 근대 예술은 또 다른 사례이고, 태양계는 제3의 사례다. 현재 상황 전체는 '상황 사태état de la situation'를 가리킨다. 여기서 '사태'란 '구조structure'와 정치적 의미의 '국가État'를 모두 지칭하는 단어로 이중의 의미를 지닌다. 우리는 랑시에르 또한 '감각적인 것의 나눔'과 그 유지를 보장하는 법질서의 효력을 가리키고자 의도적으로 모호하게 '치안'이라는 단어를 사용했음을 기억한다. 어찌 보면 바디우의 존재론은 유명론의 극단적인 한 형태로 간주될 수 있다. 실재계는 그것이 셈해졌거나 명명됐을 때에만 비로소 존재할 수 있다. 상황 사태는 인식이나 실증적 지식의 대상이 될 수 있다. 이 인식이나 지식은 존재 쪽에 있으며, 존재의 부분들을 셈한 것이다.

존재는 사건의 개입으로 갑자기 중단될 수 있다. 니체의 진술을 인용하자면 사건은 "세계의 역사를 둘로 쪼갠다". 이 말은 바디우가 20세기와 관련해 사용했지만, 더 일반적인 범위에 적용될 수 있다. 사건의 예는 다양하다. 사랑하는 이를 만나는 일에서부터 DNA 발견, 말레비치Kasimir Malevitch의 〈흰 바탕에 흰 사각형〉, 러시아 혁명에 이르기까지 다양하다. 더 정확히 말해 '진리의 과정'이 일어날 수 있는 네 가지 영역이 있는데, 바로 정치, 과학, 예술, 사랑이다. 이 모든 것에서 사건은 존재에 전적으로 이질적이다. 사건은 예측될 수 없고 사건을 구성했던 다수의 셈을 중지한다. 사건은 비존재non-être 쪽에 있으며, 상황 사태에서 셈해지지 않은 것 쪽에 있다. 바디우가 말하듯 "(…) 사건은 그 본질상 어떤 징후도 앞세우지 않으며, 우리가 경계하건 말건 그 은총으로 우리를 놀라게 한다".[18] 프랑스 혁명은 사건의 전형적 사례다. 우리는 이 사건에 앞서 수년간 또는 수십 년간 일어난 경제적·정치적·문화적 과정을 세세히 알고 있다. 우리는 그런 내용을 동원해 이 사건을 발생시킨 조건을 설명하려 할 수 있다. 하지만 동시에 이 사건은 우리가 그것에 대해 소유하는 지식으로, 또는 나중에 소유하게 될 지식으로도 환원될 수 없다. 왜냐하면 지식은 이전 상황을 셈한 쪽에 있지만, 사건은 정의상 '초과수surnuméraire'이기 때문이다. 사건의 본질은 셈해지지 않는 데 있다. 이런 의미에서 사건은 언제나 그것을 구성하는 과정의 총합 이상이다.

사건 이론이 지닌 '기적'이라는 특성 때문에 바디우는 때로 비난을 받았다.[19] 심지어 지젝은 종교 혁명이 사건 이론의 '숨겨진 패러다임'이라고, 즉 바디우의 구상을 은밀히 주재한 모델이라고 주장했다. 바디우가 '사도 바울'이나 '다마스쿠스로 가는 길'을 자주 참조한다는 사실은 이런 가설에 신빙성을 더한다. 바디우의 사건은 인과관계를 창조하지만 그 자체는 어떤 특정한 인과관계에서도 유래하지 않는다. 바디우의 주장이 주는 불편함은 그것이 모든 전략적 사유를 불가능하게 한다는 점에서 주로 기인한다. 아무리 불확실할지언정 전략은

---

18   Alain Badiou, *Saint Paul*, p. 119.
19   Daniel Bensaïd, "Alain Badiou ou le miracle de l'événement," in *Résistances. Essai de taupologie générale*.

진행 중인 과정을 토대로 행동 노선을 선택할 것을 전제로 한다. 그런데 사건이 초과수인 한 이런 종류의 모든 선택은 원칙적으로 근거 없는 것이 된다. 바디우의 사건 이론은 앞서 언급한 오늘날 비판사상의 특징, 즉 내부에 전략이 부실하다거나 빈곤하다는 사실을 보여주는 추가 사례가 된다. 그렇지만 만일 바디우의 사건이 '무無로부터ex nihilo' 생긴다면 문제가 되는 '무'가 '피안au-delà'에 있지 않음을 지적하는 것은 중요하다. 이 '무'는 사건에 앞서는 상황에 내재한다. 이 상황은 근원적 '비어 있음'에 기초하기 때문에 언제나 취약하고 불안정하다. 이처럼 프랑스 혁명이라는 사건은 비록 예측될 수 없었다 할지라도, 구체제를 특징짓는 심각한 불평등에 잠재해 있었다는 의미에서 구체제의 '진리'를 드러낸다.

'주체'는 사건에서 나온다. 주체가 사건에서 기계적으로 나오지는 않지만, 주체는 사건에서 나올 수 있는 하나의 결과다. 바디우의 사유에 대한 표준적인 저작을 쓴 피터 홀워드Peter Hallward는 바디우의 주체를 "사건이 선포하는 진리를 통해 변모한 개인"으로 정의한다.[20] 사건에 노출된 개인은 주체로 변한다. 다시 말해 그는 사건이라는 조건 아래 '주체화' 과정을 겪는다. 바디우에게 주체화는 (적어도) 두 가지 특성을 포함하는데, 첫 번째는 주체화가 집단적이라는 것이다. 더 정확히 말해 바디우는 정치적 사건에서 유래하는 주체화가 언제나 집단적

---

20   Peter Hallward, *Badiou: A Subject to Truth*, University of Minnesota Press, Minneapolis, 2003, p. 122 [피터 홀워드, 『알랭 바디우: 진리를 향한 주체』, 박성훈 옮김, 길, 2016].

이라고 주장한다. 예술이나 과학처럼 '진리 절차procédures de vérité'가 일어나는 다른 영역에서는 주체화가 집단적이지 않을 수도 있다.[21] 두 번째는 주체화가 미리 정립된 어떤 인간 본질도 전제로 하지 않는다는 것이다. 주체화는 사건에서 유래하고 사건에 충실하겠다는 주체의 결심을 함축한다. 이것이 바디우가 인간에 대한 정의定義를 '프로그램programme'으로, 곧 언제나 열려 있고 도래할 것으로 명명하는 까닭이다.[22] 여기서 바디우는 두 스승, 사르트르와 알튀세르의 견해에 다시 합류한다. "존재가 본질에 앞선다"라는 사르트르의 주장에는, 인간이 이미 세계 안에 있으면서 자기 자신의 본질을 구성한다는 믿음이 있다. 바디우에게 이러한 구성construction은 정초적 사건의 그늘 속에 이뤄진다. 인간을 프로그램으로서 이해하는 것 또한 알튀세르의 '이론적 반인간주의antihumanisme théorique'를 참조한 것이다. '이론적 반인간주의'는 (바디우가 '동물적 인간주의humanisme animal'라 명명한) 인간주의적 본질주의에 대한 급진적 비판이다. 따라서 "인간은 어떤 충만함이나 결과로서 실현되는 것이 아니라, 자기 자신으로부터 뽑혀져 나와 자기 자신에 부재하는 것으로서 실현된다. 이 뽑혀져 나옴arrachement이야말로 모든 모험적 위대함의 근간이 되는 것이다."[23]

바디우의 학설에서 중요한 측면은 사건의 식별이 사건 내부에서

---

21   Alain Badiou, *Abrégé de métapolitique*, p. 156.

22   Alain Badiou, *Le Siècle*, Seuil, Paris, 2005, chap. 13 [알랭 바디우, 『세기』, 박정태 옮김, 이학사, 2014].

23   같은 책, p. 240.

부터 주체적으로만 이뤄질 수 있다는 것이다. 이는 단순히 인과법칙에 따라 이해할 수 있는 일련의 사실들이 아닌, 사건으로서의 사건이라는 존재가 언제나 불확실함을 뜻한다. 사건의 존재는 필연적으로 주체적인 명명 행위를 통해 비로소 완성될 수 있다. 바디우는 이 명명행위를 '해석의 개입'이라 부르며, "다수를 사건으로 인정하게 하는 모든 절차"로 정의한다.[24] 이런 맥락에서 바디우 체계의 네 번째 기본 범주인 충실성이 개입된다.

> 사건은 거기서 도출되는 진리가 아무리 보편적이라 할지라도 결코 나눠지지 않는다. **사건으로서** 인정한다는 것과 정치적 결정은 동일한 것이기 때문이다. 정치란 자기 스스로부터만 승인받을 수 있는 규정에 따라 사건의 단독성에 대해 갖는 무모하고, 전투적이고, 언제나 부분으로 나눠지지 않는 충실성이다. (…) 정치를 사유할 수 있게 해주는 관점, 즉 사건이 일어난 뒤에라도 그 진리를 파악하게 해주는 관점은 행위자의 관점이지, 방관자의 관점은 아니다.[25]

'충실성' 개념은 바디우에게서 늘 나타난다. 이로써 그는 신앙행

---

24   Alain Badiou, *L'Être et l'Événement*, Seuil, Paris, 1988, p. 202 [알랭 바디우, 『존재와 사건: 사랑과 예술과 과학과 정치 속에서』, 조형준 옮김, 새물결, 2013].
25   Alain Badiou, *Abrégé de métapolitique*, p. 33.

위가 초월적 존재transcendance와 맺는 관계 속에서 구성된다고 보는 신학적 사유 전통에 자리매김한다. '신앙주의fidéisme'로 특징지어지곤 하는 이 전통에서 테르툴리아누스(2~3세기)가 말한 "불합리하기 때문에 나는 믿는다Credo quia absurdum"는 가장 급진적인 표현이다. 이는 신에 대한 믿음이란 이성에 대립할수록 더 진정성 있다고 주장하는 것이다. 바디우가 곧잘 인용하는 파스칼, 키르케고르Søren Kierkegaard, 폴 클로델Paul Claudel은 이 전통에 속하는 대표적 사상가들이다. 충실성을 중심에 놓는 한, 그 반대인 변절과 부인도 중심에 놓는다. '세계의 논리'를 주제로 열린 어느 학회에서 바디우는, 자신이 사건을 성찰하게 된 진정한 계기는 1968년 5월의 많은 주동자들이 그 5월을 부인한 일이었노라고 밝힌 바 있다.[26]

바디우의 견해에서는 사건에 충실한 가운데서만 진정한 주체가 있을 수 있다. 이는 많은 개인들이 사건에 노출될 기회를 갖지 못했거나, 사건에 노출됐지만 충실성을 보여주지 못했기 때문에 진정한 주체에 포함될 수 없음을 뜻한다. 이처럼 주체의 지위를 소수의 개인에게만 부여하는 것은 바디우의 사유에서 가장 귀족적인, 또는 니체적인 측면이다. 좌파/우파를 막론하고 그의 저서를 해설한 이들 중에는 그의 이런 귀족주의를 비판하는 경우가 없지 않다.[27] 그러나 바디우가

26　다비드 라부앙(David Rabouin)과 프레데리크 보름스(Frédéric Worms)가 기획한 학회, "Autour de Logiques des mondes," 24 novembre 2006, ENS Ulm.

27　앨릭스 캘리니코스와 필리프 레노는 모두 바디우의 아리스토텔레스주의를 비난한다. Alex Callinicos, *The Resources of Critique*, p. 101; Philippe Raynaud, *L'Extrême Gauche plurielle*, p. 153.

출신에 상관없이 모든 사람이 사건에 매료될 수 있으며 주체화 과정을 겪을 수 있다고 본다는 점 또한 지적해야 할 것이다. 여하튼 바디우의 사건과 거기서 기인하는 주체는 희소성을 특징으로 한다. 사건과 주체는 언제나 예외적인 부류다.

바디우는 보편의 사상가다. 단 여기서 보편이란 역설적인 보편이다. 그는 사도 바울을 보편주의의 창시자로 보는데, 사도 바울은 "유대인도 그리스인도 없으며, 종도 자유인도 없으며, 남자도 여자도 없습니다"(『갈라디아서』 3:28)라는 유명한 말을 남겼다. 이를 보면 '그리스도 사건événement-Christ'은 차이를 금지하고, "전적으로 유類적인 다수"를 일으켜 조건들을 평등하게 한다. 그럼에도 바울은 실용적이었으며, 자신이 통일성을 유지하고자 하는 기독교 공동체들 사이에 "차이를 용인하는 초연함"이 존재함을 보여주었다.[28] 그러나 본질적인 것은 그리스도 사건이 정체성을 없애고 모두에게 말을 건네는 보편주의를 초래했다는 것이다. 다른 한편으로 바디우식 보편성에 대한 접근은 주체를 통해서만 이뤄질 수 있다. 그에게 진리는 언제나 전투적이다. 그 자체로 유효했던 진리가 나중에서야 확신에 찬 사도들을 통해 인정받고 전파되기 때문이 아니다. 바디우에게 진리는 전투적인 한에서만 존재할 수 있다. 그는 동시대 '포스트모더니즘' 경향에 팽배한 상대주의를 거부한다. 포스트모더니즘 경향에서 '진리'나 '보편' 같은 개념은 최선의 경우 허위이고, 최악의 경우 서구 제국주의와의 공모일 뿐이다. 물

---

28 Alain Badiou, *Saint Paul. La fondation de l'universalisme*, p. 106.

론 바디우에게는 전혀 그렇지 않다. 그런데 『세계의 논리』 저자 바디우가 구상한 보편주의는 주체성에 중추적인 역할을 부여한다. 주체성은 보편의 출현을 막기는커녕 이를 가능케 하는 조건이다.

바디우가 보기에 '당 형태'는 현 시대에 뒤떨어진 것이다. 20세기에 혁명적 정치는 당 형태를 띠었다. 이 당들은 국가의 터전에서 국가에 맞서고, 국가의 통제권을 장악하고, 국가의 사멸을 개시하는 것을 목표로 삼았다. 궁극적으로 이 전략적 도식은 바디우가 말한 '전쟁 패러다임paradigme de la guerre'이 20세기에는 중심에 있었음을 말해준다.[29] "19세기는 예고했고, 꿈꿨고, 약속했다. 20세기는 지금 여기서 행동한다고 선언했다." 문제는 이전에 꿈꿨던 것을 지금 여기서 실현하는 일이 '현실의 가혹화brutalisation de la réalité'로 귀결되었다는 점이다. 전례 없는 잔학 행위들이 저질러졌고, 혁명적 정당들은 '인습'에 젖었으며 '당-국가'가 되었다. 오늘날 중대한 물음은 당 없는 혁명적 정치가 가능한가 하는 것이다.[30] 바디우는 자유지상주의자가 아니다. 그는 혁명적 자발성이 자유롭게 발현되리라고 주장하지 않는다. 당 없는 정치란 조직 없는 정치가 아니라 국가와 어떤 관계도 없는 정치를 의미한다. 바디우에게 그것은 선거 참여를 거부하고, 혁명적 좌파에게서 아직까지도 유효한 레닌주의적 패러다임, 곧 무장봉기를 통한 국가권력 쟁취의 기획을 포기함을 뜻한다.

29   Alain Badiou, *Le Siècle*, p. 56.

30   Alain Badiou, *Abrégé de métapolitique*, p. 138.

바디우는 사회변혁의 새로운 행위자들 중에서도 미등록 체류자들—선진국의 미등록 체류자들뿐만 아니라, 예컨대 중국의 도시로 불법 이주한 농민들—이 미래에 중요한 역할을 수행할 것으로 본다. 미등록 체류자들 안에는 동시대 자본주의의 모든 모순이 집약돼 있으며, 이런 의미에서 자본주의는 그들을 '융합 불가능한' 존재로 여긴다. 노동비용을 절약하고 노동력을 규율하고자 부유한 국가들은 그들을 암암리에 고용하는 것 외에 다른 방도가 없다. 동시에 그 국가들은 끊임없이 국경 경비를 강화하고, 미등록 체류자들을 고국으로 돌려보내는 비행편을 편성한다. 그러나 이런 노력이 이주 흐름의 규모와 방향에 미치는 영향은 실제로 거의 없다. 따라서 미등록 체류자들의 투쟁을 지지하는 것은 자본주의에 내재하는 이 모순을 심화하고, 결국 그 불안정성을 높이게 될 것이다.

슬라보예 지젝: 레닌이 라캉과 만날 때

동시대 비판사상가들 중에서도 지젝은 두말할 나위 없는 스타다. 부에노스아이레스에서 뉴욕, 뉴델리, 류블랴나(지젝이 출생한 도시)를 거쳐 파리에 이르기까지, 그의 강연을 듣고자 군중이 몰려든다.[31] 이런 경향은 셸링F. W. J. Schelling이나 라캉의 난해한 사유에 할리우드 영화, 추리소설이나 SF, 각종 농담 등 대중문화에서 가져온 다양한 사례를 뒤섞는 이 슬로베니아 철학자의 지적인 '스타일'에 부분적으로

---

31   Rebecca Mead, "The Marx Brother," *The New Yorker*, 5 mai 2003.

기인한다. 거기에 그는 스탈린이나 마오쩌둥을 거의 도발적으로 인용하면서 재미를 곁들이기도 한다. 이런 지적 전략은 '고급문화'와 '대중문화'의 경계를 흐리는 것을 목표로 한다. 지젝은 몇몇 다큐멘터리의 소재나 주인공이 되기도 했다. 〈지젝의 기묘한 영화 강의The Pervert's Guide To Cinema〉(2006)가 대표적인데, 이 영화에서 그는 영화사에서 고전이 된 장면을 패러디하면서 그의 분석을 소개한다.[32] 부에노스아이레스의 한 디스코텍은 그의 이름을 간판으로 내걸기도 했다.

지젝은 매우 국제화한 철학자다. 그는 자크알랭 밀레르Jacques-Alain Miller(라캉의 사위이자 지적 상속자)의 지도 아래 프랑스 파리 8대학에서 연구를 했으며, 밀레르와 함께 정신분석학을 이끌기도 했다. 그는 영어로 글을 쓰고 출간하며, 이 책에서 언급된 사상가들 중에서 유일하게 동유럽 출신이다. 동유럽의 뚜렷한 변화에도 비판사상은 이해 가능한 몇몇 이유 때문에 동유럽에서는 인기가 없다. 지젝의 저작들을 심도 있게 분석하려면 이 저작들이 그의 조국인 슬로베니아와 어떤 관계를 맺고 있는지를 좀 더 상세히 이해해야 한다. 한 지식인이 국제화했다고 해서, 그가 국가나 지역적 맥락의 소산이 아님을 뜻하지는 않는다. 지식인이 국제화한 방식은 사실 그의 출신 지역과, 다시 말해 오늘날 세계체계에서 그 지역이 경제적·정치적·문화적으로 어떤 지위를 차지하느냐와 밀접한 관련이 있다.

지젝의 사유에서 중요한 측면은 데카르트René Descartes의 '코기토

---

32   또한 애스트라 테일러(Astra Taylor)의 다큐멘터리 영화 〈지젝!(Žižek!)〉(2005)을 보라.

cogito'에 대한 옹호다. 지젝의 주요 저서 가운데 하나인 『까다로운 주체: 정치적 존재론의 부재하는 중심The Ticklish Subject: The Absent Centre of Political Ontology』은 "하나의 유령이 서구 학계를 떠돌고 있다. 데카르트 적 주체라는 유령이……"라는 선언으로 시작한다.[33] 이 철학자는 '주체'의 문제를 마르크스와 엥겔스의 『공산당 선언』첫 문장에 나오는 공산주의의 유령과 동일시한다. 이는 그 사안이 얼마나 중요한지를 말하려는 것이다. 주지하듯 데카르트는 "나는 생각한다, 그러므로 나는 존재한다cogito ergo sum"라는 말로써 유명한 철학적 명제를 정식화했다. 자기 자신에 투명하고 합리적인 최고의 주체라는 생각은 근대성의 기반 가운데 하나다. 이 생각은 계몽주의 기획에서 중심적 위치를 차지할 뿐만 아니라 자유주의, 마르크스주의, 아나키즘 등 19세기 무수한 해방운동의 토대가 되기도 했다.[34] 이 주체 개념에 대한 비판이 없었던 것은 아니다. 철학 전통에서 출발하든(가령 니체의 경우), '젠더화된' 코기토의 특성을 매우 일찍부터 고발한 페미니즘 같은 흐름에서 출발하든 간에 문제 제기는 있어왔다.[35]

---

33   Slavoj Žižek, *Le sujet qui fâche. Le centre absent de l'ontologie politique*, Flammarion, Paris, 2007, p. 5 [슬라보예 지젝, 『까다로운 주체: 정치적 존재론의 부재하는 중심』, 이성민 옮김, 도서출판 b, 2005].

34   이에 관해서는 다음을 보라. Charles Taylor, *Sources of the Self. The Making of Modern Identity*, Harvard University Press, Cambridge MA, 1992.

35   Joan Scott, *Only Paradoxes to Offer. French Feminists and the Rights of Men*, Harvard University Press, Cambridge MA, 1997 [조앤 스콧, 『페미니즘 위대한 역사』, 공임순·이화진·최영석 옮김, 앨피, 2017].

그러나 계몽주의와 이에 수반된 주체 이론에 대한 재검토는 2차 세계대전 이후 새로운 양상을 띠었다. 전쟁 중에 행해진 잔학 행위들이 근대성 자체와 연관지어진 것이다. 아도르노와 호르크하이머를 필두로 프랑크푸르트학파의 대표자들은 가스실을 근대 '도구적' 합리성의 궁극적 표현으로 간주했다. 이들은 한때 해방을 도왔던 이성이 돌변하여 인류에 대한 최악의 범죄에 공모한 것으로 보았다. 구조주의와 포스트구조주의는 이 '근대적 야만'을 거의 주제로 삼지 않았음에도 인간주의 비판을 전개했다. 알튀세르의 '이론적 반인간주의'라든지 푸코가 예고한 '인간의 죽음'이 이에 대한 표현이다. 지젝의 말대로 '서구 학계'를 지배하는 포스트구조주의적 관점은 주체를 '탈중심화한' 실체로 간주한다. 이 관점에서 보면 어떤 '중심'도 통일하지 못하는 환원 불가능한 많은 주체의 자리가 존재한다. 코기토는 말 그대로 해체되었다. 프로이트의 무의식의 '발견'과 20세기 후반 철학이 언어에 부여한 중요성이 이 경향을 강화했다. 데리다의 표현대로 주체는 이제 "언어의 기능fonction du langage"으로 인식된다.[36]

지젝은 이러한 주체 해체에 반대한다. 이는 물론 데카르트적 형태나 다른 형태의 근대 인간주의로 순수하게 회귀할 것을 권하는 것은 아니다. 지젝은 코기토를 라캉식으로 취급한다. 게다가 그는 모든

36   Jacques Derrida, *La Voix et le phénomène. Introduction au problème du signe dans la phénoménologie de Husserl*, PUF, Paris, 2003 [자크 데리다, 『목소리와 현상: 후설 현상학에서 기호 문제에 대한 입문』, 김상록 옮김, 인간사랑, 2006].

것을 이 『에크리』 저자의 범주로 해석한다. 지젝에게 주체는 데카르트가 주장하듯 '사유'할지언정, '실체'는 아니다. 그것은 실재하는 개체가 아니라 순수한 '부정성négativité'으로 된 '비어 있음'이다. 주체는 '실재계Réel'와 '상징계Symbolique'의 경계면에서 나타난다. 라캉에게서 차용한 이 두 개념은 지젝의 접근에서 결정적이다. 실재계는 우리에게 알려질 수 없다. 그것은 모든 범주화나 분류 이전의 세계, 다시 말해 언어 이전의 세계를 지칭한다. 상징계는 실재계에 질서를 부여하는 심급이다. 우리가 흔히 '현실réalité'이라 할 때 지칭하는 것은 상징계다. 실재계 자체는 우리에게 접근 불가능하기 때문이다. 상징계는 사물을 우리가 파악할 수 있는 것으로 만들고자 사물로서 존재하는 사물을 없앤다는 의미에서(이로써 그것은 실재계에 속하는 사물이기를 그치는데), 라캉이 말하듯 '사물의 살해meurtre de la chose'를 나타낸다. 하지만 실재계가 완전히 상징화할 수는 없는 법이다. 그 안의 무언가가 저항하기 때문이다. 정신분석학에서 말하는 '트라우마trauma'란 실재계가 상징계의 질서 속에 침입했거나 갑자기 다시 나타난 상황을 가리킨다. 이러한 침입은 언제나 가능하며, 상징계를 혼란에 빠뜨릴 수 있다. 이 관점에서 상징계는 결국 필연적으로 열려 있는 것이다. 상징계는 시간 속에서 지속될 수 있지만, 갈등을 일으키는 실재계의 재출현이라는 조건에서만 그럴 수 있다.

지젝에게 주체는 상징계와 실재계를 분리하는 거리 속에서 형성된다.[37] 이 거리는 상징계가 실재계와는 다름을 전제로 한다. 이로써 주체성이 발생할 수 있다. 실재계와 상징계가 같은 것이라면, 또는 상징계가 그 자체로 닫혀 있다면, 주체의 그 어떤 자리도 생각할 수 없을 것이다. 지젝에게 주체란 "소멸하는 매개자vanishing mediator"다.[38] 지젝은 이 개념을 프레드릭 제임슨에게서 빌려 온다. 제임슨에게 '소멸하는 매개자'는 다른 현상을 발생시키고 그 일을 마친 뒤에는 사라지는 모든 현상을 지칭한다. 제임슨은 프로테스탄트 윤리와 자본주의 정신에 관한 베버의 주장을 해석하는 데 이 개념을 사용했다. (제임슨의 독해를 보면) 베버에게 프로테스탄티즘은 자본주의 출현의 조건이다. 하지만 일단 자본주의가 출현하자, 자본주의는 세속화 과정을 조장함으로써 프로테스탄티즘의 소멸을 가속화했다.[39] 결국 자본주의에 프로테스탄티즘은 '소멸하는 매개자'였던 것이다.

지젝이 보기에 주체도 유사한 구조를 지닌다. 알려질 수 없는 것으로서의 실재계를 주체는 '잃어버린 것perte'으로 경험한다. 이 무néant에 직면하여 주체는 광기에 빠지지 않고자 상징계를 구축한다.[40] 이를 위해 그는 언어 속에 자신을 외재화한다. '말word'은 상징화가 일어나는 심급이다. "(…) 주체는 소리 내어 말을 내뱉으면서 자기 존재를

---

37   Tom Myers, *Slavoj Žižek*, Routledge, Londres, 2003, p. 28 [토니 마이어스, 『누가 슬라보예 지젝을 미워하는가?』, 박정수 옮김, 앨피, 2005].

38   Slavoj Žižek, *For They Know Not What They Do: Enjoyment As a Political Factor*, Verso, Londres, 2007 [슬라보예 지젝, 『그들은 자기가 하는 일을 알지 못하나이다』, 박정수 옮김, 인간사랑, 2004].

39   Fredric Jameson, "The Vanishing Mediator, or Max Weber as Storyteller," in *The Ideologies of Theory. Essays 1971-1986*, Minneapolis University Press, Minnesota, 1988.

40   Tom Myers, *Slavoj Žižek*, p. 36.

344   2부 이론들

자기 바깥으로 수축시킨다contracter. 그는 외부 기호 속에 자기 존재의 핵the core of his being을 응고시킨다. (언어) 기호 속에 있는 나는, 말하자면 나 자신 바깥에서 나를 되찾는다. 나는 나의 통일성을 나 자신 바깥에, 나를 표상하는 기표 속에 둔다."[41] 자신을 외재화함으로써 주체는 대상(상징계)을 창조하지만, 이로써 그는 자신을 외재화했기에 더는 자기 자신과 대면하지 않는다. 결국 주체와 대상의 분리는 사라지고 이두 심급은 이제 복잡하게 뒤섞이게 된다. 이는 특히 주체의 자리가 비어 있음을 뜻한다. 그렇기에 매우 다양한 행위자들이 잇따라 또는 동시에 그 자리를 차지하거나 요구할 수 있다.[42] 랑시에르와 마찬가지로 지젝 역시 주체가 실제로 존재하는 구체적인 집단이 아니라고 생각한다. 주체는 개인이나 구체적인 집단의 형성을 위한 조건이다. 하지만 이를 위해 주체의 자리는 반드시 비어 있어야 한다.

지젝의 주체 이론은 그의 이데올로기 개념으로 귀결된다. 고전적으로 이데올로기란 개인들이 현실을 그릇되게 또는 '이데올로기적'으로 표상하는 방식과 현실 그 자체 사이에 존재하는 괴리를 지칭한다. 개인의 계급 위치나 다른 원인에 결부될 수 있는 이러한 왜곡은 어쨌

---

41 Slavoj Žižek, *The Invisible Remainder: An Essay on Schelling and Related Matters*, Verso, Londres, 2006, p. 43 [슬라보예 지젝, 『나눌 수 없는 잔여: 셸링과 관련된 문제들에 대한 에세이』, 이재환 옮김, 도서출판 b, 2010].

42 Tom Myers, *Slavoj Žižek*, p. 40. 민주주의 사회는 자신의 중심이 비어 있다는 특수성을 지닌다는 이러한 관념을 지젝은 클로드 르포르에게서 차용한다. 르포르는 이 생각을 『민주주의의 발명』에서 정식화한다.

거나 당사자들 몰래 일어난다. 철학적·정치적 비판은 이 두 심급의 간극에 자리 잡는다. 이런 비판의 기능은 이데올로기의 피해자로 하여금 자신의 현실 표상이 착각이었다는 사실을 알아채게 하는 것이다. 그런데 지젝의 사유 출발점이 되는 독일 철학자 페터 슬로터다이크Peter Sloterdijk는, 이데올로기의 이 고전적 모델이 포스트모던 사회에서 더는 작동하지 않는다고 본다.[43] 그 이유는 오늘날 개인들은 미디어와 정치 계층이 자신들에게 하는 말이 기만적임을 완벽히 알기 때문이다. 그들은 더 이상 속지 않는다. 슬로터다이크에게 이는 이데올로기의 시대가 지나고 오늘날 일반화한 냉소주의의 시대가 도래했음을 뜻한다. 냉소주의는 현재 비판의 효율성에 대한 문제를 제기한다. 모든 사람이 현실의 지배적 표상이 '진짜' 현실이 아님을 안다면 여전히 비판이 존재할 이유가 있을까?

　지젝이 보기에는 슬로터다이크의 이데올로기 이론도, 우리 시대에 대한 그의 진단도 오류다.[44] 이 시대는 '포스트이데올로기' 시대와는 거리가 멀다. 냉소주의가 만연한 것은 사실이다. 하지만 이러한 냉소주의가 아무리 일반화했을지언정 이 시대를 '포스트이데올로기' 시대로 전환해내기에 충분하다고 생각하는 것은 이데올로기를 오해한

43　Peter Sloterdijk, *Critique de la raison cynique*, Christian Bourgois, Paris, 2000 [페터 슬로터다이크, 『냉소적 이성 비판 1』, 이진우·박미애 옮김, 에코리브르, 2005].

44　Slavoj Žižek, "The Spectre of Ideology," in Slavoj Žižek (dir.), *Mapping Ideology*, Verso, Londres, 1994: Elizabeth Wright et Edmond Wright (dir.), *The Žižek Reader*, Blackwell, Oxford, 1999에서 재인용.

것이다. 먼저 이데올로기는 표상과는 관계가 없다. 그것은 행위와 관계가 있다. '파스칼의 내기' 논증은 이 점을 분명히 해준다. 이 논증은 신고전파 경제학의 의미에서 효용의 계산으로 짜여 있다. 여기서는 신을 믿는 것이 인간에게 언제나 더 유리하다고 주장한다. 왜냐하면 신이 존재한다면 이 믿음의 기대 이익은 엄청나며(천국), 불신의 비용 또한 엄청나다(지옥). 반대로 만일 신이 존재하지 않는다면 믿든 말든 문제 될 것이 없다. 그러므로 모든 합리적 존재는 신을 믿어야 한다. 물론 문제는 믿음이 뜻대로 되지 않는다는 것이다. 우리는 마음대로 믿을 수 없으며, 이를 위해선 진정한 믿음을 가져야 한다. 이 문제에 대한 파스칼의 답변은 유명하다. "기도하라. 그리고 바보가 되라. 그러면 믿음이 딸려 올 것이다."[45]

내기 논증은 흔히 개인의 행동이 그 정신 상태에 미치는 영향을 설명해주는 것으로서 해석된다. 기도는 기도의 내용을 내면화하며, 반복을 통해 서서히 진정한 믿음으로 변해간다. 하지만 또 다른 해석도 가능하다. 지젝에 따르면, 파스칼의 추론이 보여주는 것은 우리가 하는 행동이 우리 마음에 표상을 만들어낼 수 있다는 점이 아니다. 그 추론은 우리가 표상을 갖고 있음을 깨닫기도 전에 대개는 이미 표상을 갖고 있음을 보여준다. 개인은 자기 생각과는 달리, 기도하고자 무릎 꿇을 때 이미 신을 믿는다. 그가 믿기 시작한다고 생각할 때 사

---

45   Blaise Pascal, *Pensées*, Le Livre de poche, Paris, 2000, § 233 [블레즈 파스칼, 『팡세』, 이환 옮김, 민음사, 2003].

실 그는 이미 그 안에 존재하던 믿음을 인정하기만 할 뿐이다. 왜냐하면 중요한 것은 정신 상태가 아니라 행동이기 때문이다. 우리 시대에 이데올로기가 충만한 이유가 바로 그것이다. 냉소주의가 지배한다 할지라도 개인은 마치 이데올로기가 여전히 유효한 것처럼 계속 행동한다. 알튀세르의 '이데올로기적 국가장치Appareils idéologiques d'Etat' 이론은 이 논증에 비춰 해석될 수 있다.[46] 알튀세르는 경찰·군대·감옥 같은 '억압적 국가장치Appareils répressifs d'Etat'와 학교·교회·미디어·가족 같은 이데올로기적 국가장치를 구분한다. 이데올로기적 국가장치의 기능은 이데올로기를 통해 기존 질서에 대한 찬동을 확실히 하는 것이다. 이는 기존 질서에 종속된 이들 눈에 이 질서를 '자연화'함으로써 가능하다. 지젝이 보기에 이데올로기적 국가장치는 개인들로 하여금 체계를 인지하기도 전에 체계에 찬동하게 한다. 여기에는 믿음 '이전의' 믿음이 관계한다. 이 '믿음 이전의 믿음'을 드러내는 징후는 기존 질서에 동의하고 있음을 나타내는 개인의 활동이며, 이 활동은 기존 질서에 대한 냉소적 거리가 그 사람 내면에 얼마나 뿌리 깊은지와는 전혀 무관하다.

옛 동구권에서 교육받았으며, 더군다나 소비에트 시절 고국에서 반체제 인사였던 지식인으로서는 상대적으로 드문 일이지만, 지젝은 마르크스주의를 표방한다. 그 결과 그는 마르크스주의 패러다임의 중심부에서 여러 형태로 제시되었던, 최종심급에서의 경제 결정론을 옹

---

46   Slavoj Žižek, "The Spectre of Ideology," p. 66.

호한다. 더 정확히 말하면 지젝은 경제 영역에서의 지배 형태, 즉 '착취'가 다른 형태의 억압보다 우선성을 갖는다고 주장한다. 데카르트적 주체를 복권해내고자 하는 의지와 더불어, 이것이 이 철학자가 '서구 학계'의 지배적인 '독사doxa'에 반대함을 보여주는 두 번째 테제다. 마르크스주의 헤게모니가 비판사상 내에 오래 지속된 만큼, 하부구조가 상부구조를 결정한다는 테제도 비판사상을 오래 지배했다. 그러나 1970년대부터 지배가 다원적이라는 생각이 정립되어 점차 광범위하게 수용되었고 새로운 독사가 되기에 이르렀다. 여러 요소가 이 변화에 기여했다. 이때부터 자본과 노동의 대립에 부여되던 중심성을 약화하는 '부차적 전선'이 폭증했다. 그뿐 아니라 매스미디어의 등장을 비롯한 근본적인 사회기술적 변화가 문화를 (포스트)모던한 삶의 한가운데에 자리 잡게 했다. 부르디외의 사회학은 바로 이 경향을 대표한다. 부르디외는 사회 세계가 여러 사회적 '장場'으로 구성되며, 각 장은 다른 장들로부터 '상대적 자율성'을 갖는다고 주장한다. 이는 각 장마다 특유한 자본이 유통되며, 그중 어떤 장도 다른 장보다 더 중요하지는 않다고 가정하는 것이다.

지젝은 비판사상이 지배 형태를 너무 다원화한 나머지, 하나의 체계로서 자본주의가 갖는 특수성을 파악할 수 없게 해버렸다고 말한다. 물론 지배는 다원적이다. 그러나 자본주의에 그 특수성을 부여하는 것은, 모든 형태의 지배가 같은 '색깔'을 띠도록 하는 현상—자본축적—을 토대로 그 지배들이 작동하고 있다는 점이다.[47] 오늘날 비판사상가들이 경제적 착취의 존재를 인정하는 것은 확실하지만, 그들은 착취가 남성 지배나 인종주의 같은 억압의 여러 유형 가운데 하나라고 생각한다. 지젝은 이런 주장이 틀렸다고 본다. 착취는 억압의 한 유형이 아니라 이 모든 억압의 토대가 되는 총체적 논리다. 이것이 바로 이 철학자가 '다문화주의'에 매우 비판적인 이유다. 『불관용을 위한 변론』이라는 책의 제목이 이를 웅변한다.[48] 지젝은 '물화物化'에 대한 마르크스주의적 주장, 특히 루카치가 『역사와 계급의식』(1923)에서 전개한 주장을 수용한다. 루카치의 주장을 보자.

> 시장사회가 완전히 발전한 곳에서 (…) 인간의 활동은 인간 자신으로부터 소외되어 하나의 상품으로 변화하고, 사회의 자연법칙의 비인간적 객관성에 종속되어, 여느 소비재와 마찬가지로 그 활동을 하는 인간과는 독립적인 길을 갈 수밖에 없게 된다.[49]

자본주의에서 인간의 활동은 '여느 소비재' 곧 상품의 지위를 획득한다. 상품 물신주의는 인간의 모든 행위 영역과 행동을 오염시킨다. 지젝에게 그 결과는 단순하다. "간단히 말해, 나는 '경제 우선성으

---

47   Slavoj Žižek, "Holding the Place," in Judith Butler, Ernesto Laclau et Slavoj Žižek, *Contingency, Hegemony and Universality. Contemporary Dialogues on the Left*, p. 320.

48   Slavoj Žižek, *Plaidoyer en faveur de l'intolérance*, Climats, Montpellier, 2007.

49   Georg Lukacs, *Histoire et conscience de classe*, Minuit, Paris, 1974, p. 114 [죄르지 루카치, 『역사와 계급의식』, 조만영·박정호 옮김, 지식을만드는지식, 2015].

로 복귀할 것'을 호소한다. 이는 정치화 형태들이 제기한 문제들을 무시하려는 것이 아니라, 페미니즘이나 생태주의 등등의 요구를 더욱 효과적으로 실현할 수 있는 조건들을 창출할 목적에서다."[50]

이는 페미니즘이나 생태주의 등등의 투쟁의 중요성을 과소평가하려는 것이 아니다. '최종심급'의 결정이라는 테제는, 여기 반대하는 이들에게 다른 형태의 투쟁을 과소평가하려는 목적을 가진 것으로 이해될 때가 있다. 지젝에게 이는 거짓이다. 이 억압들은 자본주의 체제에서 특수한 함의를 지니는 한, 물화에 대항하는 일반적 투쟁과 분리될 수 없다. 물화는 다른 투쟁들이 펼쳐지는 배경을 이룬다. 이것이 물화를 중심에 놓아야 하는 이유다.

지젝은 1990년대와 2000년대 초에 급증했던 '반권력' 이론을 맹렬히 비판한다. 이 이론은 오늘날 권력이 사회 전체로 분산되어 있고 국가에 집중되어 있지 않기 때문에 국가권력의 쟁취는 헛된 짓일 뿐만 아니라, 대재앙을 초래할 것이라고 주장한다. 이 이론은, 스탈린주의란 혁명이 '변질'된 결과가 아니라 러시아 혁명 시작부터, 아니 그보다 앞서 프랑스 혁명 시절부터 존재한 것이라고 주장하는 신철학자들의 '반전체주의적' 주장을 간접적으로 수용하고 있다.

지젝이 보기에 반권력 사상가들은 패배를 미리 이론화한다.[51] 그들은 이 패배를 내면화하고 자연화하며, 그 결과 체계의 '가장자리'에

---

50   Slavoj Žižek, *Le sujet qui fâche*, p. 478.

51   같은 책, p. 316.

나 있는 '임시 자치 구역' 이외의 다른 어떤 것도 상상할 수 없게 한다.[52] 지젝은 '국가중심주의'에 대한 비판과 정반대의 견해를 취한다. 앞서 보았듯 이 비판의 기원은 (적어도) 미셸 푸코로 거슬러 올라갈 수 있다. '신좌파'를 넘어, 그리고 권력이 '탈중심화'했다는 신좌파의 생각을 넘어 지젝은 권력과 국가에 대한 고전 마르크스주의, 특히 레닌의 생각을 재검토할 것을 호소한다. 마르크스는 1980년대, 그리고 1990년대 상당 기간 동안 평가 절하되었지만 오늘날 광범위하게 복권되었다. 지젝에게 급진 좌파가 복위해내야 할 것은 이제 레닌의 형상이다.[53]

> 진정한 레닌주의자와 보수주의자의 공통점은 자유주의적 좌파의 '무책임'이라 말할 수 있는 것을 거부한다는 사실이다. 자유주의적 좌파는 연대나 자유 같은 중요한 기획을 옹호하지만, 그 대가로 구체적이고도 곧잘 '냉혹한' 정치적 조치를 취해야 할 때는 사라져버린다.[54]

---

52 '임시 자치 구역'에 관해서는 다음을 보라. Hakim Bey, *TAZ: zone autonome temporaire*, Éclat, Combas, 1998.

53 Slavoj Žižek, *Žižek et Lenin. Revolution at the Gates. The 1917 Writings*, Verso, Londres, 2004 [블라디미르 일리치 레닌 지음, 슬라보예 지젝 편집 및 서문, 『혁명의 기술에 관하여—파국과 혁명 사이에서 1』, 정영목 옮김, 생각의힘, 2017; 슬라보예 지젝, 『레닌의 유산: 진리로 나아갈 권리—파국과 혁명 사이에서 2』, 정영목 옮김, 이현우 해제, 생각의힘, 2017].

54 Slavoj Žižek, *Le sujet qui fâche*, p. 321.

러시아 혁명 당시 레닌은 효과적인 국가 지도력을 발휘할 용기가 있었다. 그는 '10월 사건'의 낭만적 신성화에 그치지 않고, 그 효과를 지속성 있는 사회·정치 질서로 옮겨놓고자 노력했다. 이 점이 사도 바울과 레닌의 유사성을 설명해준다. 사도 바울 또한 교회를 조직함으로써 시대를 넘어 '그리스도 사건'을 지속하고자 했다. 이처럼 사건을 항구적 질서로 전환하는 것을, 지젝은 도발적인 표현을 써서 '좋은 테러'라 부른다. 그가 보기에 진정한 사건은 언제나 비용을 치른다는 사실을 특징으로 한다.

포스트여성성

처음부터 페미니즘은 이론적 혁신을 지향하는 분야였다. 조앤 스콧Joan Scott이 암시했듯, 그 이유는 아마도 근대 여성이 놓인 조건이 기본적으로 정치적 진전은 쉽지 않지만 그럼에도 지적 자극을 주는 정초적 역설에 기초하기 때문일 것이다. 한편으로 1791년 「여성과 여성 시민의 권리 선언Déclaration des droits de la femme et de la citoyenne」을 작성한 올랭프 드 구주Olympe de Gouges 이래 페미니스트들은 섹스sexe/젠더genre상의 차이가 조금도 적절하지 않으며, 그 차이는 여성들에게 정치적 권리가 없다는 사실을 정당화할 수 없다고 주장해왔다. 다른 한편으로 페미니스트들이 여성의 권리를 위해 여성들이 결집해야 한다고 호소하고자 여성으로서 공적 영역에 모습을 드러냈을 때, 이들은 이

미 이 공적 영역에 섹스/젠더상의 차이를 도입하게 된다. 차이의 폐지
와 차이의 수용이라는 이 역설적 비일관성—조앤 스콧은 올랭프 드
구주의 말에서 따와 '보여줄 수 있는 것이라고는 역설뿐Only Paradoxes to
Offer'[55]이라는 제목의 책을 냈다—은 페미니즘의 역사를 관통하는 (유
일한 것은 아닐지언정) 주요한 요소다. 또한 고도의 이론적 정밀화 작업은,
아직 끝나지 않은 이 역설을 해소할 목표로 시작된 것이기도 하다.

물론 동시대 페미니즘의 모든 산물을 여기서 공평히 다룰 수는
없다.[56] 이 책에서는 페미니즘의 많은 경향을 논하진 않을 것이다. 가
령 여기서 언급하지 않은 사례로 '블랙 페미니즘Black feminism'이 있다.
블랙 페미니즘은 '이중 억압'을 묻는 것, 피해자인 흑인 여성이 이중
억압 중 한 가지 억압만을 받는 백인 여성이나 흑인 남성과 유지하
는 관계를 묻는 것에 그 특수성이 있다.[57] 1960~1970년대보다는 덜
하겠지만 오늘날에도 영향력 있는 마르크스주의적 페미니즘도 여기
서 언급하진 않는다.[58] 짐작하다시피 마르크스주의적 페미니즘의 특
성은 섹스/젠더 분석과 계급 분석을 결합하는 데 있다. 이 책에서는
오늘날 페미니즘 전반을 볼 때 '해방 주체' 문제와 관련해 특히 흥미

55　[옮긴이] 한국어판 제목은 '페미니즘 위대한 역사'이다. 5장의 각주 35번을 참고할 것.

56　동시대 페미니즘을 종합적으로 소개하는 책으로 가령 다음을 참고하라. Chris Beasley,
What is Feminism? An Introduction to Feminist Theory; Elsa Dorlin, *Sexe, genre et sexualités*.

57　'블랙 페미니즘'에 관해서는 엘자 도를랑(Elsa Dorlin)이 엮은 *Black Feminism! Anthologie
du féminisme africain-américain. 1975-2000*, L'Harmattan, Paris, 2008를 보라.

58　Stevj Jackson, "Marxisme et féminisme," in Jacques Bidet et Stathis Kouvélakis (dir.),
Dictionnaire Marx contemporain.

로운 세 명의 사상가를 소개하기로 했다. 이들은 바로 도나 해러웨이 Donna Haraway, 주디스 버틀러, 가야트리 스피박이다. 다들 세계적으로 유명하지만 버틀러를 제외하면 프랑스에 거의 알려지지 않은 저자들이다. 이들의 공통점은 여성 억압의 특수성 문제 같은 '고전적' 페미니즘의 주제를 다른 흐름에서 나온 물음과 교차시킨다는 데 있다. 이로써 스피박은 페미니즘과 포스트식민주의의 교차로에 자리 잡고, 해러웨이는 과학·기술 철학을 페미니즘과 만나게 하며, 버틀러는 푸코, 데리다, 라캉의 개념을 통해 페미니즘을 새로 구상한다. 이 같은 이론적 교배는 조앤 스콧이 확인한 정초적 역설이 오늘날에도 여전히 얼마만큼 작용하는지를 보여준다.

도나 해러웨이: 모든 나라의 사이보그?

해러웨이는 영미권에서 유명한데, 지구 곳곳으로 이름을 떨치고 있다. 그 인기를 여실히 증명하는 사례가 있으니, 바로 일본의 컬트 애니메이션 〈공각기동대〉 속편에 나오는 한 인물이 해러웨이를 모델로 했다는 사실이다. 그의 관념은 대중문화에서 수없이 참조되며, 인터넷 혹은 다른 공간들에서는 그의 관념을 논의하는 포럼이 늘고 있다. 해러웨이는 학술적으로 또 대중적으로, 즉 이중으로 점유되는 이론을 만들어낸 매우 독보적인 동시대 사상가에 속한다. 그의 글은 1992년 정기간행물 『전미래』를 통해 프랑스에 처음 소개됐다. 하지만 그의 저서는 2000년대 후반에야 프랑스어로 출간되기 시작했다.

해러웨이는 생물학 전공자다. 이 점은 그의 이론에 영향을 미치기도 했다. 그는 지난 수십 년에 걸쳐 나타난 매우 흥미로운 흐름인 '에코페미니즘'을 표방한다. 에코페미니즘은 그 이름에서 알 수 있듯 페미니즘과 생태주의의 관심을 결합하는 것을 목표로 한다. 원래이 용어는 '동성애자혁명행동전선FHAR'의 공동 발기인이기도 한 프랑수아즈 도본Françoise d'Eaubonne이 1974년 『페미니즘이 아니면 죽음을 Le Féminisme ou la mort』에서 처음 사용했던 것이다.[59] 이 책에서 도본은 지구를 구하려면 '생태주의 혁명'을 실현해야 한다고 여성들에게 호소한다. 그때부터 이 흐름은 다양한 형태를 취했다. 몇몇 사상가는 남성이 여성을 지배하는 것과 자연을 지배하는 것 사이에 모종의 유사성을 정립하면서, 그 두 지배가 모두 남성들의 동일한 권력의지에서 비롯된 특수한 사례라고 주장한다. 이를 바탕으로 캐런 워런Karen Warren 같은 저자들은 여성과 자연에 대한 성차별적 관점에서 해방되고자하는, '돌봄care' 윤리에 가까운 어떤 윤리를 구상하기도 했다. 다른 에코페미니즘 흐름들은 '어머니 대지'(그리스 신화에서는 '가이아Gaïa', 케추아어로는 '파차마마pachamama'라고 한다)의 은유에 기댄다. 이 흐름들은 흔히 근대성이 야기한 파괴를 넘어 대지와 인간의 잃어버린 유기적 통일을 회복할 것을 요구하는 '정신적' 차원을 포함한다. 사회주의적이거나 마르크스주의적인 에코페미니즘을 지지하는 또 다른 흐름들은 자본주의를 여성 억압의 원천이자 생태 위기의 주요 원인으로 여긴다. 여기서 여성해방은 지속 가능한 생산양식을 확립하는 것과 촘촘히 얽

---

59   Carolyn Merchant, *Radical Ecology*, chap. 8.

혀 있다.

해러웨이가 전개한 에코페미니즘은 기술에 대한 성찰에서 유래한다. 해러웨이의 에코페미니즘은 산업 문명과 근대성을 일방적으로 거부하지 않으며, 기술의 모든 진보를 '긍정적으로' 수용하고자 하지도 않는다. 그것은 이른바 '기원의 신화'에 반대한다. 기원의 신화는 손상되지 않은 과거의 이름으로, 즉 기술이 자연에 침범하지 않았던 과거의 이름으로 현재와 미래를 비판하는 것이다. 이는 기술과 그에 따른 사회 변화를 그 자체로 진보의 매개라 여기는 목적론으로 귀결되며, 해러웨이의 에코페미니즘은 이 같은 생각에도 반대한다. 해러웨이가 말하길 우리에게 필요한 것은 기술과학의 정치, 달리 말해 **기술정치**technopolitique다. 푸코는 19세기에 출현한 새로운 권력의 시대를 '생명관리정치'로 규정했고, 이는 (영토를 대상으로 하는 '규율disciplinaire' 권력과 달리) 신체와 인구를 대상으로 한다. 하지만 해러웨이에 따르면 생명관리정치는 더 이상 통용되지 않는다. 오늘날 권력은 기술과학적이며, '벌거벗은' 생명과는 더는 관련이 없다는 것이다. 이는 오늘날 인간 존재가 기술적 실체가 됐으며, 여기에 행사되는 권력은 기술을 경유함을 의미한다.

해러웨이가 보기에 현실적이면서도 유토피아적인, 우리 시대 주요한 해방 형상은 **사이보그**cyborg다. 그의 가장 유명한 책은 『사이보그 선언: 20세기 후반의 과학, 기술 그리고 사회주의적 페미니즘Cyborg Manifesto: Science, Technology, and Socialist-Feminism in the Late Twentieth Century』이다.[60] 또 그가 쓴 유명한 논문으로는 「괴물의 약속The Promises of Monsters」이 있다. 이 논문은 '혼종적' 존재를 주제로 하는데 그중 동시대 세계를 가득 메운 괴물과 사이보그가 있다. '사이버네틱 오가니즘cybernetic organism'의 약어인 사이보그는 인간과 기계가 교배된 존재, 즉 자연적·인공적 요소를 모두 갖고 있는 존재다. 이 용어는 1960년대부터 로봇 공학에서 사용되었지만, 그 이전에도 SF에서 사용되며 확산됐다. 해러웨이가 보기에 우리는 모두 어떤 점에서는 사이보그다. 우리는 확실히 살아 있는 존재이지만 유기체 내에서 다양한 기능을 하는 '보철'로 되어 있기도 하며, 이 보철이 생명 유지에 꼭 필요할 때도 있다. 우리 환경 또한 컴퓨터·차량·전기통신 등 불가피해진 기술품으로 구성돼 있다. '사이보그' 개념을 통해 해러웨이는 우리의 현실 표상을 재형성할 것을 제안한다. 이제 현실은 한편에 인간 존재가 있고, 다른 한편에 간간이 인간 존재와 관계를 맺는 기계가 있는 식으로 구성되지 않는다. 자연적인 것과 인공적인 것의 얽힘은 이제 통례가 됐으며, 그 둘의 분리는 시간이 갈수록 점점 보기 드문 예외가 됐다. 기술 진보에 맞춰 새로운 '존재론'을 구상해야 하는 이유가 여기 있다. 그러한 존재론은 현재의 맥락에서 필요불가결한 정치적 과업이 무엇인지를 우리에게 알려줄 것이다.

해러웨이는 자신의 사이보그 이론을 해방운동의 일반 역사 속에 포함시킨다. 이 이론을 통해 그가 달성하려 한 목적은 동시대 "사

60　　Donna Haraway, *Manifeste cyborg, et autres essais*, Exils, Paris, 2007 [도나 해러웨이, 『해러웨이 선언문: 인간과 동물과 사이보그에 관한 전복적 사유』, 황희선 옮김, 책세상, 2019].

회주의적 페미니즘 문화에 기여하는" 것이다. 더욱이 『사이보그 선언』의 최초 버전은 1985년 미국의 비판적 마르크스주의 저널 『소셜리스트 리뷰Socialist Review』를 통해 나왔다. 물론 우리는 사이보그이길 선택하지 않았다. 사이보그는 "군국주의와 가부장적 자본주의의 불법적 파생물"이다.[61] 기술은 언제나 어두운 측면을 지니며, 기술 발전은 군비와 산업 혁신에 연결된다. 더군다나 자연을 예속시키려는 의지에서 나오기에 기술은 분명 '가부장적' 측면을 지닌다. 하지만 이와 동시에, 사이보그들의 선조가 의심스럽다 할지라도 일단 그 존재를 인정한 이상, 그 정치적 가능성을 모색하는 데 제한은 없다. 동시대 많은 비판 사상가들처럼 해러웨이는 **전용**轉用, détournement이라는 전략적 패러다임에 동의한다. 이 패러다임의 기원은 20세기 예술적 아방가르드, 특히 상황주의로 거슬러 올라간다. 전용이란 어떤 사물이나 담론의 내용을 뒤집고 거기에 새로운 정치적·예술적 함의를 주고자, 그 대상을 최초의 기능으로부터 전환해내는 것이다. 이와 마찬가지로 애초에 사이보그가 자본과 밀접한 관련이 있다 할지라도, 그것은 급진 생태학과 사회주의 주창자들이 현재 갇혀 있는 몇몇 아포리아를 넘어서게 해준다.

사이보그 형상의 출현은 오랜 기간의 여러 역사적 경향에서 유

61　Donna Haraway, "A Cyborg Manifesto: Science, Technology, and Socialist-Feminism in the Late Twentieth Century," *Simians, Cyborgs and Women: The Reinvention of Nature*, Routledge, New York, 1991, p. 151 [다나 J. 해러웨이, 『유인원, 사이보그, 그리고 여자: 자연의 재발명』, 민경숙 옮김, 동문선, 2002].

래한다. 먼저 적어도 다윈Charles Darwin의 『종의 기원Origin of Species』 이후 인간과 동물의 경계는 계속 사라져갔다. 어떤 특성이 오직 인간에게 만 고유하다는 생각은 생명과학이 발전하면서 그 힘을 잃는다. 사이 보그가 자연적·인공적 요소들의 혼합이라면, 결국 자연적 요소들은 인간적이자 동물적이다. 해러웨이는 동물성에, 반려동물과 이른바 야 생동물에 결부된 사회적 의미에 언제나 특별한 주의를 뒀다.[62] 그가 인간과 동물을 분리하는 데 반대한다는 사실은 동물권 옹호 운동, 특 히 '반反종차별주의' 운동과 그를 연결해준다. 이런 급진 생태학의 경 향은 어떤 종에 속하는 것이 권리 부여의 적절한 기준이 되지 못한 다고 주장한다. 달리 말해 가령 인간 종을 대표하는 이들에게 적용되 는 "살인하지 말라"는 도덕률은 다른 종을 대표하는 이들에도 똑같이 적용돼야 한다. 동시대 반종차별주의의 정초적 저서는 피터 싱어Peter Singer의 『동물 해방』이다.[63] 해러웨이가 여러 면에서, 특히 자신이 속한 지적 전통 면에서 싱어와 다르다 할지라도(싱어는 공리주의자다), 해러웨 이는 싱어와 유사한 결론에 이른다. 바로 종 사이에 건널 수 없는 장 벽은 없다는 것. 이는 동물과 우리의 관계를, 결국 우리가 '자연'이라 말하는 것과 우리의 관계를 다시 생각하도록 한다.

　　인간과 기계의 구분은 인간과 동물의 구분만큼이나 흐릿해졌다.

62　　Donna Haraway, *Primate Vision. Gender, Race and Nature in the World of Modern Science*, Routledge, Londres, 1990.

63　　Peter Singer, *Animal Liberation*, Pimlico, Londres, 1995 [피터 싱어, 『동물 해방』, 김성한 옮김, 연암서가, 2012].

유기적인 것과 기계적인 것의 얽힘은 실재를 파악하고자 사용했던 전통적 범주를 뒤죽박죽으로 만든다. 해러웨이에 따르면, 인간/동물과 인간/기계라는 이중 경계의 사라짐은 시대의 주요한 철학적·정치적 좌표다. 그는 이런 상황에서 빚어지는 모든 결과를 도출해내고자 **인공물주의**artefactualisme라 이름한 존재론을 구상했다. 이 용어는 현실을 구성하는 모든 실체가 다양한 수준에서 인공물artefacts —유기적·기술적·상징적·정치적 측면이 불가분하게 얽힌 사물—이라는 생각을 가리킨다. 인공물은 자연 재료를 가지고 인간 손으로 제조된 실체다. 대개 인공물은 사회적 기능을 갖는데, 이 말은 곧 어떤 목적이 인공물에 부여된다는 뜻이다. 해러웨이가 보기에 인공물은 모든 사물에 대한 사유 모델을 제공한다. 그의 인공물주의는 급진적 반反본질주의다. 그는 세계 내 어떤 실체도 '본질'을 소유하지 않으며, 따라서 상호작용하는 다른 실체와 무관하게 존재할 수는 없다고 여긴다. 사물은 언제나 혼종적인 것이요, 여러 심급의 혼합이다. 이는 '본질'이란 존재하지 않는다고 말하는 것과 같다. 이러한 반본질주의는 동시대 비판사상 대부분에 공통적이다.

해러웨이의 인공물주의는 두 가지 중요한 이론적 결과를 빚는다. 첫 번째는 반인간주의다. 세계 내 어떤 사물도 '본질'을 지니지 않는다면 인간 존재 또한 본질을 지니지 않을 것이다.[64] 그런데 인간주의는

---

64   Donna Haraway, "The Promises of Monsters," in Lawrence Grossberg et Cary Nelson (dir.), *Cultural Studies*, Routledge, Londres, 1992, p. 297.

물화와 소외로 가득한 역사 아래 인간 본질이 있으며, 이론적·정치적 비판의 역할은 그 본질을 실현하는 것이라고 주장하는 학설이다. 해러웨이는 이 생각에 확고히 반대한다. 사이보그가 된다는 것은 본질이 된다는 것과는 상반되며, 심지어 미래에도 그렇다. 왜냐하면 사이보그는 정의상 혼성물composite이기 때문이다. 주지하듯 20세기 비판사상에서 반인간주의는 역사가 있다. 해러웨이가 전개하는 반인간주의 형태를 1960~1970년대 푸코(『말과 사물』)와 알튀세르('이론적 반인간주의') 같은 사상가들이 구상했던 바와 비교해보면 흥미로울 것이다. 게다가 앞서 보았듯 바디우의 사건 이론 또한 반인간주의를 표방하고 있다. 우리가 아는 바로는 오늘날까지도 좌파 반인간주의의 일반 지성사란 존재하지 않는다.

두 번째 주요한 결과는 해러웨이에게 '여성'은 존재하지 않는다는 것이다. 그의 반인간주의는 반反페미니즘, 더 정확히 말해 **포스트페미니즘**postféminisme이기도 하다. 해러웨이는 여성의 권리 증진에 강한 애착이 있다. 그러나 여성이라는 사실이 그 자체로 여성들에게 공통의 정치적 운명을 부여할 것이라 주장하는 페미니즘 경향에 대해서는 비판적이다. 해러웨이는 다음과 같이 주장한다. "여성들을 자연스럽게 묶어주는 '여성female'됨이란 없다. '여성'됨이라는 상태는 존재하지 않는다. 그 자체는 이론의 여지가 있는 과학적 논의와 사회적 실천 속에서 구성된 고도로 복잡한 범주일 뿐이다."[65] 집단적 여성 주체의 출현

---

65   Donna Haraway, "A Cyborg Manifesto; Science, Technology, and Socialist-Feminism in the

은 언제나 구성의 결과다. 몇몇 페미니즘 경향에서처럼 생물학이나 심지어 문화가 여성들의 결집에 충분한 토대를 마련해준다고 주장하는 것은 잘못이며, 정치적으로 위험하기까지 하다. 왜냐하면 이것은 성별 간에 '자연스러운' 차이가 존재한다는 생각을 옳다고 인정하는 것이기 때문이다. 이런 생각은 언제나 남성과 여성의 역할 구분을 '자연스러운 것으로 여기게 하면서' 성차별적 논의의 기반을 형성한다.

해러웨이가 제창한 인공물주의의 구체적인 정치적 결과는 어떤 것일까? 모든 사회적 결집은 인간 행위자와 비인간 행위자로 구성된다.[66] 사회운동을 다루는 사회학이 집합행동에 참가하는 인간만을 검토하고 만 것은 실수였다. 모든 결집은 무수한 다양체를 포함하며, 이 결집의 결말은 자신들의 요구를 효과적으로 결합하는 능력에 달려 있기 때문이다. 가령 남아메리카에서 전개된 열대 숲 보호 운동을 생각해보자.[67] 통상적인 접근이라면 그런 결집에는 다음과 같은 전제가 있다고 볼 것이다. 첫째는 보호해야 할 생태계(가령 아마존 유역), 둘째는 개발을 통해 이득을 얻으려는 행위자(가령 다국적 제약회사), 셋째는 '자

Late Twentieth Century," p. 155.

[66] 해러웨이와 브뤼노 라투르는 인간과 비인간의 구분이라는 관념을 함께 만들어냈다. 해러웨이는 라투르와 각별한 이론적 관계를 유지한다. 라투르는 해러웨이의 논문 모음집 가운데 하나를 프랑스 독자들에게 소개했다. 그는 오늘날 우리가 "혼종적" 존재의 급증을 목격한다고 주장한다. 이 "자연과 문화의 혼합물"은 근대의 기반에 있는, 이 두 심급의 "대분할"을 폐지한다. Bruno Latour, *Nous n'avons jamais été modernes*, La Découverte, Paris, 1991 [브뤼노 라투르, 『우리는 결코 근대인이었던 적이 없다』, 홍철기 옮김, 갈무리, 2009].

[67] Donna Haraway, "The Promises of Monsters," p. 309.

연'보호를 명목으로 그 행위자에 맞서 결집한 조직들의 연합이다.

하지만 실제 상황은 훨씬 더 복잡하다. 먼저 아마존은 텅 빈 장소가 아니다. 16세기부터 원주민들이 학살당하거나 병원균으로 떼죽음을 당하면서 아마존의 토착 거주자 일부가 사라진 것은 분명하다. 하지만 그중 많은 수가 아직도 그곳에 살고 있다. 따라서 손상되지 않은 환경을 '보호'하겠다는 생각은 무의미하다. 아마존이라는 집단적 행위자는 언제나 인간, 비인간(동물, 식물), 기술적 대상(원주민의 물질문명)을 결합하는 구성의 산물이었다. 다국적 기업의 약탈 행위에 대적한다는 것은 결국 관련된 모든 실체에 발언권을 준다는 것을 전제로 한다. 문제는 어떻게 이 모든 실체, 특히 자신의 이익을 대변할 수 없는 실체(비인간)까지도 '말하게' 할 것인가다. 그렇게 모든 집합행동은 '표상représentation'의 문제를 제기한다. 해러웨이는 그 문제가 언제나 단독적이며, 한 번에 완전히 해결될 수는 없다고 주장한다.

또 다른 유익한 사례는 에이즈 반대 투쟁이다. 해러웨이는 '액트업'(힘을 발휘하는 에이즈 연합Aids Coalition To Unleash Power)에 대해 "행동주의자, 생의학 기계, 정부 관료, 게이·레즈비언계, 유색인종 공동체, 과학협의회, 실험기관, 시장市長, 국제적 행동·정보망 같은 서로 다른 유형의 행위자들이 결합함으로써 수립된 단체"라고 기술한다.[68] 에이즈가 유행함에 따라, 환자와 '액트 업' 같은 전투적 단체가 의학 전문 영역에 개입하여 자신들 목소리에 귀 기울일 것을 의사들에게 요구하기에 이

68 같은 글, p. 323.

르렀다. 이는 지식에 대한 독점권을 갖고서 병든 신체로 하여금 '말하게' 하는 의사들, 그리고 의사들의 의료제도 권력에 좌우되는 수동적인 환자들 간의 전통적인 역할 구분을 뒤엎었다. 에이즈의 유행은, 예컨대 '생의학 기계'와 이를 이용해 자가 진단을 할 줄 알게 된 환자들 사이에 새로운 '결연_alliances'이 형성되도록 했다. 해러웨이가 사용하는 개념은 '절합_articulation'이다. "우리는 절합한다. 그러므로 우리는 존재한다." 이는 그가 빈번하게 사용하는 표어로, 이 개념은 그람시 전통과 결부된다. 그람시가 보기에 서발턴 계급은 '역사적 블록'을 구현하려면 헤게모니를 쥔 계급을 향해 그들의 요구를 또박또박 말하는 데_articuler 이르러야 한다. 물론 이 개념을 충분히 자유롭게 활용하는 해러웨이의 견해는 절합의 항목에 비인간 개체를 포함한다는 점에서 흥미롭다.

랑시에르와 마찬가지로 해러웨이에게서도 정체성과 '탈동일시'가 눈에 띈다. 사이보그는 그 특성상 기존 어떤 정체성 분류에도 들어맞지 않는다. 게다가 사이보그는 수많은 방식으로 존재하기에, '사이보그'가 그 자체로 하나의 정체성은 아니다. 사이보그는 유기체적·기계적·상징적 요소들로 다양하게 구성된다. 이는 모든 사이보그가 단독적임을 뜻한다. 해러웨이의 사이보그 이론은 데카르트적 '주체'에 대한 비판에 속한다. 앞서 지젝의 논지에서 보았듯 이런 비판은 현재 유행하고 있다. 이렇게 볼 때 사이보그는 하나의 개체가 아니라 다수다. 다시 말해 사이보그를 구성하는 각각의 요소는 사이보그가 특수한 계보_filiation에 있음을 나타낸다. 사이보그는 주어진 시기와 장소에 따라 복잡하게 얽힌 계보를 갖는다. 다른 시간, 다른 장소에서는 그 구성 요소가 어떠할지 전혀 예상할 수 없는 것이다.

주디스 버틀러: 성 정체성의 종말

버틀러는 동시대 페미니즘 또는 포스트페미니즘의 매우 고무적인 한 형태인 '퀴어' 이론을 대표하는 주요 이론가다. 인간-동물-기계 관계에 덜 집중한다는 면에서 버틀러의 접근은 해러웨이와 다르지만, 페미니즘의 몇몇 전제를 비판한다는 점에서는 해러웨이와 유사해 '포스트페미니즘'이라는 수식어가 붙는다. 가장 유명하고도 논란이 되는 버틀러의 저서는 『젠더 트러블: 페미니즘과 정체성의 전복Gender Trouble: Feminism and the Subversion of Identity』이다.[69] 1990년 첫 출간되고, 새로 작성한 풍부한 내용의 서문과 함께 1999년 재출간된 이 저서는 뒤늦게 2005년에야 프랑스에 번역되었다. 푸코, 데리다, 라캉 등 이 저서에 영감을 준 원천이 상당수 프랑스에 있음에도 (혹은 그렇기 때문에) 영미권 포스트구조주의 전통의 많은 글이 그렇듯 프랑스에서 이 저서는 잘 수용되지 않았다.[70] 버틀러가 유일한 퀴어 이론가는 아니다. 우리는 동성애자들의 '커밍아웃' 현상을 다룬 『벽장의 인식론Epistemology of the Closet』(1990) 저자 이브 세지윅을 비롯해, 테레사 드 로레티스Teresa de

---

69   버틀러의 견해에 대한 비판에 관해서는 다음을 보라. Martha Nussbaum, "The Professor of Parody," *The New Republic*, 22 février 1999.

70   프랑스에서 이뤄진 버틀러 수용에 대해서는 다음을 보라. Jérôme Vidal, "Judith Butler en France: trouble dans la réception," *Mouvements*, n° 47-48, mai-juin 2006.

Lauretis, 『세인트 푸코Saint Foucault』 저자이자 푸코 전문가인 데이비드 헬퍼린David Halperin 등을 퀴어 이론가로 들 수 있을 것이다. '퀴어'라는 접근은 하나의 이론일 뿐만 아니라 하나의 사회운동이다. 이를 정체화하는 한 조직이 '퀴어 네이션Queer Nation'이다.『젠더 트러블』과『벽장의 인식론』이 출간되던 1990년 창립한 '퀴어 네이션'은 '액트 업'의 세력권 내에 있다. '퀴어 네이션'은 LGBTI(레즈비언·게이·바이섹슈얼·트랜스젠더·인터섹스)의 옹호를 목표로 하는 전투 네트워크다. 이곳은 퀴어 운동 내 많은 협회들과 마찬가지로, 공공장소에서 '키스인kiss-in'을 실천하거나 동성애 성향의 유력 인사들을 '아우팅outing'하는 식으로 표출되는 '직접행동'을 권장한다.

영어로 '퀴어queer'는 '이상하다'라는 뜻이 있고, 의미가 확장돼 '동성애자'를 지칭하기도 한다. 퀴어 이론에서는 퀴어라는 용어를 자체 목적을 위해 채택하는데, 이 용어에 긍정적 함의를 부여함으로써 낙인을 뒤집으려는 전형적인 전략을 취하는 것이다. 나아가 더 일반적으로는 소수자든 아니든 성 정체성을 불안정하게 하려는 목적이 있다. 퀴어 이론은 20세기 후반에 나타났지만, 근대의 여명기에 시작된 정체성 '탈자연화dénaturalisation' 운동의 일부를 이루며 거기서 매우 급진적인 형태를 대변한다. 퀴어 이론의 관점에서 페미니즘은 가부장제(남성 지배)가 어떤 식으로든 자연에 각인돼 있다는 생각을 반박함으로써 전통적인 성 정체성을 효과적으로 문제 삼았다. 하지만 이 같은 문제 제기는 충분히 멀리 나아가지 못했으며, 페미니스트들은 몇몇 정체성을 탈자연화는 동시에 다른 정체성을 자연화했다. 동성애자 운동과 모든 소수자 정체성 운동에 대해서도 똑같이 말할 수 있다. 퀴어 이론가들에게 거부해야 할 것은 정체성 개념 자체다. '해방 주체' 문제의 관점에서 '비정체성non identitaire' 정치라는 관념은 상당한 함의를 갖는다. 이는 푸코의 가설, 특히 '권력'이 모든 '주체'를 구성한다는 가설에 뿌리를 둔다. 또 다른 뿌리는 알튀세르가 정식화한 '주체 없는 과정procès sans sujet'이라는 관념이다. 퀴어 이론의 관점에서는 권력에 장악당하지 않으려면 주체의 위치를 포기하는 것이 맞다.

버틀러는 페미니즘, 특히 '제2의 물결' 페미니즘(1960~1970년대 페미니즘)의 기초가 되는 '젠더'와 '섹스'의 구분을 전복해낸다. 1972년 앤 오클리Ann Oakley가 저서 『섹스, 젠더, 사회』에서 이 구분을 이론화했지만,[71] 페미니즘은 그 시초부터 이 구분을 잠재적으로 포함한다. '섹스'는 남성과 여성의 생물학적 차이를 가리키지만 '젠더'는 그 둘을 구분하는 문화적 차이를 말한다. 이 구분은 본성nature 또는 타고난 것(섹스)과 문화culture 또는 획득한 것(젠더)을 가르는 더 일반적인 대립, 근대 지성사에 편재하는 대립을 변주한 것이다. 페미니즘의 출발을 알리는 제스처 하나가 '섹스'에서 '젠더'를 분리하고, 여성들의 사회적 지위에 생물학적 근거가 없음을 주장하는 것이었다. 생물학적 불평등보다 젠더 간 문화적 불평등을 바꾸는 게 더 쉬운 것으로 여겨지던 참에, 후자를 철폐하기 위한 투쟁을 뒷받침하는 논리로서 그런 제스처가 사용된 것이다. 이전까지 자연적인 것으로 간주되던 무언가의 문화적

---

71   Ann Oakley, *Sex, Gender and Society*, Gower, Londres, 1985.

성격을 주장하는 일은 이제 모든 비판 형태의 기본이 된다.

버틀러는 젠더가 문화적 구성물이라는 생각에 동의한다. 하지만 섹스도 마찬가지라고 덧붙인다. 이런 의미에서 그는, 젠더가 사회적으로 구성된 성격을 갖는다고 주장하는 '고전적' 페미니즘보다 한발 더 나아간다. "섹스가 불변성을 가졌다는 것이 논쟁 거리가 된다면, 아마도 이 '섹스'라 불리는 구성물은 젠더만큼이나 문화적인 구성물일 것이다. 사실 어쩌면 섹스는 언제나 이미 젠더인지도 모른다. 그 결과 섹스와 젠더는 전혀 구별되지 않는다는 게 드러날 수도 있다."[72] 버틀러는 사회적 (권력)관계를 벗어나 현실의 '불변' 구역으로 존재하는 것, 즉 오클리가 말한 '섹스'를 부인한다. 버틀러가 보기에 섹스는 젠더와 마찬가지로 문화적 구성물이다. '섹스'와 '젠더'라는 구분 자체가 사회적·역사적으로 정립된 것이니, 그 구분을 이루는 항목들도 그러지 말라는 법은 없다. 『문제는 몸Bodies That Matter』이라는 버틀러의 책의 제목이 말해주듯, 신체는 언제나 이미 상징적인 것 속에서 파악된다(원제의 matter는 '물질'과 '의미하다' 또는 '중요하다'를 모두 뜻할 수 있다). 결국 버틀러가 최종적으로 문제 삼는 것은 바로 본성과 문화의 분리다.

섹스와 젠더의 구분이 거짓임은 '남성'과 '여성' 범주에도 아무런 근거가 없음을 암시한다. 고전적 페미니스트들은 젠더가 섹스와 무관

---

72 Judith Butler, *Trouble dans le genre. Le féminisme et la subversion de l'identité*, La Découverte, Paris, 2006, p. 69 [주디스 버틀러, 『젠더 트러블: 페미니즘과 정체성의 전복』, 조현준 옮김, 문학동네, 2008].

하다고 주장하면서 섹스와 젠더를 구분한다. 그들은 젠더와 무관하게 불변의 본성이 존재함을 줄곧 받아들이고는, 그런 본성이 궁극에는 남성 지배를 떠받치는 근거로 간주될 수 있다는 위험을 무릅쓴다. 버틀러는 '섹스' 자체가 문화적으로 구성된 성격을 갖는다고 주장함으로써, 논쟁이 되는 이 용어를 첨예화한다. 이런 조건에서 '남성'과 '여성'은 현실에 정박하지 않은 채 표류하는 범주가 된다. 더구나 이는 모든 성 정체성에, 그 정체성이 아무리 소수자적일지언정 적용된다. '본질주의적' 방식으로 성 정체성들 가운데 하나의 기치만을 흔드는 '차별주의differentialism'는 모두 잘못된 것이다. 버틀러의 반본질주의는 정체성에 대한 급진적 비판이라는 형태를 띤다.

문제가 오로지 문화적 차원에만 있고 본성을 아예 생각하지 않게 된 이상, 모든 것이 사유될 수 있다. 버틀러에게 문화는 거의 무한히 가변적인 재료다(그렇다고 해서 개인이 그것을 자유자재로 바꿀 수 있다는 뜻은 아니다). 이런 배경에서 우리는 예컨대 '남성'과 '여성'의 구분이 역사에 걸쳐 변한다고, 혹은 '남성'과 '여성'이 우리가 생각할 수 있는 두 개의 유일한 젠더가 아니라고 주장할 수 있을 것이다. 달리 말해 우리는 이런 범주가 개개인의 성적 상황, 혹은 인생의 어느 한 순간에 개개인이 처하게 되는 성적 상황이 지닌 복잡성을 포착하지 못한다고 주장할 수 있을 것이다. '남성'과 '여성'의 이분법은 어느 연속체의 양극을 가리키는 것으로도 간주될 수 있다. 그렇다면 모든 개인은 정도의 차이는 있을지언정 남성 그리고/또는 여성으로 존재한다. 버틀러에게 '남성'과 '여성'은 개인의 잠재성을 제한하는 성 정체성과 실천 속에 개인을 가두는 억압적이고 성가신 범주다. 그는 고착화된 성 정체성을 전복하고 새로운 정체성을 실험할 것을 호소한다.

버틀러가 보기에 페미니즘이 출현하기 이전까지 여성은 통일된 주체로 존재하지 않았다.

> 여성을 페미니즘의 '주체'로 재현하는 언어 및 정치를 사법적으로 구성하는 것은 그 자체가 담론적 구성이며, 이미 주어진 형태의 대의정치representational politics에서 비롯한 결과다. 따라서 페미니즘적 주체란, 이 주체의 해방을 가능케 하는 것으로 상정된 바로 그 정치 체계에 의해 담론적으로 구성된 것임이 드러난다.[73]

'여성' 주체의 해방을 위해 투쟁할 때조차도 페미니즘은 '여성' 주체를 구성한다. 따라서 페미니즘은 이제까지 이질적으로 있던 집단을 통일하려 한다. 페미니즘은, 이미 존재하는 주체, 그러니까 스스로 해방되기를 열망해 이를 목적으로 조직되는 주체의 귀결이 아니다. 페미니즘이 전개됨에 따라 페미니즘은 이 주체를 구성하므로, 결국 페미니즘이 그 주체의 원인으로 여겨져야 한다. 이 대목에서 버틀러는 그가 말하는 '대의정치'를 비판하는 데 몰두한다. '대의정치'는 대표된 것(여성)과 대표하는 것(페미니즘 운동)을 대면시키는 데 있다. 근

---

73   같은 책, p. 61.

대 정치운동에서 대부분 발견되는 이 '대의정치'는 문제를 야기한다. '대의정치'는 대표된 이들의 이익을 알고 그 이익 실현을 위해 일한다고 가정된 소수의 개인(대표하는 이들)에게 과도한 권력을 부여하는 경향이 있을 뿐만 아니라, 대표된 이들 각각의 독특한 상황을 동질화한다. 이것이 버틀러가 대의를 실행하는 데서 벗어난 새로운 정치 형태의 실험을 주장하는 이유다.

'대의정치'를 문제 삼음으로써 버틀러는 게이와 레즈비언의 결혼 요구를 비판하기에 이른다.[74] 물론 결혼의 이성애적 성격을 내세워 보수주의적 근거를 토대로 이 요구에 반대하는 것은 아니다. 그는 동성애자가 가부장제와 억압의 피해자인데, 결혼을 하고자 하는 의지는 이 가부장제와 억압을 지탱하는 제도를 강화할 수 있다고 주장한다. 나아가 그는 성적 행위에 대한 규제라든지, 둘 혹은 그 이상 개인들 간의 합법적 관계에 대한 규정을 국가가 더욱 장악하게 된다는 점을 강조한다. 이런 이유에서 게이나 레즈비언의 결혼은, 성 소수자에게 호의적이지 않은 규범적인 성 정치 체제를 오히려 굳건히 할 위험이 있다. 게다가 동성애자 커플은 이성애자 부부와 같은 권리를 요구하는 한편으로, 자신들보다 대체로 더 억압받는 미혼모·미혼부·다중연애자·트랜스젠더·인터섹스 등 다른 범주의 구성원들과는 관계를 끊는다. 실제로 동성애자는 결혼에 '포함'되기를 바라면서 위 범주의 구

---

74   Judith Butler, "Competing Universalities," in Judith Butler, Ernesto Laclau et Slavoj Žižek, *Contingency, Hegemony, Universality*, pp. 175-176.

성원들과 거리를 둔다. 요컨대 버틀러가 주장하길 '대의정치'란 없다. 배제를 만들어내지 않으면서 정상성normalité에 다가가려는 의지란 없다는 얘기다. 그러므로 이런 상황에서 동성애자가 할 수 있는 정치적으로 가장 올바른 요구는 결혼을 허용해달라고 하는 것이 아니라, 결혼이 그 어떤 시민권이나 납세권에도 특혜를 부여해선 안 된다고 하는 것이다. 다른 말로 하면 결혼에 대한 국가 통제의 철폐, 이것이 버틀러가 주장하는 바다.

정체성을 전복해내는 탁월한 한 사례는 '드래그퀸drag-queen'이다. 이를 주제로 버틀러는 통찰력 있는 글을 쓴 바 있다.[75] 드래그퀸은 카바레에서 춤과 노래 공연을 하며 개성적인 방식으로 옷을 입는 화려한 인물이다. 여장한 남성이 여기 포함될 수 있지만, 그 반대도 가능하다(이 경우에는 '드래그킹drag-king'이 될 것이다). 또한 여성으로 가장한 여성이나 남성으로 가장한 남성이 포함될 수도 있다. 드래그퀸의 퍼포먼스가 충분히 그 함의를 나타내는 것은 아마도 위와 같은 경우들에서일 것이다. 드래그퀸은 성 정체성의 경계와 모호함을 가지고 논다. 드래그퀸은 여성성과 남성성의 고정관념을 과장해 이를 의도적으로 보여준다. 이런 의미에서 드래그퀸의 공연은 클리셰clichés를 가지고 노는 데 바탕을 두는데, 이는 아이러니의 방식으로, 다시 말해 그것들이 클리셰라는 사실을 강조하는 식으로 재생산된다. 드래그퀸은 자신의 실제 정체성을 아무에게도 속이지 않는다. 브레히트Bertolt Brecht식

---

75   Judith Butler, *Trouble dans le genre*, chap. 3.

'거리두기distanciation'처럼 드래그퀸의 공연은 관객과 공모하는 형태에 기초한다. 이는 퍼포먼스를 통해 성 정체성의 '관례적' 특성, 결국 그 우연적 특성을 드러내는 행위다. 드래그퀸의 공연이 고도로 정치적인 외형을 띠는 까닭이 여기 있다. 버틀러가 보기에 드래그퀸의 퍼포먼스는 우리가 모두 현행 성 정체성에 순응하며 매일같이 하는 퍼포먼스를 재현하는 면이 있다. 하지만 우리는 드래그퀸의 퍼포먼스가 보여주는 것과 똑같은 거리두기와 똑같은 아이러니를 우리 일상에도 들일 줄 알아야 한다.

버틀러에 따르면 젠더는 **수행적**performatifs이다. 즉 젠더는 자체의 내용을 구성한다. 무엇보다 현실에는 섹스나 젠더가 존재하지 않으며, 따라서 그것을 지칭하는 언어도 존재하지 않는다. 반면 '섹스'나 '젠더'라는 대상은 이와 관련된 문장을 말하는 행위 자체를 통해 생성된다. 버틀러는 수행적 발화 이론의 대가인 영국 철학자 존 오스틴 John Austin에게서 (자유롭게) 영감을 얻는다. 오스틴의 저서 『말로써 행하는 방법How to Do Things with Words』[76]에서는, 어떤 사건의 사실적 상태를 기술하지 않고 현재나 미래의 현실을 창출하는 문장들—예컨대 "나는 당신들의 결혼을 선언합니다" "나는 정각에 도착할 것을 약속합니다"—의 의미 구조에 의문을 갖는다. 섹스/젠더 규범도 같은 구조를 지닌다. 그것은 자체 대상을 만들어내는 문화나 담론의 규칙으

---

76 [옮긴이] 한국어판은 J. L. 오스틴, 『말과 행위: 오스틴의 언어철학, 의미론, 화용론』, 김영진 옮김, 서광사, 2005.

로 되어 있다. 그렇지만 많은 수행적 발화와 달리 젠더 규범은 끊임없이 반복돼야 한다. 의사가 아이의 출생 시 "남자아이에요!"라고 선언하는 것만으로는, 그 문제의 남자아이와 주변 사람들이 '남성'이라는 젠더에 적합한 규범을 충분히 내면화할 수 없다. '젠더화된' 사회화는 전 생애에 걸쳐 일어난다. 그리고 젠더의 수행적 성격이 젠더의 전복 가능성을 보장해준다. 드래그퀸과 마찬가지로 개인들은 자기 자신과, 자신이 행하기로 되어 있는 성 역할 사이에 '거리' 또는 '차이'를 들일 수 있다.

가야트리 스피박: 서발턴의 침묵

스피박은 여러모로 혼종적인 이론가다. 미국 컬럼비아 대학의 비교문학과 포스트식민주의 분야 교수인 그는 인도에서 성장기를 보냈으며(그는 1942년 콜카타에서 태어났다), 초반에는 콜카타 대학에서 영문학을 전공했다. 이런 점에서 그의 초창기는 영국 식민 지배가 낳은 산물로 간주될 수도 있다.[77] 1950년대 미국으로 이민을 간 그는 (뉴욕주에 있는) 코넬 대학에서 폴 드 만Paul de Man의 지도 아래 아일랜드 시인 예이츠W. B. Yeats를 다룬 논문을 작성했다. 이후 폴 드 만은 해체주의를 내건 '예일학파'의 일원이 됐는데, 해체주의라는 명칭은 데리다의 영향에서 기인한 것으로 스피박도 그 영향을 받았다. 1976년 스피박은 데

---

77 Stephen Morton, *Gayatri Chakravorty Spivak*, Routledge, New York, 2002, pp. 2-3 [스티븐 모튼, 『스피박 넘기』, 이운경 옮김, 앨피, 2005].

리다의 중요한 저서인 『그라마톨로지』를 번역했고, 풍부한 내용의 「옮긴이 서문」을 곁들였다. 이 서문은 데리다의 저작을 미국에서 수용하는 데 중요한 시금석이 된 동시에 옮긴이의 명성에도 기여했다.[78] 인도와 영미권을 끊임없이 왕래함으로써 스피박은 대표적인 포스트식민주의 지식인이 됐다.

스피박의 경우 생애의 혼종성은 이론의 혼종성과 함께 간다. 게다가 후자는 전자의 결과일 수 있다. 달리 말해 개인의 여정이 이론의 여정에도 계기가 된 셈이다.[79] 스피박은 페미니즘 전통에 들어가지만, 그 유럽중심주의적 해석을 비판한다. 그가 보기에 페미니즘은 서구의 나라들에서 여성이 놓인 조건과 제국주의의 관계에 대해 침묵하는 잘못을 저질렀다. 한편으로 그는 포스트구조주의 경향, 특히 '해체주의' 경향에 속한다. 그가 보기에 데리다의 개념은 자본주의 주변부 국가들에서 억압받는 이들의 지위를 사유하는 데 유용하다. 더구나 그는 마르크스주의에 매우 해박하며, 포스트구조주의자들 사이에서는 드문 일이지만 마르크스주의에서 유래하는 범주(상품, 착취, 제국주의)를 자신의 분석에 빈번히 사용한다. 운동이자 학설로서 마르크스주의가 인도에서 남다른 역동성을 보였음을 짚고 가야 할 것이다. 하지만 스피박은 포스트식민주의 이론가로 소개될 때가 가장 많다. 호미 바바,

---

78   François Cusset, *French Theory*, pp. 213~216.

79   '여행하는 이론'의 문제에 관해서는 다음을 보라. James Clifford, "Notes on Theory and Travel," in James Clifford et al., *Traveling Theories, Traveling Theorists, Inscriptions*, vol. 5, 1989.

폴 길로이, 작고한 에드워드 사이드 등과 더불어 그는 이 흐름의 중심 인물 가운데 하나다.

포스트식민주의 연구에서 스피박은 인도 특유의 분야인 '서발턴 연구'와 비판적 대화를 이어간다. 1980년대에 등장한 '서발턴 연구'는 동시대 인도사 서술 분야의 급진적 흐름으로, 목적은 "아래로부터의" 역사를 전개하는 것이다.[80] 이 흐름은 영국의 식민주의 역사 서술, 그리고 인도 독립 이후 상당한 지위를 누렸던 인도 엘리트들이 전개한 역사 서술과 구별되고자 한다. '서발턴 연구'에는 두 가지 이론적 원천이 있다. 한편으로는 그람시의 영향이 있는데, '서발턴'이라는 용어도 그에게서 차용한 것이다. 그람시는 이탈리아 남부의 농민들을 지칭하고자 이 용어를 사용했다. 다른 한편으로 '서발턴주의자들'은 공인된 역사에 없는 사회 범주를 자신의 주 연구 대상으로 삼는 에릭 홉스봄, E. P. 톰슨, 크리스토퍼 힐 같은 영국의 마르크스주의 역사가들을 원용한다. '서발턴 연구'의 가장 유명한 일원으로는 라나지트 구하Ranajit Guha(대등한 일원이라기보다는 후견인에 가깝다), 디페시 차크라바르티Dipesh Chakrabarty, 파르타 차터지Partha Chatterjee, 지안 프라카시Gyan Prakash가 있다. 스피박은 옥스퍼드 대학 출판부에서 간행하고 위의 저자들이 참여한 '서발턴 연구' 총서의 한 권을 집필했다. 또한 그는 에드워드 사이드, 라나지트 구하와 공동으로 『서발턴 연구 선집Selected Subaltern

---

80 '서발턴 연구'의 출현에 관해서는 Jean-Loup Amselle, *L'Occident décroché*, 특히 부록 1을 보라.

Studies』을 엮고, 책의 서문을 썼다. 1988년 발표된 스피박의 가장 유명한 논문 「서발턴은 말할 수 있는가?Can the Subaltern Speak?」는 이 전통의 토대가 되는 인식론적 비판이다.

'서발턴 연구'는 이질적인 지적 흐름으로서, 다른 흐름과 교배되려는hybrider 흥미로운 경향을 띤다. 최근 이 학파에서 전개된 한 사례를 보면, 디페시 차크라바르티는 포스트식민과 생태 위기의 관계를 성찰하기 시작했다. 『유럽을 지방화하기Provincializing Europe』의 저자인 차크라바르티는 「역사의 기후」(2009)라는 글에서 기후변화 때문에 처음으로 인류의 한 구성원(노동자, 식민지 피지배자, 여성)이 아닌 인류 전체가 역사의 '주체'일 수 있음을 고찰하는 게 가능해졌다고 제시한다. 그가 보기에 환경 위기는 계급·인종·젠더와 상관없이(비록 환경 위기를 겪는 방식은 그런 요인에 달려 있다 할지라도), 인간 존재와 무차별적으로 관계한다는 특징이 있다. 정말로 "자본주의의 위기와는 달리 여기서는[기후 위기에서는] 부자들과 특권층을 위한 구명정이 없다".[81] 온갖 보편주의에 반대하는 데 특출했던 포스트식민주의 연구에서 이런 생각이 나왔다는 건 적어도 놀랄 만하다. 포스트식민주의 연구 일반, 특히 '서발턴 연구'는 서구 제국주의가 그 노골적인 음모를 숨길 목적에서 유통한 기만적인 보편주의를 비판하곤 했다. 포스트식민주의(의 몇몇 분야)와 정치생태학 간의 교배가 공고해진다면, 향후 보편주의에 대

---

81   Dipesh Chakrabarty, "The climate of history: four thesis," *Critical Inquiry*, n° 35, hiver 2009, p. 220.

한 비판이 아직 선보이지 않은 새로운 윤곽을 채택할 가능성도 배제되지 않을 것이다.

다시 스피박으로 돌아오자. 포스트식민주의 연구와 페미니즘 내부에서 많은 논란을 일으킨 스피박의 개념은 **전략적 본질주의**strategic essentialism다.[82] 본질주의에 대한 비판은 동시대 비판사상에서 흔히 볼 수 있다. 이는 젠더든, 계급이든, 민족이든 모든 정체성은 사회적으로 구성되었고, 따라서 우연적이라고 주장한다. 달리 말해 정체성은 객관적이거나 실체적인 그 어떤 것도 가리키지 않는다는 얘기다. 전략적 본질주의 개념 역시 이런 비판에서 유래하며 사회 세계에 본질이 존재하지 않는다는 사실에는 동의하지만, 그러한 본질을 제거하기가 어려워 보일 만큼 일상생활과 사회 투쟁에서 개인이 본질을 자주 참조한다는 사실에 주목한다.[83] 예를 들어 고전적 페미니즘이 유통한 '여성'이라는 범주는, 때로 페미니즘 운동이 다른 억압받는 부문과 절연하는 데 견인책이 된 점에서 배제를 낳았다. 버틀러도 이 지점을 비판했다. 그러나 한편으로 '여성'이라는 범주는 여성들이 여성으로서 집결하는 것을 가능케 했다. 다시 말해 여성들은 '여성'으로서 피지배 집단에 속한다고 느끼고 그 해방을 위해 활동할 수 있게 된 것이다. 전략적 본질주의 개념은, 인위적이라고 알려진 본질이 일시적으로 고

---

82   예컨대 다음을 보라. Sara Danius et Stefan Jonsson, "An Interview with Gayatri Chakravorty Spivak," *Boundary 2*, n° 20, 1993.

83   Chris Barker, *The Sage Dictionary of Cultural Studies*, Sage, Londres, 2004, p. 189 [크리스 바커, 『문화연구사전』, 이경숙·정영희 옮김, 커뮤니케이션북스, 2009].

착되면 경우에 따라서는 전략적으로 유용할 수 있다고 주장한다. 달리 말해 반본질주의는 이론적으로만 가능할 뿐이다. 그것이 실천 속에서 효력을 발휘할 때는 행동을 마비시키는 경향이 있다. 왜냐하면 어떠한 행동이든 집단 형성을 상정하는데, 집단은 자기 정체성을 '본질화'하는 경향이 있기 때문이다.

전략적 본질주의 개념은 비판받아왔고, 스피박 자신도 이 개념과 거리를 두었다. 아무리 전략적이라 할지라도 모든 본질주의는 거기에 포함된 이들과 거기서 배제된 이들의 분리를 전제로 한다. '문명의 충돌'이라는 주제와 공동체주의의 귀환이 두드러지는 맥락에서, 여하튼 신보수주의 운동이 이런 주제를 조장하는 맥락에서, 어떤 형태의 본질주의는 정당하다는 얘기가 좌파로부터 흘러나오는 것은 문제가 된다.[84] 그렇다고 해도 현실적인 문제를 제기한 점에서는 스피박의 공로를 인정해야 한다. 버틀러, 해러웨이, 그 밖에 본질주의를 다루는 (페미니즘에 속하든 속하지 않든) 대부분의 동시대 비평가들은 집합행동이 출현하는 실제적 조건을 등한시했다. 특히 이들이 놓친 점은, 최소한의 집단적 정체성—(지지자든 반대자든) 모두가 인정하며, 투쟁 집단의 계획적·전략적 초석을 이루는 정체성—으로 무장하지 않은 채 어떻게 집단적으로 행동할 것이냐 하는 문제다. 물론 스피박이 생각하는 전략적 본질주의 개념이란, 상상할 수 있는 모든 본질주의적 충동에 전권을 준다는 의미가 아니다. 설령 스피박이 그런 말로 정식화하

84   Jean-Loup Amselle, *L'Occident décroché. Enquête sur les postcolonialismes*, p. 146.

진 않았을지라도, 본질을 기각하느냐 마느냐라든지, 좋은 본질과 나쁜 본질을 대립시키는 것이 궁극적인 쟁점은 아니다.

스피박의 각별한 관심사 하나는, 여성의 조건과 제국주의 간의 복잡하고도 정치적으로 긴박한 관계다. 그리하여 그는 일련의 영국 고전문학을 다시 읽고, 거기 담긴 '제국주의적 무의식'을 폭로하기에 이르렀다. 여기서 우리는 에드워드 사이드, 특히 1978년 출간된 저서 『오리엔탈리즘Orientalism』의 영향을 확인할 수 있다. 스피박의 견해에서 보면, "19세기 영국인들에게 제국주의는 영국의 사회적 사명으로 이해됐고, 영국의 문화적 재현에서 중대한 일부가 되었다. 이 점을 상기하지 않은 채 당시 영국 문학을 읽는다는 건 불가능한 일일 것이다".[85] 이 주장은 식민지 문제와 가장 직결되는 저작(스티븐슨Robert Louis Stevenson, 키플링Rudyard Kipling, 콘래드Joseph Conrad)이나, 겉으로는 이와 무관해 보이는 저작 모두에 적용된다. 스피박은 (우연히도 『공산당 선언』이 작성된 해인) 1847년 출간된 샬럿 브론테Charlotte Brontë의 작품 『제인 에어Jane Eyre』에 대해 매우 참신한 독해를 제시했다. 우리의 여주인공 제인의 장래 남편이 될 에드워드 로체스터는 예전에 버사 메이슨이라는 여인과 결혼한 바 있다. 버사는 광기에 빠지고, 자기 남편의 손에 감금당하고, 결국 화재로 죽음에 이른다. 그런데 버사는 자메이카 출신의 크레올créole(식민지 태생의 백인)이다. 작가 브론테는 버사를 동물성

---

85   Gayatri Spivak, "Three Women's Text and A Critique of Imperialism," *Critical Inquiry*, n° 12, 1985, p. 243.

과 인간성의 경계에 위치짓는 말로써 소개한다. 예컨대 버사의 신체적 태도는 동물에 비교된다. 더구나 그의 죽음으로 제인은 로체스터와 결혼할 수 있게 된다. 『제인 에어』는 19세기 자율적인 여성 주체의 출현을 나타낸 작품으로 여겨지지만, 스피박은 이런 여성 주체의 출현이 식민지 출신 여성의 자율성을 부정하는 것을 조건으로 한다는, 다시 말해 식민지 출신 여성을 인간 이전의 상태로 일축하는 것을 조건으로 한다는 결론을 이끌어낸다. 이는 여성이 집안일에서 해방되는 것이 흔히 식민지 (그리고 피지배계급) 출신 가사도우미의 원조를 전제로 한다는 사실을 생각하면 명백하다. 따라서 여성이 놓인 조건의 역사와 제국주의의 역사는 분리될 수 없다. 이 둘은 함께 고려돼야 한다. 다만 이제껏 페미니즘에서는 그 작업이 충분히 이뤄지지 않았다.

스피박의 가장 유명한 논문인 「서발턴은 말할 수 있는가?」는 포스트식민주의 연구의 고전이다. 이 논문은 여러 판본이 존재하며 현재 프랑스어 번역본도 있다.[86] 매우 치밀한 논문인데, 누군가는 그것이 불명료하다고 말한다.[87] 어찌 됐건 스피박은 자신이 논문 제목에서 던진 질문에 부정적으로 답한다. 서발턴은 말할 수 없으며, 역사가는 역사 속에서 그의 목소리를 찾을 수 없다. 이것이 스피박이 '서발턴 연구'의 지배적 경향과 의견 일치를 보지 못하는 지점이다. '서발턴 연구'는 피지배자들, 즉 공식 역사에서 흔적이 사라진 이들의 행동과 표

86   Gayatri Spivak, *Les subalternes peuvent-elles parler?*, Amsterdam, Paris, 2006.
87   Terry Eagleton, "In the Gaudy Supermarket," *London Review of Books*, 13 mai 1999.

현을 되살리는 것을 목적으로 한다. 스피박이 보기에 이 연구 계획은 실현 가능성이 없는 소망이다. 이유는 여러 가지다. 먼저 『포스트식민 이성 비판A Critique of Postcolonial Reason』[88]에서 스피박은, 서발턴주의 인식론을 암암리에 뒷받침하곤 하는 '기원의 신화'를 비판한다. 제국주의의 침전층 밑에서 진정한 토착 문화를 재발견하려 하는 것은 헛된 일이다. 제국주의는 손에 닿는 모든 것을 재작성한다. 그 결과 식민지 개척자가 도착 당시 발견한 그 어떤 것도 온전히 남아나질 않는다.[89]

다른 한편으로 스피박은, 특정 영역에 철저히 연결되어 있는 전문 능력의 이름으로만 정치에 개입하는 '전문' 지식인 개념을 공박한다. 푸코를 예로 들면 광기나 감옥 같은 것이 이 전문 지식인의 전문 영역이 될 것이다. 전문 지식인은 피억압자가 스스로 완벽하게 말할 수 있으며, 피억압자 자신을 대표할 지식인을 전혀 필요로 하지 않는다고 본다. 이에 스피박은 세계 주변부 서발턴이 겪은 억압의 규모와 결과에 대해 들뢰즈와 푸코가 과소평가했다고 주장한다. 이 주변부는 경제적·(포스트)식민적·남성적·민족적·공간적 지배 등 여러 형태의 지배가 동시에 가해지는 대상이다. 포스트구조주의 철학자들의 견해는 기껏해야 서구 나라들의 피지배계급에 적용될 뿐인데, 그 계급은 자신들의 목소리가 전해질 수 있도록 지난 200년에 걸쳐 조직과

---

88 [옮긴이] 한국어판은 가야트리 스피박, 『포스트식민 이성 비판』, 태혜숙·박미선 옮김, 갈무리, 2005.

89 사람들은 에드워드 사이드에게 종종 가하던 비판, 즉 오리엔탈리즘에 대한 저항들을 오리엔탈리즘에 대한 자신의 역사에 통합하지 않는다는 비판을 스피박에게도 제기했다.

제도를 갖춰왔다.[90] 그러나 포스트식민지의 서발턴은 말 그대로 목소리를 갖지 못할 정도로 억압받는다. 이는 스피박 본인 같은 포스트식민주의 지식인이 어느 정도 대의의 역할을 수행해야 함을 전제로 한다. "서발턴은 말할 수 없다. (…) 대의는 사라지지 않았다. 지식인 여성은 지식인으로서 저버려서는 안 될 정해진 임무가 있다."[91] 스피박은 정치의 대의적 개념에 대한 해러웨이의 비판을 채택하지 않았다. '대의정치' 형태는 오늘날에도 여전한 의제로 남아 있다.

스피박은 힌두교 관행인 사티sati에 대해 흥미로운 분석을 제시한다. 사티는 남편이 죽었을 때 살아 있는 아내를 함께 희생시키는 종교적 관행으로, 1829년 영국인들은 이를 금지했다. 사티는 숱한 역사학적·인류학적 분석의 대상이 됐다. 스피박이 보기에, 이를 둘러싼 논쟁에서 주요 당사자인 희생 여성의 흔적은 (거의) 찾을 수 없다. 희생 여성의 관점은 전혀 고려 대상이 아니며, 그는 기록상에도 전혀 등장하지 않는다. 스피박은 데리다와 '현존의 형이상학métaphysique de la présence'에 대한 그의 비판을 언급하면서, 여성이 이 논쟁의 '부재하는 중심'이라고 주장한다. 여성은 논쟁의 대상으로서 편재하지만, 자기

90   Ania Loomba, *Colonialism/Postcolonialism. The New Critical Idiom*, Routledge, New York, 2005, pp. 194-196.

91   Gayatri Spivak, "Can the Subaltern Speak?," in Cary Nelson et Lawrence Grossberg (dir.), *Marxism and the Interpretation of Culture*, Macmillan, New York, p. 308 [가야트리 스피박, 「서발턴은 말할 수 있는가?」, 로절린드 C. 모리스 엮음, 『서발턴은 말할 수 있는가?: 서발턴 개념의 역사에 관한 성찰들』, 태혜숙 옮김, 그린비, 2013].

행동의 주체로는 전혀 여겨지지 않기에 그 논쟁에서 부재한다. 스피박의 분석에 따르면, (긍정적 의미를 내포한) 식민지 피지배자와 (부정적 의미를 내포한) 식민지 지배자의 대립이 포스트식민주의 연구에서 흔히 발견되는데 이는 너무 단순한 생각이다. 인도 여성은 (적어도) 이중 억압의 피해자다. 인도 여성은 확실히 인도인으로서 억압당하지만, 또한 여성으로서도 억압당한다. 그리고 이 억압에 관여하는 자가 식민지 지배자만이 아님은 분명하다.

계급 대 계급

노동운동과 이를 동반한 주요 학설인 마르크스주의의 역사를 보면, 현실 세계가 사회계급으로 분화되어 있다고 보는 시각이 오랫동안 우세했다. 그러나 애초부터 이러한 계급 구분은 민족과 종교 범주를 비롯한 기타 범주들의 존재 때문에 그 경계가 불분명해지고 복잡해졌다. 그럼에도 혁명적이든 개량적이든 좌파가 (19세기 후반부터 20세기 후반까지) 한 세기 이상 몰두했던 인지적·정치적 활동은 민족-국가적ethno-nationales 범주와 사회적 범주를 대립시키는 것이었다.

이미 간파했겠지만, 이 책 2부의 전체적 의도는 한때 좌파에서 헤게모니를 쥐고 있던 계급 구분이 더 이상 지배적이지 않음을 보여주는 것이다. 해방의 행위자는 지난 수십 년간 증대했으며, 현실을 '계급주의적으로' 이해하는 데 기초가 되던 사회경제적 결정요소는 그 비중이 줄어들었다. 그렇다고 해서 사회계급에 관한 분석이 사라졌다는 결론이 도출되진 않는다. 동시대 비판사상에는 정교한 사회계급 이론들이 존재한다. 이 이론들은 이전의 계급 이론들보다 더 정교하다. 그 이유는 아마도 이 이론들이 더는 즉각적인 정치적 목적에 좌우되지 않을뿐더러, 노동자계급 조직의 통제로부터도 벗어나 있기 때문일 것이다. 그러나 비판사상이 계급적 차원을 다룰 때조차 그 계급적 차원은 여러 요소들 가운데 하나로서 다뤄진다. 그러므로 남성 지배나 민족적·인종적 지배 형태들이 존재하는 것과 마찬가지로 계급적 지배 형태가 존재하며, 이 상이한 지배 형태들이 동일한 수준에 있다고 말할 수 있는 것이다. 물론 이는 가장 기초적인 마르크스주의의 전제에 위배되는 것이다. 마르크스주의 관점에서 자본과 노동의 대립, 상품 형태, 물화 같은 사회경제적 지배는 여러 지배 유형 가운데 하나가 아니며, 사실 '지배'의 한 유형조차 아니다. 그것은 모든 지배 형태의 기초가 되는 것이자, 자본주의 체제에서 이 모든 지배 형태에 특수성을 부여하는 것이다. 그것은 자본주의를 하나의 체계로 여길 수 있게 하는 하나의 **논리**다. 예컨대 남성 지배는 자본주의에 앞서 존재하지만, (마르크스주의자가 보기에) 자본주의는 이 남성 지배를 크게 재형상화했다.

이 사실로부터 여러 전략적 결론을 끌어낼 수 있다. 대다수 노동운동은 자본-노동 관계의 '중심성'이라는 결론을 도출했고, 다른 형태의 지배는 '부차적' 성격을 지닌다고 주장했다. 하지만 이 주장에는 어떤 필연적 함의도 없다. 따라서 자본의 논리가 사회경제적이라는 생각과, 각각의 '전선'에 똑같은 중요성이 부여돼야 한다는 주장을 결합하는 것도 가능하다.

E. P. 톰슨: 사회계급의 구성주의 이론

현재 가장 널리 퍼져 있는 사회계급 이론은 아마도 **구성주의** constructivisme 이론일 것이다. 구성주의는 동시대 사회과학의 한 경향인데, 사회적·물질적 현실을 '구성되는' 것으로, 혹은 '사회적으로 구성되는' 것으로 보는 관점이다. 대개 구성주의자들은 두 가지 생각을 결합한다. 먼저 그들은 사회적 표상이 해당 현상의 구성에 영향을 준다는 점을 강조한다. (베니딕트 앤더슨처럼) 민족이라는 표상('상상된 공동체')이 근대 국민국가의 형성에 결정적 영향을 끼쳤다고 주장하는 것은 구성주의의 전형적인 사례다. 다른 한편으로 구성주의자들은 본질이 아닌 과정이 사회적 현실을 구성한다고 주장한다. 즉 구성주의는 반본질주의다. 해러웨이가 본성, 곧 '남성' 또는 '여성'이라는 불변의 본질이 존재할 것이라는 생각을 비판하는 것은 바로 이 경우에 해당한다. 구성주의 안에는 더 급진적인 견해도 있고, 덜 급진적인 견해도 있다. 어떤 이들은 오직 사회적 현실만이 '구성된다'고 주장하지만, 다른 이들은 물질적 현실 또한 그러하다고 주장한다.[92]

E. P. 톰슨은 첫 번째 범주의 구성주의자에 속한다. 다시 말해 그는 '구성'을 사회 현상에 국한한다. 그에게 구성의 대상이 되는 것은

---

92   Razmig Keucheyan, *Le Constructivisme. Des origines à nos jours*, Hermann, Paris, 2007.

사회계급이다. 톰슨은 20세기 영국의 주요 역사가다. (1924년 출생한) 그는 이 책에서 거론되는 세대보다 앞선 사상가 세대에 속한다. 이 책에서 톰슨을 선별한 것은 그의 사회계급 이론이 오늘날 영어권뿐만 아니라, (뤼크 볼탕스키의 경우처럼) 영어권 바깥에서도 가장 영향력 있는 이론들 가운데 하나이기 때문이다. 아울러 그의 이론은 계급 분석에 대한 현재의 마르크스주의적 접근을 잘 보여주는 사례이기도 하다. 톰슨의 영향을 받은 동시대 역사가로는 피터 라인보Peter Linebaugh, 제임스 홀스턴James Holstun, 네빌 커크Neville Kirk, 마커스 레디커Marcus Rediker를 들 수 있다.

톰슨은 에릭 홉스봄, 크리스토퍼 힐, 존 새빌John Saville, 조지 루데이George Rudé, 모리스 돕Maurice Dobb, 로드니 힐턴과 함께 영국 마르크스주의 역사가 그룹에 속한다.[93] 이들은 모두 영국 공산당원이었거나 영국 공산당의 입장에 가까웠다. 다른 한편으로 이들은 각자의 분야에서 '아래로부터의' 역사, 즉 서발턴 계급의 관점에서 보는 자본주의 사회사를 발전시켰다. 예컨대 힐은 해적의 역사라든지, 18세기 영국에서 해적과 초기 노동자계급의 관계에 흥미를 가졌다.[94] 홉스봄은 '의적義賊'을 다룬 책을 썼는데, 유명한 로빈 후드의 경우처럼 이 무법자들을 추동한 것은 사회정의와 부의 재분배에 대한 관심이었다.

---

93 영국 마르크스주의 역사가들에 관해서는 예컨대 다음을 보라. Harvey J. Key, *The British Marxist Historians*, Palgrave Macmillan, Londres, 1995.

94 Christopher Hill, "Radical pirates?," *Collected Essays*, vol. 3, Harvester, Brighton, 1986.

톰슨은 (홉스봄을 제외한) 자기 세대의 많은 지식인들처럼 부다페스트 봉기, 그리고 스탈린 범죄를 고발한 흐루쇼프의 비밀 연설을 계기로 1956년 공산당을 떠났다. 그때부터 그는 '인간주의적' 사회주의를 표방한 반스탈린주의 좌파의 주요 인물이 됐다. 그는 특히 영국의 '급진적' 전통을 연구함으로써 이 좌파의 사상과 실천을 살찌우려 했다. 윌리엄 모리스William Morris와 윌리엄 블레이크William Blake를 각각의 책에서 다룬 그는, 블레이크가 잉글랜드 내전 당시 정식화된 정치적·종교적 관념에서 (특히 '머글턴파Muggletonians'의 급진적 종교운동[95]에서) 영향을 받았음을 보여준다.[96] 톰슨은 1960~1970년대 영국 좌파('신좌파')를 구조화했던 여러 논쟁에 참여하면서 유명해졌다. 예를 들어 그는 영국 부르주아계급의 '기형적' 특성과 관련한 네언-앤더슨 테제에 반대했으며, 이 테제가 프랑스의 사례를 지나치게 일반화한 데 기초한다고 주장했다. 무엇보다도 그는 「이론의 빈곤The Poverty of Theory」(1978)이라는 논고에서 구조주의와 알튀세르주의가 '이론'의 과도한 구상을 위해 경험적 사실들에 거의 주의를 기울이지 않았다고 비판하며 그 둘을 공격했다. 이 논쟁으로 그는 마르크스주의와 전형적인 영국 경험론의

---

95   [옮긴이] 영국 런던의 재단사 로도윅 머글턴(Lodowick Muggleton, 1609~1698)에게서 유래한 개신교 종교운동으로, 1651년 시작해 19세기 중반 막을 내렸다. 머글턴은 자신을 최후 예언자라 주장하며, 인간의 이성이 '악마'이고, 해와 달과 별의 빛이 사라진 지구가 '지옥'이며, 신은 예수 그리스도처럼 직접 나타났다는 등의 교리를 설파했다.

96   E. P. Thompson, *Witness against the Beast. William Blake and the Moral Law*, Cambridge University Press, Cambridge, 1993.

혼합을 옹호할 기회를 얻었다. 톰슨은 영국 좌파 가운데 분류하기 곤란한 또 한 명의 사상가, 버트런드 러셀Bertrand Russell과 함께 비핵화 운동에 참여하기도 했다.

톰슨은 1963년 출간된 사회사의 대작 『영국 노동자계급의 형성』 저자이기도 하다.[97] 이 저작을 통해 그는 '아래로부터의' 역사학에 전형적으로 나타나는 역사 서술 솜씨를 발휘하여 1780~1832년 영국 노동자계급 역사에서 망각된 측면을 발굴하고, 이를 (그의 말에 따르자면) "후대의 교만"으로부터 구출해내고자 했다. 그가 스스로 부여한 임무 중 하나는, 벤야민의 표현을 빌리면 '패배자의 전통'이라는 관점에서 역사를 서술하는 것이었다. 역사적 사실들로 가득 차 있는 이 책은 톰슨에게는 당시 주류 마르크스주의의 개념화와 정반대되는 독창적인 사회계급 이론을 발전시킬 수 있는 기회이기도 했다. 톰슨은 자기 정체성을 마르크스주의로 분명히 규정했다. 그러나 그의 계급 이론은 1970년대 후반부터 나타난 '포스트마르크스주의' 경향에 영감을 제공한 점에서, 이 패러다임 역사상 하나의 전환점이 되었다.

톰슨의 사회계급 이론에서 주요 비판 대상은 '경제주의'다. 경제주의란 사회계급을 그 구성원의 의식과 상관없이 존재하는 사회경제적 현상으로 보는 견해다. 톰슨은 자신의 책 제목을 상기시키며 다음

---

97 E. P. Thompson, *The Making of the English Working Class*, Pantheon Books, New York, 1963 (*La Formation de la classe ouvrière anglaise*, Seuil, Paris, 1988) [E. P. 톰슨, 『영국 노동계급의 형성』(상·하), 나종일·노서경·김인중·유재건·김경옥·한정숙 옮김, 창비, 2000].

과 같이 주장한다. "'형성making'이라는 말을 쓴 것은 이 책이 어떤 능동적인 과정을 다룬 연구이기 때문인데, 그 과정은 조건에 따라 좌우되는 만큼이나 행위자에 의해서도 좌우된다. 노동자계급은 (…) 자신을 형성하는 과정 속에 나타난다."[98] 노동자계급은 생성되고 나서도 자신의 존재를 의식하진 못했다. 하지만 노동자계급의 생성과 이 생성에 대한 의식은 같은 것이어서 '객관적'(사회경제적) 측면과 '주관적'(계급의식) 측면으로 나눌 이유가 없다. 톰슨은 생산관계가 사회계급 형성에 영향을 미쳤다는 사실을 부인하지 않는다. 그러나 생산관계가 계급 형성의 필요조건이라 해도 그 충분조건은 결코 아니다. 달리 말해 '객관적' 생산관계만 있다면 톰슨이 이해하는 의미의 사회계급은 없을 것이다.

사회계급이 출현하는 데 결정적인 요소는 **경험**의 형성이다. 이는 톰슨의 연구에서 중심이 되는 용어다(이로써 그는 로크John Locke와 흄David Hume이 창시한 영국 경험론 전통에 연결된다). 여기서 '경험'이란 시간의 흐름 속에서 사회계급이 소유하는 가치, 표상, 감정으로 이뤄진 전체다. 각각의 계급에는 그 계급에 상응하는 하나의 경험이 있고, 이 경험은 시대에 따라 더 동질적이기도 하고 덜 동질적이기도 하며, 시간과 더불어 진화한다. 경험은 부분적으로 개인들의 사회구조적 위치에 따라 결정된다. 하지만 사회구조는 경험을 설명하기에 충분치 않다. 구조주의자들이나 여러 마르크스주의 흐름들이 생각하는 것과 달리, 사회

---

98   같은 책, p. 13.

계급이 일단 '구조'의 문제가 아닌 까닭이 여기 있다. 사회계급은 '체험'의 문제인데, 이 체험이란 역사적이고 집단적인 것이 될 것이다.

톰슨이 '경험'에 집중한다는 사실에서 일련의 중요한 이론적 결과가 도출된다. 첫 번째는 이 관점에서 사회계급이란 사물이 아니라 관계라는 것이다. 사회계급들은 서로 별개로 출현하지 않으며, 그래야만 협력이나 갈등 관계에 진입할 수 있다. 관계가 사회계급의 존재 자체를 구성한다. 이 말은 사회계급이 독일 관념론의 '자아自我'처럼 '비아非我'를 통해 자기 자신을 규정'한다는 뜻이다. 따라서 19세기 영국 노동자계급이 자기 자신을 구성할 때는, 자신을 다른 사회계급들(예컨대 토지를 소유한 귀족이나 상업 부르주아계급)에 대립시키고, 결국 그들을 참조하면서, 그들의 '소유적 개인주의'에 대항해 연대나 보편성 같은 노동자계급 고유의 가치를 내세우며 자신을 구성했던 것이다. 그렇다고 해서 사회계급들의 진화가 언제나 동시에 일어난다는 것은 아니다. 계급 형성의 궤적들 간에는 불일치가 존재한다. 하지만 이런 불일치가 사회계급들이 **서로 구성되는 것**―(아마도 특히) 서로 투쟁할 때를 비롯해, 상대방을 끊임없이 참조하는 것―을 막지는 못한다.

톰슨의 '경험'의 두 번째 결과는 사회계급 일반을 말하는 일은 늘 잘못됐다는 것이다. 사회계급은 그것이 형성된 맥락에 종속되는 한, 언제나 단독적이다. 사회계급이 부분적으로 생산관계에 의존한다는 사실, 그리고 이 생산관계가 시대와 나라에 따라 공통적인 부분을 갖고 있다는 사실(자본주의에는 오래 지속되는 특정들이 있다)은 계급들이 몇몇 특성을 공유하고 있음을 말해준다. 하지만 '경험'은 정의상 상대적이다. 결국 최대한의 시공간적 정확성을 가지고 계급을 언급하는 것이 옳다. 요컨대 1920년대 이탈리아 노동자계급과 1950년대 볼리비아 노동자계급은 공통된 요소를 거의 갖지 않는다.

사회계급이 단독성을 지닌다는 톰슨의 주장은 마르크스주의의 중심 생각, 곧 '보편적 프롤레타리아화'라는 주장과 모순된다. 이 생각은 점점 더 많은 사람이 프롤레타리아적 조건에 놓일 것이며, 결국에는 이 조건으로 동질화하리라는 것을 전제로 한다. 반면 톰슨은 서로 다른 국가에서 프롤레타리아적 조건은 계속 다를 것이고, 점점 더 복잡해지고 이질적이게 될 것이라는 견해를 갖고 있다. 역사는 단독적인 '경험'의 무한한 총체이며, 이 경험의 축적이 모든 노동자계급을 단독적으로 만든다. 게다가 사회계급의 단독성을 내세우는 것은 역사의 법칙이 없음을 단언하는 것이다. 제2인터내셔널의 '진화주의적' 마르크스주의라든지, 보편적 '물화' 현상이 역사를 관통한다는 루카치의 생각은 톰슨에게 낯선 것이다. 하지만 서로 다른 맥락에서 작동하는 유사한 '논리'의 존재를 톰슨이 인정하지 않는 바는 아니다.

톰슨이 보기에 사회계급은 역동적 현상이다. 그래서 역사가들은 사회계급을 파악하는 데 어려움을 겪고, 자신이 연구하는 역사적 현실을 언제나 뒤쫓아 간다. 톰슨은 계급의 역동성을 주장함으로써, 역사가와 사회학자에게서 자주 볼 수 있는 노동자**계급**과 노동자계급 **운동**이라는 구분을 반박한다. 이 구분은 한편으로는 '객관적objectif' 노동자계급이 있다는 생각, 다른 한편으로는 노동자계급이 자기 자신을 의식함으로써 가동되는 노동운동이 있다는 생각에 기초한다. 이 구분의 기원은 적어도 레닌과 부하린이 말한 '즉자적' 계급과 '대자적' 계급의 대립으로 거슬러 올라간다. 이에 관한 최근 해석은 부르디외의 '잠재적 계급classe probable'과 '실현된 계급classe mobilisée'이라는 구분에서 찾아볼 수 있다.[99]

톰슨은 이런 구분을 잘못된 것으로 본다. 노동자계급은 자기 자신에 대한 의식과 무관하게 존재하지 않는다. 많은 점에서 노동자계급 그 자체가 바로 이 의식이다. 지배계급이든 피지배계급이든 다른 계급과 마찬가지로, 노동자계급 또한 운동으로서만 존재할 뿐이다. 이런 의미에서 정태적 사회계급이라는 생각은 용어상 모순이다.

> 어떤 사람들이 공통의 경험(상속된 것이든 공유하는 것이든)을 가진 결과, 자신들 사이에 놓인 공동의 이익the identity of their interests을 지각하고 이를 분명히 말할 때, 또한 자신들과 다른 이익(일반적으로 자신들의 이익에 반하는 이익)을 지니는 다른 사람들에 맞서 그렇게 할 때, 계급이 발생한다. 사람들은 출생과 환경에 따라 특정한 생산관계 속에 놓이는데, 계급 경험은 대부분 이 생산관계에 의해 결정된다. 계급의식은 이런 경험이 문화적 측면에서 다뤄지는 방식이며, 전

---

99 Pierre Bourdieu, "Espace social et genèse des classes," in *Langage et pouvoir symbolique*, Seuil, Paris, 2001 [피에르 부르디외, 「사회공간과 '계급'의 기원」, 『언어와 상징권력』, 김현경 옮김, 나남, 2014].

통, 가치체계, 관념, 제도적 형태로 구현된다. (…) 우리는 유
사한 직업을 가진 인간 집단이 유사한 경험에 직면했을 때
보이는 반응에서 어떤 **논리**를 발견할 수 있지만, 우리는 어
떤 **법칙**도 단언할 수 없다. 계급의식은 상이한 시간과 장소
에서 동일한 방식으로 생겨나지만, 결코 완전히 똑같은 방
식으로 생겨나지는 않는다.[100]

어떤 계급이 겪어낸 경험이 어떤 '문화'로 전환되고, 특수한 사회
제도(정당, 노동조합, 클럽, 문화·스포츠 모임)로 구현된다는 생각은 톰슨이
계급을 정의하는 방식을 잘 보여준다. 20세기 중반 이후 (서구) 마르
크스주의는 일반적으로 상부구조의 현상에 점점 더 관심을 갖는 경
향이 있었는데, 위 이론도 그 일부가 된다. 톰슨이 보기에 계급을 주
로 규정하는 것은 그 문화일 것이다. 여기서도 계급의 물질적 토대가
폐기된 것은 아니지만, 계급을 설명하는 요소로서 물질적 토대가 차
지하는 상대적 비중은 사회계급을 주제로 한 다른 마르크스주의 분
석들에 비해 현저히 작다.

데이비드 하비: 계급 공동체와 공동체 계급
우리는 하비가 '신제국주의'를 생각하는 방식, 특히 자본주의의
공간적 확장 경향을 조명하는 방식을 4장에서 살펴본 바 있다. 하비

---

100 E. P. Thompson, *La Formation de la classe ouvrière anglaise*, trad. fr., pp. 13-14.

는 그의 제국주의 이론에 정교한 사회계급 이론을 덧붙인다. 이 책에서 다루는 모든 사상가 가운데 『자본의 한계Limits to Capital』 저자인 하비는 고전 마르크스주의의 '총체적totalisante' 야망에 가장 가깝고, 또 가장 깊은 인상을 주는 이들 가운데 한 명이다. 그의 작업은 정치경제학, 사회학, 지리학(그의 전공이다), 나아가 문화이론에까지 두루 해당한다. 특히 그가 문화이론에 몰두한 작업이 『포스트모더니티의 조건』이다.[101] 후세는 언젠가 하비를 20세기 말과 21세기 초 비판사상을 주요하게 대표하는 한 사람으로 여기게 될 것이다.

사회계급이 공동체를 파괴한다는 것은 많은 사회계급 이론에 있는 생각이다. 흔히 사회계급은 근대사회에 특징적인 집단적 존재 양상으로 여겨지는 데 반해, 공동체는 전통 사회에 상응하는 것으로 여겨진다. 이 생각은 가령 페르디난트 퇴니스Ferdinand Tönnies의 '공동사회 Gemeinschaft'와 '이익사회Gesellschaft'라는 구분처럼 경제학과 사회학의 여러 고전들에서 이런저런 형태로 존재하며, 마르크스와 마르크스주의자들에게서도 찾아볼 수 있다. 마르크스와 마르크스주의자들은 자본주의가 이농을 야기하며, 그 결과 중 하나가 프롤레타리아화, 곧 농민이 프롤레타리아로 변모하는 것이라고 본다. 자본이 전통적인 공동체를 뿌리 뽑음으로써 가족 생산양식이 사라지고 대도시에서 새로

---

101 David Harvey, *The Condition of Postmodernity. An Enquiry into the Origins of Cultural Change*, Blackwell, Londres, 1991 [데이비드 하비, 『포스트모더니티의 조건』, 구동회·박영민 옮김, 한울아카데미, 2013].

운 유형의 집단, 곧 사회계급이 구성된다. 사회계급은 다음과 같은 점에서 전근대적 공동체들과 다르다. 사회계급은 이제 가정과 물리적으로 분리된 작업장(공장)에서 형성된다. 그리고 사회계급은 전근대사회에서와 같은 '직접적' 지배 형태가 아니라, 착취—잉여가치의 추출—에 기초를 두고 있다. 또 사회계급은 개인들이 이전에 갖고 있던 사회적 지위을 박탈한다. 프롤레타리아에게 잃을 것이라고는 족쇄밖에 없다고 말하는 것은 프롤레타리아가 된다는 것이 그들로부터 이전의 촌락 공동체에 존재했던 사회적 유대를 포함하여, 족쇄 이외의 모든 것을 박탈한다는 의미다.

하비는 사회계급과 공동체의 관계가 재고되어야 한다고 주장한다. 이제까지 행해진 사회계급 분석의 결함들 가운데 하나는 사회계급을 지나치게 추상적이고 '탈영토화한' 방식으로 다룬다는 점이다. 물론 자본주의적 근대성은 공동체를 파괴하는 특성을 지닌다. 예컨대 동시대 중국에서 확인되듯 그것은 전통적인 사회구조를 파괴하고, '대중화한massifier' 인구를 도시로 방출한다. 하지만 근대 도시에는 공동체를 생산한다는 특성도 있다. 이는 근대 도시에서 공동체적 차원과 계급적 차원이 언제나 얽혀 있음을 뜻한다.

이 두 집단적 존재 양식의 상호의존관계를 생각하고자 하비는 "계급 공동체와 공동체 계급the community of class and the class of community"이라는 표현을 사용한다.[102] 여기서 의미하는 바는, 하나의 사회계급에 속

---

102   David Harvey, *Paris, Capital of Modernity*, p. 238.

한다는 것은 무엇보다도 동일한 형태의 억압에 종속됨을 뜻하지만, 실제로는 그 이상의 무언가가 있을 수도 있다는 것이다. 한 계급의 구성원이 된다는 것은 공동체—개개인으로 하여금 세계와 똑같이 관계 맺고 이를 공유하게 하는 집단적 문화 혹은 정체성—를 만들어낸다는 것이다. 더구나 '계급 공동체'는 엄격하게 구상된 계급 경계를 넘어 다른 계급을 물들일 수도 있다. 이른바 '노동자주의'는 다른 계급의 대표자(예컨대 1970년대 학생들)가 노동자계급 문화(그들이 노동자계급 문화라 믿는 것)를 채택하던 방식을 가리킨다. 이와는 거꾸로 '공동체 계급'이 존재한다. 이는 공동체가 무작위로 형성되지 않음을 의미한다. 공동체는 계급적 차원을 포함하며, 특히 도시에 설립될 경우 그렇다. 공동체는 우연히 형성되지 않으며, 만일 문화나 계급 정체성의 변화에 우연적인 부분이 있다 해도 이 우연적인 것의 범위는 '객관적인' 사회경제적 요소의 제약을 받는다. 결국 집단적 존재의 이러한 두 측면은 함께 고려돼야 할 것이다.

공간적 현상에 민감한 지리학자로서 하비는 공동체를 영토적 토대에서 정의하지만, 그렇다고 다른 차원들을 배제하지는 않는다.[103] 여기서 공동체에는 동일한 영토상의 개인들이 형성한 집단을 지칭하는 공간적 실체가 포함된다. 공동체는 언제나 가족, 친구, (노동 현장이

---

103 게다가 우리는 에드워드 소자(Edward Soja), 닐 스미스(Neil Smith), 도린 매시(Doreen Massey), 사스키아 사센(Saskia Sassen) 같은 저자들과 함께 동시대 비판사상 내부에서 공간적 주제에 대한 관심이 되살아나고 있음을 확인할 수 있다.

생활 현장과 일치할 경우) 직장 동료, 이웃과의 결속을 통해 형성된다. 이런 것이 개인들을 지리적으로 한데 묶는 대표적인 관계이기 때문이다. 지리학자인 하비가 사용하는 '커뮤니티community'라는 영어 단어는 아마도 프랑스어로 '로칼리테localité'에 가까울 것이다. 공간은 공동체를 생성한다. 공동체 공간은 실재적일 뿐 아니라 '상상적'이기도 하며, 사회적 표상의 대상이 되기도 한다. 그리고 이 표상이 유발하는 행동이 장소에 영향을 끼친다. 그렇게 하비는 여러 연구를 통해 근대 도시의 상상적인 것들을 조명한다. 이를 위해 그는 문학사·조형예술·영화의 어떤 장면들, 상상적인 것이 특정한 방식으로 이해될 수 있는 모든 영역을 고찰한다.

도시와 결부된 사회적 표상은 정치적 측면을 내포한다. 이것이 하비가 『모더니티의 수도, 파리』에서 '파리 코뮌Commune'을 분석하며 설명한 지점이다.[104] 이 책에서 그는 19세기, 특히 1848년 혁명과 1871년 파리 코뮌 사이에 전개된, 파리라는 도시의 역사를 재구성한다. 그 시기 눈에 띄는 사실은 당연히 프랑스 제2제정 당시 오스만Georges-Eugène Haussmann이 불러온 도시의 심층적 변화다. 르페브르에 따르면 파리 코뮌은 그런 변화에 맞서, 또 변화의 기반이 된 사회계급, 곧 부르주아계급에 맞서 도시 공간에 재적응하려 한 파리 인민의 시

---

104 David Harvey, *Paris, Capital of Modernity*. 지면 관계상 이곳에서 다루지 못했지만, 동시대 비판사상에서 코뮌을 다룬 또 다른 연구로는 다음을 보라. Kristin Ross, *The Emergence of Social Space. Rimbaud and the Paris Commune*, University of Minnesota Press, Minneapolis, 1989.

도였다.[105] 오스만과 더불어 부르주아계급은 도시 공간을 경제적·정치적·군사적으로 통제했다. 당시 센Seine 지사였던 오스만은 군대의 이동을 용이케 하는 간선도로를 만들었고, (특히 기차역을 건설해) 운송체계를 발달시켰으며, 1860년 새로운 행정구역인 구區, arrondissements를 생성함으로써 도시의 '유기적인' 사회공간 구조를 파괴했다. 그는 파리 주민들에게서 도시 경험을 박탈함으로써 이들이 "도시에 대한 권리droit à la ville"(하비가 차용한 르페브르의 표현)를 요구하도록 자극했다.[106] 오스만식 건설은 공간적 분리를 증대했다. 다시 말해 지구地區, quartiers의 구성은 점점 더 계급을 기초로 이뤄졌다. 물론 오스만이 공간적 분리를 창시한 것은 아니다. 이는 수 세기에 걸쳐 자본주의에 내재한 경향이다. 그렇지만 공간적 분리는 제2제정 기간에, 특히 재화 및 서비스 생산의 지리적 특화와 부동산 시장이 야기한 변화의 결과로 더욱 두드러졌다.[107] 이러한 공간적 분리는 사회계급과 (공간적) 공동체를 한곳에 수렴시키는 경향이 있었다. 몇몇 지구, 특히 라틴 지구Quartier Latin는 여전히 사회적으로 여러 계급이 혼재했지만, 그 추세는 계급을 분리해내는 쪽을 향했다. 계급은 한마디로 **공간화**했다. 오스만은 옛 지구들의 핵심부를 도려냄으로써 전통적 공동체를 파괴하긴 했지만, 결국 새로운 공동체의 출현 또한 야기했다.

105   Henri Lefebvre, *La Proclamation de la Commune*, Gallimard, Paris, 1965.

106   Henri Lefebvre, *Le Droit à la ville*, Economica, Paris, 1968; David Harvey, "The Right to the City," *New Left Review*, n° 53 (nouvelle série), septembre-octobre 2008.

107   David Harvey, *Paris, Capital of Modernity*, p. 241.

부르주아계급이 도시 공간을 지배함에 따라 노동자들은 조직화하여 새로운 도시 지형에 적응해야만 했다. 사회계급을 이해하는 이러한 방식은, 자본주의적 공간이 노동자계급 결집을 위해 언제나 극복해야 할 장벽이자, 노동자계급 결집이 기댈 수 있는 자원이기도 함을 보여준다는 점에서 독창적이다. 제2제정 시기에 파리가 겪은 변화는 파리 코뮌을 1848년 혁명과는 다른 사건으로 만든다. 그 변화 자체가 (부분적으로는) 1848년 혁명에 대한 대응으로서 발생한 것이므로, 우리는 혁명운동과 공간의 생산이 서로 영향을 주고받음을 보게된다. 이 영향관계는, 예컨대 당시 만들어진 새로운 유형의 노동자계급 조직을 통해 표출되었다. 1860년대 말 외젠 발랭Eugène Varlin의 주도로 설립된 '노동조합연합Fédération des chambres syndicales ouvrières'은 파리 전역에서 이제 막 합법화된 40여 개 노동조합의 연합체였다. '노동총연맹Confédération générale du travail, CGT'의 전신인 이 연합은 지역 상호부조라는 강력하고도 오랜 전통에 기대어 만들어졌지만, 창립 주도자들이 더광범위한 조직 기반의 필요를 자각했기에 등장한 것이기도 했다. 게다가 발랭은 마르크스와 바쿠닌Mikhail Bakunin이 이끌었던 제1인터내셔널의 적극적인 구성원으로서 런던과 제네바에서 열린 1·2차 인터내셔널 총회에도 참여했다. 하비에 따르면 노동조합연합 및 이와 유사한 다른 조직들은 파리 코뮌이 출현하는 데 밑거름 역할을 했다. 이조직들이 구조화함으로써, 도시 자체가 노동조합 및 정치 활동의 무대가 될 수 있었다. 그렇다고 해서 이 조직들이 지역에 대한 애착을 잃은 것은 아니었다. 지역적 기반이야말로 그들의 주장을 노동자계급의 일상생활에 확실히 뿌리내리게 하는 것이었다.

　　다른 요소들도 파리 코뮌 당시 계급과 공동체 사이의 새로운 변증법을 잘 보여준다. '지방자치libertés municipales'는 봉기자들의 핵심 요구 사항이었다. 이에 몇몇 역사가는 파리 코뮌이 '지방분권'에 적합한 사건이었다는 결론을 이끌어냈다. 이 말은 곧 주된 적대관계가 노동자와 지배계급 사이가 아니라, 지방 권력의 증대를 주창하는 이들과 억압적 국가 사이에 있었다는 얘기다. 하비는 '지방자치'의 요구가 파리 코뮌 맥락에서 보면 계급적 요구였다고 말한다. 만일 '지방분권'만이 문제였다면, 이에 대해 어느 정도 호의적이었던 부르주아계급과 왕당파가 그토록 신속히 도시를 떠난 이유가 설명되지 않는다. 그들이 도시를 떠나야만 했다면, 그런 자유가 파리 코뮌 가담자들의 마음속에서는 평등을 향한 염원과 분리될 수 없었기 때문이다. 이런 의미에서 '지방자치'라는 주장은 파리 코뮌 시기에 통용되던 민주주의가 영토적 차원에서 이해되었음을 보여준다. 봉기의 시기 동안 벨빌, 라빌레트, 몽마르트 같은 노동자계급 지구는 정치적·군사적으로 중요했고, 이는 19세기 후반부터 증대한 '계급의 공간화'의 또 다른 양상이다. 그런데 계급의 공간화는 전략적으로 불리한 면이 있었다. 하비가 상기하길, 싸움이 이는 동안 도시의 장벽보다 자신들의 지구를 더 지키고 싶어 하는 노동자가 많았으며, 이로써 베르사유 정규군의 파리 진입이 용이해졌던 것이다.

　　하비는 오스만의 지휘 아래 이뤄진 도시의 '세계화'가 노동자 국제주의에 기여했다고 지적한다. 1848년 혁명 동안 때때로 외국인 노동자들에 대한 혐오 감정 표출이 발생하기도 했다. 그러나 동시에 억압받는 인민들, 특히 폴란드 인민들에 대한 연대 시위가 함께 진행된 것도 사실이다.[108] 이후 수십 년간 해방의 문제를 더 일반적인 차원에서 제기할 필요성은 갈수록 명확해졌다. 이 필요성은 당시 사회가 겪은 인프라상 변화, 특히 건축적 변화와 무관하지 않다. 하비는 다음과 같이 말한다.

> 공동체가 규정되는 공간은, 도시화 규모가 변화하고 공간
> 적 장벽이 줄어듦에 따라 바뀌었다. 하지만 이 공간은 새로
> 운 계급 구성과 계급투쟁에 상응하여 변화하기도 했는데,
> 해당 참여자들이 공간 및 공간적 네트워크에 대한 통제가
> 사회적 힘의 원천임을 배우기 때문이었다.[109]

오스만의 파리 사례에서처럼 도시화 규모가 커지고 도시화가 더욱 체계적으로 진행될수록, 공간에 대한 통제 문제가 계급들 간 투쟁의 쟁점으로서 더욱 부각된다. 이런 통제는 봉기의 시기에 나타난 것과 같은 전술적 차원, 그리고 노동의 공간적 분할의 결과에 대한 대응을 목적으로 하는 노동조합적 차원을 모두 내포한다.

하비의 사회계급 이론은 역사적 사건에 기대고 있지만, 오늘날

---

108   같은 책, p. 238.
109   같은 책, p. 239.

사건들을 해석하는 데에도 사용될 수 있다. 2001년 말 아르헨티나는 지난 수십 년간 세계적인 규모에서 봤을 때 가장 강력한 봉기 중 하나를 겪었다. 정치적·경제적 구조의 붕괴를 야기한 전례 없는 위기에 이어 이 나라는 거의 혁명적인 상황에 직면했다. 그런 위기 국면이 실제 혁명에 이르지 못한 사실은, 선진 자본주의 사회에서 사회변혁을 가능케 하는 조건에 대해 우리에게 많은 것을 말해준다. 어찌 됐건 이 봉기를 계기로 새로운 사회적 행위자들이 나타났다. 가장 유명한 이들은 '피케테로스'(피켓을 든 사람들), 곧 실업자와 비정규직 노동자다. 1990년대 신자유주의 10년 동안 있었던 대량 해고 정책의 산물인 피케테로스 운동은, 지난 수십 년간 벌어진 가장 혁신적인 사회운동들 가운데 하나로 꼽힌다. 아르헨티나 노동조합 전통에서 유래했지만, 실업자들로 구성됐기 때문에 투쟁 장소로서 공장을 기대할 수 없었던 '피케테로스' 연합은 다음과 같은 구호를 유행시키기에 이르렀다. "지구地區는 새로운 공장이다El barrio es la nueva fabrica." 이제 이들은 공장에 접근할 수 없었기에, 서민 지구를 신자유주의에 맞선 저항의 발판으로 만드는 것이 중요했다.

하비의 사회계급 이론은 어떤 의미에서 지구地區란 늘 '새로운 공장'이었음을 보여준다. 달리 말하면 작업장을 노동자계급의 유일한 결집 장소로 생각하는 것은 잘못이다. 공동체, 즉 영토적 의미의 공동체는 이 관점에서도 중요하다. 분석의 초점을 공장에 맞추는 것은 무엇보다도 프롤레타리아를 생산자로 여기는 데서 비롯한다. 여러 마르크스주의 흐름에서 이런 경향이 두드러진다. 반면 분석에 '공동체' 차원을 더하는 것은 노동자를 생산에는 투입되지만 이 차원으로 환원될 수 없는 복수의 행위자로 만드는 것과 같다. 이 점에서 하비는 파리 코뮌 이전에 정치적 사교 장소로서 카페가 지닌 중요성을 상기시킨다.[110] 카페는 여러 부문의 노동자계급들 간의, 그리고 노동자계급과 '보헤미안'(기자, 예술가, 학생) 간의 만남의 장소였을 뿐만 아니라, 노동자들에게 매우 다양한 존재 방식을 경험할 수 있게 했다. 랑시에르의 표현을 빌리면 노동자의 낮과 동등하게 '노동자의 밤'을 분석에 포함해야 하는 것이다.

에릭 올린 라이트: 분석 마르크스주의

미국 위스콘신 대학 사회학과 교수를 지낸 에릭 올린 라이트는 사회계급을 사유하는 또 다른 방식을 보여준다. 그는 애초에 알튀세르주의자였지만, 1980년대부터 알튀세르주의와는 거리가 먼 마르크스주의 학파인 분석 마르크스주의 흐름 속에서 활동해왔다. 분석 마르크스주의는 마르크스주의와 방법론적 개인주의를 융합하려는 시도다. 분석 마르크스주의자들은 신고전파 이론의 기초가 된 것과 같은 유형의 '미시적 기초'를 마르크스주의에 부여하려 한다. 여기에는 행위자의 도구적 합리성, 사회적인 것을 개인적인 것으로 환원하기, 비용/편익 분석 등이 포함될 수 있다. 이들은 마르크스주의 자체에 내재한 가장 문제적인 성향들로부터 마르크스주의를 해방시키고

---

110   같은 책, p. 241.

자 하는데, 그 문제적 성향들이란 사회계급에 대한 '전체론적' 개념화와 역사 결정론이다. 이는 분석 마르크스주의자들이 계급 분석을 폐기함을 의미하지 않는다. 오히려 이는 계급 분석을 그들이 보기에 더욱 견고한 기초 위에 재정초하고자 하는 야망의 표현이다. 존 로머John Roemer, G. A. 코언G. A. Cohen, 욘 엘스터Jon Elster, 로버트 브레너, 아담 쉐보르스키Adam Przeworski, 필리프 판 파레이스가 가장 유명한 분석 마르크스주의자들이다. 분석 마르크스주의는 1990년대 후반 이후 사실상 사라졌다. 코언과 라이트 같은 중심인물 몇몇은 여전히 정도는 다르지만 마르크스주의와 가까운 급진적 평등주의 관점에 애착을 갖고 있다. 그러나 엘스터 같은 다른 몇몇은 이 관점을 완벽하게 포기했다.[111] 그 가운데 라이트는, 그의 관념들도 역시 변화를 겪긴 했지만 분석 마르크스주의의 초기 기획에 가장 가까이 남아 있던 한 사람일 것이다.

에른스트 블로흐는 예리한 방식으로 마르크스주의 내에서 '한류'와 '난류'를 구분할 것을 제안한 바 있다.[112] '한류'는 마르크스주의를 사회의 '객관적' 기능을 냉철히 밝히기 위한, 실증적이고 '탈주술화 기능을 하는' 과학으로 이해한다. 대표적으로 카우츠키와 알튀세르가 이 그룹에 속한다. 반면 '난류'는 유토피아와 희망을 믿으며, 마

---

111   Christopher Bertram, "Le marxisme analytique," Jacques Bidet et Stathis Kouvélakis (dir.), *Dictionnaire Marx contemporain*.

112   Ernst Bloch, *Le Principe espérance*.

르크스주의가 포함하는 주체성의 몫, 심지어 '믿음'의 몫까지도 인정한다. 벤야민, 마르쿠제, 골드만이 이 전통에 속한다. 블로흐 본인 또한 '난류'를 대표하는 인물로, 그는 '한류'도 나름대로 일리가 있지만 그것은 난류에 이바지하는 데서 그 역할을 찾아야 한다고 생각했다. 물론 모든 마르크스주의자에게는 이 두 요소가 혼재해 있다. 예를 들어 전통적으로 엥겔스는 마르크스 저작의 '차가운' 측면을 강화한 사람으로 여겨졌지만, 『독일 농민전쟁Der deutsche Bauernkrieg』의 엥겔스는 전근대적 공산주의에 관심을 두기도 했다.

라이트는 마르크스주의의 '한류'에 속할 것이다. 간혹 '유토피아적' 담론을 발전시킬 때도 있었지만 그의 저작에 깔린 일반적 어조는 분명 합리주의적이지, 낭만주의적이지는 않다. '실증주의자'라는 칭호는 전통적으로 마르크스주의 안팎에서 경멸의 뜻으로 쓰여왔는데, 만일 그런 뜻이 없었더라면 이 칭호가 그에게 적합할 것이다. 라이트의 연구 전체를 관통하는 생각은, 과학—여기서는 사회과학—이 인간 해방을 가로막는 메커니즘을 밝힘으로써 인간 해방에 결정적인 방식으로 기여할 수 있다는 것이다. 그는 자신의 연구 계획을 "해방적 사회과학emancipatory social sciences"이라 표현하며, 이는 그가 과학과 정치 사이에 어떤 관계를 설정하는지를 잘 보여준다.[113] 이 점에서 라이트는 흔치 않은 학자다. 동시대 인문학에서는 지식을 통한 해방이라는

113   Erik Olin Wright, "Compass points," *New Left Review*, n° 41 (nouvelle série), septembre-octobre 2006.

근대적 '거대서사'를 불신하는 관점이 지배적이기 때문이다. 상당히 많은 저자들이 20세기 역사의 몇몇 거대한 비극을 야기한 원인으로 기술과 결합된 지식을 지목한다. 아마도 라이트는 고전 마르크스주의 의 이상이기도 했던 계몽주의적 이상에 가장 충실한 동시대 비판사 상가에 속할 것이다.

라이트의 전공은 사회계급이다. 1980년대부터 오늘날에 이르기 까지 그는 계급 분석을 폐기하려는 사회과학의 경향에 저항해왔다. 이는 『계급 논쟁The Debate on Classes』 『마르크스주의 재건하기Reconstructing Marxism』 『계급이 중요하다Class Counts』 같은 그의 저서 제목에서도 확 인된다.[114] 물론 지난 수십 년간 사회계급은 어디에나 존재해왔다. 라 이트는 여러 나라의 계급 구조 변화를 다룬 많은 실증적 연구를 내 놓았다.[115] 사회이론과 경험적 사회학의 상호작용은 그의 저작이 지닌 한 가지 특색이다. 이로써 그는 규범적 정치철학이라는 영역에 개입했 고, 가령 존 롤스의 정의론을 둘러싼 토론에도 참여했다. 라이트는 사 회계급 문제가 적어도 네 개의 하위 영역, 즉 계급 구조, 계급들의 (역 사적) 발생, 계급투쟁, 계급의식으로 나뉜다고 보았다.

동시대 사회계급 이론가들은 모두 중간계급이라는 까다로운 문 제에 주목했다. 비판사상가들에게 이 문제는 20세기에 예상 밖으로

---

114   특히 다음을 보라. Erik Olin Wright, *Class Counts. Comparative Studies in Class Analysis*, Cambridge University Press, Cambridge, 1996.

115   예컨대 다음을 보라. Erik Olin Wright et al., "The American Class Structure," *The American Sociological Review*, n° 47, 1982.

지속된 민족주의와 종교만큼이나 어려운 문제임이 밝혀졌다. 사회 양극화는 마르크스와 마르크스주의자들이 핵심에 놓은 가설 중 하나다. 이들이 보기에 사회는 시간이 갈수록 두 가지 사회계급, 즉 부르주아계급과 프롤레타리아계급으로 양극화할 것이고, 그 둘의 대립은 사회주의 이행으로 귀결될 터였다. 이 두 계급 사이나 주변에 있는 모든 계급(중간계급, 농민, 룸펜프롤레타리아트)은 사라질 운명에 놓여 있었다. 물론 이 예견은 실현되지 않았다. 자본주의 사회구조는 단순화하거나 양극화하지 않았고, 오히려 더 조밀해지고 복잡해졌다. 특히 중간계급은 '영광의 30년' 이후 유독 팽창했다. 소상공인이나 말단 공무원 같은 '프티부르주아계급'은 자본주의가 시작된 이래 존재해왔다. 하지만 '관리자'라든지 각 방면의 '전문가' 같은 새로운 사회적 범주가 계급 구조에 더해졌다.

사회계급 이론가들은 이런 문제에 다양한 방식으로 접근해왔다.[116] 어떤 이들은 '사회의 중간계급화'란 환영일 뿐이라면서, 사회구조상 중간층이 늘어난 것처럼 보이는 탓에 불평등이 늘어난 점이 사실상 감춰진다고 주장했다. 이 견해는 신자유주의의 출현 이후 등장한 '모래시계형 사회société en sablier' 등의 가설과 함께 다시 관심을 받았다.[117] 하지만 이 가설은 '영광의 30년' 절정기에는 거의 지지를 받지

---

116   Erik Olin Wright, "A General Framework for the Analysis of Class Structure," in Erik Olin Wright et al., *The Debate On Classes*, Verso, Londres, 1989, pp. 3-4.

117   예컨대 다음을 보라. Alain Lipietz, *La Société en sablier. Le partage du travail contre la déchirure sociale*, La Découverte, Paris, 1998.

못했다. 한편 다른 이들은 니코스 풀란차스, 앨빈 굴드너Alvin Gouldner, 세르주 말레의 예를 좇아, 자본주의가 새로운 유형의 사회계급 출현을 불러왔다고 주장했다. 1970년대에 유행한 '신노동자계급' 개념이나 (계급 구조의 상이한 영역을 지칭하는) '관리자 계급' 개념은 이 새로운 현상을 설명하려는 시도였다.[118] 때에 따라 새로운 계급은 이전부터 있던 사회계급의 한 분파가 자율성을 획득하는 과정으로 여겨지기도 했고, 전적으로 새로운 계급으로 여겨지기도 했다.

라이트는 '모순적 계급 위치contradictory class locations'라는 개념의 형태로 이 문제에 독창적인 해결책을 제안했다. 라이트가 보기에 중간계급은 그 자체로 하나의 계급을 이루지 않는다. 중간계급을 이루는 개인들은 동시에 여러 사회계급에 속하며, 더구나 이 계급 위치의 이해관계는 모순적이다. '관리자'라는 개념이 이 상황을 잘 설명해준다. 한편으로 관리자들은 피고용인이다. 다시 말해 그들은 자신들이 일하는 기업의 자본이나 생산수단의 소유자가 아니다. 물론 이 특수한 유형의 피고용인이 (예를 들어 '스톡옵션stock-option'을 통해) 자기 회사의 이윤에 관심을 두는 일은 흔하기 때문에 그들의 상황은 좀 더 복잡해진다. 하지만 소유관계를 엄밀히 따져보면 이들은 무엇보다 임금노동자다. 그런데 한편으로 관리자들의 이해관계는 다른 피고용인의 이해관계와 대립한다. 왜냐하면 그들은 기업 내부에서 다른 피고용인에 대한 권한을 지니거나, 희소성이 높은 기술을 보유한 덕분에 상당한

---

118   예컨대 다음을 보라. Serge Mallet, *La Nouvelle Classe ouvrière*, Seuil, Paris, 1963.

금액의 보수를 받기 때문이다. 그러므로 이런 사회적 범주는 분열한 다.[119] 어떤 피고용인이 중간계급의 위계상 위로 올라갈수록(예컨대 다국적 기업의 CEO에 근접할수록), 그의 이해관계는 자본가들의 이해관계와 비슷해진다. 반대로 그가 위계상 아래로 내려올수록, 그의 이해관계는 노동자들의 이해관계와 비슷해진다.

모순적 계급 위치 개념은 여러 이론적·정치적 결과를 낳는다. 먼저 우리는 모순적 계급 위치를 점유한 계급이 역사의 흐름 속에서 변화한다는 사실에 주목해야 한다. 자본주의 체제의 관리자들처럼, 봉건제에서는 부르주아계급이 분열적인 계급 위치에 놓여 있었다. 부르주아계급 구성원들 중 일부는 귀족 작위를 돈 주고 사서 귀족 신분으로 진입하는 데 성공하기도 했지만, 다른 부르주아들은 여전히 평민계급에 속해 있었다. 소련 같은 '관료적 사회주의 체제'에서는 인텔리겐치아intelligentsia가 그런 위치를 점했다. 인텔리겐치아는 노멘클라투라nomenklatura(일당 체제의 관료) 구성원들과 같은 이점을 공유하지만 이와 구별되는 계급이다. 사회구조는 언제나 복합적이며, 어떤 체계에서든 모순적인 위치가 생겨난다.

계급 구조의 모순적 특성은 사회 운동과 혁명에서 계급 동맹의 문제를 제기한다. 사회변혁 상황에서는 사회구조 속에서 모순적 위치를 점유한 계급에 여러 선택지가 제시된다. 이 계급은 지배계급과 동맹관계를 맺음으로써 기존 질서를 옹호할 수 있다. 근대 정치사에서

---

119   Erik Olin Wright, "A General Framework for the Analysis of Class Structure," pp. 24-26.

중간계급이 지배계급 쪽에 가담하는 일은 매우 자주 일어났다. 하지만 중간계급은 자신들의 이해관계가 사회변혁과 일치한다고 생각해 인민계급과 동맹관계를 맺을 수도 있다. 라이트는 모든 대규모 혁명 현상이 이런 메커니즘으로 일어난다고 말한다. 여하튼 그가 보는 계급투쟁에서는 언제나 이질적인 행위자들이 함께 행동에 나선다. 결론적으로 계급 구조의 단순화나 양극화에만 의지해 설명하는 것은 잘못이다. 이런 의미에서 동맹의 문제는 전략적 문제일 뿐만 아니라, 사회계급이란 무엇인가 하는 문제를 제기하기도 한다.

라이트에 따르면 자본주의 사회에서 계급 구조의 토대가 되는 메커니즘은 '착취'다. 한때 상당히 유행했던 이 개념은 이제 동시대 사회과학에서 거의 자취를 감췄다. 어떤 나라에서 논의가 이뤄지든 우리는 현재 간행되는 주요 사회학 학술지에서 이 개념을 찾아볼 수 없다. 만일 어떤 저자가 착취라는 말을 썼다 하더라도 그 말의 의미는 불명확한 경우가 대부분이다. 좌파 진영 사상가들을 아우르는 오늘날의 이론적 경향은 착취 개념을 더 포괄적이고 분명한 개념으로 여겨지는 '지배'로 대체하는 것이다. 부르디외를 보더라도 사실상 착취 개념은 전혀 나타나지 않는다. 부르디외가 경제적 장을 분석 대상으로 삼을 때조차 언제나 문제가 되는 것은 지배다. 착취 개념을 대신하여 지배 개념을 일반화하는 것은 자본-노동 갈등의 중심성을 폐기하는 것이며, 부르디외를 비롯한 오늘날 비판사상가 대부분이 생각하듯 지배는 언제나 복수적이라는 생각과 맥을 같이한다.

하지만 라이트가 보기에 자본주의는 착취를 먹고 자라는 것이므로, 이 개념은 그의 분석에서 계속 중심적인 위치를 차지한다.[120] 착취는 지배와는 구별되는 사회관계로서 지배에 포함될 수 없다. 다른 억압 형태와 구별되는 착취의 특수성을 분석하고자 라이트는 유럽의 식민지 개척자가 도달했을 때 아메리카 원주민이 처했던 상황을 19세기 미국 노동자들의 상황과 비교한다.[121] 아메리카 원주민은 집단학살의 희생자였다. 이는 경제적 차원에서 식민지 개척자가 그들을 조금도 필요로 하지 않았음을 보여주는 것이다. "선량한 인디언이 있다면 그는 죽은 인디언"이라는 당시 농담이 이를 잘 반영한다. 라이트가 보기에 이 경우는 '비착취적 억압non-exploitative oppression' 형태를 가리킨다. 이 형태는 피억압 집단을 물리적으로 제거하는 데까지 이를 수 있다. 착취는 이와 매우 다른 현상이다. 착취자의 물질적 안녕은 피착취자의 노동 없이 있을 수 없으므로, 착취자는 피착취자를 필요로 한다. 이런 이유에서 계급 학살이 발생할 수도 있지만, 자본가는 노동자에 대한 폭력을 어느 정도는 억제해야만 한다. 이 점이 "선량한 노동자가 있다면 그는 죽은 노동자"라는 말이 있을 수 없는 이유다.

라이트는 착취가 세 가지 원리에 기초한다고 본다.[122] 첫째는 '상호의존관계에 있는 전도된 후생의 원리inverse interdependent welfare principle' 다. 이 원리는 착취자의 물질적 후생이 피착취자의 빈곤에 인과적으

---

120 분석 마르크스주의에서 내놓은 착취에 대한 또 다른 흥미로운 분석으로 다음을 보라. Jon Elster, "Exploring exploitation," *Journal of Peace Research*, n° 15, 1978.

121 Erik Olin Wright, *Class Counts*, p. 11.

122 같은 책, p. 10.

로 의존한다고 주장한다. 이는 착취자와 피착취자의 이해관계가 필연적으로 모순됨을 뜻한다. 그들이 벌이는 투쟁은 우연적 현상이 아니다. 결국 부자는 가난한 이들이 가난하기 **때문에** 부자인 것이다. 둘째는 '배제의 원리exclusion principle'다. 이는 피착취자가 몇몇 자원과 주요 생산수단의 소유나 통제에서 배제된다고 하는 주장이다. 결국 이 원리는 자본주의에서 사유재산이 (그 정의상) 불균등하게 분배되어 있음을 가리킨다. 셋째는 '전유의 원리appropriation principle'다. 생산수단을 통제하는 개인은 생산수단이 없는 이들의 활동에서 나온 생산물을 전유한다. 이 전유의 원리가 착취관계를 비착취적 억압 형태와 구별해주는 것이다.

계급 분석은 마르크스주의만의 전유물이 아니다. 앤서니 기든스나 존 골드소프John Goldthorpe처럼(둘 다 영국의 사회학자다), 베버 등의 연구에서 영감을 얻은 여러 사회학자들이 계급 분석을 수행한다. 그렇지만 이들은 마르크스주의 일반, 특히 라이트와는 다른 이론적 전제에 기초를 두고 이를 수행한다. 베버주의자들에게 사회계급은 우선 시장에서의 차등적 기회 문제다. 사회적 지위에 따라 개인은 사용 가능한 자원에 접근하기가 더 쉬울 수도, 더 어려울 수도 있다. 마르크스주의자들에게 사회계급의 근본적인 메커니즘은 우선 시장이 아니라 생산 영역에서 작동하며, 이 생산 영역에서 상품 유통의 영역으로 파급되는 것이다.[123] 라이트는 이렇게 생산 영역에 중심성을 부여함으

---

123   같은 책, p. 32.

로써 오늘날 주류 사회과학과 정반대의 견해를 취한다. 이는 남성 지배나 인종 억압이 정치적으로 부차적인 문제라서가 아니다. 우리가 살아가는 자본주의 체계를 최종적으로 규정하는 것, 즉 사회관계 전체의 기반을 이루는 것이 바로 착취이기 때문이다.

알바로 가르시아 리네라: 계급, 다중, 원주민주의

알바로 가르시아 리네라의 이론적 견해는 여러 접근을 독창적인 방식으로 결합한다. 볼리비아 노동운동의 매우 특별한 역사에서 보듯, 그는 마르크스주의에 관한 지식과 실천을 통해 사회관계의 계급적 차원을 민감하게 여기게 됐다. 또 동시에 그는 노동자주의, 특히 네그리의 주장에서 영향을 받아, 동시대 세계의 변화를 이해하는 데 '다중' 개념을 활용하게 됐다. 다른 한편으로 1970년대에 새로운 형태로 나타난 볼리비아 원주민주의 운동은 그의 사고에 깊은 영향을 미쳤다. 이 모든 것은 혼종적 사유를 낳았으며, 그런 사유가 어느 정도 절충주의적 특징을 갖는 점은 분명하다. 그러나 이는 지적 활동에 대한 행동의 우위가 가르시아 리네라의 실천에서 관철되고 있음을 고려하면 이해할 수 있는 것이다.

볼리비아 노동운동은 라틴아메리카에서 일어난 가장 강력한 운동에 속한다. '민족적 진보주의' 체제의 도래에 영향을 미친 1952년의 변혁은 이 대륙이 20세기에 겪은 매우 심오한 변혁이자, 프롤레타리아계급, 특히 광부들이 가장 적극적인 역할을 한 변혁 가운데 하나였다. 가르시아 리네라에 따르면, 볼리비아는 **노동조합 형태**forme-syndicat

의 중심성을 오랜 특징으로 했다. 1940년대 이래 이 국가는 공식적으로 임금노동자의 조직을 인정하고 사용자와 3자 협상 체계를 구축했다. 이어지는 50년 동안, 1980년대 신자유주의 정책이 시행될 때까지 노동조합은 당이나 다른 유형의 조직보다 볼리비아 노동자계급의 정체성을 구성하는 데 더 주요한 벡터가 됐다. 1952년 창설된 뒤 광부조합이 오랫동안 지배하게 될 '볼리비아 중앙노동조합COB'은 이 계급의 '척추'를 이룬다.

1940년대부터 1980년대까지 볼리비아에서 노동조합 형태의 중심성은 여러 방식으로 표출되었다. 먼저 우리는 이 나라의 역사에서 정치적 권리와 사회적 권리의 일치를 확인하게 된다.[124] 이는 노동자들이 노동조합 가입을 통해 공적 영역에 접근할 수 있음을, 달리 말해 정치적인 것이 사회적인 것에 달려 있음을 의미한다. 이런 맥락에서 어떤 사람이 볼리비아 시민임은, 그가 서발턴 계급에 속하는 경우라면 조합원임을 의미한다. 1936년 이후 이 국가는 모든 임금노동자가 노동조합에 가입할 것을 의무화했다. 그때부터 볼리비아인의 일상생활은 많은 측면에서 노동조합을 통해 관리됐다. 가르시아 리네라는 볼리비아 노동자계급이 노동조합을 매개로 국가의 지원을 받아 형성되었음을 보여준다. 그러나 이는 국가가 백지상태에서 노동자계급을

---

124 Álvaro Garcia Linera, *Pour une politique de l'égalité*, p. 48; Álvaro Garcia Linera, "Indianisme et marxisme. La non-rencontre de deux raisons révolutionnaires," *Contretemps*, n° 4 (nouvelle série), décembre 2009.

창조했다는 얘기가 아니다. 왜냐하면 노동자계급이 주로 탄광 지역에 집중돼 있던 것은 이 나라의 독특한 사회경제적 사실이기 때문이다. 그러나 이 노동자계급이 취한 형태는 국가와의 '일상화된' 관계에 크게 의존했다.

가르시아 리네라는 계급 정체성의 시간적 차원을 강조한다. 노동조합 형태는 하나의 **계급 시간**을 확립한다는 특수성을 갖고 있다.[125] 하비는 사회계급의 공간적 차원—계급관계의 자원이자 산물로서의 공간—을 강조하지만, 가르시아 리네라는 어쨌거나 노동조합 형태의 맥락에서 한 계급에 소속해 있다는 데 내재한 시간성을 강조한다. 계급 시간은 개인적 시간과 집단적 시간을 복잡하게 뒤섞는다. 모든 노동자에게 계급 시간은 집단적 역사(사회적 진보, 민족 독립을 위한 투쟁, 혁명, 독재자에 맞선 저항으로 이뤄진 볼리비아 노동자계급의 역사)에 통합될 수 있는 기회를 제공한다. 가르시아 리네라에 따르면 볼리비아에서 노동자는 "나라를 전진하게 하는 이들"로 인식되며, 이로써 노동자는 "상상된 공동체" 내에 자리 잡는다.[126] 또한 계급 시간은 더 나은 미래를 위해 노동자를 결집한다. 프롤레타리아계급 내에서 오랜 규범이었던 정규직은 법정치적 메커니즘이다. 이 메커니즘을 통해 모든 이는 자기와 자기 자손의 상황이 계속 향상된다고 보았다. 이 특수한 시간성은 노동자계급 문화의 일부다. 이 시간성은 노동 그 자체뿐만 아니라 축

---

125 Álvaro Garcia Linera, *Pour une politique de l'égalité*, p. 44.
126 같은 책, p. 43.

제, 애도, 투쟁의 순간들도 조절하는 것이다.

볼리비아에서 노동자계급이 헤게모니를 지녔다는 사실이 이 노동자계급이 그 나라의 유일한 서발턴 범주에 들어갔음을 뜻하진 않는다. 오히려 정반대를 뜻한다. 다시 말해 이 헤게모니는 노동자계급 모델을 부여받은 다른 사회적 범주의 존재를 함의한다. 50퍼센트 이상의 아메리카 원주민(케추아족과 아이마라족)으로 구성된 나라에서 원주민은 인구통계상 압도적인 범주를 나타낸다. 그렇지만 노동조합 형태가 우월했던 시기에 사회적 문제는 인종적 문제를 은폐했다. 대부분의 노동자가 원주민이므로, 구체적으로 사회적 문제와 인종적 문제는 결국 같은 사람들에 대한 문제다. 그러나 다른 곳과 마찬가지로 볼리비아에서도 모든 것이 범주의 문제이며, 그 범주의 발전 문제다. 그 결과 같은 개인이 노동자로, 또 원주민으로 연거푸 인식될 수 있다. 1940년대와 1980년대에는 사회적 문제('노동자' 범주)가 인종적 문제('원주민' 범주)에 비해 우세했다. 물론 사회적 문제가 인종적 문제를 완벽하게 은폐한 것은 아니었다. 따라서 가르시아 리네라는 다음과 같이 주장한다.

> 볼리비아 중앙노동조합cob은 노동자계급 서사를 확립하고 제도화하는 것을 가능케 하는 한편, 다른 서발턴 계급들에게 공적 존재라는 위치를 부여했다. 볼리비아 중앙노동조합은 사회계급들의 자주적 형성에 틀을 제공했지만, 이는 노동운동의 상징, 코드, 그리고 조직 양식 언저리에서

이뤄졌다. 이런 노동조합과의 친자관계는 서발턴 계급의 다른 자기조직화 형태들을 지우고 쫓아내버렸다.[127]

노동조합 형태를 잇는 것이 **다중 형태**forme-multitude다. 하트와 네그리에게서 다중은 국가보다 우선한다. 국가가 존재하려면 다중의 힘, 그 단결력과 협동력, 그 구성원들이 발산하는 '일반 지성'을 손에 넣어야 한다. 이런 의미에서 다중은 언제나 주도적이고 국가는 언제나 그에 비해 늦다. 가르시아 리네라는 네그리로부터 영감을 받았음에도, 이 다중과 국가의 관계를 뒤집는다. 그에 따르면, 국가와 신자유주의 정책이 노동조합 형태를 비롯해 이전의 정치적·경제적 체제를 파괴할 때 비로소 다중 형태가 출현한다. 비록 푸코의 논리대로 모든 새로운 권력 형태가 유례없는 저항 형태를 야기한다 할지라도, 결국 가르시아 리네라에게 다중은 수세적 개념이다. 그는 지도자 역할을 수행한 경험과 현장을 연구하는 사회학자로서 얻은 지식에 힘입어, 하트와 네그리의 다중 개념보다 훨씬 더 구체적인 다중 개념을 구상할 수 있었다. 하트와 네그리에게, 또 파올로 비르노 같은 다른 다중 이론가에게 다중 개념은 형이상학적 외양을 지닌다. 가르시아 리네라와 네그리를 구별해주는 또 다른 차이점은 네그리의 다중이 '포스트모던'하다는 점이다. 자본주의가 다른 모든 것, 곧 조직된 노동자계급, 국민국가, 전근대적 공동체를 파괴했을 때 다중은 출현한다. 가르시아 리네라에게

127 같은 책, p. 59.

신자유주의는 노동자계급을 없앰으로써 그 구성원을 전근대적 사회 형태로 퇴보시킨다. 따라서 다중은 전근대성과 탈근대성(포스트모더니티)의 혼합물로 간주해야 한다.

가르시아 리네라는 다중의 여러 정의를 제시한다. 예컨대 그는 다중이 "내부에 단일 헤게모니가 부재한 다양한 계급들 및 사회적 정체성들의 연합들의 연합"이라고 말한다. 또한 그는 이렇게 주장한다. "다중은 본질적으로 **집합적 개인들**의 총합이다. 즉 다중은 연합들의 연합으로, 거기서 개개인은 자기 자신의 이익을 위해서가 아니라 지역적인 집합체의 이익을 위해 말한다. 그리고 개개인은 지역적인 집합체 앞에서 자기 자신의 행동, 결정, 말의 뜻을 설명해야 한다."[128] 신자유주의는 한편으로는 공공재 민영화, 다른 한편으로는 노동시장의 분절 및 유연성이라는 이중적 동역학으로 특징지어진다. 이 이중적 동역학은 여러 결과를 낳는다. 규범으로서 존재하던 정규직의 철폐는 임금노동자들의 개인적 행로를 다양화하며, 그들의 정체성을 점점 더 단독적이고 우발적인 것으로 만든다. 근대 노동시장은 노동자를 농촌 공동체에서 멀어지게 했지만, 정규직 철폐는 농촌 공동체의 재활성화를 불러온다. 이처럼 농촌 공동체가 재활성화하면, 증가하는 노동력 재생산 비용의 일부를 이제 공동체가 감당하기 때문에 자본주의는 임금을 줄이고 이윤을 늘릴 수 있게 된다. 이런 관점에서 신자유주의와 전근대성은 매우 잘 양립한다.

128 같은 책, p. 15, p. 70.

더구나 헤게모니를 토대로 하지 않는다는 점에서 다중은 노동자계급이나 노동조합 형태와 구별된다. 헤게모니가 통용되지 않을 때 우세한 것은 '연합들의 연합', 즉 주어진 투쟁을 위해 통일된 유동적인 조직 전체다. 하지만 이것이 계속되리라고는 전혀 장담할 수 없다. '연합들의 연합'이나 '운동들의 운동'은 1990년대에 전형적인 발상이었으며, 반세계화 운동에서 두드러지게 나타났다.[129] 가르시아 리네라가 말하듯 "과거 노동운동과 달리 다중 형태는 그 구성 요소를 일상화된 관례로 전환할 수 있도록 해주는 대회나 회의 같은 지속적 메커니즘을 갖고 있지 못하다".[130] 이런 의미에서 다중은 노동자계급보다 더 일시적인 사회 형태다.

다중에게 '척추'가 없다는 말은 **계급 공간**이 계급 시간을 계승했음을 뜻한다. 시간이 지나도 운동의 안정성을 보장해줄 수 있는 메커니즘이 존재하지 않을 때, 그 운동의 단결 양식은 더욱 영토적이게 된다. 이 현상이 앞서 언급한 공동체로의 후퇴 결과다. 최근 라틴아메리카의 여러 운동에서 '지구地區' 또는 '지역위원회' 같은 구조들이 중대한 역할을 수행해왔음을 볼 수 있다. 데이비드 하비라든지 아르헨티나의 '피케테로스'처럼 가르시아 리네라도 "지구는 새로운 공장이다"라고 주장할 수도 있을 것이다. 그러나 가르시아 리네라는 사회운동의 공간적-시간적 차원을 역사적 관점에서 바라본다는 점에서 하비

---

129 Tom Mertes (dir.), *A Movement of Movements*, Verso, Londres, 2004.

130 Álvaro Garcia Linera, *Pour une politique de l'égalité*, p. 83.

와 다르다. 어떤 운동은 시간의 기호 아래 놓인다(가령 노동운동). 왜냐하면 이 운동의 존재 양식은 그 운동의 시간적 안정성을 보장해주는 메커니즘을 통해 작동하기 때문이다. 반면 다른 운동들은 공간의 기호 아래 놓인다(현재의 사회운동들). 왜냐하면 이 운동들은 그러한 메커니즘 없이 영토적으로 구축되기 때문이다.

다중은 '무척추적' 특성뿐만 아니라, 그 투쟁의 내용으로도 규정된다. 가르시아 리네라는 다중의 투쟁이 보통 '생명 재생산'을 요구하는 데 있음을 인정한다. 신자유주의 시기를 특징짓는 일반화된 상품화 과정은 이제껏 공공재이던 영역에까지 손을 뻗친다. 다중은 바로 이 상품화 과정을 억제하고자, 심지어 뒤집고자 한다. 가르시아 리네라가 분석한 대표적 사례는 2000년 볼리비아 코차밤바에서 '물 전쟁'을 주도한 '물과 생명 방어를 위한 협의회'다. 주민들은 도시에서 물 요금이 인상되는 데 반대해 봉기를 일으켰는데, 시영 기업을 위해 물 관리를 '탈민영화'했을 뿐 아니라 해당 다국적 기업을 축출하기까지 했다. 여러 부문의 주민들(농민, 원주민, 공무원 중간계급, 지식인)이 결합한 이 '활용자usagers' 운동은 민영화한 재산을 집단적으로 재전유하려 한 성공적이고도 시초적인 투쟁 사례였다.[131] 그 후 2000년대에 광범위하게 나타난 도로 점거와 인간띠 잇기 같은 주목할 만한 방식들

---

131 Franck Poupeau, "La guerre de l'eau," *Agone*, n° 26-27, 2002. 동시대 볼리비아에 관해서는 다음을 보라. Hervé Do Alto et Pablo Stefanoni, *Nous serons des millions, Evo Morales et la gauche au pouvoir en Bolivie*, Liber/Raisons d'agir, Paris, 2008.

이 사회운동의 '집합행동 레퍼토리'에 새로 추가되었다. 코차밤바는 강한 노동조합 전통을 지닌 도시다. 오늘날 코카 잎 재배업자(코칼레로 스cocaleros)로 전업한 많은 광부들이 이 투쟁에서 이름을 빛냈다. 많은 부분에서 2005년 에보 모랄레스가 이끈 사회주의운동당Movimiento al Socialismo, MAS의 집권은, 2003년 '가스 전쟁'(곤살로 산체스 데로사다Gonzalo Sánchez de Lozada 대통령의 하야로 절정에 이르렀다)과 더불어 몇 년 새 늘어난 '전쟁들'의 산물이었다.

가르시아 리네라가 강조한 제3의 사회정치적 형태는 **공동체 형태**forme-communauté다. 그는 공동체 형태와 노동조합 형태, 그리고 다중 형태의 관계를 연구했다. 세 형태들은 현실적 과정을 가리키지만 '이념형적' 특성 또한 갖고 있다. 다시 말해 이 형태들은 복잡한 현실을 포착할 수 있도록 고안된 개념들이다. 따라서 개별적인 구체적 사회 상황은 노동조합 형태, 다중 형태, 그리고 공동체 형태가 서로 다른 비율과 방식으로 화합한 것으로 간주되어야 한다.

전통적인 농촌 공동체의 재활성화는 1980년대 이래 진행된 노동 시장의 신자유주의적 파괴와 관련이 있다. 공동체 형태의 부활에 기여한 또 다른 요소는 1970년대부터 등장한 원주민들의 새로운 '상상계'다. 이는 고등교육에 접근할 수 있는 대도시 주변부에 살던 아이마라족 인디언들로부터 시작됐다.[132] 가르시아 리네라가 직접 언급하는 베니딕트 앤더슨의 민족주의 이론처럼, 신흥 엘리트 집단은 매우

132   Álvaro Garcia Linera, *Pour une politique de l'égalité*, p. 17.

특이한 이데올로기로 무장하고 '인종적' 기반으로부터 동원되는 집합 행동을 선동했다. 이 새로운 원주민주의는 볼리비아에만 국한된 것이 아니라, 원주민 인구가 있는 라틴아메리카 모든 나라에서 등장했다. 볼리비아에서 이 흐름은 18세기 원주민 반란자 투팍 카타리의 이름을 딴 '카타리주의' 형태를 띠었다. 사회주의운동당은 카타리를 자신들의 이데올로기적 '모태' 가운데 하나로 여긴다.[133]

안데스 산맥 사회에서 원주민 공동체의 전통적 형태는 '아이유 ayllu'다. 아이유는 개인의 재산을 한편으로는 가족 재산과 섞고, 다른 한편으로는 집단적 재산과 섞는 공동체 유형을 가리킨다. 아이유는 잉카, 더 나아가 잉카 이전의 사회구조에 기원을 두는 것으로 여겨진다. 가르시아 리네라는 이 공동체 형태의 전술적 효과를 강조한다. 도시를 봉쇄하는 것은 운동의 요구가 충족될 때까지 권력을 '질식'시킬 수 있었다. 문제는 오랜 기간 도시에 주둔한다는 게 쉽지 않을뿐더러 견고한 집단적 규율을 전제로 한다는 점이다. 이 행동 양식은 공동체 형태 없이는 불가능할 것이다.

> 그토록 많은 사람들이 그토록 오랫동안 길에서 버틸 수 있었다는 사실은, 즉각적인 교대 배치 체계로 설명된다. 어느 한 공동체에서 동원된 주민은 또 다른 공동체에서 동원된 주민으로 24시간마다 교체되었다. 그리하여 앞사람은 자

---

133 같은 책, p. 28.

기 차례에 다시 동원되기 전까지 휴식을 취하고 며칠간 농

사일에 전념할 수 있었다.[134]

그렇게 50만 명 가까운 사람들이 2000년 라파스 봉쇄에 가담했

다. 투쟁에 가담한 행위자들의 사회구조가 투쟁 현장에서 실행되는

전술 레퍼토리에 결정적 영향을 미치는 것이다. 노동조합 형태로 어떤

유형의 전략이 가능해진다면, 공동체 형태로는 또 다른 유형의 전략

이 가능해진다.

투쟁적 정체성

동시대 인문학 곳곳에서 볼 수 있는 정체성 개념은 이전에 '사

회계급'이나 '구조' 같은 개념이 점했던 중심부 자리를 차지하고 있다.

1960년대는 몇몇 사회적 범주에 대한 낙인찍기에 맞서 투쟁을 벌이

려 한 '정체성 정치'가 점차 모습을 드러낸 시기다. 정체성 정치는 그

발생 지역이 어디냐에 따라 다른 형태를 띠지만, 현재 선진국 어디서

든 여러 가지 형태와 수위로 진행 중이다.

정체성 개념의 기원은 영국의 고전적 경험론자들, 특히 존 로크

로 거슬러 올라간다. 로크는 시간의 흐름 속에서 지속되는 인격이라

---

134 같은 책, p. 103.

는 문제에 정체성 개념을 적용했다.[135] 기술적記述的이고도 규범적인 이 개념은 20세기 중반 무렵 엄밀한 의미의 사회과학에 도입되었다. 처음에 이 개념은 '본질주의적' 방식에 따라 동질적인 것으로 상정된 사회집단을 가리켰다. 하지만 시간이 흐르며 이 개념은 좀 더 유연해졌고, 이제는 정체성에 대한 '구성주의적' 접근이 우세하다. 구성주의적 접근은 다음 두 주장을 결합하는 데 기초한다. 한편으로 정체성은 어떤 상태나 '실체'가 아니라 과정이다. 다른 한편으로 존재론적 차원에서 정체성은 타인이 그것을 인식하는 방식에 의존한다.

낸시 프레이저, 악셀 호네트, 세일라 벤하비브: 인정 이론

위에서 말한 두 측면이 '인정reconnaissance' 이론에 나타난다. 찰스 테일러, 악셀 호네트, 낸시 프레이저, 세일라 벤하비브는 인정 이론을 전개한 대표적 사상가들이다. 이들 대부분(전부는 아니다)은 프랑크푸르트학파의 계승자임을 자처한다. 그래서 이들은 프랑크푸르트학파 1세대인 아도르노, 호르크하이머와 2세대인 하버마스, 카를오토 아펠에 뒤이어 곧잘 이 학파의 '3세대'로 소개되곤 한다. 자본주의에 대한 '비판이론'을 계속 발전시켜 이를 현재에 적용한다는 발상은 그들의 작업에서 뚜렷이 나타난다. 규범적 정치철학을 경험적 사회학과 결합해, 사회를 하나의 '총체성'으로 보고 분석한다는 발상에 나타나듯

---

135   이에 관해서는 다음을 보라. Razmig Keucheyan, *Le Constructivisme. Des origines à nos jours*, chap. 3.

이 말이다.[136]

비판이론은 2세대에서 3세대로 이행하면서 이중의 변화를 겪었다. 첫째, 비판이론은 여성에게 더욱 문을 열어서, 현 세대 중심인물을 보면 낸시 프레이저와 세일라 벤하비브를 필두로 몇몇 여성이 있다. 비록 이 책에서 언급한 저자 대다수가 남성이긴 하지만 이 같은 변화는 비판사상 일반에서 두드러진다. 둘째, 비판이론은 그 태생국인 독일을 떠나 지구상 다른 장소로, 특히 북미로 전파되었다. 이는 1세대를 대표하는 이들이 2차 세계대전 동안 미국으로 망명했다는 사실에서 부분적으로 기인한다. 근래까지 사회연구소Institut für Sozialforschung 소장을 지낸 악셀 호네트는 독일인이지만, 낸시 프레이저는 미국인이고, 세일라 벤하비브는 터키인이며(그렇지만 그는 예일 대학에서 강의한다), 찰스 테일러는 캐나다인이다.

인정 이론이란 무엇일까? 이 이론을 대중화한 글은 찰스 테일러의 논문 「인정 정치The Politics of Recognition」다.[137] 몬트리올에서 영국계 아버지와 프랑스계 어머니 사이에서 태어난 테일러는 '다문화주의'를 사유한 동시대 사상가 가운데 한 명이다. 이런 배경이 있는 그는 캐나다에서 퀘벡 정체성의 지위에 관한 위원회에 '전문가' 자격으로 참여해왔다. 결과적으로 그의 인정 개념은 정치적으로 반향을 일으키는

---

136   마르크스주의 일반과 특히 프랑크푸르트학파에서 전개된 '총체성' 개념을 다룬 것으로는 다음을 보라. Martin Jay, *Marxism and Totality*.

137   Charles Taylor, *Multiculturalism and the "Politics of Recognition"*, Princeton University Press, Princeton, 1992.

역할을 누렸다. 그러나 인정 문제의 기원은 훨씬 더 멀리 거슬러 올라가 헤겔 그리고 그의 주인과 노예 변증법이 으레 기원으로 언급된다. 특히 알렉상드르 코제브Alexandre Kojève가 『헤겔 독해 입문Introduction à la lecture de Hegel』(1947)을 통해 해석한 바는 프랑스어권과 영어권에 막대한 영향을 미쳤다. 여기서 더 거슬러 올라가면 인정 이론의 기원이 될 수 있는 것은 루소다. 『인간 불평등 기원론』에서 루소는 다음과 같이 주장한다. "인간이 서로를 존중하기 시작하여 배려라는 관념이 머릿속에 자리 잡자마자, 모든 이가 저마다 배려받을 권리가 있다고 주장했다. 그리하여 다른 이의 권리를 무시하고서도 처벌받지 않는 것은 더는 가능하지 않게 되었다."[138] (근대의) 자기自己, soi가 '상호존중'에 근거한다는 생각이 이 이론의 중심에 있다. 보다 동시대적인 선구자로는 조르주 소렐, 장폴 사르트르, 프란츠 파농, 조지 허버트 미드, 도널드 위니콧Donald Winnicott 같은 저자들을 찾아볼 수 있다.

　인정 이론의 출발점은 단순하다. 여기 테일러가 정식화한 내용을 보자. "한 사람 또는 한 무리의 사람들은, 그들을 둘러싼 사람들이나 사회가 반사시키는 한정적이거나 비하적이거나 경멸적인 이미지에 비추어 자기 자신을 보게 될 때 실제로 손상을 입거나 실제로 왜곡을 겪을 수 있다. 비인정이나 부적절한 인정은 해를 끼칠 수 있으며,

---

138　Jean-Jacques Rousseau, *Discours sur l'origine et les fondements de l'inégalité parmi les hommes*, Éditions sociales, Paris, 1971, p. 228 [장 자크 루소, 『인간 불평등 기원론』, 주경복 옮김, 책세상, 2018].

억압의 한 형태가 될 수 있다."[139] 테일러는 정체성이 형성되기 위해서는 타인에게 그 존재가 인정되어야 한다고 말한다. 정체성의 존재론은 상호주체적이다. 정체성은 '그 자체로' 존재하지 못한다. 이는 정체성이 인정받지 못하거나 부적절하게 인정받을 경우 정체성 형성이 악조건 속에서 일어난다는 사실을 뜻한다. 이 사실은 개인과 집단에 모두 적용된다(이 둘은 사실 떼려야 뗄 수 없다). 낙인찍힌 사회집단은 어떤 사회적 지위에 접근하지 못하게 되는 '외적' 억압의 피해자일 뿐만 아니라, 자기 자신에 대해 '비하적인' 이미지를 갖게 되는 '내적' 억압의 피해자이기도 하다. 테일러가 보기에 인정은 근대사회에 전형적인 것이다. 인정은 근대사회의 기본 원리, 즉 개인들의 동등한 존엄성을 토대로 한다. 인정이란 그저 이 동등한 존엄성에 대한 인정이며, 그러한 인정이 야기하는 수많은 삶의 방식에 대한 인정일 따름이다. 그에 반해 봉건사회는 존엄성에 기반하는 것이 아니라, 개인들 사이에 불평등하게 분배되는 명예에 기반하고 있었다.

일단 이렇게 볼 때 수많은 질문들이 떠오른다. 특히 불분명한 지점은 인정과 경제적 형태를 띤 요구들의 관계다. 이 논쟁의 좌표는 인정 이론을 대표하는 두 사람, 낸시 프레이저와 악셀 호네트의 대담에서 확고해졌다. 『분배냐, 인정이냐?』라는 책에서 이 둘은 물질적 불평등과 관련된 분배와 사회적 지위나 정체성의 불평등과 관련된 인정

---

139 Charles Taylor, "La politique de la reconnaissance," in Dominique Schnapper, *Qu'est-ce que la citoyenneté?*, p. 295.

사이에 존재하는 관계를 묻는다. 프레이저에 따르면, 사회적 지위나 정체성의 불평등에 대한 투쟁은 1970년대 이후 급증했다. 반면 산업혁명 이후 근대를 수놓았던, 경제적 성격을 띤 운동들은 양적으로 덜 많고 정치적으로 덜 정당해 보인다. 이 변화의 이유는 여러 가지다. 사회의 복잡성이 더 커진 만큼, 수적으로 증가한 사회집단들 간에 인정의 필요성이 생겨난 것이다. 게다가 연이은 세계화 물결로 혼종화 양상이 늘어난 데다 문화적 차이에 대한 인식도 성장했다. 어찌 됐건 프레이저는 주저 없이 이 변화를 사회운동 역사상 "시대의 전환점"으로 규정한다.[140]

프레이저는 이 전환점을 해로운 것으로 여긴다. 물론 물질적 투쟁이 정체성 투쟁보다 더 중요하다고 주장하는 모든 '경제주의'에 반대하는 것은 옳다. 질적 요구가 언제나 노동운동 내부에 있었음에도 그러한 경제주의는 오랫동안 군림해왔다. 하지만 경제주의와 대칭을 이루는 '문화주의' 또한 반박되어야 하는데, 프레이저는 테일러와 호네트의 이론에도 이 같은 '문화주의'가 없지 않다고 주장한다. 왜냐하면 정체성 운동의 급증이 경제적 불평등을 조금도 사라지게 하지 않았기 때문이다. 오히려 경제적 불평등은 20세기 후반에 계속 증가했다. 이로써 프레이저는 '이원론적' 견해를 옹호하기에 이른다. 모든 불

---

140   Nancy Fraser et Axel Honneth, *Redistribution or Recognition? A Political-Philosophical Exchange*, Verso, Londres, 2003, p. 89 [낸시 프레이저·악셀 호네트, 『분배냐, 인정이냐?: 정치철학적 논쟁』, 김원식·문성훈 옮김, 사월의책, 2014].

의injustice는 물질적 요소와 지위적 요소가 다양한 수위로 결합된 결과다. 게다가 자본주의는 역사상 최초로 이 두 가지 형태의 위계를 분리할 정도에 이른 체계다. 경제적 억압이 문화적 억압을 야기하거나 (노동문화 경시 사례), 정체성 억압이 경제적 억압을 야기하거나(미국 흑인의 구조적 빈곤 사례), 이 두 요소가 함께 그러나 서로 독립적으로 해당 사회적 범주의 조건에 작용을 미친다.

젠더 억압은 위 마지막 경우의 전형적인 사례다. 젠더는 혼종적인 범주다. 젠더에는 경제적 측면(예컨대 여성의 가사노동은 남성 임금노동자의 가능 조건임에도 보수를 지급받지 못한다)과 상징적 측면(우리의 가부장제 사회는 여성적인 것을 평가 절하하거나 부정적인 함의로 본다)이 결합돼 있다. 물론 빈곤 철폐를 요구하는 것과 똑같은 방식으로 여성이 놓인 조건의 철폐를 요구하는 것은 어불성설일 것이다. 불의를 완벽하게 없애라는 요구는 그 불의가 전적으로 경제에 속하는 상황에서만 유효하다. 일단 정체성이나 지위상의 측면이 문제시되면 물질적 요구와 지위상의 인정은 반드시 함께 간다. 프레이저는 노동자계급에게도 인정 욕구가 있음을 지적한다. 노동자계급의 억압 형태는 원칙적으로는 경제적이지만 전적으로 그렇지는 않다. 다시 말해 노동자계급에 속한다는 이유로 정체성에 상처를 입게 되는 '계급 인종주의'가 사실상 존재하는 것이다.[141]

141   이에 관해서는 가령 다음을 보라. Pierre Bourdieu, "Le racisme de l'intelligence," in *Questions de sociologie*, Minuit, Paris, 1980 [피에르 부르디외, 「지성의 인종주의」, 『사회학의 문제

테일러나 호네트와 달리 프레이저는 인정을 정치적 범주로 여길 뿐, 도덕적·심리적 범주로는 여기지 않는다. 더 정확히 말해 프레이저가 보기에 인정은 무엇보다도 사회정의의 문제다. 그렇지 않고서야 어떻게 (여성, 흑인, 동성애자에 대한) 합당한 인정 형태와 합당치 않은 인정 형태를 구별할 수 있겠는가? 어떤 인종주의자가 인정을 못 받아서 자기 정체성에 해를 입었다고 믿는다면, 그는 그대로 '인정받을' 권리를 주장할 수 있을까? 물론 아니다. 인종주의자라는 정체성은 인정받을 이유가 없다. 왜냐하면 그 정체성은 합당치 않기 때문이다. 따라서 우리는 프레이저의 인정 개념이 정치적 규범성에 뿌리박고 있음을 발견하게 된다. 이로써 그는 자신이 근대 민주주의 정치의 기본 원리라 여기는 것을 진술하는 데로 나아간다. 그것은 바로 '참여의 동등성parity of participation' 원리다.[142] 이 원리는 (국가 제도이든 아니든) 사회제도가 모든 사람이 '동등한 사람'으로서 타인과 상호작용을 할 수 있도록 보장해야 한다고 주장한다. 이 원리는 두 가지 조건의 실행을 전제로 한다.[143] 첫째는 객관적 조건으로, 자기 목소리를 들리게 할 물적 자원을 동등한 모든 사람에게 보장하는 것이다. 극도의 빈곤 상황에 있는 개인이나 사회집단은 당연히 그럴 힘이 없다. 둘째는 상호주체적 조건으로, 모든 삶의 방식이 지닌 동등한 가치를 인정하는 것이다. 프레이

들』, 신미경 옮김, 동문선, 2004].

142   Nancy Fraser et Axel Honneth, *Redistribution or Recognition?*, pp. 36-37.

143   같은 책, p. 36.

저는 '참여의 동등성' 원리를 평등의 자유주의적 원리가 급진화한 것으로 소개한다. 흥미롭게도 프레이저는 자신의 작업을 (영미권의, 이를테면 역사적 의미에서의) 자유주의 전통에 놓는다. 그는 자신의 목적이 자유주의 전통에 깃든 긍정적 요소를 통합하면서도 그 전통을 급진화하는 것이라고 주장한다. 자유주의에 대한 이런 유의 태도는 동시대 비판사상에서 보기 드문 것이다.

호네트는 프레이저의 이원론에 반대한다. 호네트가 보기에 모든 불의란 결국 인정의 문제다. 그런 의미에서 그가 전개하는 관점은 '일원론적'이다. 결국 인정은 중심 범주이고, 분배는 파생된 범주다. 호네트는 경제적 불평등의 존재를 부인하지 않는다. 『물화Verdinglichung』에서 그는, 『역사와 계급의식』을 쓴 루카치로 거슬러 올라가는 동시에 프랑크푸르트학파 1세대를 대표하는 이들이 이어간 '물화' 비판 전통에 자신의 분석을 새겨 넣는다. 이 책의 결론에서 호네트는 오늘날 사회가 20세기 초 루카치가 엿본 일반화한 상품화(곧 물화)의 길을 걷고 있다고 주장한다.[144] 프레이저는 호네트의 '문화주의'를 비판하지만 결과적으로 이 비판은 온당치 못한 면이 있다. 호네트의 이론적 장치에서는 인간 존재가 도덕적 동물임을 주장하는 것이 중심을 이룬다. 이는 한편으로 인간 존재가 '자기실현'을 추구함을 뜻한다. 테일러처럼 호네트도 자기실현이 타인의 인정을 거친다고 생각한다. 호네트는 '올

---

144   Axel Honneth, *La Réification. Petit traité de théorie critique*, Gallimard, Paris, 2007, p. 123 [악셀 호네트, 『물화: 인정(認定)이론적 탐구』, 강병호 옮김, 나남, 2015].

바른 삶'을 성찰하는 것, 즉 인간 본성을 이해하는 것과 자신의 이론을 분리하지 않는다. 반면 (급진적) 자유주의를 등에 업은 프레이저는 정의에 대한 '실체적' 이해로 뛰어들길 거부하고, 사회성의 내용보다는 사회성의 규칙을 규정하는 '절차주의' 형태를 우선시한다. 한편 호네트는 어떤 불의가 됐건 그것은 개인들이 주관적으로 겪어내는 도덕적 과오라고 말한다. 이 점은 경제적 불의에도 적용된다. 노동운동은 물질적 차원의 요구를 우선시할 때도 많았지만, 이런 요구는 조합주의적·분파적 형태를 띠지 않았으며 언제나 정의와 평등 같은 가치를 언급하고 있었다.

호네트는 인정 이론이 근대 역사에서 억눌린 지적 전통의 일부이지만 지배적 전통에 맞서 복원되어야 할 것이라고 주장한다. 지배적 전통은 마키아벨리와 홉스를 기원으로 하며 모든 종류의 자유주의를 포함한다. 이 전통은 사회가 개인들, 기껏해야 합리적 계산에 몰두하는 개인들로 이뤄졌다고 여긴다. 호네트는 인간 행동이 지닌 도덕적이거나 규범적인 구조를 강조함으로써 이 전통에 상반된 견해를 취하고자 한다. 그가 보기에 자신을 있는 그대로 수긍하고 합리적 계산에 몰두하는 개인들의 능력이란 이미 그들이 남들에게 개인으로서 인정받았음을 전제로 한다.

프레이저나 호네트에 비해 벤하비브의 사회이론은 세계화가 동시대의 상호주체적 과정에 끼친 영향을 묻는 데 관심이 있다. 벤하비브 또한 프랑크푸르트학파의 유산을 표방한다. 하버마스의 대화주의('의사소통 행위 이론')에서 영감을 받은 그는 본인 책에서 다뤘던 아렌트의 저서로부터 도출한 문제들을 가지고 이 대화주의를 보충한다.[145] 나아가 그는 버틀러, 해러웨이, 스피박, 프레이저와 더불어 동시대 페미니즘 논쟁에 참여한다.

벤하비브는 '코즈모폴리터니즘' 이론을 전개한다.[146] 어떤 면에서 벤하비브의 분석은 인정 이론을 국제관계 수준으로 확장한 것으로도 볼 수 있다. 코즈모폴리터니즘의 기반, 예컨대 이방인에 대한 환대를 관장하는 도덕 규칙의 기반은 무엇일까? 벤하비브는 코즈모폴리터니즘의 규범과 국제적 규범을 혼동해서는 안 된다고 말한다. 베스트팔렌 조약(1648)과 근대 지정학적 질서의 출현 이후 국가 간 관계는 국제법으로 규제되어왔다. 국제법의 원천은 결국 국가 주권에 있다. 왜냐하면 국제법이란 쌍방의 조약을 통해 나오거나, 회원국들로부터 합법성을 부여받은 다국적 조직을 통해 제정되기 때문이다. 그렇지만 지난 수십 년에 걸쳐 상황이 바뀌었다. 정부 간 기구든 비정부기구든 국제조직 수가 늘어났고, 이주 움직임이 늘어났고, 국제적 규제도 양적으로 늘어나서 많은 경우 일국적 사법질서를 제약할 수 있는 수준까지 도달했다. 그 결과 이 사법적·정치적 세계화의 기초 역할을 하는 규범의 본질 문제가 더욱 첨예하게 제기됐다. 특히 이 문제는 코즈

---

145   Seyla Benhabib, *The Reluctant Modernism of Hannah Arendt*, Rowman & Littlefield, New York, 2003.

146   예컨대 다음을 보라. Seyla Benhabib, *Another Cosmopolitanism*, Oxford University Press, Oxford, 2006. 또한 그 문제를 다룬 울리히 벡의 연구, 예컨대 Ulrich Beck et Ciaran Cronin, *The Cosmopolitan Vision*, Polity, Londres, 2006를 보라.

모폴리턴 규범과 개인들이 국민국가 시민권자로서 누리던 시민권 간의 관계를 어떻게 설정할 것인가 하는 대목에서 불거졌다.

코즈모폴리터니즘의 기반 문제에 대해 고전적 자유주의는 인권에 호소하는 것으로 답한다. 이 관점에서 인간 존재는 시민권 이전에 자연권을 지닌다. 코즈모폴리터니즘은 이 자연권을 드러내거나 현실화하기만 할 뿐이다. 벤하비브는 이런 선택지를 '본질주의'—인간 본성을 가정하며, 인권은 이 인간 본성에서 나온다고 보는 것—라 여기며 이를 거부한다. 『타자의 권리The Rights of Others』 저자이기도 한 벤하비브는 보편주의가 대화를 통해서만 가능하다고, 다시 말해 애초에 상반되는 도덕적 상황을 서로 점차 인식하는 데서 보편주의가 나올 수 있다고 주장한다.[147] 벤하비브가 제시하는 해결책은 '전 지구적 시민사회'의 출현을 확인하는 데 기초를 둔다. 시간이 걸리겠지만, 일국적 시민사회가 일국적 권리들을 인정한 것과 유사한 방식으로 전 지구적 시민사회는 코즈모폴리턴 규범에 정당성을 부여할 수 있을 것이다. 벤하비브는 '민주적 되풀이 (불)가능성democratic iteration'이라는 개념을 사용한다. 데리다의 언어철학에서 영향을 받은 이 개념은, 어떤 규범을 적용한다는 것은 아무리 작은 차이라 하더라도 이전에 동일한 규범이 적용되던 방식과는 다른 차이의 도입을 수반할 수밖에 없음을 전제한다. 따라서 어느 한 규범의 의미는 절대로 한 번에 고정되는 영원한 것이 아니다. 새로운 행위자는 그 규범을 둘러싼 기호학적 비

---

147   Seyla Benhabib, *Another Cosmopolitanism*, p. 20.

결정성을 활용할 수 있는 여지를 갖고 있으며, 그 규범에 새로운 의미를 부여할 수 있다. 따라서 전 지구적 시민사회는 일단 기존 국제적 규제들의 규범적 지위 자체를 인정하면서도 이것들에 새로운 의미를 부여함으로써, 새로운 코즈모폴리턴 질서의 정당성을 점진적으로 만들어나갈 것이다.

아실 엠벰베: 포스트식민지에서 아프로폴리터니즘으로

동시대 비판사상에서 아프리카는 특별한 위치를 점한다. 현 상황을 사유하고 탈식민화 이후 행해진 젠더·인종·계급의 교차 같은 정체성 구성을 조명하고자 하는 포스트식민주의 이론은 아프리카에서 급증했다. 인도 출신이지만 우간다의 캄팔라에서 자란 마흐무드 맘다니Mahmood Mamdani는 포스트식민주의 이론을 대표하는 저명한 인물이다(그는 한 해 중 얼마간은 캄팔라에서 강의하고 얼마간은 컬럼비아 대학에서 보낸다). 맘다니는 특히 몇몇 '진보주의' 진영을 포함해 다르푸르 분쟁을 대하는 서구 여론의 태도를 비판했다. 그는 이 태도가 부시 행정부가 시작한 테러리즘과의 전쟁, 그리고 이것이 초래한 분쟁의 인종화와 분리될 수 없다고 주장한다.[148]

아프리카의 또 다른 중요 이론가는 아실 엠벰베다. 50년 전 카메룬이 독립하던 해에 태어난 엠벰베는 남아프리카에 자리 잡기 전

---

148 Mahmood Mamdani, *Saviors and Survivors. Darfur, Politics, and the War on Terror*, Doubleday, New York, 2009.

에 파리와 뉴욕에서 학업을 이어갔으며, 지리적으로 국한되지 않는 넓은 의미의 아프리카 사상가 계보를 표방한다. 그 계보에서 레오폴 세다르 상고르Léopold Sédar Senghor, 프란츠 파농, 듀보이스, 에메 세제르 Aimé Césaire, 에두아르 글리상Edouard Glissant이 대표적으로 눈에 띈다. 한 편 엠벰베는 많은 논쟁에 관여한다. 스피박과 대담할 때 그는 국제적 인 포스트식민주의 연구 분야에 뛰어든다.[149] 동시대 아프리카의 정치 경제학을 분석할 때 그는 이 대륙의 전문 경제인들이나 정치인들과 상호작용한다. 더구나 엠벰베는 '아프리카 사회과학 연구 발전 위원회 Council for the Development of Social Science Research in Africa, CODESRIA' 위원장직을 맡았다. 프랑스의 공화주의-보편주의 전통에서 '인종의 망각'을 고발 할 때 그는 1990년대 이후 프랑스 좌파를 고무했던 논쟁 속에 자리 잡는다. 이 모든 것은 오늘날 비판사상에 전형적인 이론적 절충주의 와 함께 이뤄진다. 이 이론적 절충주의 덕분에 그는 한편으로는 포스 트구조주의 및 메를로퐁티Maurice Merleau-Ponty나 얀 파토츠카Jan Patočka의 현상학, 다른 한편으로는 푸코의 생명관리정치라는 두 전통에서 모두 영향을 받게 되었다. 그중 생명관리정치는 아프리카라는 현실적 대상 을 연구하는 과정에서 '시신정치necropolitique', 곧 생명을 관리하는 권력 이 아니라 죽음에 이르는 방식을 관리하는 권력으로 변환되었다.[150]

---

149   Gayatri Spivak, "Religion, politics, theology: a conversation with Achille Mbembe," *Boundary 2*, vol. 34, n° 2, 2007.

150   Achille Mbembe, "Nécropolitique," *Raisons politiques*, vol. 21, n° 1, 2006.

현대에 아프리카는 유럽의 '대타자Grand Autre'다(여기서 엠벰베는 라 캉에게서 영감을 받는다). 아프리카는 "매개다. 이 매개 덕분에 서양은 스스로의 무의식에 다가가고 스스로의 주체성을 공개적으로 설명할 수 있다."[151] 유럽의 개인이 주체로 구성되기 위해서는 아프리카의 개인이 동물성과 인간성 사이 어딘가에 갇힌 비주체적 상태로 있어야 한다는 게 가능 조건으로 붙는다. 결국 식민화와 주체화는 함께 사유해야 할 두 관점이다. 주체화는 식민화에 폭넓게 종속된다. 이와 똑같은 추론이 역사철학의 용어로 정식화될 수 있다. 『역사 속의 이성Die Vernunft in der Geschichte』(1820년대에 행한 강의와 쓴 글 전체)에서 헤겔은 아프리카를 보편 역사에 들어가지 못하고 시간 속에 정지된, 자연에 사로잡힌 대륙으로 소개한다. 이는 반대로 유럽 사회를 자연의 예속에서 떨어져 나간 것, 즉 역사적인 것으로 정의할 수 있게 한다. 반세기 동안 이런 역사철학에 대한 비판이 이뤄졌음에도 사회과학에서 아프리카를 이해하고자 채택하는 많은 범주들은 여전히 이 같은 철학에 젖어 있다. 이 잠재적 인종주의는 서구 정치인들에게서도 드러난다. 니콜라 사르코지Nicolas Sarkozy는 2007년 '다카르 연설'에서 다음과 같이 주장했다.

아프리카인은 역사 속으로 충분히 진입하지 못했다. (…) 아프리카의 문제는 아프리카가 잃어버린 어린 시절 낙원의

---

151   Achille Mbembe, *De la postcolonie. Essai sur l'imagination politique dans l'Afrique contem-poraine*, Karthala, Paris, 2000, p. 11.

향수 속에 지나치게 머물러 있는 현재를 산다는 것이다. (⋯) 모든 것이 언제나 다시 시작되는 이 상상계에는 인간 모험을 위한 자리도, 진보라는 생각을 위한 자리도 없다.

엠벰베는 이런 발언이 식민지적 '에피스테메'에서 유래했음을 지적하며 이에 단호히 반응한 프랑스어권 지식인 가운데 한 명이었다.[152] 아프리카가 서양의 '대타자'라는 것은, 식민지 피지배자와 지배자의 관계가 매우 단순한 대립 방식으로 사유될 수 있다는 뜻이 아니다. 엠벰베가 기여한 바 가운데 하나는 프란츠 파농의 영향이 뚜렷이 느껴지는 정교한 권력 이론을 발전시킨 일이다. 그는 이 이론을 특히 탈식민화에서 기인한 아프리카 독재 체제에 적용한다. 엠벰베에게 포스트식민지 권력 구조는 미하일 바흐친Mikhail Bakhtin이 선호한 '카니발화carnavalisation' 개념을 통해 분석될 수 있다. 라블레François Rabelais 연구에서 바흐친은, 중세 카니발 기간 중에는 평상시 사회질서를 떠받치던 위계질서가 전복된다고 주장한다.[153] 아래와 위, 선과 악, 성스러운 것과 속된 것, 광인과 왕이 뒤집히고, 이는 가령 '광인들의 교황'을 선출하는 일로 이어진다. 따라서 바흐친이 '카니발화'라 부르는 것, 즉 그의 주장에 따르면 라블레의 작품이 표현하는 바는 권력의 구조와 기

---

152   Achille Mbembe et al., *L'Afrique de Nicolas Sarkozy*, Karthala, Paris, 2008.

153   Mikhaïl Bakhtine, *L'Œuvre de François Rabelais et la culture populaire au Moyen Âge et sous la Renaissance*, Gallimard, Paris, 1982 [미하일 바흐친, 『프랑수아 라블레의 작품과 중세 및 르네상스의 민중문화』, 이덕형·최건영 옮김, 아카넷, 2001].

호가 상징적으로 전복되는 어느 한 순간, 시간의 제약을 받는 한 순간이며, 중세 대중문화에서 전형적으로 나타난다.

아프리카 포스트식민지 체제에서 개인이 권력과 맺는 관계 역시 이와 유사성을 띤다. 이 관계는 '카니발적'이다. 다시 말해 그것은 순전히 체념적인 수용의 차원도, 과감한 저항의 차원도 아니다. 그리하여 엠벰베는 다음과 같이 말한다.

> 서민층 사람들은 말에 이차적 의미를 부여함으로써 그 말의 통상적이거나 관례적인 의미를 둘로 쪼개고, 이런 방법으로 공식적인 담론과 대비되는 애매모호한 담론을 생성하기에 이른다.

또는

> [탈식민화한] 주체의 공개적 천명이 반드시 명령 혹은 지배에 반대하거나 저항하는 행위를 거치는 것은 아니다. (…) 주체를 정의하는 것은 근본적으로 애매한, 바로크적 실천에 참여하는 능력이다.[154]

포스트식민지에서는 지배와 저항의 엄격한 구분이 작동하지 않

---

154 Achille Mbembe, *De la postcolonie*, p. 144, p. 179.

는다. 이 두 심급은 복잡하게 뒤섞여 있으며 그 경계는 유동적이다.

전적으로 문제는, 권력을 향한 이런 애매함이 어떤 유형의 정체성을 유도해내느냐다. 권력관계의 이 '바로크적' 특성 때문에 개인은 여러 정체성을 발달시키고, 기회가 있을 때마다 가면을 바꾸고, 말과 감정을 가지고 놀 수 있게 된다. 이런 관점에서 포스트식민지의 최고 권력자가 물러나고 권력의 성질이 변화하는 것은 정체성의 궁핍화를 뜻한다. 이는 정체성이 정확히 이 권력의 성질과 관계가 있기 때문이다. 엠벰베에 따르면 이것이 기성 체제를 향해 아프리카인들이 갖는 깊은 양면성을 설명해주는 부분이다.

신자유주의는 포스트식민지 역사에 새 시기를 열었다.[155] 탈식민화 이후 수십 년간 아프리카 국가들은 각국 수입이 국제시장의 원자재 가격 변동과 연동되곤 했으나, 영토 보전, 합법적 폭력의 독점, 또 때에 따라서는 부의 재분배를 보장해주는 최소한의 자원을 소유했다. 그러다가 1980년대에 아프리카 국가들은 위기를 맞았고, IMF와 세계은행이 부과한 '구조조정 계획'으로 이 위기는 악화되었다. 이런 국제기구의 개입은 대대적인 민영화를 불러일으켰으며, 아프리카 국가들은 국가 차원에서 통제하던 자원의 소유권을 박탈당했다. 이 박탈은 내전, 분리주의, 중앙 권력을 둘러싼 투쟁 등 집단 폭력의 수위를 극도로 높여놓았다. 국가는 더 이상 폭력을 독점하지 못한다. 국가는

---

155   Achille Mbembe, *Sortir de la grande nuit. Essai sur l'Afrique décolonisée*, La Découverte, Paris, 2010, chapitre V.

점점 더 세금을 걷을 수 없게 되고 결국 행정부를 작동시키지 못하게 된다. 지난 30년간 아프리카에서 '종족지역주의ethnorégionalismes'가 출현하고 '내부 국경'이 팽창한 일은 이 맥락을 떠나 설명할 수 없다. 이 종족지역주의는 많은 나라들(가령 코트디부아르)에서 확인되는 '원주민'과 '이주민'의 구분을 강화하고 원주민주의를 급격히 부상시켰다.

흥미롭게도 어느 대륙인지에 따라 원주민주의는 진보적인 힘을 나타내기도 하고, 혹은 반대로 반동적인 힘을 나타내기도 한다. 리네라에 관한 논의에서 보았듯이 동시대 라틴아메리카, 가령 오늘날 볼리비아나 에콰도르에서 원주민주의란 명백히 진보적인 힘이다(여기에 문제가 없는 것은 아니지만 말이다). 반면 아프리카에서 원주민주의의 출현은 역행적인 듯하다.

엠벰베는 프랑스의 식민지배 과거를 대상으로 한 논쟁의 장에 개입했다. 20~30년에 걸쳐 프랑스는 자신들 역시 식민 열강이었다는 사실을 깨닫기 시작했고, 이는 식민지 개발의 기억에 대한 여러 논쟁을 불러일으켰다. 1789년 혁명 이후 프랑스는 공화제의 보편주의를 표방해왔는데, 프랑스 여론은 식민주의와 인종주의가 이 보편주의의 '어두운 측면'을 재현한다는 사실에 서서히 눈뜨고 있다. 엠벰베가 지적하듯 이제껏 프랑스는 스스로를 탈식민화하지 않은 채 탈식민화를 진행해왔던 것이다.

엠벰베가 이러한 논쟁들에 가장 신랄한 방식으로 개입한 것은 2005년 말 '파리 외곽 방리유 소요' 당시다.[156] 「공화국과 야수」라는 눈길을 끄는 글에서 그는 이 소요가 프랑스 식민지 역사의 연장선상에 있을 뿐임을 보여줬다.[157] 대도시의 가난한 교외에 많은 이민자들이 존재한다는 사실은 식민지 개발의 직접적인 산물이다. 이민자들이 2차 세계대전 이후 프랑스로 일자리를 찾으러 온 것은 이들의 고국이 발전하지 못했기 때문이다. 그런데 이들의 고국이 발전하지 못한 것은 단연 이들 나라를 희생양으로 삼은 제국주의, 그리고 신제국주의 때문이다. 더구나 이민자에 대한 인종 낙인찍기는 흔히 이민자가 겪는 고용 차별로 설명된다. 이민자 내부에서 18~25세 청년들의 50퍼센트 이상이 실업자이며, 이러한 차별은 인종주의의 결과 그 자체다. 이런 인종주의의 기원은 식민지 시대에 만들어진 '아프리카인'이나 '아랍인' 표상으로 거슬러 올라간다. 소요 중에 또는 평상시에 파리 외곽 방리유에 적용된 치안법은 식민지 시대의 유산이다. 소요 당시 도미니크 드빌팽Dominique de Villepin 정부는 알제리 전쟁 이후 거의 선포되지 않았던 '긴급사태'를 다시 가동했다.

엠벰베가 보기에 아프리카의 미래는 이른바 **아프로폴리터니즘** afropolitanisme에 있다. '아프리카Afrique'와 '코즈모폴리터니즘cosmopolitisme'

156　[옮긴이] 이 소요는 3개월간 지속되었고 여러모로 2011년 여름 영국에서 일어난 소요와 닮아 있다. 당시 문제가 된 프랑스 주요 도시 외곽 방리유에 사는 많은 젊은이들은 사하라 이남 아프리카 혹은 북아프리카 출신 이민자들로, 차량과 도시 시설물에 방화를 하고 경찰과 심각하게 대치했다. 이 소요는 프랑스의 보수 지식인 전체(그들 중 일부는 '신철학자' 출신이다)에 대한 분노에서 촉발되었는데, 그 지식인들은 젊은이들의 행동을 두고 '이슬람'과 '통제되지 않는 이민'을 비난하며 몰아붙였다. 이 책의 영어판 *The Left Hemisphere: Mapping Critical Theory Today* (Verso, 2013), p. 236 참고.

157　Achille Mbembe, "La République et sa Bête"를 보라. 원래 이 글은 2005년 11월 7일 웹사이트 www.icicemac.com에 발표된 글이다.

이 축약된 이 조어는, 엠벰베가 남아프리카공화국 체류 당시 구상한 개념이다. 그는 아프로폴리터니즘 개념을 낳은 혼혈 과정의 첨단에 남아프리카가 있다고 여긴다. 이제까지 세 가지 주요 학설이 아프리카 해방을 사유하고 조직하는 데 사용되어왔다. 먼저 베니딕트 앤더슨이 채택한 용어인 '민족 공동체'를 아프리카 대륙에 도입한 결과 생겨난 반식민주의적 민족주의가 있다. 여러 형태를 띤 이 학설은 식민지 해방 투쟁을 이끌었다. 두 번째는 마르크스주의 이론이다. 사회주의 운동은 아프리카 대륙의 일부에서 실질적인 지지를 얻었다. 세 번째는 아프리카에 국한된 국제주의 형태인 범아프리카주의 이론이다. 이는 제국주의 세력이 표시한 국경을 넘어 대륙 규모에서 국제적 연대를 창시할 것을 목표로 했다.

오늘날 이 세 학설은 시대에 뒤처진 듯하다. 국민국가는 도처에서 위기를 맞았고, 앞서 보았듯 이 점은 특히 아프리카에서 두드러진다. 엠벰베의 최근 저서 제목을 바꿔 말해보면 '긴 밤의 출구'가 전적으로 정치구조에 기댐으로써 일어날 수 있을 것이라는 생각은 의심스럽다. 게다가 민족주의와 범아프리카주의는 '기원 숭배'를 공유한다 (마르크스주의에서는 덜 그렇다). 이 '기원 숭배'대로라면 일단 탈식민화가 완수되었을 때 일종의 때 묻지 않은 아프리카 고유의 특성이 (다시) 나타날 것이고, 새로운 기반에서 대륙의 역사가 다시 시작되는 게 가능해질 것이다. 그런데 포스트식민주의 이론에서 우리가 배운 한 가지가 있다면 바로 '기원'에 열광하는 담론을 경계해야 한다는 것이었다. 다시 말해 식민지 경험 너머 식민지 이전의 '순결한' 정체성을 되찾을 수 있으리라는 생각을 거부해야 한다는 것이다. 그런 순결한 정체성이란 전혀 존재하지 않으며, 기원은 언제나 혼종적이다. 이것이 엠벰베가 상고르나 세제르 같은 '흑인성négritude' 주창자들의 영향을 받았음에도 그들에 대해 비판적인 태도를 보이는 이유다. 엠벰베는 케냐의 작가 응구기 와 티옹오Ngũgĩ wa Thiong'o가 취하는 식의 견해에도 비판적이다. 『마음의 탈식민지화』라는 의미심장한 제목의 책에서 응구기 와 티옹오는 식민지 지배자의 언어인 영어로 글을 쓰기를 포기한다고 선언하며, 이제 대륙의 모국어로만 글을 쓸 것을 아프리카 작가들에게 호소한다.[158] 엠벰베가 보기에 이러한 계획은 불가능할 뿐만 아니라 심지어 지지받을 수도 없다.[159] 예컨대 아프리카에서 프랑스어가 식민지 지배자의 언어에 지나지 않고 프랑스어 사용이 전면적으로 없어질 수 있다고 주장하는 것은 정치적 실수이자 중대한 인식론적 실수를 저지르는 것이다. 프랑스어는 아프리카 대륙의 영향 아래 그 나라 특유의 변화 과정을 겪었다. 앤틸리스제도의 작가인 에두아르 글리상이라면 이를 '크레올어화' 과정이라 말할 것이다. 프랑스어는 프랑스어를 자신들의 언어로 인식하는 수많은 아프리카인들의 일상생활에 내재하는 것이 되었다.

엠벰베는 사람들이 통상 '아프리카'라 말하는 것이 오늘날 지구

---

158 Ngũgĩ wa Thiong'o, *Decolonising the Mind. The Politics of Language in African Literature*, Heinemann, Portsmouth, 1986 [응구기 와 씨옹오, 『마음의 탈식민지화: 내 마음을 담는 그릇, 모국어』, 박혜경 옮김, 수밀원, 2007].

159 Achille Mbembe, *Sortir de la grande nuit*, p. 103.

곳곳으로 퍼졌음을 확인한다. 아프리카 대륙은 노예무역의 피해자인 노예에서부터 오늘날 '두뇌 유출brain drain'로 빼앗긴 의사나 정보과학자에 이르기까지 수많은 디아스포라를 낳았다. 반대로 네덜란드계 백인, 유대인, 중국인, 말레이시아인, 인도인같이 흑인이 아닌 수많은 인구가 세대에 걸쳐 아프리카 대륙에 자리 잡았으며, 결국 이들은 전적으로 아프리카인이다. 아프로폴리터니즘은 '세계에서 아프리카인이라는 것'에 내재한 이런 다양성을 인정하고, 이 다양성을 지구의 다른 세계에서 나오는 코즈모폴리터니즘과 연결하기를 열망하는 초국가적 문화다.

에르네스토 라클라우: 적대를 구성하라

아르헨티나 출신이자 영국 에식스 대학에서 정치이론 교수를 지낸 라클라우는, '적대antagonisme' 개념이 사회문제의 기반과 한계를 이룬다고 보고 이 개념을 토대로 사회문제에 접근했다. 적대와 인정이 원론상 대립한다면, 정체성들 간의 대립은 (비록 이 정체성들이 서로 화해 불가능한 것이긴 하지만) 언제나 상호인정이라는 형태를 가정한다는 가설을 세울 수 있다. 라클라우가 이런 의미로 개념화한 적대에서는 타자의 존재를 (문자 그대로) 부정하는 집단학살 같은 과정은 배제된다. 그는 맞수adversaire가 그 자체로 **구성되는 것**이라고 가정한다.

라클라우가 구상한 정치이론은 두 주요 저서에 드러난다. 바로 그의 배우자인 벨기에 철학자 샹탈 무페Chantal Mouffe와 함께 저술해 1985년 출간한 『헤게모니와 사회주의 전략: 급진 민주주의 정치를 향하여Hegemony and Socialist Strategy: Towards a Radical Democratic Politics』와 2005년 출간한 『포퓰리즘적 이성On Populist Reason』이다. 그의 다른 저서 가운데 『마르크스주의 이론의 정치와 이데올로기Politics and Ideology in Marxist Theory』(1977), 『우리 시대 혁명에 대한 새로운 성찰New Reflections on the Revolution of Our Time』(1990), 또 프랑스어로 쓰이고 알랭 카이에Alain Caillé가 이끄는 '사회과학의 반反공리주의 운동' 총서의 하나로 2000년 출간된 『정체성의 전쟁La Guerre des identités』도 언급할 수 있을 것이다. 라클라우는 세계화한 비판사상가의 대표적 사례다. 아르헨티나에서 청년기를 보내는 동안 혁명 전사였던 그는 아르헨티나 '민족 좌파'의 주창자인 호르헤 아벨라르도 라모스Jorge Abelardo Ramos와 한때 가까웠다. 라틴아메리카 출신이라는 사실은 라클라우가 현 정치를 이해하는 데, 특히 페론주의 경험에 젖어 있는 '포퓰리즘' 문제를 이해하는 데 뚜렷한 영향을 미쳤다. 하지만 설사 때때로 본국에서 (크리스티나 페르난데스 Cristina Fernández de Kirchner 정부를 지지하는 등) 정치적 견해를 취했다 하더라도 그가 주요하게 활동한 지적 공간은 영미권이었다.

1980년대 중반 『헤게모니와 사회주의 전략』의 출간은 급진 좌파 내부에 중요한 논쟁을 일으켰다.[160] 라클라우와 무페의 분석 중심에는 그람시의 헤게모니 개념이 있다.[161] 그들에게 그람시는 마르크스

---

160   Ernesto Laclau et Chantal Mouffe, *Hegemony and Socialist Strategy. Towards a Radical Democratic Politics*, Verso, Londres, 2001 [에르네스토 라클라우·샹탈 무페, 『헤게모니와 사회주의 전략: 급진 민주주의 정치를 향하여』, 이승원 옮김, 후마니타스, 2012].

161   1장에서 말했던 것처럼 아르헨티나 특유의 그람시 전통이 존재한다. 라클라우는 그 전통을

주의 역사의 전환점에 위치한다. 『옥중수고』의 저자 그람시는 마르크스주의의 몇몇 중심 주장이 자본주의의 진화에 의해 그 설득력이 떨어지게 된다는 사실을 깨달았다. 사람들은 서유럽에서 혁명이 일어날 것이라는 희망을 포기해야 했다. 혁명이 일어나기는커녕 20세기 초에는 '조직화한' 자본주의가 나타나버렸다. 그람시는 (1934년에) 그것을 '포드주의'라 명명한 최초의 사람들 가운데 한 명이었다.[162] 포드주의는 벨 에포크 당시의 '자유주의적' 자본주의와 구별된다. 이 새로운 유형의 자본주의가 낳은 한 가지 결과는 (마르크스주의의) 기대와 달리 중간 관리자, 관료, 모든 유형의 '지식인' 계층을 증대시켰다는 것이다. 그람시 이전부터 마르크스주의에 헤게모니 개념이 도입됨으로써 그 기본 전제를 문제 삼지 않고도 이 중대한 경향과 관련하여 이 학설을 재검토하고 적용할 수 있게 되었다.[163] 헤게모니는 사회의 한 부문이 나머지 부문에 미치는 '도덕적' 영향력을 가리키기 때문에, 사회관계에서 증가하는 문화적 요소의 중요성을 인식시켜준다. 더구나 헤게모니는 각각의 정치 상황을 그 단독성 안에서 이해할 수 있게 해준다. 고전 마르크스주의자들에게 헤게모니(또는 그에 인접한 개념)는 본질적으로 전략적 개념이다.[164] 헤게모니는 프롤레타리아계급이 다른 계

대표하는 인물이다.

162   Antonio Gramsci, *Cahiers de prison*, Gallimard, Paris, 1992, tome V, cahiers 22.

163   헤게모니 개념의 역사에 관해서는 다음을 보라. Perry Anderson, *Sur Gramsci*.

164   Ernesto Laclau, "Identity and Hegemony: the Role of Universality in the Constitution of Political Logics," in Judith Butler, Ernest Laclau et Slavoj Žižek, *Contingency, Hegemony and*

급들―부르주아, 농민, 중간계급―의 전체적 원동력이 프롤레타리아 계급 이익에 부합함을 확신하고 이들과 동맹을 맺어야 하는 상황을 생각해야 할 때 개입한다. 헤게모니는 마르크스주의적 세계관에 있는 사회계급의 중심성이라든지, 역사적 변화를 가져오는 계급이 노동자 계급이라는 사실 그 어느 것도 바꾸지 않는다.

그람시에게 헤게모니는 마르크스주의적 존재론을 깊이 변모시키는 다른 말뜻을 지닌다. 라클라우와 무페는 다음과 같이 주장한다. "그람시에게 정치적 주체political subjects란 엄밀히 말해 계급이 아니라 복합적인 '집단의지'다. 마찬가지로 하나의 헤게모니적 계급에 의해 유기적으로 접합된 이데올로기적 요소들이 반드시 한 계급에 귀속되는 것은 아니다."[165] 라클라우와 무페가 보기에 그람시는 계급 개념에서 헤게모니 개념을 점진적으로 해방한 시초적 인물이다. 그리고 그람시가 개시한 이러한 헤게모니 개념의 해방은 라클라우와 무페 자신들의 이론에서 그 종착점을 발견할 것이다. 그람시가 언급한 '집단의지'는 두 가지 주요한 특성을 지닌다. 우선 집단의지는 우연적이다. 즉 서로 대립하는 행위자들의 사회경제적 이익이 그것을 선결정하지 않는다는 얘기다. 다른 말로 하면 집단의지는 역학관계 차원에서 구체적인 사회 투쟁을 계기로 형성된다. 나아가 헤게모니 형성의 맥락에서 '유기적으로 접합된' 분야는 다양한 유의 것일 수 있다. 여기에는 정당

Universality, p. 52.

165   Ernesto Laclau et Chantal Mouffe, *Hegemony and Socialist Strategy*, p. 67.

이나 노동조합이 포함될 수 있지만, 영토 공동체, 민족 집단, 나아가 투쟁의 계기에 걸맞은 정체성으로 구성되는 불확실한 정체성의 집단이 포함될 수도 있다.

라클라우와 무페에 따르면 그람시는 그 자신이 사회계급과 헤게모니를 처음으로 분리한 사람임에도 마르크스주의의 기본적인 몇몇 측면을 완전히 포기하진 않았다. 그람시의 글에는 특히 라클라우와 무페가 '본질주의의 핵'이라 말하는 것이 담겨 있다. 이 '본질주의의 핵'은 종국에는 헤게모니의 근거를 해당 부문의 계급 위치에 관한 단일원인론적 논리에 둔다. 라클라우와 무페는 그람시가 개시한 이론적 쇄신을 완성함으로써 계급 중심성을 완전히 포기할 것을 권한다. 물론 계급은 상황에 따라 중요성을 가질 수 있다. 하지만 라클라우와 무페는 마르크스주의가 계급에 부여하는 기본적 우위를 거부한다. 그들은 여러 이유로 이런 결론에 이른다. 먼저 적어도 18세기 이후 사회 세계는 훨씬 더 비균질화되어가는 복잡화 과정에 들어섰다. 따라서 개인의 계급 위치는 마르크스주의의 예견대로 굳어지기는커녕 더 애매해졌다. 게다가 한때 사회 투쟁을 구조화하는 데서 불가피한 존재였던 산업노동자계급은 그 중심성을 잃었다. 지난 수십 년간 노동자계급은 인구통계 면에서 약화되어왔다. 낸시 프레이저와 같은 방식으로 라클라우와 무페가 내세우는 '신사회운동'의 출현은 분쟁의 원인이 반드시 노동과 연관된 경제적 요구를 둘러싸고 조직되는 것은 아님을 함의한다. 더 근본적인 인식론적 차원에서 라클라우와 무페는 마르크스주의에 있는 '계급본질주의'를 비판한다. 그들은 사회집단의 우연적 특성을 강조함으로써 그들이 사회학적 '비결정주의' 형태에 동조한다는 것을 보여준다. 행위자들의 (상대적) '일관성'은 언제나 행위 중에 구성되지, 행위에 앞서 선험적으로 구성되지는 않는다. 라클라우와 무페는 반본질주의적 관점을 뚜렷하게 옹호한다.

라클라우와 무페에게 계급 관점의 포기는 적대 개념의 중시와 상관성이 있다. "노동자계급 정체성이 더는 하부구조의 통일 과정에 기초를 두지 않는다면 (⋯) 노동자계급은 자본가계급과의 쪼개어짐split에 의존한다. 이 쪼개어짐은 자본가계급에 대한 투쟁 속에서만 일어날 수 있다. (⋯) 그리하여 '전쟁'은 노동자계급 통일의 조건이 된다."[166] 어떤 '본질'도 사회문제의 기초가 되지 못한다면 그 속에서 살아가는 실체들은 필연적으로 관계적일 수밖에 없다. 다시 말해 실체들은 서로 관련되어 구성되거나 서로에게 맞서 구성된다. 흥미롭게도 라클라우와 무페는 투쟁의 우위에 기초를 둔 세계에 대한 이해를 최초로 전개한 인물이 조르주 소렐임을 주장한다. 소렐은 그람시의 사유에 결정적인 영향을 미쳤으며, 그람시는 소렐에게서 특히 '역사적 블록' 개념을 빌려왔다. 니체와 베르그송Henri Bergson의 영향을 받은 이 혁명적 생디칼리슴의 이론가는 마르크스주의와 포스트마르크스주의 전통 내에 '생기론적' 경향이 존재함을 보여준다. 어떤 점에서 라클라우와

---

166 같은 책, p. 39. 라클라우에게서 보이는 적대의 중심성은 카를 슈미트가 정치적인 것을 특징짓기 위해 스스로 설정한 '동지'와 '적'의 대립에 부여하는 중심성을 강하게 상기시킨다. 이런 이유로 라클라우는 1부에서 정의한 의미의 '좌파 신슈미트주의자'다.

무페는 이 경향의 계승자다. 둘의 접근은 E. P. 톰슨의 관점이 극단화한 것으로도 생각될 수 있다. 톰슨은 노동자들이 어느 계급에 귀속되는지를 결정하는 데에는 계급의식(경험)이 그들의 사회경제적 조건 못지않게 중요하다는 사실을 강조한다. 라클라우처럼 톰슨은 관계의 용어로, 더 정확히 말하면 대립의 용어로 사회집단을 생각한다. 그렇다해도 톰슨은 사회계급이 객관적 존재성을 띤다는 점을 부인하지 않는다. 이 점이 라클라우와 그가 다른 점이다. 라클라우는 그런 생각을 포기한다. 라클라우가 보기에 어디서 적대가 나타날지를 결정할 수 있게 해주는 선험적 요소란 없다. 적대는 어디서나 구성될 수 있다.

2005년 영어와 스페인어로 동시에 출간된 『포퓰리즘적 이성』은 (프랑스에서 이 책은 바디우와 바르바라 카생Barbara Cassin이 이끌던 '철학 부문' 총서의 하나로 2008년 출간됐는데, 이 프랑스를 제외한다면) 오늘날 특히 라틴아메리카에서 가장 많이 논의된 비판적 저작 가운데 하나다. 이 책에서 라클라우가 주장한 바는 2000년대 초반 이후 나타난 '진보주의적-포퓰리즘적' 체제들에 대한 경험과 공명을 일으켰다. 우고 차베스Hugo Chávez의 베네수엘라, 에보 모랄레스의 볼리비아, 라파엘 코레아Rafael Correa의 에콰도르가 이 체제들에 속한다. 이 체제들의 출현은 과거 이와 유사한 것을 이미 겪었던 라틴아메리카의 오랜 역사와 관련지어야한다. 우리는 이 가운데 특히 아르헨티나에서 일어난 운동인 페론주의를 찾을 수 있는데, 페론주의는 1940년대 말에 나타나 오늘날까지도 아르헨티나의 정치 양식을 구조화하고 있다. 여러 점에서 파악하기 어려운 이 흐름의 특성, 근대 정치의 전통적 좌표와 관련해 이 흐름을 위치짓는 데 따르는 어려움은 라클라우를 포퓰리즘 현상으로 기울게 한 요소 가운데 하나다. 일반적으로 말하자면 라클라우의 목적은 통상 해로운 것으로 여겨지는 이 현상을 복원하는 것이다. 그가 보기에 포퓰리즘은 근대 민주주의 사회에서 정치적인 것이 띠는 한 형태일 뿐이다. 더 정확히 말해 포퓰리즘은 근대 민주주의 사회를 지배하는 중심적 가치, 곧 평등을 심화하는 조건이다.

태초에 사회 세계의 근본적 비균질성이 있었다. 라클라우에게 사회 세계는 그 구성원의 다양성과 세분화로 특징지어진다. 그 구성원의 정체성은 언제나 유동적이다. 사회문제의 비균질성은 사회가 복잡해지면서 커져간다. 이 현상을 지칭하고자 라클라우는 '차이의 논리'라는 표현을 사용한다. 다양한 사회적 부문들은 경제 부문(노동조합), 공동체 부문(민족), 혹은 기타 부문들로부터 파생되어 형성되고, 이들은 그들 고유의 요구를 내세우며 기존 정부 및 제도들과 상호작용한다. 이 요구들은 가끔 충족되며, 이때 해당 부문은 원활히 자체 활동에 몰두하기를 계속한다. 하지만 시의성이나 원칙을 이유로 정부 및 제도들이 이 요구들을 들어주기를 거부하는 일이 생긴다. 그러면 차이의 논리는 '등가의 논리'로 바뀌게 될 수도 있다. 권력으로부터 거부당하는 순간 요구들의 특수성은 특수하기를 멈춘다. 요구들은 이제 적어도 권력으로부터 거부당했다는 공통된 특성을 지닌다. 이는 이 요구들이 동맹을 맺을 수 있는 조건을 발생시킨다. 이제 포퓰리즘이 등장할 차례다. 포퓰리즘의 전제 조건은 부문별 특수성을, 각 부문들 간의 결연을 만들어낼 수 있는 '등가의 연쇄' 안에 기입할 수 있는 더욱 일반적인 요구들로 전환해내는 것이다.

그러면 공동체 내부에 '내적 경계'가 생성된다. 이 경계는 요구를 충족하지 못한 부문들의 영역과 권력의 영역을 분리한다. 이 경계가 **플레브스**plebs를 **인민**peuple으로 바꾼다고 라클라우는 주장한다. 적대에 대항해서, 가령 페론주의에서는 '과두제'에 대항해서, 인민은 언제나 그런 식으로 구성된다. 이를 위해 인민의 요구가 대중적 '지도자'의 형상 속에 구현될 필요가 종종 있다. 원래는 파트리키patrici(귀족)에 대립된, 고대 로마의 평민을 의미하던 '플레브스' 개념의 용례는 하트와 네그리의 '다중' 개념의 용례에 가깝다. 더구나 우리는 오늘날 비판사상에서 그리스어나 라틴어로부터 유래한 오랜 개념들이 만연함을 확인할 수 있다. 이는 아마도 현 정세에서 해방 주체를 분명히 하는 데 따른 어려움을 드러내는 것일 터이다. '플레브스'와 '다중' 개념은 둘 다 환원 불가능한 특수성으로 이뤄졌지만 아직 진정한 정치적 주체를 이루지 못하는 인구의 불분명하고도 무질서한 상태를 지칭한다. 라클라우에게 진정한 정치적 주체를 예고하는 것은 '차이의 논리'가 '등가의 논리'로 바뀌면서 '플레브스'가 '인민'으로 이행해가는 일이다. 여기서 잠시 네그리의 다중에 대해 언급하고 넘어가는 게 좋을 것 같다. 네그리에게 다중의 임무는 단독성들의 집합체로서 계속 존재하는 것이지, 하나의 인민이 되는 것이 아니다. 왜냐하면 그에게 인민이란 그 역량이 국가에 예속된 다중일 뿐이기 때문이다.

포퓰리즘은 라클라우가 말하는 '텅 빈 기표'의 침입을 가정한다. 이 점에서 그는 몇몇 구조주의자와 포스트구조주의자, 대표적으로는 클로드 레비스트로스와 자크 데리다를 따르고 있다. 텅 빈 기표는 등가의 연쇄에 편입된 각 부문으로부터 다른 의미를 부여받은 상징이다. 이 상징은 특히 언어적 상징이지만 꼭 그렇지만은 않다. 예컨대 프랑스 역사에서 제도가 일상적으로 기능하던 시기는 물론 혁명기에도 '평등'이라는 생각에 결부된 의미는 셀 수 없이 많았다. 마찬가지로 1970년대 초 아르헨티나에서 스페인으로 망명한 페론의 '귀환'을 요구하는 것은 페론주의의 각 부문마다 다른 의미를 지녔다. 1973년 페론이 비행기에서 내리던 순간 부에노스아이레스 공항에서 페론주의자들 사이에 발생한 총격전이 이를 잘 보여준다. 라클라우에게 포퓰리즘적 기표는 반드시 비어 있어야 한다. 기표의 내용이 고정돼 있다면 기표는 사회의 오직 한 부문만의 상상계나 이익을 구현할 수 있을 것이다. 그런데 포퓰리즘을 특징짓는 것은 여러 부문을 모으는 능력이다. 처음에는 기표의 내용이 전체 인구 중 일부 집단에서 나올 수 있다. 하지만 등가의 연쇄가 확장되면서 기표는 그 내용을 비우고 그것이 다른 의미를 부여받을 수 있게 하는 추상의 과정을 겪는다. 이에 라클라우는 랑시에르, 바디우, 지젝을 좇아 보편적인 것이 정말로 존재하지만, 그것은 '텅 빈 장소'라고 주장하기에 이른다.

포퓰리즘이 나타나려면 꼭 있어야 할 제3의 요소는 당연히 헤게모니다. 라클라우는 헤게모니를 특수성으로 오염된 보편적인 것으로, 또는 다양성 속에서 구성된 통일로 정의한다.[167] 『포퓰리즘적 이성』에

---

167 Ernesto Laclau, "Identity and Hegemony: the Role of Universality in the Constitution of

서 헤게모니는 제유提喩 형태로 생각된다. 제유란 부분을 전체로 여기거나, 혹은 반대로 전체를 부분으로 여기는 수사학 형태다(여기에는 환유 형태가 포함된다). 라클라우의 포퓰리즘 이론에서 제유 개념은 사회 전체의 한 부분이 전체를 대신해 그것의 이름으로 말하는 상황을 가리킨다. 볼리비아나 멕시코 토착민들이 국내 정치 영역에 난입할 때 그들은 기존 정치질서에서 한자리를 차지하는 것만을 바라지 않는다. 그들은 이 질서를 뒤엎고 자신들이 국민적 정당성의 진정한 담지자로서 자격이 있음을 주장한다. 그들은 공동체 전체의 이름으로 말하지, 자신들의 이익의 이름으로만 말하지 않는다. 라클라우가 보기에는 바로 거기에 근본적 헤게모니 행위가 있다. "포퓰리즘의 상황에서 (…) 배제의 경계는 사회를 두 영역으로 나눈다. 이 상황에서 '인민'은 공동체 전체 구성원보다 못한 무엇이다. 그것은 유일하고 정당한 전체로 여겨지기를 바라는 불공평한 요소다."[168] 여기서 라클라우의 입장은 랑시에르에 가까운데, 그는 명시적으로 랑시에르를 참조하고 있다. 랑시에르에게 '몫 없는 이들'이 그 피해자인 '잘못'은 이 '몫 없는 이들'로 하여금 공동체 전체의 이름으로 말할 수 있도록 해준다는 점을 우리는 앞서 확인했다. 라클라우가 말하는 것도 이와 전혀 다를 바 없다. 헤게모니는 적대가 분열시킨 '진영들' 가운데 하나를 위해서가 아

Political Logics," p. 50.

168   Ernesto Laclau, *La razon populista*, Fondo de cultura economica, Buenos Aires, 2006, pp. 107-108.

니라 공동체 전체를 위해 말할 때 비로소 존재하는 것이다. 포퓰리즘 논리가 바로 그 헤게모니로 되어 있다. 그리고 라클라우에 따르면, 결국 이는 정치의 논리와 뒤섞인다.

프레드릭 제임슨: 후기자본주의와 분열증

앞서 언급했듯 지젝은, 그의 표현대로라면 '서구 학계에서 거장으로 군림하는' 포스트구조주의의 대표자들이 데카르트적 주체를 해체한 데 맞서 이를 복원할 것을 제안한다. 이에 그는 주체를 '비어 있음' 또는 순수 '부정성'으로 정의하고 구체적인 주체가 발생할 수 있도록 주체에 (빈) 자리를 마련해주는 일이 절대적으로 필요하다고 주장한다. 지젝이 자신의 정치철학적 견해를 형성하는 와중에 맞선 사상가 가운데 한 명이 프레드릭 제임슨이다. 제임슨은 주체가 이 세계의 모든 것처럼 '역사'를 지닌다고 말한다. 그는 "언제나 역사화하라Always historicise"라는 라이트모티프 덕분에 유명해졌는데, 이는 곧 다른 모든 실체와 마찬가지로 주체에 적용되는 인식론적 라이트모티프다.[169] 데카르트적 주체는 '부르주아 자아'의 형이상학적 형상으로, 이 '부르주아 자아'는 근대에 나타나 우세를 점했다. 그러나 20세기 후반부터

---

169   이 라이트모티프는 특히 다음 저서에서 진술된다. Fredric Jameson, *The Political Unconscious. Narrative as A Socially Symbolic Act*, Routledge, Londres, 2002 [프레드릭 제임슨, 『정치적 무의식: 사회적으로 상징적인 행위로서의 서사』, 이경덕·서강목 옮김, 민음사, 2015]. '시기 구분' 문제에 관해서는 다음을 보라. Fredric Jameson, "Periodizing the Sixties," in Sohnya Sayres et al., *The Sixties, Without Apologies*, Minnesota University Press, Minneapolis, 1984.

'부르주아 자아'는 분할되었고 심지어 구성적으로 정신분열을 겪었으며, 사실상 주체라 할 수 없는 새로운 유형의 주체가 그 자리를 대신했다. 이 주체가 바로 포스트모더니즘의 주체다.

제임슨은 원래 마르크스주의에서 영감을 받은 미학 구상에 많은 저서를 할애한 문학이론가다. 마르크스주의 조류와 다른 조류들을 상호작용하게 하는 것은 서구 마르크스주의 전통의 특징이기도 한데, 페리 앤더슨은 특히 그러한 제임슨의 능력을 들어 그를 서구 마르크스주의 전통의 정점으로 간주한다.[170] 서구 마르크스주의 전통의 정점이 미국인이라는 사실을 확인하는 것은 이 점에서 흥미롭다. 제임슨의 마르크스주의는 절충주의적이다. 그는 정신분석, 포스트구조주의, 그레마스Algirdas Julien Greimas의 기호학, 니클라스 루만Niklas Luhmann의 체계론, 에르네스트 만델의 정치경제학, 그리고 현상학에서 유래한 개념들을 통합한다. 이 절충주의가 고유한 패러다임 안에서 그것을 구성하는 요소를 얼마나 '넘어서는지'를 두고 그의 논평가들은 논쟁을 주고받기도 했다.[171] 우리는 제임슨의 가장 유명한 저서 가운데 『마르크스주의와 형식Marxism and Form』(1971), 『브레히트와 방법Brecht and Method』(1998), 『단일한 근대성A Singular Modernity』(2002), 또 아마도 오늘날 비판사상 내부에서 가장 영향력 있는 저서 가운데 하나가 될 『정치

170   Perry Anderson, *The Origins of Postmodernity*, Verso, Londres, 1998.

171   Martin Jay, "Review of Postmodernism, the Cultural Logic of Late Capitalism," *History and Theory*, vol. 32, 1993.

적 무의식The Political Unconscious』(1981)을 인용할 수 있다.[172] 지젝처럼, 그러나 그보다 더 무거운 스타일로 제임슨은 대중문화에 특별한 관심을 보인다. 건축에서 SF와 비디오 영화를 거쳐 음악에 이르기까지 어느 영역도 그의 분석을 피해 갈 수 없다. 어느 논평가가 말하듯 제임슨은 그 어떤 것도 잊어버리거나 무시할 수 없는 것 같다.[173] 이 영역들을 다 같이 고찰하는 것은 우리가 살고 있는 역사적 시기의 영향을 받는다. 사실 여기서 '고급'문화와 '대중'문화의 경계는 모호해지는 경향이 있고, 분석가 제임슨은 문화생산의 무질서한 다양성을 맞닥뜨리게 된다.

제임슨은 1984년 발표된 유명한 논문 「포스트모더니즘 또는 후기자본주의의 문화 논리」의 저자이기도 한데, 그 논문은 같은 제목의 (방대한) 책으로 확장되었다.[174] 해당 논문에서 그는 지난 수십 년간 활발히 논의된 문제, 즉 우리가 과연 포스트모더니티에 들어왔는가, 결국 근대가 종언을 고했는가 하는 문제를 제기한다. 제임슨은 두 가지 다른 의미의 포스트모더니즘 개념에 반대하여 자신의 포스트모더니즘 개념을 발전시킨다. 두 가지 중 하나는 『포스트모던의 조건』(1979)

172　제임슨의 궤적과 저작에 입문하려면 다음을 보라. Stathis Kouvélakis, "Fredric Jameson, la totalisation inassouvie," in Jacques Bidet et Stathis Kouvélakis (dir.), *Dictionnaire Marx contemporain*.

173　C. Barry Chabot, "The Problem of the Postmodern," in Ingeborg Hoesterey (dir.), *Zeitgeist in Babel: The Postmodern Controversy*, Indiana University Press, Bloomington, 1991, p. 33.

174　Fredric Jameson, *Postmodernism, or the Cultural Logic of Late Capitalism*.

에서 진술된 리오타르의 개념으로, 제임슨은 그 책의 영역본 서문을
쓴 바 있다.[175] 리오타르에게 포스트모더니티의 주요한 특징은 '거대
서사'의 종말이다. 근대 동안 개인들은 사회에 역사적 깊이와 방향을
준 '진보'나 '이성' 같은 가치들에 동의했다. 포스트모더니티는 이 가
치들을 시대에 뒤진 것으로 만든다. 모든 서사가 필연적으로 사라진
것은 아니지만, 남아 있는 서사들은 국소적이고 영향력이 적은 이야
기들이다. 제임슨이 반대한 다른 하나는 하버마스의 개념이다.[176] 하
버마스에 따르면, 우리 시대를 포스트모더니즘으로 특징짓는 것은 잘
못인데, 왜냐하면 근대성은 '미완의 기획'이며 그 정의상 그렇기 때문
이다. 하버마스의 사유는 초기 프랑크푸르트학파를 대표하는 이들의
사유, 특히 그들이 20세기의 재앙에서 도출해낸 대차대조표를 따른
다. 포스트모더니즘의 가설은 이 재앙이 계몽주의적 이상을 돌이킬
수 없는 방식으로 무효화했다는 확증에 부분적으로 기초를 둔다. 그
러나 하버마스가 보기에 계몽주의적 이상이 아무리 불안정할지라도
그 이상을 포기한다는 것은 생각할 수 없는 일이다. 근대의 기획은 특
히 '의사소통'의 합리성 개념을 통해 재정식화의 대상이 되어야 하지
만, 그럼에도 유지되어야 한다.

　　제임슨은 이 논쟁의 용어들을 상당히 바꿔놓았다. 그에게 포스

175　Jean-François Lyotard, *La Condition postmoderne*.

176　Jürgen Habermas, "Architecture moderne et postmoderne," *Écrits politiques*, Cerf, Paris,
1990; Jürgen Habermas, "La modernité: un projet inachevé," *Critique*, n° 413, octobre 1981.

트모더니티는 하나의 '조건'이 아니라 하나의 역사적 시기다. 이 시기는 모든 영역에서, 경제와 문화, 또 법과 정치에서 함의를 지닌다. 포스트모더니티를 문화 현상으로 소개하는 이 개념의 다른 수용과는 반대로, 제임슨은 근대성의 완성은 그 어떤 영역도 그대로 두지 않는다고 주장한다. 프레이저와 호네트처럼, 그러나 그들과는 다른 이론적 전제와 목적을 갖고, 그는 '총체성' 개념을 부활시킨다.[177] 이 개념은 리오타르의 주된 표적 가운데 하나다. '거대 서사'는 특정 사회든 인류 전체든 간에 언제나 총체성을 가리킨다. 따라서 '거대 서사'의 쇠퇴는 이 범주의 포기를 뜻한다. 반대로 총체성을 복원함은 '거대 서사'의 가능성을 유지함을 가정한다. '서사narrative' 개념은 제임슨에게서 중심적이다. 그가 보기에 이 개념은 모든 역사적 사유의 조건일 뿐만 아니라, 서사 자체가 미래에 투영될 수 있게 해주는 것이기도 하다. 제임슨에게 특히 '거대 서사'라는 것은 우리의 현 상황을 설명해주는 것, 바로 마르크스주의다.

제임슨은, 포스트모더니즘이 그가 '후기자본주의'라 말하는 자본주의 발전의 한 국면에 해당한다고 본다. 이 개념은 20세기 후반 이후 마르크스주의 전통에서 모습을 보이는데 특히 에르네스트 만델이 저서 『후기자본주의Der Spätkapitalismus』를 통해 이 개념을 구상했다.[178] 만델에 따르면 시장자본주의(1700년부터 1850년까지)와 독점자본

---

177   Fredric Jameson, *Postmodernism, or the Cultural Logic of Late Capitalism*, pp. 332-339.

178   Ernest Mandel, *Le Troisième Âge du capitalisme*, Éditions de la Passion, Paris, 1997.

주의(1960년까지)를 잇는 것이 자본주의의 '제3시기', 곧 '후기'자본주의다. 후기자본주의는 무엇보다도 다국적 기업의 눈부신 발전, 새로운 국제적 분업, 금융시장의 팽창, 새로운 통신수단의 출현, 전통적 노동운동의 약화로 특징지어진다. 만델의 몇몇 동시대인이 생각하는 것처럼, 후기자본주의는 자본주의를 '탈산업화' 시기로 기울게 하지 않았다. 그러나 후기자본주의가 생산과정에 초래한 격변은 새로운 축적 국면으로의 이행이라는 가설을 정당화하기에 충분히 중요하다. 제임슨이 후기자본주의의 시작을 1970년대 초 최초의 석유파동 당시로 본다면, 만델은 이를 2차 세계대전 이후로 본다.[179]

제임슨에게 포스트모더니즘은 후기자본주의의 '문화 논리'를 이룬다. 『마르크스주의와 형식』의 이 저자는 '토대'가 상부구조를 결정한다는 마르크스주의의 '표준' 모델을 거부한다. 경제 논리와 문화 논리는 어느 하나를 다른 하나의 '반영'이라 주장한다는 게 무의미할 만큼 서로 뒤섞여 있다. 이 관점에서 포스트모더니즘은 (그 원인으로 있는) 후기자본주의의 한 결과가 아니라 후기자본주의가 문화적 차원에서 번역된 것이다. 포스트모더니즘과 더불어, 토대와 상부구조는 서로 구별되지 않는 최대 지점에 이른다. 그리하여 제임슨은 다음과 같이 주장한다.

179　제임슨이 제안한 자본주의 시대 구분에 대한 비판과 관련해서는 다음을 보라. Mike Davis, "Urban Renaissance and the Spirit of Postmodernism," *New Left Review*, n° 151, mai-juin 1985.

나의 두 용어인 **문화적인 것**과 **경제적인 것**이 서로 겹친다고 말하는 것, 그리고 이와 똑같은 말인데, 토대와 상부구조의 구별이 무색해진 게 포스트모더니즘의 중대한 특징으로서 흔히 사람들을 강타해왔다고 말하는 것은, 자본주의의 제3단계에서는 토대가 새로운 종류의 동역학을 통해 그 자체의 상부구조를 낳는다고 암시하는 것과 같다.[180]

제임슨은 이런 사실의 징후로서 가령 예술 영역과 경제 영역이 점점 더 서로 뒤섞이는 경향이 있음을 강조한다. 오늘날 많은 예술가들이 자기 자신을 공공연하게 사업가로 여기며, '창조'의 언어는 폭넓게 경제 영역에 침투했다. 제임슨이 '문화적인 것'과 '경제적인 것'의 관계를 사유하는 방식에 영향을 준 사상가 가운데에는 뤼시앵 골드만이 있다. 이 『숨은 신Le Dieu caché』의 저자는 자본주의 발전 단계와 그곳에 나타나는 문학 형식 사이(가령 1950~1960년대 '조직화한' 자본주의와 '신문학' 사이)에 있는 '상동성homologies'을 확인하려 했다.[181] 제임슨은 이 사유 스타일을 수용했으며 그것을 발전시켰다.

무엇이 포스트모더니즘 문화의 주요 특징일까? 이 문화를 결정하는 한 측면이 제임슨이 "새로운 피상성new depthlessness"이라 부르는 것

---

180 Fredric Jameson, *Postmodernism, or the Cultural Logic of Late Capitalism*, p. XXI. 또한 다음을 참고하라. Adam Roberts, *Fredric Jameson*, Routledge, Londres, 2000, p. 120 [애덤 로버츠, 『트랜스 비평가 프레드릭 제임슨』, 곽상순 옮김, 앨피, 2007].

181 Lucien Goldmann, *Pour une sociologie du roman*, Gallimard, Paris, 1969.

이다. 여기서 '피상성'은 깊이나 실체의 부재, 표면에 있는 것이라는 글자 그대로의 의미에서 이해해야 하지만, 그렇다고 해서 반드시 경멸의 뜻을 나타내지는 않는다. 이 점을 예증하고자 제임슨은 반 고흐Vincent van Gogh의 〈낡은 신발〉(1887)과 앤디 워홀Andy Warhol의 〈다이아몬드 가루를 뿌린 구두〉(1980)를 비교한다. 반 고흐의 그림은 농부의 신발을 나타낸다. 이 신발이 캔버스 전체를 뒤덮고 있음에도 그것은 간접적으로 농촌 전체를 가리키며, 관객은 상상으로 농촌을 재구성하도록 유도된다.[182] 반면 워홀의 신발은 방금 지적한 의미에서 피상적이다. 그곳엔 그 어떤 관점도, 어떤 세계를 가리키는 시공간적 표지도 나타나지 않는다. 워홀의 관념은 현대미술과는 달리 해당 오브제의 재현을 구성하고자 사용된 미학적 과정을 폭로하는 데 있는 것이 아니다. 워홀의 관념에서는, 오브제는 마치 재현될 능력 자체를 박탈당했다는 듯이 모든 사태가 진행된다. 제임슨은 이 점에서 '현상계의 죽음'을 거론하고 우리가 현재 놓인 미학 체제를 설명하고자, 보드리야르에게서 영감을 받은 '시뮬라크르' 개념을 도입한다.

　포스트모더니즘의 피상성에 개인의 새로운 감정적 구조가 조응한다. 제임슨에게서 보이는 흥미로운 한 요소는, 그 자신이 권장하는 완전한 역사주의에 부합하여, 앞서 언급한 역사적 시기 구분과 밀접하게 상호작용하는 감정의 사회사를 구상한다는 것이다. 후기자본주의는 문화를 발생시킬 뿐만 아니라 오늘날 등장한 주체 유형을 조

182　Fredric Jameson, *Postmodernism*, pp. 8-9.

건짓는 새로운 종류의 감정 또한 발생시킨다. 제임슨이 보기에 우리는 현재 "감정의 쇠퇴waning of the affect"를 목격하고 있다.[183] 이는 불안·고통·소외 같은 근대의 거대 감정이 사라지는 경향이 있음을 의미한다. 이러한 감정은 새로운 다른 신경 상태로 대체된다. 유명한 '번아웃burnout'이나 '포스트모더니즘의 행복감euphorie'은 이 패러다임의 사례들이다. 불안처럼 심오한 감정을 경험하려면 그것을 경험하는 주체가 있어야 하고 더구나 그 주체는 내면성을 갖고 있어야 한다. 그런데 주체는 오늘날 분할되었고 정신분열적이다. 이는 "느낀다는 것을 행할 현존하는 자기가 더는 없음"을 의미한다.[184] 이는 감정의 역사가 끝났음을 의미할까? 아니다. 그러나 이제 만연해 있는 것은, 개인(한때 개인이었던 것)들의 표면상에 일시적으로 발생하는 비인격적 '강도強度'다.

포스트모더니즘 시대에 공간은 시간을 지배한다. 에릭 홉스봄이 잘 보여주었듯 근대는 (프랑스 혁명 이래로) 정치 영역에서나, (산업혁명과 더불어) 경제 영역에서나 혁명적 시기였다.[185] 제임슨이 보기에 포스트모더니티가 출현한 결과 가운데 하나는 역사성의 약화다. 역사성의 약화는 집단기억 상실의 결과이지만, 또한 점점 더 미래를 상상할 수

---

183 같은 책, p. 10.

184 같은 책, p. 15.

185 Eric Hobsbawm, *L'Ère des révolutions. 1789-1848*, Hachette, Paris, 2002 [에릭 홉스봄, 『혁명의 시대』, 정도영·차명수 옮김, 김동택 해제, 한길사, 1998]; Eric Hobsbawm, *L'Ère du capital. 1848-1875*, Hachette, Paris, 2002 [에릭 홉스봄, 『자본의 시대』, 정도영 옮김, 김동택 해제, 한길사, 1998].

없는 무능력의 결과이기도 하다. 대신에 역사성의 약화는 공간의 우위를 초래한다. 텔레비전이든, 영화든, 건축이든 포스트모더니즘 문화는 시각문화다. 그런데 시각은 탁월한 공간적 기관organe이다. 이 기관은 이것이 인식하는 요소 전체를 '평평하게' 하는 경향이 있다. 사실 역사와 시간이 정말로 사라진 것은 아니다. 역사와 시간은 (정신분석적 의미에서) 동시대 문화의 억압을 받았으나, 지하에서 계속 작동하고 있다. 비판사상의 과업, 제임슨이 사용하는 용어를 빌리면 '유토피아적' 사상의 과업은 시간성의 새로운 감정을 나타나게 하는 것이다. 이것이 근대적 시간성으로 되돌아감을 의미할 수는 없다. 자본주의와 그 문화 논리를 인정하는 것이 옳다. 하지만 시간성이 새로운 의미를 갖지 않는다면 어떠한 사회변혁도 생각할 수 없을 것이다.

결론: 작업장

페리 앤더슨은 1992년 당시 편재하던 '역사의 종말'이라는 주제에 바친 깊은 성찰 속에서, 사회주의의 가능한 네 가지 운명을 그려본다.[1] 첫 번째 가능성은, 1848~1989년 시기의 사회주의 경험이 미래의 역사가들에게는 17~18세기 파라과이 예수회 수도사들의 상황에서 재현되었던 것과 같은 종류의 '변칙'이나 '삽입구'처럼 보이리라는 것이다. 예수회 수도사들은 땅의 일부를 균등하게 나눠주고 토착민의 풍습과 언어를 존중하면서 한 세기 넘도록 평등주의에 입각해 과라니족 공동체들을 조직했다. 이 공동체들은 몽테스키외Montesquieu와 볼테르Voltaire를 비롯한 당대의 많은 사상가들을 매료했다. 19세기 윌리엄 모리스의 친구인 커닝엄 그레이엄Cunninghame Graham은 자신의 유토피아적 저서 『사라지는 아르카디아A Vanished Arcadia』에서 이 공동체를 언급했다.[2] 과라니족 공동체들은 지역 지주들의 증오를 산 끝에 스페인 왕정의 법규명령으로 와해되었고, 예수회 수도사들은 파라과이에

---

1   Perry Anderson, "The Ends of History," *A Zone of Engagement*, Verso, Londres, 1992.

2   이 책은 롤랑 조페(Roland Joffé) 감독의 영화 〈미션(The Mission)〉(1986)에 영감을 주기도 했다.

서 추방되었다. 앤더슨은 사회주의의 운명, 특히 1917년 10월 혁명에서 유래한 그 운명이 파라과이 예수회 수도사들의 상황과 같은 차원의 것일 수 있다고 말한다. 이 경험이 불러일으키는 경의가 어떠한 것이든 간에 300년이 지난 지금의 우리는 이 경험이 근대 역사상 자본주의와 식민주의의 흐름을 바꾸지 못했음을 알고 있다. 과라니족 공동체들은 기껏해야 감동적이지만 헛되고 후세로 이어지지 못한 사건의 형태로 몇몇 사회주의자의 기억에 남아 있을 따름이다. 이 관점에서 사회주의의 운명은 망각에 지나지 않을 것이다.

두 번째 가능성은 사회주의가 미래에 깊은 재정식화의 대상이 되리라는 것이다. 사회주의를 더 설득력 있고 효과적인 정치적 기획으로 재탄생시킬 사건이 수십 년, 또는 수백 년 안에 일어날 수도 있다. 앤더슨은 (최초의) 영국 혁명과 프랑스 혁명이 유지하는 관계를 예로 든다. 이 두 혁명은 근대의 문턱에서 똑같이 민주주의적 '도약'이라는 성격을 띠는 것으로 회고된다. 하지만 이 두 혁명은 사실 많은 점에서 서로 다른 사건이다. 먼저 수평파Levellers와 자코뱅당 사이에는 거의 한 세기 반이라는 시간적 간극이 놓여 있다. 1660년 영국에서는 왕정복고가 일어났고, 18세기 말이 되어서야 17세기 영국 혁명에 견줄 만한 영향력을 지닌 정치적 과정이 유럽에 나타났다. 한편 영국 혁명가들의 언어는 여전히 본질적으로 종교적이었다.[3] 반면 프랑스 혁명

---

3   Christopher Hill, *The World Turned Upside Down: Radical Ideas During the English Revolution*, Penguin Books, Londres, 2006.

가들은 세속적인 정치 용어를 사용했다. 앤더슨은 훗날 역사가들이 1848~1989년 시기의 사회주의 경험과 같은 긴 역사적 주기를 띤다고 말하게 될 사건이 미래에 발생할 가능성도 있다고 주장한다. 하지만 이 사건에 참여하게 될 이들은 자신들과 사회주의를 연결해주는 연관성을 인식하지 못할 수도 있다. 이는 그 어떤 은밀한 혹은 '객관적인' 관계도 이 역사적 시퀀스 사이에 존재하지 않을 것이라는 얘기가 아니다. 그렇지만 이 관계는 주동자들의 의식에는 있지 않을 것이다. 사회주의적 요소가 새로운 형태로 다시 나타난다는 것은 무엇보다도 사회주의적 학설의 변화를 가정하는 것이다. 어쩌면 프롤레타리아에 부여한 중심성이나 그것을 특징짓는, (클라우제비츠적 의미에서) 군대로부터 영감을 받은 전략 모델 같은 몇몇 학설은 포기될지도 모른다. 앤더슨은 혁신이 생태적 주제를 둘러싸고 기획될 수도 있을 것이라고 덧붙인다. 앞으로 다가올 시대에 생태적 주제는 점점 더 중요성을 띠게 될 것이다.

사회주의의 가능한 세 번째 운명은 프랑스 혁명과 그 뒤를 이은 혁명들 사이에 존재했던 관계와 유사하다. 영국 혁명과 달리 프랑스 혁명은 앤더슨이 '누적된' 혁명적 전통이라 말하는 것을 수립했다. 왕정복고 이후 15년이 지나 파리의 거리는 바리케이드로 새로 뒤덮였다. 그리고 1848년, 1871년, 인민전선, 레지스탕스, 1968년 5월이라는, 각자의 방식으로 이 '대혁명'을 참조하는 사건들이 도래했다. 지난 200년간 실행되었던 행동과 상징의 레퍼토리는 대부분 이 기원적 모태에서 파생된 것들로 채워져 있었다. 학설의 차원에서 근대적 사회주의, 특히 마르크스주의는 계몽주의와 부르주아계급에 대한 연속이자 '지양dépassement'으로 이해된다. 바뵈프François-Noël Babeuf가 추동한 변화는 어떠한 시간적 연속성도 없이 일어났다. 이 사실은 전기적 차원에서도 확인된다. 예를 들어 구세력인 자코뱅당(르드뤼롤랭Alexandre Auguste Ledru-Rollin 등)과 신세력인 사회주의자들(루이 블랑Louis Blanc 등)은 함께 1848년 혁명을 이끌었다. 그렇게 미래에는 이와 똑같은 유형의 관계가 사회주의와 그 뒤를 잇는 무언가 사이에서 우세할 수도 있을 것이라고 앤더슨은 말한다. 어떤 의미에서 페미니즘은 사회주의를 계승한 흐름과 이런 유의 관계를 이미 맺고 있다. 노동운동은 페미니즘의 기원 중 하나이며(물론 그것이 유일한 기원은 아니다), 아우구스트 베벨August Bebel의 유명한 저서 『여성과 사회주의Die Frau und der Sozialismus』(1883)가 그 정초적 텍스트다. 그러나 한편으로 20세기 동안 페미니즘은 노동운동에 대해 점차 자율성을 띠어갔으며, 이른바 '제2의 물결' 페미니즘은 단연 하나의 독립적인 흐름으로 존재한다.

네 번째이자 마지막 가능성은 사회주의의 운명이 자유주의의 운명과 유사하리라는 것이다. 벨 에포크 동안 번성했던 자유주의는 1차 세계대전 당시 심각한 위기에 들어섰으며, 1970년대 후반 신자유주의 시대가 열리고 나서야 이 위기에서 빠져나올 수 있었다. 두 차례 세계대전이 초래한 폭력, 볼셰비키 혁명, 1929년의 대공황, 케인스주의와 마르크스주의의 지적 헤게모니로 자유주의는 긴 공백을 겪었지만, 1970년대 말부터 2000년대 중반에 이르기까지 30년간 이론의 여지 없는 우위를 경험했다. 아마도 오늘날의 위기는 이 우위에 타격을 주었을 것이다.[4] 앤더슨은 자유주의와 마찬가지로 사회주의도 잠시 소멸했다가 나중에 회복될 가능성을 배제할 수 없다고 주장한다. 당연히 이를 위해서는 사회주의가 진화해야 할 것이며, 특히 개인의 자유를 좀 더 중시한다든가 하면서 경쟁관계에 있는 다른 학설들의 몇몇 특징을 흡수해야 할 것이다. 하지만 그때에도 여전히 우리가 아는 것과 같은 사회주의일 것이고, 그 주요한 요소는 그대로 있게 될 것이다. 이 네 번째 가능성이 바디우가 '공산주의 가설'과 과학적 활동 사이의 비교를 제안할 때 염두에 두고 있었을 바에 가깝다.[5] 과학적 가설은 당장에는 전혀 효과가 없다. 그것은 그 진실성이 확립될 때까지는 다소간 우호적인 '추측과 반박'의 대상이 된다.

앤더슨의 글이 발표된 이후의 20년간은 우리가 현재 살고 있는 시대의 성격을 더 분명히 이해할 수 있게 해준다. 첫 번째 확인된 사실은, 사회주의가 파라과이 예수회 수도사들의 공동체가 걸었던 길을 따르지는 않으리라는 것이다. 달리 말해 미래의 역사가는 사회주의를 파라과이 예수회 공동체와 같은 역사의 일반적 흐름에 비춰봤을 때 터무니없고 덧없는 경험 전체로 인식하지 않을 것이다. 그 잠재성이 사고 가능했다는 점은 오늘날의 관점에서는 적절치 않아 보이기도 하지만, 1994년 사파티스타 봉기, 그리고 1995년 11월과 12월 파업 이

---

4   신자유주의 헤게모니의 분석에 관해서는 다음을 보라. Perry Anderson, "Renewals," *New Left Review*.

5   Alain Badiou, *L'Hypothèse communiste*, Lignes, Paris, 2009.

후 많은 투쟁이 패배했으나 어쨌든 개시되긴 했다. 그 가운데 소수의 투쟁은 승리하기까지 했다. 유럽 헌법 제정 조약에 반대하는 캠페인이나 최초고용계약CPE⁶에 반대하는 결집이 그 예다. 새로운 세대는 급진화했고, 예기치 못한 피억압 (범주의) 집단이 등장했으며, 몇몇 국가는 스스로를 '21세기 사회주의'의 추종자라고 선언했다. 물론 상황이 좋기만 하다는 이야기는 아니다. 그러나 긴 패배 행렬은 근 수년간 발생한 긍정적인 경험을 가리는 경향이 있다. 모든 이의 기대와 달리, 또 '현실' 사회주의에서 일어난 참극에도 불구하고, 사회주의가 역사가들의 호기심으로 전락할 운명에 당장 처한 것 같지는 않다.

두 번째 확인된 사실은, 사회주의가 20세기 후반 무렵 자유주의가 구원받았던 방식으로 구원받지는 않으리라는 것이다. 자유주의는 산업 문명의 산물이다. 1960년대 이래 여러 비판 부문의 성급한 분석들이 주장했던 것과는 반대로 산업 문명은 분명 사라지지 않았다. 하지만 산업 문명은 상당히 변화했으며, 사회주의 기획의 역사적 중핵이 발생할 수 있는 조건들도 덩달아 사라졌을 것이다. 그 결과 사회주의의 운명은 아마도 앤더슨이 언급한 두 번째 가설과 세 번째 가설 사이에서 효력이 다할 것이다. 1848~1989년 주기의 경험들이 '누

---

6   [옮긴이] contrat première embauche. 프랑스에서 노동시장 유연화를 통한 청년 실업 타개를 명분으로 내걸고, 20인 이상 기업을 대상으로 26세 미만의 고용인을 채용한 뒤 수습기간 2년 동안 정당한 사유 없이 해고할 수 있게 한 법안. 2006년 3월 의회를 통과해 4월 말부터 효력이 발생할 예정이었으나, 대학생을 비롯한 청년들 및 노동계의 거센 시위와 반발로 4월 10일 프랑스 정부는 결국 이 법안을 폐기하기로 결정했음을 발표했다.

적적'인 것으로 밝혀져 짧은 기한 내에 대대적인 사회변혁 과정이 일어날 수도 있고, 아니면 이런 유의 사건들이 다시 일어나도록 하는 데 더 오랜 시간과 더 깊은 변화가 요구될 수도 있을 것이다. 감히 가설을 제시해보건대 지금으로서는 두 번째 가능성이 더 그럴듯해 보인다. 앞서 언급한 긍정적인 경험들이 있긴 하지만, 이 경험들이 조직화한 행위자들이 구상한 일관된 기획으로 통합되리란 전망은 매우 먼 얘기인 것 같고, 그래서 우리는 과연 무엇이 이 경험들에 '누적적' 성격을 부여할 수 있을지 알기가 어렵다. 이런 의미에서 어쩌면 오늘날 우리는 영국 혁명과 프랑스 혁명 사이를 갈라놓은 한 세기 반의 시간과 유사한 정치적 시간성 속에 있는지도 모르겠다. 인내와 아이러니가 혁명의 특질이라는 레닌의 말은 오늘날 그 어느 때보다 유효하다.

시간의 흐름을 가속화하려면, 일련의 '작업장들'이 설치되어야만 할 것이다. 여기서는 가장 중요한 작업장 가운데 세 가지를 규명하려 한다. 첫 번째는 전략적 문제다. 이에 대한 성찰이 없다는 것이 동시대 비판이론의 결함이다. 이는 적어도 두 요소로 설명된다. 먼저 전략적으로 생각하고 행동하려면 우리가 어떤 세계에 개입하는지 미리 그 세계를 어느 정도 정확히 기술해두는 것이 옳다. 그런데 오늘날 세계는 매우 빨리 진화하고 그 일반적 좌표를 설정하기가 매우 어렵다. 그 결과 우리는 사회변혁의 일관된 전략적 방침을 세울 수 있게 해주는, 현실에 대한 믿을 만한 표상을 아직 갖고 있지 못하다. 다른 한편으로, 전략은 언제나 사회적·정치적 운동과의 상호작용 속에서 발전된다. 하지만 우리가 보았듯 오늘날 비판사상가들이 지닌 구조적 특성은 이 사회적·정치적 운동과 그들의 관계가 취약하다는 데 있다. 진 정한 '전략적 이성raison stratégique'(다니엘 벤사이드의 용어다)이 다시 활발해 지려면 사상가와 운동의 격차가 반드시 좁혀져야 한다.

20세기의 '이뤄지지 못한' 위대한 '만남'은 가장 중요한 두 혁명 적 '이론가–실천가' 곧 레닌과 간디의 만남이라고 암시함으로써, 발리 바르는 풍부한 전략적 길을 닦았다.[7] 우리는 이 둘의 접근이 교차됨 으로써 미래에 새로운 전략적 패러다임이 생성될 가능성을 결코 배 제할 수 없다. 레닌을 봉기적 폭력을 대표하는 인물로, 간디를 절대 적 비폭력을 대표하는 인물로 간주하여 대립시키는 것은 지극히 단 순한 견해다. 인도의 독립은 대규모 폭력 사태를 야기했고, 이는 결국 한 나라가 여러 나라들로 쪼개지는 결과를 가져왔으며, 레닌이 승인 한 혁명적 폭력은 10월 혁명에 앞서 훨씬 오래전부터 러시아와 유럽 에 존재해왔던 '폭력의 일반 경제'의 일환일 뿐이라는 사실을 이해한 다면, 이러한 단순한 견해의 한계는 분명해진다. 이것이 "제국주의 전 쟁을 혁명적 내전으로 바꾸라"는 레닌의 표어에 깃든 진짜 의미다. 동 시에 새로워진 전략적 이성에 간디의 가르침을 통합하는 것은 폭력이 언제나 인간적·사회적 비용을 치를 뿐만 아니라 이 폭력이 폭력을 사 용한 사람들의 정체성 자체로부터 튀어 오르기도 한다는 사실을 사 고할 수 있게 해줄 것이다. 발리바르의 주장에 따르면, 이 같은 생각

---

7   Étienne Balibar, "Lénine et Gandhi: une rencontre manquée?," in Jacques Bidet (dir.), *Guerre impériale, guerre sociale*.

은 마르크스주의에 낯선 것이다. 마르크스주의가 폭력을 이해하는 방식은 주로 전략적이었지, 존재론적이지는 않았기 때문이다. 덧붙여 '시민 불복종' 형태를 비판사상의 의제로 놓는 것은 점점 더 이데올로기적이거나 문화적으로 되어가는 사회 투쟁의 특성을 분명하게 해줄 것이다. 간디는 그람시의 표현을 빌리면 '진지전' 기술의 대가였고, 우리는 상징을 다루는 간디의 능력에서 많은 가르침을 끌어낼 수 있을 것이다.

동시대 비판사상가들 가운데 전략적 사고에 가장 탁월했던 다니엘 벤사이드는 2010년 사망하기 전에 고전적 마르크스주의 논쟁과 관련해서, 또 20세기 후반 라틴아메리카(칠레, 브라질, 아르헨티나, 니카라과 등)의 혁명과 반혁명 경험을 결산하면서 전략적 사유의 끈을 다시 잇는 데 그의 마지막 에너지를 쏟았다. 라틴아메리카는 벤사이드가 활동가로서 밀접하게 관여했던 대륙이다.[8] 벤사이드는, 노동운동의 창립에서부터 베를린 장벽의 붕괴에 이르기까지 '총봉기 총파업'과 '장기적 인민 전쟁'이라는 두 가지 주요한 '전략적 가설'이 노동운동을 관통했다고 주장한다. '총봉기 총파업'은 파리 코뮌과 러시아 혁명에서 주요하게 영감을 받은 것이다. 이는 도심 한복판에서 전개되었으며, (노동자계급만은 아니지만) 노동자계급을 주동자로 하여 수도와 수도에 위치한 권력의 중추를 통제하고자 했다. '장기적 인민 전쟁'은 중국과 베트남 혁명에서 영감을 받은 것으로 제3세계주의 운동에 주

---

8   벤사이드의 자서전을 보라. Daniel Bensaïd, *Une lente impatience*.

된 영향을 미쳤다. 이는 '해방구'로 표현되는 영토적 이원성을 전제로 하며 '총봉기 총파업'보다 더 팽창된 시공간을 상정했다. 벤사이드에 따르면 20세기의 모든 혁명은 이 두 가설을 각기 다른 정도로 뒤섞어 나온 것이었다. 2010년부터 진행되어온 아랍 세계의 혁명들이 영토적 분리와 자치적 지방정부 형태의 출현을 주요 도심의 봉기들과 결합해 내고 있다는 점에서 위 분석틀의 타당성을 잘 보여준다.

핵심적인 문제는 이러한 가설들이 21세기에, 특히 의회민주주의 전통이 한 세기 넘게 존재해온 나라들에서 혁명적 정치를 계속 구조 화할 수 있을 것인가다. 물론 2010년 말과 2011년 초의 아랍 혁명들 은 분명 독재 정권에 맞선 것이었지 자유민주주의에 맞선 것은 아니 었다. 벤사이드는 1980~1990년대에 '비판적 유러코뮤니즘'의 테제들 (풀란차스와 크리스틴 부시글뤽스만Christine Buci-Glucksmann)이나 다양한 신그 람시주의의 테제들(특히 라클라우와 무페)을 논할 기회가 있긴 했지만, 아마도 위 문제를 중요하게 여기지는 않은 듯하다. 어쨌거나 '전략적 위기' 개념은 레닌의 경우와 마찬가지로 벤사이드에게서도 매우 중요 하다. 어떤 위기는 상품 물신주의라는 '철로 된 고리cercle de fer'가 깨어 지고 가능성들의 장이 열리는 각별한 순간이다. 위기에 대한 벤사이 드의 이런 개념화는 자연스럽게 그가 '당-전략가party-strategist'라 부른 것의 중심성이라는 쟁점으로 이어진다. 위기에 의해 주어지는 역사적 기회들을 붙잡기 위해서는 조직이 필수불가결하다. 명료한 정식화는 벤사이드의 트레이드마크라 할 수 있는데, 그중 하나를 보면 다음과 같다.

(당은 단순히) 누적적인 경험의 결과도 아니고, 프롤레타리아
들을 어두운 무지에서 이성의 빛으로 끌어올릴 책임이 있
는 겸손한 교육가도 아니다. 당은 전략의 조작자, 일종의 기
어박스, 계급투쟁의 관제사가 된다.[9]

　피억압자, 더 정확히 말하자면 온갖 억압의 희생자이면서 21세
기의 도전에 적합한 이들을 결집할 수 있는 당은 과연 어떤 형태여야
하는지를 규정하는 일이 우리에게 남은 것은 분명하다.

　두 번째 작업장은 생태적 문제다. 우리는 이 책에서 이 문제에 대
해 그것이 마땅히 지녀야 할 중요성을 부여하지 않았다. 그 이유는 정
치생태학이 오늘날 융성하고 있는 분야이긴 하나 아직 이 분야의 마
르크스를 생산해내지는 못했기 때문이다. 다른 말로 하면 정치생태
학은 마르크스가 전념했던 다음과 같은 두 가지 기본적 활동을 실행
하는 한 사상가 내지는 여러 사상가들을 배출해내지 못했다. 한편으
로 마르크스는 자본주의의 경제적·정치적·문화적·지리적·인식론적
차원들을 하나의 동일한 분석적 운동으로 통합하여 총체적 사회관계
곧 자본주의에 대한 (최초의) 일반 이론을 만들어냈다. 다른 한편으로
마르크스(와 마르크스주의자들)는 그의 사유를 정치적으로 작동할 수
있게 했다. 말하자면 이 사유가 현실의 사회적·정치적 운동으로 구현
되도록 한 것이다. 물론 마르크스 그 자체는 오랜 역사의 산물인 데

9　Daniel Bensaïd, *La Politique comme art stratégique*, Syllepse, Paris, 2011, p. 41.

반해 정치생태학은 여전히 젊다.[10] 그러나 정치생태학이 그 목적을 운동 속에서 실현하기 위해서라도 급진 생태학은 조만간 반드시 등장해야 한다. 물론 그것이 효과적이려면 유럽 등지의 선거 시장에서 팔리는 상표의 생태학과는 다른 생태학이어야 함은 두말할 나위 없다. 가령 급진 생태학이 마르크스주의에는 낯선 '탈성장'의 원리를 권장하면서도 마르크스주의의 자율적 토대에서 전개될 것인가, 혹은 생태적 문제 제기에 비춰 마르크스를 다시 읽는 몇몇 저자의 생각처럼 마르크스의 유물론적 공리체계를 발전시켜낼 수 있을 것인가 하는 문제는 흥미로운 대목이다.[11]

세 번째 작업장은 과거에 근대 세계의 '주변부'라 불리던 곳에서 일어난 비판사상의 흥기와 점점 더 커지는 자율성이다. 이 책을 가로지르는 한 가지 가설은 1960년대 후반부터 비판사상들이 지구 전역으로 확산되고 있다는 것이다. 이 같은 상황은 새로운 것인데, 왜냐하면 최근까지도 비판이론은 ('구대륙'만의 것은 아니지만) '구대륙'이 독점하고 있었기 때문이다. 그러나 비판사상의 세계화에는 뒤따르는 문제가 있으니, 바로 이것이 비판사상의 미국화와 지금으로서는 분리 불

---

10   Hicham-Stéphane Afeissa, *Qu'est-ce que l'écologie?*가 보여주듯 정치생태학은 20세기 후반이 되어서야 비로소 비약한다.

11   John Bellamy Foster, *Marx's Ecology. Materialism and Nature*, Monthly Review Press, New York, 2000 [존 벨라미 포스터, 『마르크스의 생태학: 유물론과 자연』, 김민정·황정규 옮김, 인간사랑, 2016]; James O'Connor, *Natural Causes. Essays in Ecological Marxism*, Guilford, New York, 1998.

가능하다는 점이다. 사상가들이 (라틴아메리카, 인도, 중국, 아프리카 등) 어디 출신이건 간에 이들에게 미국이 지닌 매력은 (재정적 측면에서뿐만 아니라 저작을 개발하고 국제적으로 유통시키는 측면에서도) 저항하기 어려운 것이다. 그런데 비판사상의 미국화는 비판사상이 정치적으로 무력해질 가능성을 잠재적으로 품고 있다.[12] 미국은 유럽의 관점에서 무시되곤 하는 것과 달리, 결코 정치적 불모지가 아니다. 강력한 사회운동이 그곳에 존재하며, 근년에 발생한 히스패닉 출신 미등록 체류자들의 운동도 그중 하나다. 문제는 대학들과 그 내부 학자들의 상황이다. 이들은 엘리트적 특성 때문에 나머지 사회로부터 사회적으로나 공간적으로나 분리되는 경향을 띤다. 미국 대학들의 사회공간적 고립은 앞서 언급한 비판사상가들과 정치적·사회적 운동들 간의 상호작용 가능성이 그리 높지 않다는 것을 말해준다. 이러한 관점에서 보면, 지금 필요한 것은 미국화로부터 벗어난 비판사상의 세계화가 출현하는 일일 것이다. 비판사상의 장에서 진정으로 다극적인 질서가 세워지는 것은 아직 먼 일이지만, 지금까지 이 책에서 그려낸 지도는 이 다극적인 질서가 향후 몇십 년 혹은 몇 세기 안에 도래할 수도 있음을 암시한다.

---

12   이것이 Arif Dirlik, "The Postcolonial Aura: Third World Criticism in the Age of Global Capitalism"에서 옹호된 가설이다. Mike Davis, *City of Quartz. Los Angeles, capitale du futur*, La Découverte, Paris, 2000, 특히 "Les mercenaires" 장을 보라.

이론의 진실:
혹은 '애도의 애도의 애도'를 위하여

배세진(파리 7대학 사회과학대학 정치철학 전공 박사과정)

'담론'과 '해방' 그리고 비판이론의 역사

사회학자 김경만의 저서 『담론과 해방: 비판이론의 해부』에서부터 우리의 논의를 시작해보자.[1] 피에르 부르디외, 앤서니 기든스, 위르겐 하버마스, 리처드 로티Richard Rorty 등의 비판이론들과 '내재적인' 방식으로 대결하여 비판이론 그 자체를 '해부'하는 이 탁월한 저서에서, 김경만은 과연 '담론'이 '해방'으로까지 가닿을 수 있는가라는 심원한 철학적 질문을 사회과학자로서 제기한다. 김경만은 안타깝지만 그것이 불가능하다는 점을, 비판이론가들 그 누구도 이것이 가능하다는 것을 보여주는 일에 실패했다는 점을 '논리적'으로 보여준다. 이 저서의 부록에서 우리가 읽을 수 있는, 또 다른 비판이론의 대가 지그문트 바우만이 김경만에게 보낸 편지에서 행한 '고백'은 비판이론을 연구하는 필자와 같은 이들에게는, 그리고 비판이론에서 '무언가'를 보았던 혹은 비판이론으로 인해 자신의 삶이 송두리째 바뀌었던 이들에게는 도저히 믿기지 않는 것이다.

---

1   김경만, 『담론과 해방: 비판이론의 해부』, 궁리, 2005.

이 글에서 김경만의 '논리적인'(이론에 내재적이면서도 놀랍게도 사실 '실증주의적인') 해부가 과연 비판이론에 온당한(그러니까 공평한) 것이었는지를 정밀하게 평가할 수는 없다. 다만 필자가 이 글의 첫머리에서 김경만의 저서로부터 출발하는(그리고 결국 이 글의 끝머리에서 김경만의 저서에 도착하는) 이유는 그가 던진 질문이 비판이론을 연구하고(연구하거나) 실천하는 이들이 절대로 회피해서는 안 되는, 비판이론(가)의 존재 그 자체와 직결된 질문이기 때문이다.

『사상의 좌반구: 새로운 비판이론의 지도 그리기Hémisphère gauche: Cartographie des nouvelles pensées critiques』의 저자 라즈미그 쾨셰양Razmig Keucheyan은 불친절하게도 이러한 물음에 대한 해결을 전제하고(혹은 뻔뻔하게 회피하고) 자신의 논의를 전개한다. 쾨셰양과 마찬가지로 비판이론을 전공하고 있는 필자로서는 이 책에 대한 독해로는 알 수 없는 저자의 해답, 그러니까 저자가 과학자로서 자신의 삶 속에서 가슴속에 항상 지니고 있을 그 해답이 무엇인지 자못 궁금하다.[2] 내가 소개 겸 해제라는 이 글의 성격에 전혀 맞지 않는 이러한 김경만식 '딴지'로 이야기를 시작하는 이유는, 역설적이게도 이러한 딴지가 이 책의 야심과 가치를 드러내 보여주기 때문이다.

필자는 이 책에서 쾨셰양이 비판이론의 기나긴 '여행'을 책이

---

[2] 필자는 이 글에서 비판이론가를 (인문사회과학자를 지칭하는 일반적이고 안전한 명칭인) '연구자' 대신 (자연과학자를 떠올리게 만드는 부적절한 명칭인) '과학자'로 호명하고자 하는데, 이러한 도발은 과학(자)에 대한 인식론적 물음을 방기하기 위함이 전혀 아니라, 비판이론(가)를 비-과학(자)로 취급하고 그 가치를 폄하하는 이들과 맞서기 위함이다.

처음 출간된 2010년에서 (당연히 일시적으로) 종결시키고 지금까지의 그 여행의 대차대조표를 정산하겠다는 야심을 보여준다고 독해한다. 그런데 눈 밝은 독자라면 이 책에서 저자가 비판이론의 시작점을 1848년으로, 그러니까 마르크스주의의 태동으로 삼고 있다는 점을 확인할 수 있다. 저자의 역사 서술(과 시기 구분)대로, 비판이론은 마르크스주의가 태동하는 1848년에서 현실 사회주의가 몰락하는(물론 누군가는 현실 사회주의가 진정한 마르크스주의에 따라 실현된 것은 아니라고 말할 수도 있겠지만 필자의 생각에 그러한 항변은 별로 근거가 없다), 그러니까 독일에서 베를린 장벽이 무너지고 소련이 몰락하기 시작하며 중국에서 천안문 사건이 발발하는 1989년 사이 이 마르크스주의와 '함께' 여러 부침을 겪으며 여행하고, 1989년 이후에는 마르크스주의로부터 벗어나(혹은 이 책에서 저자가 의거하는 자크 데리다의 『마르크스의 유령들』의 지적대로 '마르크스의 유령들'과 함께) 새로운 여행을 떠난다.[3] 저자의 역사 서술에 따르면, 그리고 사실은 저자가 암묵적으로 전제하고 있는 바에 따르면, 비판이론의 역사는 마르크스주의에 의해 강한 의미에서 '규정 déterminer'되어 있다고 할 수 있는데, 심지어 이는 데리다의 지적대로 현실 사회주의가 몰락한 1989년 이후에도 역시 그러하다. 따라서 필자는 저자의 비판이론에 대한 복잡한 역사 서술을 따라가기 위한 아리아드네의 실이 바로 마르크스주의라고 생각한다. 마르크스주의는 비판이론의 역사의, 아니 비판이론 그 자체의 '지배어maître-mot'다.

3   자크 데리다, 『마르크스의 유령들』, 진태원 옮김, 그린비, 2014 참조.

쾨셰양의 역사 서술을 전제로 필자가 나름의 방식으로, 그리고 '비판사상' 혹은 '비판적 사유'라는 표현 대신 필자가 행하고 있는 것에 젠체하듯 과학성의 외양을 조금 더 부여하기 위해 '비판이론'이라는 표현을 사용하면서 그 역사를 정리해보자면,[4] 우선 중요한 것은 비판이론의 역사를 강한 의미에서 규정하고 있는 것이 바로 마르크스주의의 역사라는 점이고, 그렇기 때문에 마르크스주의의 역사를 기준으로 삼아 비판이론의 역사를 정리해야 한다는 점이다.

앞서 지적했듯 1848년 마르크스주의가 태동하고, 이는 1989년 비극적으로 종말을 맞는다. 이 시기를 고전 마르크스주의와 서구 마르크스주의가 양분하고 있는데, 양차 세계대전 이전까지의 마르크스주의, 그러니까 우리가 '정통적'이라고 말하는 (마르크스 자신의 마르크스주의—자신은 마르크스주의자가 아니라는 마르크스 자신의 항변에도 불구하고 그러한 것이 존재한다면—를 포함해) 프리드리히 엥겔스, 블라디미르 레닌, 이오시프 스탈린, 레온 트로츠키, 카를 카우츠키, 에두아르트 베른슈타인Eduard Bernstein, 로자 룩셈부르크 등의 마르크스주의가 바로 고전 마르크스주의다. 우리는 이를 매우 부정확하게 '하부구조에 대한 이론'으로서의 마르크스주의라고 부르도록 하자. 그런데 양차 세계대전

---

4   일반적으로 인문사회과학에서 '비판이론'은 프랑크푸르트학파의 지적 기획, 즉 '비판 기획'을 지칭하기 때문에 저자가 '비판사상'이라는 표현을 쓰는 것은 정당하다. 하지만 필자는 이제 비판이론을 프랑크푸르트학파의 사상으로 한정하는 것은 여러 의미에서 불가능하다고 판단하며, 비판사상이라는 상당히 모호한 명칭보다는 비판이론이라는 훨씬 더 규정적인 명칭이 앞으로 이 비판사상을 분석하고 평가하기 위해 유용할 것이라 생각한다.

이후 고전 마르크스주의에 대한 반동으로서, 루카치 죄르지에서 시작되어 루이 알튀세르(의미심장하게도 알튀세르는 마르크스주의의 역사가 비극적으로 종말을 맞는 1990년 사망한다)에서 종결되는 서구 마르크스주의가 태동한다.[5] 우리는 이를 역시나 매우 부정확하게 '상부구조에 대한 이론'으로서의 마르크스주의라고 부르도록 하자. 거칠게 구분하자면 우리는 고전 마르크스주의의 자장 내에 있는 좌파를 구좌파로, 서구 마르크스주의의 자장 내에 있는 좌파를 신좌파로 정의할 수 있다. 물론 이 신좌파는 서구 마르크스주의의 종말 이후에도 오늘날까지의 기나긴 여행을 계속하게 되지만.

또한 프랑크푸르트학파를 지칭할 때에 쓰이는 좁은 의미의 비판이론을 구비판이론이라고 한다면, 1968년 시작된 세계적인 반체계 운동[6]의 패배(자신의 역사 서술에서 저자는 매우 정당하게도 이러한 정치운동에서의 패배라는 '고통스러운 경험'이 비판이론의 궤도를 굴절시키는 데에 결정

---

5   물론 페리 앤더슨이 그러하듯 서구 마르크스주의의 정점을 (이론 내적으로 보자면) 프레드릭 제임슨으로 볼 수도 있겠지만, 제임슨이 앞으로 다룰 미국화된 비판사상으로서의 '대문자 이론'의 대표적 사상가라는 점에서 그러한 분류는 너무 혼란스럽다. 또한 루카치의 대표작 『역사와 계급의식』은 1923년 출간되었고, 알튀세르의 대표작 『마르크스를 위하여』는 1965년에 출간되었다. 그러므로 조금 더 정확히 표현하면, 서구 마르크스주의는 양차 세계대전 이전에 시작되어 '68혁명' 즈음에 종료된 것으로 봐야 하지만, 모든 역사 서술에서 그러하듯 너무 경직된 시기 구분은 불가능하다.

6   이 '반체계 운동'이라는 표현은 이매뉴얼 월러스틴의 것이다(이매뉴얼 월러스틴, 『반체제운동』, 송철순·천지현 옮김, 창비, 1994 참조). 당연히 이 저항운동에는 중국의 문화대혁명이 포함된다. 비판이론의 관점에서 문화대혁명을 분석하는 최상의 연구로는, 백승욱, 『문화대혁명: 중국 현대사의 트라우마』, 살림, 2007; 백승욱, 『중국 문화대혁명과 정치의 아포리아: 중앙문혁소조장 천보다와 조반의 시대』, 그린비, 2012 참조.

적이라고 전제한다) 이후 신비판이론이 등장하게 된다. 이 신비판이론의 등장은 1970년대의 이윤율 저하에 따른 미국 헤게모니하 자본주의의 구조적 위기 이후의 신자유주의의 도래와 그 외연을 같이한다.[7] 게다가 저자의 서술대로 신비판이론의 등장은 신자유주의적 금융세계화와 맞물려 '비판사상의 국제화'를 촉진하는데, 그러나 이 국제화된 신비판이론은 1989년의 전환기 이후 또 한 번의 굴절을 겪으면서 동시대 신비판이론으로 변모한다.

이를 다른 측면에서 조금 더 상술하자면, 고전 마르크스주의의 배턴을 이어받은 서구 마르크스주의는 (물론 서구 마르크스주의의 종결자인 알튀세르는 앞서 언급했듯 1990년 사망하지만) 실질적으로 1968년의 세계적인 반체계 운동을 통과하면서 종언을 고하게 되고, 그 자리를 클로드 레비스트로스, 롤랑 바르트, 미셸 푸코, 자크 라캉, 알튀세르 등을 주인공으로 한 구조주의 운동이 차지하게 된다. 물론 이렇듯 알튀세르가 (매우 부정확한 표현이지만) '구조주의적 마르크스주의'를 주창했기 때문에 서구 마르크스주의와 구조주의 사이의 관계는 사실 아주 복잡한 것이다(그리고 바로 그렇기 때문에 알튀세르는 '매우 독특한' 구조주

---

7   1970년대에 시작된 이윤율의 저하에 따른 미국 헤게모니하 자본주의의 구조적 위기와 신자유주의의 도래에 관한 최상의 설명으로는, 제라르 뒤메닐·도미니크 레비, 『자본의 반격: 신자유주의 혁명의 기원』, 이강국·장시복 옮김, 필맥, 2006 참조. 데이비드 하비의 『신자유주의: 간략한 역사』(최병두 옮김, 한울아카데미, 2014)도 이러한 뒤메닐과 레비의 치밀한 경제학적 분석에 기반해 신자유주의의 역사를 서술한다. 쾨세양 또한 강조하듯 비판이론의 역사는 자본주의의 동역학과 밀접한 관계를 맺고 있기 때문에 뒤메닐과 레비의 분석, 그리고 그에 기반한 하비의 서술은 비판이론의 역사를 이해하는 데 필요불가결한 것이다.

자다).[8] 하지만 역사 서술을 위해 단순화의 위험을 무릅쓰자면, 어찌되었든 구조주의는 서구 마르크스주의를 종결시키고, 이후 구조주의는 포스트구조주의로 변모한다.

그런데 (이 지점은 기이하게도 쾨셰양이 거의 강조하지 않는 것으로 이 책의 아쉬운 부분인데) 사실 구조주의와 포스트구조주의 사이에는 바로 '발생적 구조주의le structuralisme génétique'로서의 부르디외 사회학이 애매한 위치를 점하고 있다는 사실을 잊어서는 안 된다.[9] 사상적 운동으로서의 구조주의가 쇠퇴하기 시작하면서, 그 자리를 부르디외 사회학이 차지하게 되고, 부르디외 사회학은 부르디외가 신자유주의에 대항하는 사회운동을 전개하는 1990년대까지 프랑스 인문사회과학계를, 더 나아가 (심하게 과장하자면) 영미권 인문사회과학계까지도 평정하게 된다. 하지만 부르디외 사회학의 성공과 동시에 구조주의의 내재적 한계를 극복하기 위한 또 다른 사상적 운동으로서의 푸코, 데리다, 질 들뢰즈, 장프랑수아 리오타르, 장 보드리야르, 안토니오 네그리 등의 포스트구조주의가 대두하게 되고, 이는 프랑스 인문사회과학계와

---

8   필자의 생각에 국내에서 구해볼 수 있는 구조주의에 대한 가장 좋은 입문서는 바로 『구조주의 혁명』(임봉길 외, 서울대학교출판부, 2000)인데, 그 5장으로 수록된 윤소영의 논문 「알튀세르의 '스피노자-마르크스적'인 구조주의: 라캉과의 논쟁을 중심으로」를 통해 독자들은 알튀세르의 구조주의가 왜 이렇듯 매우 독특한지 확인할 수 있다.

9   부르디외의 발생적 구조주의에 대한 최상의 설명으로는, 『구별짓기』의 핵심을 요약하고 있는 부르디외의 논문 「상징자본과 사회계급」(이상길 옮김, 『언론과사회』 21권 2호, 2013)과 이를 해설하는 로이크 바캉의 논문 「상징권력과 집단형성」(이상길·배세진 옮김, 『언론과사회』 21권 2호, 2013)을 참조할 수 있다.

영미권 인문사회과학계에서 부르디외 사회학이 차지했던 자리를 다시 빼앗게 된다.[10] 현재까지 국제화된 비판사상으로서의 프랑스 이론이라고 하면 (어느 정도 구조주의를 포함해) 바로 이 포스트구조주의를 지칭하는 것이다. 뒤에서 살펴볼 진태원의 『애도의 애도를 위하여』 1부 '포스트 담론 이후'에서 제시된 역사 서술을 따르자면, 우리는 이를 마르크스주의에서 포스트-담론으로의 이행으로 정식화할 수 있는데, 진태원은 여기에 더해 알랭 바디우, 슬라보예 지젝, 조르조 아감벤으로 대표되는 '좌파 메시아주의'와 '바깥의 정치(학)'으로서의 '포스트-포스트-담론'이 포스트-담론을 극복하기 위해 현재 고안되고 있다고 지적한다.[11]

교과서라는 토대, 그 위에서의 비판이론과 사회운동의 마주침

물론 이러한 역사 서술은, 진태원이 자신의 저서에서 강하게 비판하듯, 알튀세르와 푸코 등이 차지하는 애매한 위치를 통해서도 우리가 금방 확인할 수 있듯이 상당히 부정확한 것이다. 특히 구조주의자와 포스트구조주의자로 호명되는 사상가들 대부분이 이러한 꼬

10 　참고로 이탈리아 철학자 네그리를 이렇게 간단히 위치시키는 것에는 조금 무리가 있는데, 이는 네그리 철학이 지니는 혼종적 성격 때문이다. 하지만 이에 대해서는 생략하자.

11 　진태원, 『애도의 애도를 위하여: 비판 없는 시대의 철학』, 그린비, 2019 참조.

리표를 명시적으로 거부한다는 점에서, 그리고 이 사상가들의 이러한 거부가 이론적으로 온당하다는 점에서, 서구 마르크스주의 이후의 사상적 운동을 구조주의에서 포스트구조주의로의 이행으로 정식화하는 것은 여러모로 부적절하다. 게다가 알튀세르보다도 더욱더 '독특한' 심지어 '유별난' 구조주의인 부르디외 사회학을 구조주의와 포스트구조주의 사이에 위치시키는 역사 서술 역시 부적절하다. 심지어 구조주의와 포스트구조주의라는 개념쌍조차 그것이 이론적으로 적절한 것인지 또한 전혀 확실하지 않다. 진태원이 지적하듯, 구조주의와 포스트구조주의라는 개념쌍은 프랑스 철학이 미국에 '프랑스 이론French Theory'이라는 이름으로 수입되면서 이 프랑스 이론이라는 이름하의 프랑스 철학을 어떤 의미에서는 속류화하기 위해 활용된 것이다.[12]

하지만 필자는 이 글에서 설명하기는 힘든 이러저러한 이론적 변형을 거친다면 구조주의와 포스트구조주의라는 개념쌍을 충분히 활용할 수 있다고 보며, 또한 이런 단순화된 역사 서술이 오히려 비판이론을 사회와 역사라는 바깥으로부터 단절된 순수한 관념의 운동으로 환원시키는 과오를 범하지 않게 해주는 방책일 수 있다고 생각한다.[13]

---

12 미국 학계에 의한 '프랑스 이론'의 '발명'에 관해서는, 프랑수아 퀴세, 『루이비통이 된 푸코?: 위기의 미국 대학, 프랑스 이론을 발명하다』, 문강형준·박소영·유충현 옮김, 난장, 2012 참조.
13 구조주의와 포스트구조주의라는 개념쌍에 대해 필자가 따르는 이해는 사토 요시유키(佐藤嘉幸)와 에티엔 발리바르의 것이다. 아쉽게도 발리바르의 작업은 아직 국역되지 않았기 때문에 그의 입장을 따르는 사토의 것만을 소개하자면 『권력과 저항: 푸코, 들뢰즈, 데리다, 알튀세르』(김상운 옮김, 난장, 2007)가 있다. 이 저서에 실린 발리바르의 서문 또한 주목하자. 참고로 사토는 발리바르의 제자다.

이 책에서 쾨셰양이 실현하고자 하는 야심은 바로 이 지점 위에 놓여 있다. 저자가 끊임없이 강조하듯, 그리고 저자가 이러한 역사 서술(과 시기 구분)을 통해 우리에게 '간접적으로' 보여주듯, 사상적 운동으로서의 비판이론은 현실의 정치운동(혹은 정치투쟁)과 떼려야 뗄 수 없는 관계를 맺고 있다. 이 둘 사이의 관계를 저자가 실증적으로, 과학적으로 보여주지 않는다고 지적하는 날카로운 독자도 분명 있겠지만, 우리가 이러한 저자의 역사 서술을 매개로 어쨌든 함께 동의할 수 있는 것은, 비판이론이 정치운동으로부터 돌발surgir했으며, 비판이론이 제도화되면서 정치운동과 거리를 두게 된 1989년 이후에도 여전히 정치운동이라는 대타자Autre의 눈치를 보며 이 대타자와 함께 생성변화devenir하고 있다는 점이다. 하지만 1989년 이후, 아니 더 넉넉하게 보아 신자유주의가 도래하는 1970년대 이후 신좌파는 '자본의 반격'에 의한 정치운동에서의 패배라는 '고통스러운 경험'을 한 뒤 대학을 중심으로 한 학계 내부로 후퇴하여 제도화된다. 이러한 비판이론의 제도화는 오늘날까지 이어지고 있으며, 저자가 2010년 희망했던 것과 달리 2020년 지금에도 비판이론은 자신의 요새 안에 고립되어 정치운동과 어떻게 다시 관계 맺어야 할지에 대한 물음의 해답을 전혀 찾지 못하고 있다.

필자가 보았을 때, 쾨셰양의 야심은 비판이론의 이러한 학계 내 제도화를 완성함으로써 비판이론과 정치운동, 그러니까 사회운동 사이의 마주침rencontre을 미래에 가능케 해줄 어떠한 토대를 마련하는 것이다. 하나하나 순서대로 살펴보자. 이상길이 「문화연구의 아포리아:

'위기담론'에 대한 반성을 중심으로,에서 지적하듯, 어떠한 한 분과학문의 학문적 정체성 구축의 핵심 기제는 바로 해당 분과학문 내 연구자들의 '지식'과 '태도', 결국 '정신'을 강한 의미에서 규정하고 이를 통해 과학(자) 공동체의 확립을 가능케 하는 '교과서textbooks'의 편찬을 통한 '창건자founding fathers'와 '정전canons'의 (그리고 더 나아가 이른바 '렉시콘lexicon' 즉 용어사전의) 구성이다.[14] 동아시아에서든 유럽에서든 영미권에서든, 제도권으로 진입하고자 하는 비판이론은 이미 체계적으로 제도화되고 분류화된 주류 분과학문들(가령 철학·문학·역사학 같은 인문학과 사회학·정치학·경제학 같은 사회과학)의 입장에서는 그 학문적 대상이 모호한, 그래서 그 학문적 주체 또한 모호한 일종의 정치화된 '사이비 학문'으로 치부되었다. 그리고 그 근거가 되는 것은 바로 비판이론에서의 교과서의 부재—과학(자) 공동체 내에서 합의된 방법론의 부재 등과 밀접히 연결되어 있는—이다. 그러나 시간이 지나면서 (좋은 의미에서든 나쁜 의미에서든) 비판이론이 일정 정도 제도화에 성공하게 되면서, 비판이론은 주류 분과학문들의 이른바 '공식 레퍼런스'에도 아무런 제도적 제약 없이 등장할 수 있게 되었다. 더 나아가 비판이론은 그 자체로 대학 내의 한 분과학문으로서의 위상까지도 점하게 되었다.[15]

---

14   이상길, 「문화연구의 아포리아: '위기담론'에 대한 반성을 중심으로」, 『한국언론학보』, 48(5), 2004 참조.
15   자세히 소개할 수는 없지만 필자가 한국에서 거친 비판 커뮤니케이션 혹은 (미디어-)문화연구 전공이 그렇고, 프랑스에서 현재 밟고 있는 사회과학대학 내 정치철학 전공 또한 그렇다. 한국과

쾨셰양은 비판이론의 이러한 제도화, 그리고 그에 따른 사회운동과의 분리를 향한 비판적 시선을 거두지는 않으면서도, 이러한 제도화가 비판이론이 학문으로서(강하게 말해 '과학'으로서) 한 단계 더 도약할 수 있는 계기가 되었다고 판단하는 것 같다. 사실 이는 필자의 견해와도 일치하는데, 필자는 1970년대 자본의 반격과 1989년 현실 사회주의의 몰락으로 인해 비판적 지식인들이 '진지전'을 위해 어쩔 수 없이 대학이라는 '참호' 안에 자리 잡게 된 것은, 비판이론과 사회운동의 분리라는 (애도가 필요한) 고통스러운 결과를 낳았지만, 이는 동시에 비판이론이 주류 제도권 학계 그러니까 주류 과학(자) 공동체의 혹독한 검증을 통과할 수 있는 기회를 제공하기도 했다고 생각한다.

　　이러한 검증을 통과함으로써 비판이론은, '더욱 과학적인 연구가 결국 더욱 정치적인 연구'(마찬가지로 '과학적이지 못한 연구는 정치적으로 올바를지언정 정치적으로 해로운 연구')라는 부르디외의 지론을 수용하자면 (물론 이에 대해서는 많은 이견이 있을 수 있지만), 형식에서만이 아니라 그 이론 내적으로도 더 정교한 과학이 되어 '과학이냐 정치냐'의 이분법으로부터 일정 정도 자유로워질 수 있었다.[16] 가령 철학사의 거장들에

프랑스의 이 전공들에서 필자는 비판이론가의 이론 자체를 학위논문의 대상으로 삼는 데서 어떠한 제도적 제약도 받은 바가 없다.

16　　필자는 비판이론을 성찰함에서도 부르디외가 사회학은 과학적이라고 주장할 때의 그 '과학적'이라는 어휘의 사용을 두려워할 필요는 전혀 없다고 생각한다. 비과학적이고 사변적인 포스트구조주의 대 과학적인 미국식 사회과학이라는 대당만큼이나 필자의 눈에 부당해 보이는 것은 없다. 오히려 포스트구조주의의 강점은 과학이 무엇인지를 끊임없이 (자기-)성찰함으로써 이에 문제를 제기하고 그 아포리아와 마주하려 한다는 점에 있다. 이것이 바로 포스트구조주의, 더 넓게는 비판

대한 데리다의 도발적인 철학적(그러니까 탈구축적) 독해가 철학이라는 제도화된 주류 분과학문의 관점에서 과연 얼마나 논리적인 것인지, 들뢰즈의 그 현란한 사회과학적 개념들이 주류 사회과학에서도 사용 가능한 것인지, 푸코의 그 독특한 역사 연구가 제대로 수행된 역사학적 연구로 역사학과에서 수용될 수 있는 것인지 등에 대한 해답은 제도화된 분과학문 내에서 체계적으로 훈련받은 연구자가 제시할 수 있는 것이다. 비판적 지식인들이 대학 안으로 '위장취업'을 한 지 몇십 년이 지나면서 이러한 작업들을 수행할 수 있는 연구자들이 양성될 수 있었고, 그럼으로써 비판이론은 과학성을 희생함으로써 정치성을 확보한다는 오해 아닌 오해를 점점 걷어내고 있는 것이다. 사회운동과의 단절이라는 대가를 치르고서 말이다.

쾨셰양과 마찬가지로 필자는 이러한 계기 덕분에 비판이론이 검증을 통과하여 주류 제도권 학계 내에서 하나의 분과학문으로 자리 잡게 되었으며, 동시에 다른 여러 분과학문들의 공식 레퍼런스에도 강력한 영향을 미치게 되었다고 판단한다. 하지만 여전히 비판이론은 그 하위 분야들 중 하나를 간단히 취급하는 (교과서라기보다는) 개론서들을 제외한다면 제대로 된 교과서를 가지고 있지 않다. 이에 쾨셰양은 이 책 『사상의 좌반구』를 통해 비판이론의 개론서 겸 지도 겸 용

이론이 이론을 '가설적 명제들의 체계' 정도로 이해하는 미국식 실증주의를 내재적으로 비판할 수 있었던 원동력이다. 포스트구조주의의 과학관과 공명할 수 있는 부르디외의 인식론과 과학관을 포함한 그의 사회학 전반에 대한 최상의 입문서는 바로 부르디외 자신의 대담집이다. 피에르 부르디외·로제 샤르티에, 『사회학자와 역사학자』, 이상길·배세진 옮김, 킹콩북, 2019 참조.

어사전 겸 교과서를 구축하고자 하는 것 같다. 그리고 저자의 시도는
꽤나 성공적인 것으로 보인다.

　그런데 『애도의 애도를 위하여』에서 진태원이 지적하듯, 비판이
론의 핵심인 '프랑스 이론' 혹은 (경멸적 표현으로) '불란서제 담론'은 프
랑스 철학 그 자체가 아니라 사실은 미국의 발명품이며, 이 미국의 발
명품을 우리는 미국화된 비판이론으로서의 포스트-담론이라고 부르
는 것이다. 미국 학계는 프랑스 철학을 자신의 방식대로 정력적으로
그리고 창조적으로 수입하고 재전유해 '대문자 이론Theory'을 발명해
내고 여기에 구조주의와 포스트구조주의라는 꼬리표를 단다. 하지만
진태원과 마찬가지로 필자 또한 이를 '진정한 프랑스 철학' 대 '변질
된 혹은 속류화된 포스트-담론'이라는 이분법으로 재단하고자 하는
것은 전혀 아니다(진태원이 강조하듯 순수한 기원을 찾아 '참된 원본'과 '그릇
된 모방물'을 이분법적으로 대립시키는 것만큼 현대 프랑스 철학의 기본 정신을 배
반하는 것은 없다). 중요한 것은 프랑스 철학에 대한 미국식 수입과 재전
유에는 강점뿐만 아니라 심각한 약점 또한 존재한다는 점이다. 진태
원의 다음과 같은 문제의식은 비판이론을 연구하는 이들이 인지해야
하는 중요한 논점이다.

　　이것은 포스트 담론이 지닌 이런저런 문제점을 프랑스가
　　아니라 미국에 전가하기 위한 주장이 아니다. 또는 포스
　　트 담론이 내포한 이런저런 문제점들로부터 프랑스 철학자
　　들을 면제시켜주기 위해서도 아니다. 오히려 프랑스의 문명

사학자 프랑수아 퀴세가 지난 30여 년 동안 미국에서 이루어진 '프랑스 이론의 발명'의 역사를 짚어보는 노작에서 잘 보여준 것처럼 미국 학계에서 발명된 포스트 담론은 어떤 의미에서는 **미국 학계의 놀라운 생산성과 지적 활력을 보여주는 사례**로 간주될 수 있다. (…) 따라서 포스트 담론이 미국제 담론이라는 점을 강조하는 것은 프랑스 철학자들을 옹호하고, 포스트 담론은 폄훼하는 것과는 아무 관계가 없다. 중요한 것은 포스트 담론이 영미 지식계, 특히 미국에서 탄생한 미국식의 담론이라는 점을 인식할 때에만 **그 담론이 생산된 맥락**을 좀 더 정확히 이해할 수 있고, 따라서 그 담론들의 강점과 한계를 좀 더 잘 파악할 수 있다는 점이다. 그리고 우리 나름의 방식으로 그러한 담론을 재창조하기 위한 조건을 잘 고려하기 위해서도 이것은 필수적인 전제가 된다. 하지만 지난 20여 년 동안 국내의 포스트 담론 수용에서 이러한 논의는 거의 찾아보기 어려웠으며, 포스트 담론에 관한 여러 가지 오해가 산출된 것에는 이러한 문제점이 중요한 요인으로 작용했다.[17]

프랑스 철학에 대한 로티의 포스트식민주의적인 독창적 재전유가 증거하듯, 자신이 발 딛고 서 있는 미국이라는 공간 내의 문제, 그

---

17   진태원, 『애도의 애도를 위하여』, 43쪽, 45쪽. 강조는 원문.

러니까 '자신의 문제'를 실용주의적으로 해결하기 위해 프랑스 철학을 수입하고 재전유하는 미국의 전략은 프랑스 철학의 다산성을 극대화시켰다. 진태원은 미국의 현대 프랑스 철학 수입은 '적용'이나 '수용'이 아니라 '변용'과 '가공', 더 나아가 '실질적 재창조'라고까지 지적한다. 그 예시가 바로 미국에서 포스트-담론을 기반으로 형성된 포스트식민주의다. 하지만 만일 이러한 비판이론의 미국화(진태원은 '비판적 사유의 미국화'라고 부른다)가 프랑스 철학이 내포하고 있던 풍부한 이론적 함의들을 평면적이고 단순화된, 그러니까 속류화된 해석을 통해 제거한다면, 비판이론의 미국화는 약으로보다는 독으로 작용하게 될 것이다.

필자가 접할 수 있었던 영미권의 상당히 많은 연구자들의 현대 프랑스 철학에 대한 이해는 너무나 평면적이었다. 두 가지 예만 들어보자면, 첫 번째로 옥스퍼드 대학 출판부의 '간략한 입문' 시리즈 중 한 권인 캐서린 벨시Catherine Belsey의 『포스트구조주의: 아주 간략한 입문』[18]은 포스트구조주의 사상을 개관하기 위한 입문서로는 불합격이다. 왜냐하면 이 저서에서 서술되는 내용들이 입문서임을 감안하고 무시할 수 있는 수준을 훨씬 넘어선 너무나 많은 오류와 오해를 포함하고 있기 때문이다. 두 번째로, 국내에서도 많은 관심을 받고 있는 뛰어난 아나키스트 인류학자 데이비드 그레이버David Graeber의 탁월

---

18   Catherine Belsey, *Poststructuralism: A Very Short Introduction*, Oxford University Press, 2002.

한 저서 『가치이론에 대한 인류학적 접근Toward an Anthropological Theory of Value』[19]의 일종의 '이론적 배경'이라고 할 수 있는 전반부의 포스트구조주의에 대한 평가는 너무나 평면적이고 잘못된 부분이 많아서, 이러한 평가에 기반해 포스트구조주의의 한계들을 극복하는 자신의 주장을 제시한다는 그레이버의 글쓰기 전략에는 심각한 문제가 있다고 보일 정도이다. 물론 그레이버의 작업 자체는 하나의 뛰어난 비판이론이며 이 『가치이론에 대한 인류학적 접근』 또한 너무나 탁월한 저서이지만, 그레이버가 포스트구조주의를 이미 정형화된 영미권식 이해(라는 오해) 속에서 비판하는 것은 상당히 무의미하고 잘못된 것으로 보이며, 이 저서가 포스트구조주의가 이미 돌파한 문제들의 이편으로 돌아와 이미 해결된 문제를 다시 해결하겠다고 하면서 헛되이 쳇바퀴를 돌고 있는 것은 아닌지 의심스럽다.

반면 『사상의 좌반구』에서 쾨셰양은 자신이 프랑스에서 교육받은 연구자라는 장점을 십분 발휘해 그 외연이 너무나도 넓은 다양한 비판이론들을 (암묵적이긴 하지만 마르크스주의를 준거점으로 삼아) 상당히 정확히 이해하고 이를 솜씨 좋게(그러니까 상당히 엄밀하게) 서술하고 있다. 게다가 저자는 비판이론이 (최근의 그 제도화에도 불구하고) 사회운동과 떼려야 뗄 수 없는 관계들을 맺고 있다는 점을 고려해 1부 '맥락들contextes'에서 그 관계들을 정확히 짚어주고 있다. 이론 그 자체에 대한

---

19   데이비드 그레이버, 『가치이론에 대한 인류학적 접근: 교환과 가치, 사회의 재구성』, 서정은 옮김, 그린비, 2009.

내재적 이해에 기반한 정확한 역사 서술, 즉 시기 구분과 함께 말이다. 이는 영미권에서 반복적으로 나타나는 비판이론에 대한 속류화라는 문제를 상당 부분 극복한 것으로, 필자는 이 저서가 비판이론의 교과서로 자리 잡기에 충분한 자격이 된다고 판단한다. 그런데 이 책의 가치는 바로 이러한 교과서의 생산을 통한 비판이론의 학계 내 제도화의 완성으로 제한되지 않는다. 물론 이것만으로도 굉장히 의미 있는 것이지만, 이 저서의 궁극적 가치는 비판이론이 다시 사회운동과 마주칠 수 있는 그 토대를 마련해준 것이라고 필자는 생각한다.

갈등적이고 분파적인 과학으로서의 비판이론

비판이론은 제도화를 통해 강한 과학성을 담지할 수 있게 되었다. 그렇다면 여기에서 끝인가? 아니다. 오히려 제도화는 비판이론이 획득한 과학성을 다시 허물어뜨릴 수도 있는 치료제인 동시에 독약, 즉 데리다식으로 말해 파르마콘Pharmakon이다. 그 이유는, 아무리 제도화에 성공해 대학 내에서 다른 주류 분과학문들의 옆자리에 앉는다 해도, 비판이론은 이 주류 분과학문들과는 다른 성격의 대상을 자신의 것으로 취하기 때문이다.

알튀세르는 「마르크스와 프로이트에 대하여」라는 논문에서 마르크스의 역사유물론과 프로이트의 정신분석학이 유물론적이고 변증법적인 사고라는 철학적 친화성을 담지하고 있으며, 그러한 친화성의 핵심은 바로 이 두 학문이 모두 '갈등적'이고 '분파적'인 과학이라는 점에 있다고 주장한다.[20] 그런데 왜 유독 마르크스의 역사유물론과 프로이트의 정신분석학만이 갈등적이고 분파적인 과학일까? 그 이유는 바로 마르크스의 역사유물론의 대상인 '잉여가치'와 프로이트의 정신분석학의 대상인 '무의식'이 그 자체 갈등적이고 분파적인 대상이기 때문이다. 역사유물론과 정신분석학의 자리에 비판이론을 집어넣어도 사정은 동일하다. 비판이론이 갈등적이고 분파적인 과학인 이유는 그것이 취하는 대상이 갈등적이고 분파적이기 때문이다. 이는 그것을 연구하는 과학자에게도 영향을 미치기 때문에, 이 갈등적이고 분파적인 대상을 연구하는 갈등적이고 분파적인 과학의 과학자가 되기 위해서는 이 과학자 자신이 갈등적이고 분파적인 특정한 '위치/입장position'을 취해야만 한다. 기계적인 인과관계를 설정하는 것은 물론 부당한 일이겠지만, 마르크스주의 연구에 뛰어들기 위해서는 자신의 프롤레타리아(혹은 부르주아)로서의 입장에 대해 갈등적이고 분파적으로 성찰해보지 않을 수 없고, 페미니즘 연구에 뛰어들기 위해서는 자신의 여성(혹은 남성)으로서의 입장에 대해 갈등적이고 분파적으로 성찰해보지 않을 수 없으며, 포스트식민주의 연구에 뛰어들기 위해서는 자신의 유색인종(혹은 백인)으로서의 입장에 대해 갈등적이고 분파적으로 성찰해보지 않을 수 없다.

---

20   알튀세르의 논문 「마르크스와 프로이트에 대하여」는 『알튀세르와 라캉』(윤소영 편역, 공감, 1996)에 수록되어 있다.

그리고 이러한 갈등적이고 분파적인 과학은, 제도화된 주류 분과학문(알튀세르는 이를 '이데올로기'라고 표현한다)에 의해 저항 혹은 공격을 받게 되는데, 그러나 갈등적이고 분파적인 과학에 내재한 '진리적인 것' 때문에 제도화된 주류 분과학문은 이를 수용하지 않을 수 없게 된다. 그러나 또한 마찬가지로 이 갈등적이고 분파적인 과학의 진리적인 것은 '위험스러운 것'이기도 해서, 수용의 과정에서 갈등적이고 분파적인 과학의 과학성을 희석시키려는 제도화된 주류 분과학문의 수정 시도가 나타나게 된다. 이 수정 시도가 갈등적 과학의 내부로 들어오면 분열이 발생하게 되는데, 이러한 의미에서 갈등적 과학이 또한 분파적 과학이기도 한 것이다. 알튀세르는 다음과 같이 설명한다.

> 그러나 이러한 수용은 그 의미를 수정하기 위해서인데, **왜냐하면 이 진리적인 것이 위험스러운 것이기 때문이다.** 즉 사람들은 그것을 중립화[무력화]시키기 위해서 그것을 수정해야 하는 것이다. 이것은 가차 없는 변증법을 갖는 완전한 순환 바로 그것이다. 왜냐하면 저항-비판[-공격]-[수용-]수정의 이러한 변증법에서 주목해야 할 것은 언제나 프로이트적 이론의 **외부에서**(그 반대자들에게서) 시작하는 이러한 현상이 언제나 프로이트적 이론의 **내부에서** 끝난다는 사실이기 때문이다. 프로이트적 이론은 수용과 수정의 시도에 반대하여 그 자신의 내부에서 스스로를 방어할 것을 강요받고 있다. 즉 그 반대자가 결국 언제나 프로이트

적 이론의 장소 안으로 침투해 오는데, 그는 바로 내부의 반격을 야기시켜 결국 **분열**Spaltung, scission로 귀결되는 수정 주의이다. **갈등적** 과학으로서 프로이트적 이론은 **분파적** scissionnel 과학이고, 그 역사는 언제나 재발되는 분열들로 표 시된다.[21]

알튀세르가 이와 같이 제시하는, 저항에서 비판으로, 비판에서 공격으로, 공격에서 수용으로, 수용에서 수정으로 나아가는 이러한 갈등적이고 분파적인 과학과 그 제도화 사이의 변증법을 비판이론의 생성변화가 취하는 변증법으로 인정한다면, 우리는 비판이론이 자신의 과학성(그러니까 갈등적이고 분파적인 그러한 과학성)을 유지하기 위해서는 과정의 끝에서 끊임없이 재출발해야 한다는 점에 동의할 수 있을 것이다. 세간의 오해와 달리 알튀세르는 이러한 변증법의 중심인 '수용'을 거부한 것이 전혀 아니다. 알튀세르 자신 또한 철학이라는 제도화된 주류 분과학문 내 연구자로서 마르크스를 연구했다. 심지어 알튀세르는 거리로 나가는 대신 '이론에서의 계급투쟁'을 천명했다.[22]

『사상의 좌반구』에서 쾨셰양이 보여주는 야심은 단순히 (영미권에서 나온 것보다 훨씬 외연이 넓고 훨씬 정교한 수준의) 한 권의 교과서를 쓰

---

21   루이 알튀세르, 「마르크스와 프로이트에 대하여」, 『알튀세르와 라캉』, 17쪽. 강조는 원문.
22   우리가 결론에서 주목할 『개념의 정념들』에서 발리바르가 지적하듯, '갈등적이고 분파적인 과학' '이론에서의 계급투쟁' '극한적 사고', 이 셋이 바로 알튀세르의 과학관을 구성하는 핵심이다.

겠다는 것이 아니라, 이러한 교과서를 씀으로써 비판이론의 제도화를 완성하고, 이러한 완성 이후의 재출발을 비판이론 연구자들에게 (간접적인 방식으로) 제안하는 것이라고 나는 해석한다. 어찌 보면 상당히 자의적일 수 있는 이러한 해석은 사실 필자 자신의 바람일지도 모른다. 이에 대해서는 결론에서 더 이야기해보도록 하자.

비판이론의 '유령들', 혹은 이론은 어떻게 '여행'하는가

이상길은 「학술번역과 지식수용, 혹은 "이론은 어떻게 여행하는가?": 피에르 부르디외의 경우」에서 부르디외 사회학의 한국 수용을 중심으로 비판이론의 국경을 넘는 여행이라는 질문을 제기한다.[23] 이상길과 함께 우리도 한국에서의 비판이론의 부침에 관해 이야기해보자.

비판이론이 태동한 서구 세계와 비판이론(그러니까 외국 이론)을 수입한 동아시아 속 한국 사이에는 굉장한 시차가 존재한다. 물론 이 시차는 1990년대 이후 신자유주의적 금융세계화가 본격화되면서 시공간의 압축으로 인해 거의 사라지게 된다. 『애도의 애도를 위하여』에서 진태원이 지적하듯 1980년대는 마르크스주의를 중심으로 한 사회과학 르네상스의 시기였다. 하지만 이는 굉장히 역설적인 것인데, 왜

---

23   이상길, 「학술번역과 지식수용, 혹은 "이론은 어떻게 여행하는가?": 피에르 부르디외의 경우」, 『언론과사회』, 19(4), 2011 참조.

냐하면 서구 세계에서는 서구 마르크스주의의 종결자인 알튀세르가 1970년대 후반 마르크스주의의 위기를 선언하며 현실 사회주의의 몰락이 이미 예상되었기 때문이다. 반면 군부독재 체제에 대한 저항이라는 '비동시대성'으로 인해 한국은 1980년대까지 현실 사회주의를 참조점으로 삼으면서 고전 마르크스주의를 정력적으로 수입한다. 물론 한국에서의 알튀세르 수용을 통해 확인할 수 있듯,[24] 1980년대에는 일군의 마르크스주의자들에 의해 알튀세르를 중심으로 한 서구 마르크스주의가 수입되기도 했지만 결국 1980년대 한국의 마르크스주의는 전반적으로 고전 마르크스주의를 벗어나지 못했으며, 1989년 현실 사회주의의 붕괴 이후에는 이 고전 마르크스주의와 그 한계를 비판한 서구 마르크스주의 사이의 관계가 치밀하게 사고되지 못한 채 마르크스주의 전체가 청산의 대상이 되었다. 이러한 청산 이후 일군의 지식인들이 그 대안으로 수입한 것이 바로 미국화된 비판이론으로서의 포스트-담론이다. 그렇다면 이 이론들은 한국에서 어떻게 '여행'했을까?

철학적 관점에서 한국에서의 포스트-담론 수용을 분석하는 진태원과 달리, 이상길은 사회과학적 관점에서 한국에서의 포스트-담론 수용을 평가하는 몇 개의 논문들을 제출한다. 사실 한국의 철학

---

24   이에 대해서는 Tae-Won Jin, "Necessaire, mais impossible: effets althusseriens en Coree du Sud," *Actuel Marx*, n°67, 2020(1) [진태원, 「필연적이지만 불가능한 것: 한국에서의 알튀세르 효과」, 『황해문화』, 108, 2020(근간)] 참조.

과에서 프랑스 철학은 독일 철학과 달리 비주류의 위치를 점하고 있으며, 아주 소수 대학의 철학과를 제외한다면 체계적으로 현대 프랑스 철학을 배울 수 있는 곳은 없다. 현대 프랑스 철학 연구자로 유명한 진태원조차 대학에서 스피노자를 전공했으며, 그의 회고에 따르면 그가 스피노자를 전공한 이유는 한국에서 현대 프랑스 철학을 연구하는 것에 따르는 수많은 제도적 제약들을 우회하기 위해서였다.[25] 왜냐하면 현대 프랑스 철학계에서의 1960년대 스피노자 르네상스 덕택에, 스피노자 연구는 (조금 과장하자면) 현대 프랑스 철학에 대한 연구와 거의 동연적이기 때문이다.

반면 이상길이 여러 논문에서 서술하듯,[26] 언론학(신문방송학)은 자신이 제도적으로 내포하고 있던 '비판 패러다임' 덕택에 1980년대에는 마르크스주의를 어느 정도로는 수용할 수 있었으며, 1990년대 이후에는 비판 패러다임이 문화연구에 그 자리를 내어줌으로써 포스트-담론을 상당히 적극적으로 수용할 수 있게 된다.[27] 그래서 한국에서 1990년대 이후 수용되는 포스트-담론은 양적인 측면에서든 질적

---

25   진태원, 「진태원의 내 인생의 책 5: 윤리학—스피노자」, 『경향신문』, 2015. 12. 17 참조.

26   특히 이상길의 「문화연구의 연구문화: 언론학계에서의 제도화 효과에 관한 성찰」(『민족문화연구』, 53, 2010)을 반드시 참조하라. 이 논문에서 이상길은 스스로를 '당신'이라고 호명하면서, 자기-성찰적 관점에서 언론학계 내 문화연구의 제도화를 상당히 자세히 분석한다. 특히 자신이 프랑스 유학을 통해 프랑스 인문사회과학을 공부한 프랑스 박사라는 점에서 현대 프랑스 철학과 포스트-담론, 그리고 언론학 내에서의 그 제도화 사이의 관계가 상당히 설득력 있게 분석된다.

27   이상길이 「문화연구의 아포리아」에서 지적하듯 비판 패러다임이 위기에 빠지면서 그 자리를 문화연구가 차지하게 되는데, 이는 진태원이 『애도의 애도를 위하여』에서 서술하는 마르크스주의에서 포스트-담론으로의 이행과 정확히 일치한다.

인 측면에서든 주되게는 사회과학 내 언론학의 하위 분과인 비판 커뮤니케이션 혹은 (미디어-)문화연구 내에서, 부차적으로는 인문학 내 영문학과 비교문학 내에서 수용된다. 여기서 필자가 질적인 측면에서까지 그러했다고 말하는 이유는, 영문학과 비교문학이 어쨌든 '문학'이라는 제도적 한계 내에서 포스트-담론을 수용해야 했던 것과 달리, 문화연구 내에서는 제도적인 제약이 거의 없이 포스트-담론 자체를 연구하는 것이 가능했기 때문이다. 이러한 제도적 뒷받침 덕에 포스트-담론은 문화연구 내에서 정력적으로 수입되어 재전유될 수 있었고, 결국 한국에서의 비판이론의 제도화는 문화연구(와 영문학/비교문학) 내에서 이루어졌다.

하지만 이러한 비판이론 수용은, 인류학자 조한혜정과 철학자 김영민의 포스트식민주의적 외국 이론 수용에 대한 성찰들[28]을 이어받아 이상길이 지적하듯, 한국 지식 장의 식민성을 공고화하는 부정적인 결과 또한 초래했다.[29] 이상길은 포스트식민주의의 관점에서(즉 우리가 놓인 탈식민이라는 상황에서) 이러한 문제점을 어떻게 극복할 수 있을지 적극적으로 고민한다.

---

28   조한혜정의 작업으로는 『탈식민지 시대 지식인의 글 읽기와 삶 읽기: 바로 여기 교실에서』(전3권, 또하나의문화, 1995·1994·2014)를, 김영민의 작업으로는 『탈식민성과 우리 인문학의 글쓰기』(민음사, 1996)를 참조.

29   이상길, 「탈식민 상황에서 '비판적 문화연구'를 가르치기: 부르디외 이론의 사례」, 『한국방송학보』, 29(5), 2015; 이상길, 「외국이론 읽기/쓰기의 탈식민적 전략은 어떻게 가능한가?: 부르디외로부터의 성찰」, 『커뮤니케이션이론』, 6(2), 2010 참조.

이상길이 「외국이론 읽기/쓰기의 탈식민적 전략은 어떻게 가능한가?: 부르디외로부터의 성찰」에서 제시하는 탈식민화를 위한 첫 번째 대안은 어떠한 해석도 수용자의 입장에서 가능하다는 포스트모던한 '창조적 오독의 자유방임'을 지양하고 (부르디외의 과학관을 따라) 이해와 오해에 대한 인식론적 구분이 가능함을 전제하면서 '적절한 읽기의 전략'을 채택하는 것이다. 물론 이 적절한 읽기의 전략은 본원적 의미를 고정하는 '규범적인 제재의 잣대'가 아니라 '실천적 지침'으로 기능해야 하며, 적절한 읽기를 집단적으로 가능케 하는 '제도적 여건'(가령 적절한 번역이 꾸준히 생산될 수 있는 번역 여건 등)이 뒷받침되어야만 한다. 이상길은, 역설적이지만, 외국 이론 수용의 식민성을 극복하기 위해서는 외국 이론 그 자체에 대한 적절한 읽기, 더 나아가 그에 대한 쓰기가 가장 중요하다고 강조한다. 그리고 이상길은 이러한 적절한 읽기의 전략적 핵심이 바로 '꼼꼼한 번역실천'이라고 주장한다.[30]

이미 많은 이들이 비판하고 있는, 현재 한국에서 이루어지고 있는 외국 이론에 대한 민망한 수준의 번역실천들은, 외국 이론을 원어로 읽을 수 있는 능력을 갖춘 연구자가 그렇지 못한 연구자에게 '부실한 읽기'의 책임을 전가하고 규범적인 비난을 가함으로써 '상징폭력'을 행사하고 이를 통해 자신의 '상징자본'을 증가시키는 결과로까지 이어

---

30   물론 발리바르와 같이 번역실천의 철학적 의미에 대해서 논하는 것도 매우 중요하지만 이 글에서는 생략한다. 번역에 대한 발리바르의 철학적 성찰로는, 『일반화된 마르크스주의의 쟁점들』 (윤소영, 공감, 2007)에 수록된 발리바르의 논문 「보편의 상 아래에서」를 참조.

진다.[31] 「학술번역과 지식수용, 혹은 "이론은 어떻게 여행하는가?"」에서 이상길은 (한국의 인문사회과학계가 영어중심주의에 지배되어 있으며 학술번역의 가치를 제대로 인정해주지 않는 등의 제도적 결함으로 인해 생산되는) 적절하지 못한 번역이 탈식민 조건에서는 사상의 원산 장과 사상의 수용 장 사이의 비대칭적 권력관계를 강화함으로써 식민성을 공고히 하는 최악의 결과로까지 이어진다고 강하게 경고한다.[32]

이상길이 「탈식민 상황에서 '비판적 문화연구'를 가르치기: 부르디외 이론의 사례」에서 한국 지식 장의 탈식민화를 위해 제시하는 두 번째 대안은 외국 이론의 '급진적 맥락화'다. 이는 서구 이론을 배척하면서 한국 고유의 이론을 만든다는 불가능하면서도 무의미하며 해롭기까지 한 (그 자체 너무나 식민주의적인 발상으로부터 나오는) 기획을 거부하고 서구 이론을 포스트식민주의적 문제의식 아래에서 '비판적 시선'과 '성찰적 태도'를 가지고 주체적으로 수용하는 것이다. 이상길은

31   이 글에서 필자가 주목하는 한국의 비판이론가 진태원과 이상길 모두 탁월한 프랑스 인문사회과학 번역자라는 점은 매우 시사적이다. 이들이 자신들의 연구실천 속에서 프랑스 인문사회과학의 성과들에 대한 적절한 번역의 절박한 필요성을 느끼고 이를 직접 실천했다는 점에 주목해야 하며, 이들이 이러한 번역실천을 토대로 외국 이론 수용에 대한 자신들의 성찰을 생산해냈다는 점을 잊지 말아야 한다.

32   「학술번역과 지식수용, 혹은 "이론은 어떻게 여행하는가?"」에서 이상길은 한국의 부르디외 번역을 구체적으로 검토하는데, 부르디외 번역의 현재 수준은 진태원이 『애도의 애도를 위하여』에서 간단히 짚은 현대 프랑스 철학의 번역 수준보다 한참 아래다. 한국어로 읽을 수 있는 부르디외의 글이 거의 없기 때문에, 한국에서 부르디외 수용은 사실상 전혀 이루어지지 않았다고 보아도 무방할 정도다. 『사회학자와 역사학자』를 통해 부르디외 사회학에 입문한 뒤 더욱 심화된 내용을 접하고자 하는 독자들은, 부르디외와 로이크 바캉의 『성찰적 사회학으로의 초대: 부르디외 사유의 지평』(이상길 옮김, 그린비, 2015)을 참조하길 바란다.

'지식'으로서의 문화연구와 (말년의 푸코가 정의했던 의미에서의) '태도'로서의 문화연구가 항상 함께 존재함을 지적하면서, 외국 이론의 급진적 맥락화는 이 외국 이론을 수용하는 탈식민 상황 내 연구자의 주체적인 '비판적 태도'에 달려 있음을 강조한다. 외국 이론의 배척과 외국 이론의 종속적 수용의 사잇길은 바로 이러한 연구자의 주체적인 비판적 태도인 것이다.

사실 이 두 가지 대안을 구체화하는 전략 중 하나가 바로 진태원이 『애도의 애도를 위하여』 1부의 앞서 인용한 문단에서 제시하는 포스트-담론의 사회적 맥락(즉 포스트-담론이 미국의 발명품이라는 점)에 대한 정확한 이해다. 그리고 이는 「학술번역과 지식수용, 혹은 "이론은 어떻게 여행하는가?"」에서 이상길이 제시하는 외국 이론 수용의 최종적 전략, 즉 번역을 통한 '옮겨 쓰기'에서 우리 현실에 맞는 '다시 쓰기'로, 이 '다시 쓰기'에서 그들의 문제의식을 우리 안에서 확장하고 소통하는 '이어 쓰기'로 나아가는 것이다. 이것이 바로 한국 인문사회과학계의 식민성을 극복하기 위한 연속적인 세 가지 제스처다.

하지만 그럼에도 불구하고 우리는 이 대안들을 통해 이상길이 「문화연구의 아포리아」에서 대결하는 '이론과 실천의 괴리 혹은 연계 상실'이라는 비판이론의 아포리아(문화연구에서 끊임없이 반복적으로 제기되는 문화연구의 위기라는 담론 속에 엿보이는 아포리아)를 극복할 수 있을까? 이상길은 이론과 실천 사이의 분리라는 비판이론의 아포리아는 단순히 비판이론이 사회운동과 단절된 외부적 상황 때문에 발생한 것이 아니라는 점을 강조한다. 만일 그랬다면 우리는 이를 아포리아라 부를 필요도 없을 것이고 그에 대한 해결책 또한 손쉽게 찾을 수 있을 것이다. 하지만 비판이론의 아포리아는 오히려 다음과 같이 이론에 내재적인 것이다. 우리는 이 이론 내적 아포리아가 『담론과 해방』에서 김경만이 비판이론가들에게 던진 질문과 사실상 동일한 것임을 쉽게 파악할 수 있다.

["실천론적 전환과 전유에 대한 관심"으로부터 도출된 문화연구 혹은 비판이론의] 인식론적 원칙에 대한 거부는 상식과 과학 사이의 본질적, 단절적 구분을 불가능하게 만든다. 달리 말하면, 행위자들의 자생적 인식체계와 이론 사이의 구별은 이제 정도의 문제(현상학), 혹은 권력관계의 문제(푸코)로 이해된다. 사회 내 복잡한 일상생활과 권력관계 속에서 이루어지는 일종의 담론적 실천으로서 이론의 위치는 불안정해진다. 인문사회 분야의 '과학'은 그 지위를 근본적으로 의심받게 되는 것이다. (…) 이처럼 문화연구에서 미디어와 이데올로기의 기능주의적 성격이 근본적으로 의심받게 되었고, 지배 이데올로기에 대한 '피지배자들'의 수동적인 복종이라는 관념 역시 비판받게 되었다. 사회집단과 행위자들의 신념, 해석, 행위의 다양성을 포착하면서, 새로운 문제틀은 미디어와 다양한 문화 텍스트들의 활용에서 전유의 복잡한 게임을 재발견한다. 그람시의 헤게모니론이나 푸코의 권력/지식론이 주목받게 된 것도 이러한 맥락에서일 것

이다. 하지만 이렇게 해서 문제가 모두 정리된 것은 아니다. 문화연구는 두 가지 선택지를 가지게 된다. [프랑크푸르트학파의 비판이론에서 유래하는] 비판 기획을 (아마도 이데올로기 혹은 헤게모니 개념과 더불어) 보존하거나, 또는 아예 포기하거나. (…) 권력을 이데올로기란 말로 바꿔놓아도 좋다. 문제는 그렇다면 그 저항(즉 자율성)은 어떻게 가능한가 하는 점이다. 권력의 외부, 이데올로기의 외부 혹은 주체의 고유한 영역은 과연 어디인가? 우리가 형이상학적 개념에 의지하지 않고서도 그것을 논할 수 있을까? 문화연구는 이 문제를 특이한 방식으로 봉합하고 있다. 바로 여러 이론들을 절충하거나 혼용하는 식이다.[33]

이렇게 문화연구 혹은 비판이론의 아포리아는 이론 내적인 것이기 때문에, 흥미롭게도 이상길은 『사상의 좌반구』의 저자 쾨셰양과 마찬가지로 문화연구 그러니까 비판이론의 아포리아를 이론과 실천의 분리로 규정하면서도, 그에 대한 대안을 문화연구자들 그러니까 비판이론가들의 정치성 회복이나 대학 바깥과의, 즉 사회운동과의 소통이 아니라(물론 이러한 소통을 거부하는 것은 당연히 바보 같은 선택이겠지만) 이론 그 자체에 대한 더욱 철저한 연구로, 궁극적으로는 인식론적 질문들까지도 경유해 '새로운 이론의 생산'으로 나아가는 것으로 설

---

33   이상길, 「문화연구의 아포리아」, 100~102쪽.

정한다.

　우리는 바로 이 지점에서 『사상의 좌반구』의 가치를 발견할 수 있다고 생각한다. 우리는 비판이론의 아포리아를 극복하기 위해 그것의 역사를 '적절한' 방식으로 결산해야 한다. 그러한 결산 위에서 우리는 더 정교한 이론 연구로 나아갈 수 있고, 결국에는 이상길과 쾨셰양 모두가 희망하는 이론과 실천 사이의 분리라는 문제를 해결할 수 있을 것이다. 포스트-담론에 대한 더욱 정확한 이론 내적 이해와 정확한 번역을(결국에는 현대 프랑스 철학 자체에 대한 정밀한 탐구까지도) 요청하는 진태원 또한 동일한 문제의식을 공유하고 있는 것으로 보인다. 사실 이상길이 말하는 앞서 지적한 학문의 식민성을 극복하기 위한 연속적인 세 가지 제스처는 이렇듯 정교한 이론 내적 탐구를 위한 외적인, 아니 내적인 전제라고 말할 수 있다. 역설적이지만 이론 내적으로 준비되어 있고 성숙해 있어야, 어떠한 정세 속에서, 떨어져 있던 이론과 실천이 마주칠 수 있다.

'애도의 애도의 애도'를 위하여

　『애도의 애도를 위하여』에서 진태원이 한국의 기존 비판이론가들을 매섭게 비판하듯, 여전히 1980년대에 갇혀 있는 정통파 마르크스주의자들은 1989년 현실 사회주의의 붕괴 이후에도 마르크스주의에 대한 데리다적 의미의 애도에 성공하지 못하고 우울증(멜랑콜리)에 빠져 있다. 그리고 현실 사회주의의 붕괴 이후 1990년대에 마르크스주의를 너무나 성급하게 청산하고 영미권을 경유해 포스트-담론(푸코, 들뢰즈, 데리다, 리오타르, 보드리야르, 네그리 등)을 수용한 포스트주의자들은 (모든 '전향자'가 항상 그러하듯) 막대를 반대편으로 너무 강하게 구부러뜨림으로써(그러니까 현실 사회주의의 붕괴라는 고통스러운 현실을 견뎌낼 수 있도록, 준비되지 않은 상태에서 애도를 스스로에게 강제함으로써) 마르크스주의의 유산을 전혀 상속받지 못하고 마르크스의 유령들에 여전히 시달리고 있다.[34]

이렇듯 포스트주의자들이 마르크스의 유령들에 여전히 시달리고 있다는 것은 이들이 마르크스주의에 대한 푸닥거리에, 그러니까 결국 자기 자신의 마르크스주의적 과거에 대한 애도에 실패했다는 것을 뜻한다. 애도에 실패한 그 자리를 대신 차지한 것은 진태원이 비판하는, 그리고 필자 또한 그의 비판에 동의하고 있는 '바깥의 정치(학)'과 '좌파 메시아주의'로서의 '포스트-포스트-담론'이다. 결론적으로 진태원은 2010년대에 발표한, 『애도의 애도를 위하여』에 수록된 논문들에서 그 대안으로 '애도의 애도'를 비판이론가들에게 제안하고 있다. 하지만 필자는 2019~2020년이라는 전환점이 (필자의 눈에는

---

34   이는 포스트주의자들에게서 공통적인 정치경제학 비판 혹은 (이른바 '정치경제학'이나 조절이론 또는 제도주의 경제학이나 사회경제학/경제사회학과 같은 정치철학의 타자로서의) 분과학문화된 여러 이단적 경제학들에 대한 철저한 무관심으로 표현된다. 반면 윤소영이 과천연구실을 통해 생산해 공감출판사에서 출간한 지난 30여 년의 작업들은 포스트-담론을 거부한 정통파 마르크스주의의 우울증을 보여주는데, 과천연구실의 '포스트구조주의'(와 '인민주의' 등)에 대한 (필자의 관점에서는 전혀 근거 없는) 거부는 악명 높다.

진태원의 호소에도 불구하고 역시 실패한 것으로 보이는) '애도의 애도'를 넘어 2020년 이후를 위한 '애도의 애도의 애도'를 긴급하게 요구하고 있다고 판단한다.

코로나바이러스COVID-19의 대유행을 통해 폭발한 2019~2020년의 위기를 너무 과장함으로써 이전의 모순들을 시야에서 지우고 위기 담론의 무의미한 과잉을 촉진할까 두렵지만, 그럼에도 2019~2020년의 위기가 생태학적 측면에서는 인간중심주의의 한계를, 경제학적 측면에서는 신자유주의적 금융세계화의 종료를, 정치학적 측면에서는 서구 자유주의의 몰락을, 그리고 학문적 측면에서는 대학을 중심으로 국제적으로 조직되어 있는 전 세계 지식체계 그 자체의 붕괴를 가시화하고 있다는 점에는 대부분의 연구자들이 동의할 것이다. 이매뉴얼 월러스틴이 말한 '우리가 아는 세계의 종언'은 '우리가 아는 지식의 종언'을 함축한다.[35] 주류 제도권 분과학문들은 제도적으로 붕괴하고 있을 뿐만 아니라, (포스트-트루스post-truth 즉 탈-진실이라는 우리 앞에 주어진 철학적 물음 앞에서, 그 실증주의적 인식론으로 인해 이러지도 저러지도 못하고 있는 언론학이 웅변적으로 보여주듯) '이론-내적'으로도 완전히 붕괴하고 있다. 필자는 이 '전환시대의 논리'를 이해할 수 있는 제도권 내의 유일한 분과학문은 바로 위기 속에서 돌발했으며 위기를 사유하는 비판이론이라고 생각한다.

---

35   이매뉴얼 월러스틴, 『지식의 불확실성: 새로운 지식 패러다임을 찾아서』, 유희석 옮김, 창비, 2007 참조.

김경만의 실증주의적 질문에 대해 실증주의적으로 답하는 것은 불가능하다. 오히려 쾨셰양과 같이 실증주의의 틀에서 벗어나 더욱 길고 넓은 역사적 관점을 취해야 한다. 현대 프랑스 철학 최대의 기여는, 필자의 생각에, 미국식 실증주의에 대한 대안을 인문사회과학에 제시했다는 점이다. 비판이론을 쾨셰양과 같이 역사적 관점에서 바라본다면, 우리는 어떠한 정세에서는 그리고 어떠한 사건하에서는 담론이 해방으로 가닿을 수 있다고, 대학 안에서의 몇십 년의 연구가 대학 밖에서의 단 몇 달의 연구로 단축된다고, 과학자가 활동가가 되고 활동가가 과학자가 된다고 말할 수 있다. 우리가 이상길이 강조한 의미에서 이론 내적으로 충분히 준비되어 있고 성숙해 있다면 말이다. 필자가 경험하지는 못한 1980년대의 마르크스주의와 사회과학 르네상스가, 필자가 경험한 2010년대의 페미니즘의 부활이 이를 증거한다. 1980년대에는 수많은 지식인들이 마르크스주의의 '세례'를 받고 '의식화'되었으며, 2010년대에는 많은 여성들(과 남성들)이 페미니즘의 '세례'를 받고 '의식화'되었다. 이미 2010년의 세례를 받은 많은 여성들이 대학으로 새로이 진입해 페미니즘 연구를 심화시키고 있다.

의식화라는 낡은 어휘를 버리고 조금 더 세련되게 이야기해보자. 알튀세르가 지적했듯 마르크스주의, 페미니즘, 포스트식민주의 등과 같이 사회운동으로부터 돌발한 비판이론은 갈등적이고 분파적인 대상을 사유하는 이론이다.[36] 이러한 과학은 필연적으로 과학자의 신

---

36   여기에 정신분석학을 추가할 수 있을지에 대해서는 조금 더 고민이 필요할 것 같다.

체와 그 신체가 놓여 있는 공간으로부터 영향받음과 동시에 이에 영향을 준다. 비판이론을 연구하는 과학자로서의 우리는 푸코가 「유토피아적인 몸」에서 말하는 '유토피아적인 낯선 신체'를 빚어내야 하고, 푸코가 「헤테로토피아」와 「다른 공간들」에서 말하는 '헤테로토피아'라는 공간을 구축해야 한다.[37] '헤테로토피아 속 유토피아적인 낯선 신체'라는 '우리'를 만들어내는 것, 그것이 1980년대식 낡은 어휘로 말하자면 의식화이고, 지금의 세련된 철학 용어로 말하자면 '주체화subjectivation'다. 말년의 푸코는 자신의 철학 전체를 "윤리, 태도(에토스), 비판, 계몽으로서의 현대성 내에서 현실 혹은 현실태의 존재론으로서의 우리 자신의 역사-비판적 존재론을 구축하는 것"으로 규정한다. 푸코의 지적 유언이라고도 볼 수 있는 이러한 자신의 철학에 대한 정식화에서 중요한 것은 바로 '우리 자신ce que nous sommes'이다.

그런데 푸코와 달리(혹은 푸코와 같이) 발리바르는 자신의 지금까지의 긴 작업을 정리하는 논선집(즉 '에크리') 2권의 제목을 '개념의 정념들Passions du concept'로 정했다.[38] 발리바르의 지적 유언이라고도 볼 수 있는 이러한 자신의 철학에 대한 정식화에서 중요한 것은 바로 '개념의/개념에 대한 정념들'이다. 그 과학성을 끊임없이 의문에 부치는 개념 자신의 정념, 그리고 개념과 마주한 우리 자신의 정념. 비판이론 자신이 내재하고 있는 그 갈등성과 분파성 때문에 비판이론의 개념이 항

---

37 이 텍스트들 모두는 미셸 푸코, 『헤테로토피아』, 이상길 옮김, 문학과지성사, 2014에 실려 있다.

38 Étienne Balibar, *Passions du concept*, La Découverte, 2020의 서문 참조.

상 사로잡혀 있는 정념, 그리고 비판이론가 자신이 내재하고 있는 그 갈등성과 분파성 때문에 비판이론가의 신체가 비판이론의 개념에 대해 항상 사로잡혀 있는 정념. 이렇게 두 가지 정념이 존재하기에 발리바르는 개념의 정념이 아니라 개념의 정념'들'을 말한다고 나는 해석한다. 하지만 이 정념이란 곧 '물러서지 않겠다는 정념' 또한 뜻하는 것 아닐까? 발리바르 자신이 몸소 보여준, 개념에서는 단 한 치도 물러서지 않고 그 아포리아로까지 나아가는 태도. 우리는 이러한 '과학자적' 태도를 우리 자신의 존재론과 결합해야 하는 것 아닐까? 마르크스주의자에게 이는 생산양식이라는 개념의 아포리아를 마주하면서까지 이를 끝까지 포기하지 않는 것, 페미니스트에게는, 포스트식민주의자에게는 등등…… 결국 개념을 망각하지 않는 것 아닐까? 그리고 이것이 진정한 '애도의 애도의 애도'의 태도 아닐까?

2019~2020년의 전환점 이후 우리는 누구의 표현대로 생태학적 재앙과, 아니면 그것까지는 아니더라도 신자유주의적 금융세계화의 종료 이후 프랑스 사회학자 알랭 족스(Alain Joxe)가 경고하는 '신중세적 무질서'와 마주하게 될지 모른다. 우리가 예상하지 못하는 어떠한 모습의 위기가 등장하든, 어쨌든 이는 비판이론가들에게 (주류 제도권 연구자들에게는 주어지지 않는, 하지만 이 주류 제도권 연구자들과의 창조적 대화를 통해서만 완수 가능한) 시급하고도 막중한 임무를 부과할 것이다. 비판이론가들이 당면한 어려움은, 이미 성공한 제도화의 과학적 성과들을 포기하지 않으면서도 우리 자신의 역사-비판적 존재론을 구축해야 한다는 것이다. 김경만의 질문과 답변은 이러한 존재론의 과학적

구축이 거의 불가능에 가까워 보일 정도로 어려운 일이라는 점을 역으로 보여주는 것 같다. 그럼에도 비판이론가들은 과학적으로, 과학과 함께, 낯선 신체로서의 유토피아적 신체를 벼려내고 이 신체를 감싸는 헤테로토피아를 구축해야 한다. 그 누구보다도 과학적으로. 타협 없이.

옮긴이의 말

이 책은 우리 시대 비판사상의 파노라마를 보여준다. 전후 사상계의 한 시대를 풍미했던, 프랑크푸르트학파의 사회 변혁 및 해방 이론이라 일컬어지던 '비판이론théorie critique'의 쇠락 이후 비판의 명맥을 잇는 새로운 이론들이 1990년대 이후 서구 세계에 나타났다. 라즈미그 쾨셰양은 이 이론들을 '신비판이론nouvelles théories critiques'이라는 용어 아래 소환한다. 그가 소환한 이론들은 퀴어 이론(주디스 버틀러), 사건의 형이상학(알랭 바디우), 포스트모더니즘(프레드릭 제임슨), 포스트식민주의(호미 바바, 가야트리 스피박), 개방적 마르크스주의(존 홀러웨이), 헤겔적 신라캉주의(슬라보예 지젝) 등 언뜻 하나로 수렴될 것 같지 않을 만큼 매우 다양하다. 지금 거론한 이들 외에도 이 책에서 다루는 사상가들은 다 열거하기 어려울 정도로 그 수가 많다.

이토록 다양한 사상을 한 용어 아래 묶어주는 공통된 기준은 무엇일까? 쾨셰양은 이들 사상의 공통성을 "동시대 사회 세계를 문제 삼는다는 일반성"에서 찾는다. 이는 이들 사상의 '비판적' 차원이 근거를 두는 지점이기도 하다. 쾨셰양은 이들 사상을 질서 정연하게 펼쳐 보여준다. 그의 폭넓고 예리한 시선 아래 동시대 비판사상은 계열별로 분류되고 명쾌하게 분석된다. 이를 통해 그가 우리에게 제시하는 것은, 이 책의 부제가 알려주듯 '새로운 비판이론의 지도 그리기'다. 1990년대 후반에 들어 다발적으로 등장한 사상들을 마주하며 우리는 길을 잃기 십상이다. 그 수가 많기도 하거니와 그 종류가 다양한 까닭이다. 이 책은 우리에게 이 어지러운 사상의 대륙을 횡단하거나 탐색할 수 있도록 도와주는 길라잡이 역할을 톡톡히 해준다. 저자의 해박한 지식이나 잘 정돈된 설명은 관련된 핵심 논쟁을 이해하고 복잡한 개념을 파악하도록 도와준다. 이런 측면에서 이 책은 교육적 목적을 훌륭하게 달성하고 있는 셈이다.

　매우 다양한 사상적 스펙트럼을 보이는 이론들을 '신비판이론'이라는 용어 아래 묶으면서 쾨셰양은 이 용어가 언제나 '복수'임을 강조한다. 이는 이전의 비판이론이 '단수'로, 게다가 '대문자'로 사용됐던 것과는 확실히 다른 지점이다. 비판이론이 일반적으로 동시대 사회 세계를 문제 삼는다는 점에서는 같을지 몰라도 '그것을 어떻게 문제 삼는가'는 전혀 다른 문제인 것이다. 다양성과 복수성은 신비판이론을 규정하는 용어다. 다만 한국어판에서는 이 용어를 '신비판이론들'로 옮기진 않았는데, 그것이 우리말 용법상 부자연스럽게 들렸기 때문이다. 그럼에도 독자는 프랑크푸르트학파의 정신을 계승하고 그 훈령을 따르는, 그래서 대문자와 단수로 표현되는 비판이론과 신비판이론이 확연히 다른 지점에 놓인다는 것을 혼동됨 없이 읽을 수 있을 것이다. 이 점을 명시해놓은 대목도 있거니와 책 전반에 걸쳐 해당 용어의 복수성이 곳곳에서 암시되고 있기 때문이다.

　비판이론의 생산지는 과거 유럽 대륙에서 북아메리카 대륙으로 옮겨 갔다. 미국은 오늘날 비판이론이 가장 활발하게 생산되는 곳이다. 그러나 서구 국가들이 비판이론을 독점하고 있지는 않다. 라틴아메리카 또한 비판이론의 주요 생산지다. 그렇다면 아시아 지역은 어떨까? 나아가 우리나라는? 쾨셰양은 비판이론이 서구 세계를 벗어나고 있으며, '비판이론의 세계화'가 진행 중이라고 말한다. 그러나 아시아 지역에서 비판이론 생산의 움직임은 지금으로서는 더디다. 쾨셰양이 상술한 여러 사상가 가운데 아시아인은 왕후이(중국)와 가야트리 스피박(인도) 둘 뿐이다. 네그리나 아감벤, 바디우나 랑시에르, 버틀러나 지젝 등 비판이론 계열에 포함된 많은 사상가가 한국에서도 이미 친숙한 이들이다. 그만큼 동시대 비판이론가들의 책은 우리나라에서 활발히 출판되고 있으며, 그들의 사상은 우리에게 많은 영감을 주고 있다. 우리도 그 수혜를 어떤 방식으로든 보고 있는 셈이다. 그런데 이 지점에서 비판이론 수용의 역사 외에 재해석을 통한 혁신적 생산의 역사가 과연 우리에게 있는가를 되묻게 된다. 이는 비단 비판이론과 관련해서만 제기되는 문제는 아닐 것이다.

이 책에서 주요하게 다루지는 않았지만 이름이 거론된 아시아 사상가 중에 백낙청 선생이 있다. 백낙청 선생은 1966년 1월 창간된 계간 『창작과비평』의 창간 편집인으로 활동하며 민족문학론·민족경제론 같은 담론을 우리 사회에 심어준 인물로 평가된다. 내가 기억하기로 1990년대 초반까지만 해도 사회 비판 및 변혁의 이론과 실천을 둘러싼 논의가 우리 사회를 뜨겁게 달궜다. 그러나 이후 IMF 경제 위기를 기점으로 신자유주의 물결이 들이닥치면서 그런 논의를 덮어버렸다. 오늘날 우리 사회를 이끄는 이론적 추동력은 무엇인가? 페미니즘, 포스트모더니즘…… 다양한 사상적 조류 속에 '동시대 사회 세계를 문제 삼는' 거시적 조망과 더불어 '우리 사회 세계를 문제 삼는' 자체적 사회변혁 이론이 우리에게 있는지 조심스럽게 묻는다. 현재 우리가 어느 사상적 지점과 맥락 속에서 꿈틀대고 있는지, 진단과 평가의 시간을 이 책의 출간과 함께 (다시금) 촉진할 수 있었으면 좋겠다.

프랑스 현상학을 전공한 나는 사회철학에도 관심을 두고 있어 이 책의 번역을 선뜻 맡았다. 그러나 책에서 다뤄지는 숱한 개념들, 또 사상가들과 마주하며 번역어 선정에 어려움을 겪기도 했다. 같은 대학에 재직 중인 사회학 전공자 이광근 교수님의 도움이 아니었다면 이 책은 완성을 보지 못했을 것이다. 이광근 교수님은 학계에서 통용되는 용어 선정부터 많은 부분에서 도움을 주셨다. 이 지면을 빌려 그에게 무한한 고마움을 표하고 싶다. 아울러 현실문화 출판사 측의 배려와 도움에도 고마움을 전하고 싶다. 나는 사회철학 전공자가 아니기에 출판사에서는 전공자의 감수와 해제의 필요성을 느꼈고, 출판사에서는 이를 배세진 선생에게 부탁했다. 흔쾌히 이를 맡아준 배세진 선생에게 출판사를 대신해 그리고 번역자이자 한 독자로서 고마움을 전한다.

2020년 8월
부처바위골 아랫자락에서
이은정

ㄹ

지은이
라즈미그 쾨셰양 Razmig Keucheyan

프랑스 보르도 대학 사회학 교수. 고전 마르크스주의와 동시대 마르크스주의 전통 속에서 저술 활동을 이어가고 있으며, 역사적·사회학적 관점으로 자본주의와 환경의 연관성을 연구하고 있다. 학술지 『악튀엘 마르크스Actuel Marx』와 『콩트르탕Contretemps』 편집위원으로도 활동 중이다. 지은 책으로 『자연은 전쟁터다: 정치생태학 논고』(2014), 『민주주의 국가의 종말: 니코스 풀란차스, 21세기의 마르크스주의』(2016), 『인위적 필요: 소비주의에서 벗어나는 방법』(2019) 등이 있다.

옮긴이
이은정

프랑스 스트라스부르 대학에서 철학 박사학위를 받았고, 현재 동국대학교 다르마칼리지 초빙교수로 재직 중이다. 지은 책으로 『프랑스 철학의 위대한 시절』(공저, 2014)이 있으며, 옮긴 책으로 『야만』(2013), 『자아와 살』(2017)이 있다.

감수·해제
배세진

프랑스 파리 7대학 사회과학대학 '사회학 및 정치철학' 학과에서 석사학위를 받았고 현재 박사과정에 있다. 옮긴 책으로 『마르크스의 철학』(2018), 『무엇을 할 것인가?』(2018), 『마르크스주의 100단어』(2018), 『역사유물론 연구』(2019), 『사회학자와 역사학자』(공역, 2019) 등이 있다.

사상의 좌반구

새로운 비판이론의 지도 그리기

1판 1쇄 2020년 9월 1일

지은이 라즈미그 쾨셰양
옮긴이 이은정
펴낸이 김수기

펴낸곳 현실문화연구
등록 1999년 4월 23일 / 제25100-2015-000091호
주소 서울시 은평구 통일로 684 서울혁신파크 1동 403호
전화 02-393-1125 / **팩스** 02-393-1128 / **전자우편** hyunsilbook@daum.net
ⓗ hyunsilbook.blog.me　ⓘ hyunsilbook　ⓣ hyunsilbook

ISBN 978-89-6564-256-5 (93100)
만든 사람들 허원 김유경 김지희

이 도서의 국립중앙도서관 출판예정도서목록(CIP)은
서지정보유통지원시스템 홈페이지(http://seoji.nl.go.kr)와
국가자료종합목록 구축시스템(http://kolis-net.nl.go.kr)에서 이용하실 수 있습니다.
(CIP제어번호:CIP2020031371)